일류기업은
어떤 방식으로
인재를 뽑을까?

*How to Ace the
Brainteaser Interview*

1 2 3 4 5 6 7 8 9 10 ILBIT 20 09 08 07 06 05 04

Original: How to Ace the Brain Teaser Interview
        By John Kador
        ISBN 007-144001-1

This book is exclusively distributed in ILBIT Publishing Co.

When ordering this title, please use ISBN 89-5645-055-2

Printed in Korea

일류기업은
어떤 방식으로
인재를 뽑을까?

How to Ace the
Brainteaser Interview

John Kador 지음 | **심태호 외** 옮김

일류기업은 어떤 방식으로 인재를 뽑을까?

펴낸곳 도서출판 일빛
펴낸이 이성우
지은이 John Kador
옮긴이 심태호 외

등록일 1990년 4월 6일
등록번호 제10-1424호

초판 1쇄 발행일 2004년 11월 10일
초판 2쇄 발행일 2008년 10월 27일

주소 121-837 서울시 마포구 서교동 339-4 가나빌딩 2층
전화 02) 3142-1703~5 팩스 02) 3142-1706
E-mail ilbit@naver.com

값 18,000원
ISBN 89-5645-055-2 (03320)

당신에게 필요한 브레인티저를 소개합니다.

왜 경영자들은 그러지 않아도 구직에 신경이 곤두서 있는 사람들에게 브레인티저나 퍼즐, 비즈니스 케이스, 그리고 다른 골치 아픈 문제들을 풀어보게 만들까요? 이런 퍼즐들이 정말 사업을 강하게 추진할 만큼 아주 논리적이고, 지적 호기심에 넘치며, 성공적이고, 근면하면서도 성취감이 강한 구성원들의 팀을 만드는데 도움을 주는 것일까요?

사실 어느 누구도 그렇게 믿고 있는 사람은 없습니다. 브레인티저나 논리 퍼즐에 강한 사람이 업무 수행에서도 강하다는 것을 입증할 만한 연구 결과나 과학적인 근거는 없습니다. 이런 사실을 경영자들이 알고 있음에도 불구하고, 왜 면접관들은 귀중한 인터뷰 시간을 할애해서 이처럼 특정한 스타일의 인터뷰를 계속해서 실시하고 있는 것일까요?

면접관들이 브레인티저를 내는 데에는 한 가지 이유가 있습니다. 그것은 인터뷰에 응한 사람들이 얼마나 똑똑한 지를 자연스럽게 나타나게 해줄 수 있는 안전한 대화를 시작할 수 있게 해준다는 것입니다. 지능은 성공적인 업무 수행의 중요 척도로 여겨지고 있으며, 브레인티저는 면접관들에게 인터뷰에 응한 사람들의 지능을 측정할 수 있도록 해줍니다.

캘리포니아의 비스타에 위치하고 있는 아페리오 테크놀로지사의 CTO(최고 기술 관리자)인 올레 아이코른이 다음과 같이 말했습니다.

"소프트웨어 엔지니어링에서 성공하는 것과 지능과는 강한 상관관계가 있다. 불행하게도 소수자 보호(Political Correctness)의 압력 때문에 경영자들은 지원자들에게 직업 인터뷰의 중요 도구인 지능 검사를 실시할 수 없다. 이와 동시에 퍼즐은 이런 지능 검사를 대체할 수 있는 좋은 대용품이다. 지원자들에게 괜찮은 퍼즐을 풀게 함으로써 그들이 얼마나 똑똑한 지를 측정할 수 있고, 이 과정에서의 대화를 통해 면접관들이 지원자들과 교감을 쌓을 수도 있는 것이다."

기술 분야의 경기 하강으로 인해 점점 더 많은 수의 사람들이 더 적은 수의 직업을 차지하기 위해 애쓰고 있습니다. 면접관들은 하나의 자리에 수백 명의 응시 원서가 쌓인 것을 종종 경험합니다. 모든 지원자들이 전부 그 자리에 필요한 자질을 갖추었다고 판단될 경우 면접관들은 어떻게 그 중에서 단 한 명을 골라낼 것인가? 지원자들이 과거에 어떤 일을 했었는지, 미래에 어떤 일을 할 수 있는 지를 파악하는데 역점을 두는 기업들에게는 브레인티저와 퍼즐을 사용하는 것은 아주 적절한 방법입니다. 어떤 기업들은 오늘날의 급변하는 글로벌 비즈니스 세계에서 기술의 급변 때문에 특정한 기술만을 사용하는 것은 그리 오래가지 못한다는 것을 알고 있습니다.

기업의 면접관들이 판단하는 진정으로 회사에 필요한 사람은 새로운 도전을 기꺼이 받아들이고 스트레스 상황에서도 지적인 적응력을 가지며, 빠르게 배우고 자신의 생각을 변호할 수 있으며, 불가능해 보이는 임무들에도 열정을 보여 줄 수 있는 지적 호기심이 넘치고 관찰력이 뛰어나며, 순발력이 뛰어난 사람이라고 믿고 있습니다.

가장 성공적인 기업인 마이크로소프트사가 입사를 희망하는 수천 명의 똑똑한 지원자들에게 브레인티저가 포함된 인터뷰 질문을 항상 한다는 사실, 그리고 다른 기업의 인사 담당 이사들이 마이크로소프트사의 채용 기법을 적용한다는 사실은 이미 널리 알려져 있습니다.

실제 상황에서의 퍼즐과 브레인티저

뉴욕에 위치한 포그 크리크 소프트웨어(Fog Creek Software)사의 사장인 조엘 스폴스키는 어떤 직업에나 구름처럼 몰려드는 잠재적 구직자들의 엄청난 숫자를 크게 줄여주기 때문에 브레인티저나 퍼즐이 인터뷰 프로세스에서 아주 중요한 부분이라는 사실을 이해하고 있습니다. 마이크로소프트사에서 자신의 첫 번째 직업을 얻었던 스폴스키는 다음과 같이 말합니다.

"소프트웨어 분야에는 세 가지 부류의 사람들이 있습니다. 한쪽 끝에는 직무 수행에 가장 기본적인 기술도 보유하지 못한 정제되지 않은 대부분의 사람들이 있습니다. 그들은 종종 응시 원서를 한 번 읽어보고 한두 마디만 물어보면 금방 찾아내서 걸러 낼 수 있습니다. 또한 극단적인 경우에는 순응자를 재미 삼아 쓸 수 있을 정도의 슈퍼스타들이 있습니다. 그리고 그 중간 영역에 어쩌면 무언가를 기여할 수도 있을 것 같은 수많은 '아마도'에 속하는 사람들을 발견하게 됩니다.

포그 크리크에서는 브레인티저를 똑똑한 사람을 뽑는 데만 쓰는 게 아니라 똑똑하면서도 임무를 완수하는 사람을 가려내는데 쓰고 있습니다. 스폴스키 사장은 다음과 같이 말합니다.

"우리의 목표는 특정한 기술을 가지고 있는 사람을 뽑는 것보다는 적성에 맞는 사람을 채용하는 데 있습니다. 똑똑하다는 것은 중요합니다. 하지만 똑똑함에 대해 정의하기는 어렵지요. 임무 완수는 핵심적인 문제입니다. 다른 사람에게 말할 수 있으려면 먼저 적합한 질문을 할 수 있어야 합니다."

스폴스키 사장은 지원자와 신뢰감을 형성하고 기술, 프로젝트 등에 대해 물어 본 뒤 "데드라인 때문에 다급했던 경험에 대해 말해 보시오" 등의 행동 관련 질문을 들이댄 다음에 바로 브레인티저를 물어봅니다. 스폴스키 사장이 지원자에게서 가장 먼저 확인하는 것은 열정입니다. 그 뒤에 그는 답을 낼 수 없는 규모 추정의 문제를 물어봅니다. 그는 그 이유를 이렇게 설명합니다.

"그렇게 하는 이유는 지원자들이 도저히 답할 수 없는 문제를 낸 뒤 그들이 이 문제를 어떻게 처리하는 지를 보려는 것입니다."

시애틀에는 시력측정사가 몇 명이나 있을까? 워싱턴기념관은 무게가 몇 톤이나 나갈까? LA에는 주유소가 몇 개나 될까? 이런 종류의 퍼즐들은 이 책의 9장에 더 많이 소개되어 있습니다.

제품디자인 컨설팅 회사인 디자인 컨티뉴엄사의 마케팅 및 프로그램 개발 담당 부사장인 에드 밀라노 씨는 다음과 같이 말합니다.

"지원자의 지식 정도가 첫 번째 인터뷰를 통과하는 관건입니다."

지원자가 밀라노 부사장에게 오게 되면 적성이나 경험은 더 이상 관심 사항이 아닙니다. 밀라노 부사장은 채용을 하기 위해서 지원자가 스트레스를 받는 상황에서 어떻게 생각하는가를 보기 원하는데, 그 이유는 바로 이런 상황이 기업의 성패를 가름할 전략적 디자인 프로그램에 대한 도움을 고객에게 제공해야 하는 컨설팅의 세계를 설명하는 상황이기 때문입니다.

대부분의 채용 담당자와 마찬가지로 에드 밀라노 씨는 인터뷰를 브레인티저로 시작하는 것이 효과적임을 종종 느끼고 있습니다. 논리 퍼즐은 발 빠르게 움직이는 것이 자산인 급변하는 하이테크 기업들에서 오랜 전통을 가지고 있습니다. 세계가 급변하고, 언제나 네트워크에 연결되며, 창업 정신이라는 하이테크 컴퓨터 회사의 속성들을 포용하게 됨에 따라 많은 채용 담당자들은 기술 집약적 신규 창업 기업과 연관된 대면 인터뷰 기법을 채택하고 있습니다. 어떤 채용 담당자들은 브레인티저가 지원자의 창의력, 지능, 열정, 책략 등을 가늠하는 쓸모 있는 도구라고 믿고 있습니다. 다른 사람들은 퍼즐이 지원자들의 성격에 대한 것들을 보여 줄 수도 있고, 혹은 아닐 수도 있지만 지원자들을 선별하는 기능을 수행하는 인터뷰 기법 이상은 아니라는 사실을 인정하기도 합니다. 어떤 경우에든 브레인티저는 인터뷰 과정에 뿌리내리고 있습니다.

독자들이 종종 저자에게 묻는 아주 타당한 질문은 다음과 같습니다.

"브레인티저와 그 해결 방법이 이제 책으로 발간되었음을 고려할 때, 면접관들이 계속해서 브레인티저를 인터뷰에 사용한다면 그 이유는 무엇입니까?"

저는 이 질문에 두 가지 답을 드리고자 합니다. 먼저 면접관들은 인터뷰에 대해 미리 준비가 되어 있는 지원자를 선호합니다. 그들은 지원자들이 인터뷰에 대해 준비하기를 기대한다는 말입니다. 사실을 말씀드리자면 인터넷상에는 이러한 퍼즐에 대해 논의하는 수백 개의 웹사이트가 존재하고 그 가운데 몇몇은 해답을 제시하기도 하며, 어떤 사이트는 해답을 제시하지 않습니다. 게다가 브레인티저 중 많은 문제들에는 해답이 존재하지 않습니다. 그리고 해답이 있는 퍼즐에 대해서도 면접관들은 퍼즐에 대한 해답을 알고 있다고 해서 퍼즐을 이해하고 지적인 대화를 나눌 수 있다는 것을 의미하지 않음을 알고 있습니다. 여러분도 이 사실을 명심해야 합니다. 그리고 브레인티저를 통해 촉진시키도록 설계된 지적 대화는 꾸며 낼 수 있는 것이 아닙니다.

두 번째로 "당신은 5년 뒤에 무엇이 되고 싶습니까? 그리고 당신의 최대 약점은 무엇입니까?" 등의 직업 인터뷰 주제들로 지원자들을 준비시키는 수십 권의 인터뷰 관련 책자가 존재하는 것을 알면서도 면접관들은 아직까지도 그런 질문들을 하고 있습니다. 그렇다고 해서 그런 질문들에 대해 크게 걱정할 필요는 없습니다. 왜냐하면 당신이 다음 인터뷰에서 맞닥뜨리게 될 브레인티저가 이 책에서 다루어질 것이기 때문입니다.

당신이 브레인티저 인터뷰에서 최고의 결과를 얻어낼 수 있도록 행운을 기원합니다.

일리노이주 제네바에서 존 카도 드림

감사의 글

 우선 이 책을 쓰지 않도록 충고해 주었던 사람들에게 감사를 드립니다. 일부 사람들은 브레인티저를 직업 선택을 위한 과정 중의 하나로 삼는 것은 타당하지도 않고 도의적이지 못하다고 주장하였습니다. 그러나 그들의 사례를 이 책에 담고자 했을 때 매우 유용한 브레인티저를 제공해 주었습니다. 우리가 좋아하든 그렇지 않든 간에, 직업 인터뷰에서의 브레인티저는 과정 중에 하나인 것이고 우리는 준비가 되어 있어야 합니다. 당신은 길거리에 있는 차들이 당신이 원하는 곳으로 당신을 데려다 줄 것이라고 믿어서는 안 됩니다.

 브레인티저의 일부 전문가들은 내가 퍼즐과 해답을 수집하는 작업을 도와주기는 했지만, 이 책에서 그들의 이름이 거론되기를 원하지는 않았습니다. 브레인티저 자체만 기꺼이 제공해 주었습니다. 선호하는 확실한 해답들을 가지고 있었고, 때로는 회사의 규정을 어겨가면서까지 그들의 통찰력을 나와 공유해 준 것에 대해 깊이 감사드립니다. 나는 또한 긴장이 팽배한 직업 인터뷰의 상황에서 브레인티저로 인해 종종 분통이 터졌던 자신들의 경험을 자세히 얘기해 준 사람들에게도 감사드립니다. 인터뷰를 하는 자리나 아니면 인터뷰를 받는 자리에 있었든지 간에 그들의 이름을 언급할 수 있도록 허락해준 아래의 사람들에게 감사를 드립니다. Peter Alkemade, Adam Barr, Phil Brady, Dale Feddderson, Robert Gately, Tom Gentry, Vikas Hamine, Charles Handler, Pete Herzog, Ben Kovler, Carl Kutsmode, Marie Lerch, Steve Levy, Joe Mabel, Bill McCabe, Ed Milano, Scott Schoenick, Kevin Stone, Koen Van Tolhuyzen, Kevin Wheeler, Jeffrey Yamaguchi.

웹 로그(블로그)의 상당 부분이 마이크로소프트와 다른 하이테크 회사들의 직업 인터뷰 과정에 중점을 두고 있습니다. 많은 블로그 운영자들이 내가 이 책을 정의하는 데에 도움을 주었고, 그들의 독자들이 퍼즐과 개인적인 경험들을 제공해 주도록 도와주었습니다. 이 책은 그들의 노력 덕분에 내용이 풍부해졌습니다. 나는 특히 다음의 사람들에게 감사의 뜻을 전하고 싶습니다. Vicki Brown, Ole Eichorn, Ron Jacobs, Johanna Rothman, Chris Sells, Joel Spolsky, Jeffrey Yamaguchia. 그들의 블로그로 연결되는 링크들은 부록에서 찾아볼 수 있습니다.

일리노이주 오로라에 있는 Illinois Math and Science Academy 의 수학과에서 강사로 일하고 있는 Micah Fogel은 이 책의 퍼즐을 리뷰할 수 있도록 그가 지도하는 우수한 학생들이 저자를 도와주는 것에 동의해 주었습니다. IMSA(www.imsa.edu)는 일리노이주에서 학문적으로 재능이 있는 학생들을 유치하는 우수한 학교입니다. 나는 논리와 엄격성 측면에서의 중요한 실수를 잡아내도록 제안을 해 주었던 Micah와 그의 뛰어난 학생들인 Letian Zhang과 Xi Ye에게 도움을 받았습니다.

　끝으로 용어와 의미의 질문들에 대한 나의 계속되는 괴롭힘을 참고 견뎌준 일리노이에 있는 나의 친구와 동료들에게 감사드립니다. 고등학교에서 한 때 수학을 가르쳤던 나의 좋은 친구 Roger Breisch는 기꺼이 등식과 검산을 리뷰해 주었습니다. Roger는 항상 두 가지 모두를 향상시켜 주었습니다. 또한 퍼즐을 선별하는데 중요한 기여를 해 준 Barry Glicklich, Katherine Lato, Dan Kador, Elizabeth Nelson, David W. Jones에게 감사드립니다. 실수, 잘못된 진술, 표현의 생략, 퍼즐의 해결은 전적으로 저에게 귀속됩니다.

　　최근 수년 동안 신문의 핵심 지면마다 '취업난' 과 '실업' 에 대한 우려가 하루가 멀다 하고 보도되고 있다. 이에 대해 많은 전문가들은 경제 전반의 성장 속도가 둔화되는 것도 큰 이유이겠지만 산업의 구조가 - 적어도 인력에 대해서는 - '노동 집약적 가치' 보다 '지식 집약적 가치' 를 추구하는 경향도 또 다른 설명이 된다고 말한다. 다시 말해 경제가 회복되어도 노동 수요가 크게 회복된다고 장담할 수 없다는 이야기이다. 최근 급성장한 주요 국내 기업들을 보아도 매출 및 이익 성장률을 채용 증가율이 크게 못 미치고 있는 경우가 좋은 사례라 하겠다.

　　그러면 기업 입장에서는 밀려드는 구직자들로 인해 원하는 인재를 마음껏 골라가며 채용하고 있을까? 오히려 그 반대이다. 주요 기업의 인사 담당자들은 "필요한 인재를 찾기가 너무 힘이 든다"고 하소연 한다. 도대체 '인재' 란 누구를 말하는 것인가? 어떻게 하면 '인재' 가 될 수 있을까? 여기에 대한 답이 단기적으로는 취업의 관문을 통과하고, 중·장기적으로는 성공하는 비즈니스맨이 되는 열쇠라 하겠다.

　　여러 전문가와 업계의 이야기를 종합해 보면, '인재' 란 '문제 해결 능력이 있는 사람' 이다. 물론 '성실' 과 '인화' 라는 고전적 가치를 폄하하는 것은 아니다. 자기 분야의 '전문 지식' 도 빼놓을 수 없는 기준이다. 그러나 앞서 이야기한 '지식 집약적 가치' 를 중시하는 사회에서는 '열심히' 하는 것만으로는 수익을 가져올 수 없고, 자신만의 '전문 지식' 만 가지고서는 원하는 결과를 달성할 수 없다. 즉 자신이 가진 모든 자원을 활용하여 '문제를 해결할 수 있는 사람' 이 곧 '인재' 가 된다. 그리고 그러한 문제 해결 능력을 가진 사람만이 험난한 시장에서 흔들리지 않는 경쟁력을 가지게 된다.

여러분이 책장을 넘긴 이 책, '존 카도(John Kador)' 의 『일류 기업은 어떤 방식으로 인재를 뽑을까?(How to Ace Brainteaser Interview)』는 바로 이러한 '문제 해결 능력' 이라는 하나의 화두에 전 지면을 할애한 책으로 취업에 임하는 이들에게 회사가 원하는 인재로 자신을 증명하는 방법을 150여 개의 사례를 통하여 소개한다. 그리고 장수하는 비즈니스 맨에게 필수적인 기초 체력 또한 제공한다. 그 사례라는 것은 '맨홀 뚜껑이 둥근 이유는 무엇일까?', '엠파이어 스테이트 빌딩 안에 1달러짜리 동전이 몇 개 있을까?' 등의 일상적 상황의 문제부터 '잔디깎기 기계 사업을 인수하려고 하는 경우 어떻게 사업 가치를 측정할 수 있을까?' 의 무게 있어 보이는 경영 사례까지 다양하다. 혹자는 '맨홀 뚜껑' 문제는 단순한 퀴즈이고, '잔디 깎기 사업 인수' 문제는 전문적 경영 사례라고 생각할 수 있다. 그렇게 생각하는 분들은 이 책을 통해서 '문제 해결' 이란 구체적으로 무엇인지, '문제 해결 능력' 이 왜 채용의 기준 요소인가를 알 수 있다. 아니, 채용을 넘어서 훌륭한 사회인으로서 능력을 인정 받는 필수 요소임을 알게 될 것이라 굳게 믿는다.

감이 오지 않는 분들을 위해 영화의 예고편 정도로 좀 더 설명하겠다. 실제로 회사에서 인정 받는 사람들은 회사의 고민, 즉 '문제' 를 해결해서 회사의 경제적 이익을 가져오는 사람이다. 즉 매출을 늘리거나 비용을 줄이는 사람이다. 그런데 매출을 늘리거나 비용을 줄이는 방법이 그대로 적혀있는 교과서는 없다. 그 상황에서 가장 합리적인 대안을 발견하는 것은 논리적인 사고의 Process에서 나온다. 'A'라는 제품의 매출이 갑자기 줄었다. 이럴 때 마케팅 교과서를 펼친다고 줄어든 매출이 증가하는가? 오히려 상식적인 방법, 즉 '최근에 매출이 줄었는가? 아니면 지속된 경향인가?', 'A라는 제품만 매출이 줄었는가? 회사의 다른 제품들도 줄었는가?', '특정 유통에서만 구매가 줄었는가? 전체 유통 채널에서 구매량이 줄었는가?' 등의 질문이 문제 해결의 지름길이며 이러한 질문들은 '엠파이어 스테이트 빌딩'의 '동전 개수'를 논리적으로 유추할 수 있는 사람에게는 그리 어려운 문제가 아니다. 그 생각의 방식이 동일하기 때문이며, 전문 지식이 필요한 문제도 아니기 때문이다. 그러나 그 문제 해결 후의 경제적 가치는 매우 클 것이다. 이른바 "고기를 잡아주지 않고 고기를 잡는 방법을 가르쳐 주는 것"이 더 중요하듯이, 이러한 점 때문에 '문제 해결 능력이 있는 인재'를 회사는 채용하고자 한다. 그리고 이 책은 그 하나의 주제에 몰두하고 있다는 점에서 큰 미덕을 가진 책이라 믿어 의심치 않는다.

마지막으로 이 책을 탐독하고 채용에 있어 좋은 결과를 얻은 이에게 한 마디 덧붙이고 싶은 말이 있다. 다시 한 번 이 책을 읽어주었으면 하는 부탁이 바로 그것이다. 이 책을 주의 깊게 일독(一讀)하였더라도 다시 한 번 정독(精讀)하여 입사 후에 '문제 해결 능력'을 가진 '인재'가 되기를 바란다. 부디 이 책의 첫 장을 넘긴 분들에게 보람된 결과가 있기를 기대한다.

Sony Korea 대표이사 사장 이명우

Myong W Lee

contents

● 저자의 글 5

● 감사의 글 11

● 추천의 글 14

● 독자에게 드리는 글 26

　　　공부하면 브레인티저 인터뷰를 잘 할 수 있을까? 28

　　　이 책을 읽는 면접관 및 채용 담당자들에게 드리는 말씀 30

　　　퍼즐 및 브레인티저 사용 가이드라인 33

　　　이 책의 구성 35

1장　　왜 브레인티저를 사용하는가? 37

　　　면접관의 딜레마 • 43

　　　목적대로 쓰여지는 퍼즐 • 46

2장　　브레인티저 해결 전략 49

　　　집중력(Force)을 가져라 • 52

　　　"도와주세요! 어떻게 해야 할지 모르겠어요" • 57

3장 **현실에서의 추리 퍼즐** ··· 63

1. 맨홀 뚜껑 • 65

2. 상황을 제거하라 • 68

3. 균형에 대한 질문 • 71

4. 소금과 후추 • 73

5. 줄사다리와 높아지는 수위 • 73

6. 코코넛과 사업 계획 • 74

7. 철제 세척기의 구멍에는 어떤 변화가 생길까? • 76

8. 6개의 물 잔 배열하기 • 76

9. 동부와 서부의 시간대 • 77

10. 앞면을 향한 동전 • 78

11. 호텔에서 온수를 틀었을 때… • 80

12. 자동차 속의 풍선 • 82

13. 경계선을 가로지르는 맥주 • 83

14. 뒤집어진 거울 • 85

15. 샤워 커튼이 움직이는 방향 • 87

16. 자동차 키 돌리기 • 88

17. 방안의 냉장고와 온도 • 91

18. 달과 지구의 무게 • 92

19. 코르크 마개와 병 • 94

20. 이집트의 피라미드 • 95

21. 얼마나 추운가? • 97

22. 모래시계로 무게 재기 • 98

23. 2개의 수술 장갑, 3명의 환자 • 99

24. 3명의 하이커 • 101

25. 절반을 채운 물 잔 • 102

26. 도와줘요! 젖소가 우유를 주지 않네요 • 104

27 갇혀 있는 방에서 외부 기온을 측정하라 • 106

28. 밧줄 타는 원숭이 • 107

29. 밧줄을 회수하라 • 109

30. 어떤 것이 자석인가? • 110

31. 21개의 고리 사슬 • 112

32. 금으로 만든 사슬 • 113

33. 얼어붙은 7개의 얼음 조각 쟁반 • 115

34. 얼음과 물 • 116

35. 남극의 얼음산이 녹을 때 • 117

36. 시나리오 1 : 전기공 • 119

37. 시나리오 2 : 우편 배달부 • 121

38 .시나리오 3 : 레코드 가게 주인 • 122

39. 시나리오 4 : 군인 • 122

40. 시나리오 5 : 안전 검열관 • 123

41. 시나리오 6 : 컴퓨터 안내 데스크직 • 124

42. 콜라 캔 • 125

4장   수학적 계산이 필요 없는 추리 퍼즐 ⋯⋯⋯⋯⋯ 129

43. 3가지 색깔의 젤리 빈 (Jelly Beans) • 131

44. 검은색 양말, 흰색 양말 • 132

45. 마지막 구슬은 무슨 색깔인가? • 134

46. 연꽃 • 135

47. 버스 정류장을 지나가는 남자의 선택 • 136

48. 그들 사이의 21달러 • 138

49. 자물쇠와 암호 • 140

50. 이상하게 나뉜 동전들 • 142

51. 붉게 칠해진 정육면체 • 143

52. 시계 바늘 • 144

53. 겹쳐지는 시계 바늘 • 145

54. 누구를 위하여 종은 울리는가? • 148

55. 파이를 공평하게 나누기 위한 방법은? • 148

56. 케이크 자르기 • 150

57. 용 vs 기사 • 152

58. 어둠의 스카이다이버 • 154

59. 보잉 747 비행기의 무게 • 155

60. 3개의 전구 스위치 • 157

61. 선체에서 밖으로 던져지는 벽돌 • 160

62. 곰의 색깔은 무엇인가? • 160

63. 반도체 회로판 • 162

64. 등산객 • 163

65. 뒤섞인 알약 • 165

66. 악수 • 167

67. 8개의 당구공 중에서 불량품 찾기 • 168

68. 12개의 당구공 중에서 불량품 찾기 • 170

69. 오염된 알약 • 175

70. 삼각형 위의 개미 3마리 • 179

71. 2명의 형제와 2마리의 말 • 181

72. 섬에서의 화재 • 182

73. 불확실한 카드 • 183

74. 죄수와 담배 • 185

5장   수학적 계산이 필요한 추리 퍼즐 ································· 191

75. 우물 안의 달팽이 • 193

76. 4와 5 사이의 값 • 194

77. 생맥주, 흑맥주 • 195

78. 위조 지폐 • 196

79. 땅벌과 2대의 기차 • 197

80. 26개의 자음 • 199

81. 4쿼트의 물을 측정하라 • 200

82. 100미터 경주 • 202

83. 여덟 조각의 빵 • 203

84. 조류 속에서의 수영 • 205

85. 박스에 들어갈 수 있는 가장 적은 수의 사탕 • 206

86. 토너먼트 방식의 경기 • 206

87. 불타는 퓨즈 • 207

88. 2개의 모래시계 • 208

89. 평균 연봉 측정하기 • 209

90. 커피와 차 • 212

91. 거리를 행진하는 개 • 215

92. 다리 위에 있는 4명의 사람 • 216

93. 균형잡기 • 221

94. 볼링 공 떨어뜨리기 • 223

95. 거리를 걷는 두 사람 • 227

96. 역풍과 순풍 • 228

97. 프로그래머의 딸들 • 231

98. 어항 속의 구피들 • 233

99. 3명의 아들에게 17마리의 말을 나누어주기 • 235

100. 분수의 값들 • 237

6장   확률에 관한 퍼즐 239

101. 눈 가리고 무작위로 주머니에서 뽑기 • 241

102. 재미있는 동전들 • 242

103. 전화 걸기 • 243

104. 맨해튼의 전화번호부 • 244

105. 흰 구슬을 뽑으면 승리 • 246

106. 확률의 극대화 • 249

107. 큰 아이가 딸일 확률은? • 251

108. 대화할 상대 찾기 • 252

109. 진실과 거짓을 말하는 사람의 생존 게임 • 256

110. 생일이 같을 확률은? • 257

111. 착석하시고, 안전벨트를 착용해 주시기 바랍니다 • 260

7장 프로그래머를 위한 퍼즐 ───────────── 263

112. 알람 시계의 반복 기능 • 266

113. 닭, 여우 그리고 곡물 • 266

114. 줄지어 있는 100명의 프로그래머들 • 268

115. 디지털 대마왕 • 272

116. 헨젤과 그레텔 • 274

117. 마주보고 달리는 2대의 열차 • 274

118. 해적 퍼즐 • 276

119. Base Negative 2로 계산하라 • 280

8장 비즈니스 케이스 ───────────────── 285

120. 액센츄어 : 생물 공학 케이스 • 294

121. 캐피탈 원 : 전화카드 케이스 • 299

122. 보스턴 컨설팅 그룹 : 케이스 면접 • 308

123. 대리투표 전문 회사의 비용 절감 케이스 • 321

124. PBX 제조사 판매 전략 케이스 • 323

125. 잔디 깎기 기계 사업의 매각 • 325

126. 영국에 순한 맥주가 없는 이유 • 327

127. 도널드 트럼프의 자동응답기 • 328

9장 규모 추정의 퍼즐 ································· 333

128. 맨해튼에는 몇 개의 공중전화가 있을까? • 337

129. 샴푸와 컨디셔너의 생산량은? • 338

130. 미국의 설탕 소비량은 얼마나 될까? • 340

131. 1회용 기저귀의 소비량은? • 342

132. 피아노 조율사들 • 343

133. 미국의 자동차는 몇 대나 될까? • 345

134. 미국의 주유소는 몇 개? • 346

135. 골프공의 소비량은? • 348

136. 이빨의 요정 • 350

137. 미국에는 몇 명의 이발사가 있을까? • 352

138. 아이스하키 링크에 있는 얼음의 무게 • 353

139. 미국인 중에 귀걸이를 하는 사람은? • 354

140. 양키 구장의 25센트 주화 • 355

141. 신용카드 문제 • 357

10장   성과 퍼즐 ⋯⋯⋯⋯⋯⋯⋯⋯⋯⋯⋯⋯⋯⋯⋯⋯⋯⋯ 359

142. 나에게 이 펜을 팔아보시오 • 362

143. PDA를 재구성하라 • 365

144. 똑똑한 전자 레인지 만들기 • 367

145. 맹인을 위한 조미료 선반 • 369

146. 소금 용기를 테스트하라 • 371

147. 한 번에 보기 • 374

148. 스테이플러를 테스트하라 • 375

149. 파란색을 묘사해 보시오 • 377

150. 집을 디자인하시오 • 378

151. 빌 게이츠의 욕실 • 380

152. 창문 블라인드 디자인하기 • 382

부록 ⋯⋯⋯⋯⋯⋯⋯⋯⋯⋯⋯⋯⋯⋯⋯⋯⋯⋯⋯⋯⋯⋯⋯⋯ 385

■ 부록 1 : 비즈니스 케이스 • 386

■ 부록 2 : 브레인티저 인터뷰에서 알아두어야 할 사실 • 445

■ 부록 3 : 20가지의 순간적인 판단을 요하는 문제 • 447

■ 부록 4 : 그밖의 추정 문제 • 449

■ 부록 5 : 직업 인터뷰에 부적합한 퍼즐 • 453

■ 부록 6 : 브레인티저(퍼즐) 출처 및 링크 • 461

● 역자 후기 474

독자에게 드리는 글

만약 당신이 구직 시장에 참가하고 있다면, 특히 하이테크 직종이나 컨설팅, 금융, 보험, 제조업체에서 직업을 구하는 중이라면 이 책은 바로 당신을 위한 것입니다. 이 책은 전 세계에서 인터뷰 및 채용 담당자들이 사용하고 있는 실제 퍼즐, 브레인티저, 골치 아픈 문제들을 가장 많이 모아놓은 책입니다. 대부분의 퍼즐은 이 책에서 처음 소개되는 것들입니다. 각 퍼즐에는 그 해결책뿐만 아니라, 더욱 중요하게는 면접관들이 거부하기 힘든 수준 높은 대응 방법도 포함되어 있습니다.

이 책은 마이크로소프트사뿐만 아니라 다른 기업들에서 사용되고 있는 공통적인 퍼즐과 브레인티저를 많이 소개하고 있습니다. 이 책에 소개되는 대부분의 퍼즐은 이것을 매일 활용하고 있는 면접관들, 채용 담당자들, 인력 관리 전문가들에 의해 추천된 것들입니다. 일부는 구직자들로부터 제공받은 것도 있습니다.

한편 기업에서는 자신들이 직업 인터뷰에서 사용하는 퍼즐이 공개되는 것을 별로 달가워하지 않는다는 사실입니다. 이런 이유로 저자가 이 퍼즐을 모으는데 협력했던 많은 분들이 자신의 이름이 거명되지 않도록 요청해 왔고 또 나는 그런 요구를 존중해서 그들의 이름을 거명하지 않았습니다.

『매우 총명한 사람들을 위한 게임』(Games for Superintelligent)의 저자이며 다른 퍼즐 관련 서적들의 저자이기도 한 제임스 픽스는 퍼즐 문제를 해결해야만 하는 사람들에게 다음과 같은 조언을 하고 있습니다.

"당신의 두뇌 능력을 향상시키는 한 가지 방법은 단순히 아주 똑똑한 사람들이 그들의 두뇌를 어떻게 사용하는가를 살펴보는 것입니다. 이 책에서는 수백 명의 명석한 사람들이 다른 명석한 사람들로부터 받은 퍼즐 문제와 브레인티저를 어떻게 풀어냈는가에 대해 상세히 설명할 것입니다."

픽스 본인도 아주 조심스러운 말투로 설명하지만, 자신의 퍼즐 책에서 용감하게도 매우 영리한 사람들이 어떠한 방식으로 보통 사람들과 다르게 대처하는가를 설명하고자 노력하고 있습니다.

픽스는 자신의 독자들에게 다양한 방법을 통해 생각하고, 퍼즐 문제를 특정한 관점에서 보도록 조언하고 있습니다. 진정한 퍼즐의 달인은 문제의 결점을 감각으로 찾아내고 운이 결합되면 그 해답을 찾아냅니다. 더 많은 힌트도 있습니다. 명석한 사람은 자신의 마음에 불필요한 제한을 두지 않으려고 노력합니다. 픽스는 결단을 중시합니다. 명석한 사람은 자신이 시도한 한 가지 방법 또는 두 가지 방법에서 문제가 풀리지 않았기 때문에 문제의 해결 방법이 없다고 생각하지 않기 때문에 성공하는 것입니다.

여기에 패러독스가 있습니다. 이 책에서 지원자들은 픽스가 설명하듯이, 또 면접관들이 지원자들에게 기대하듯이 문제 해결의 핵심은 엄밀한 논리의 결과라기보다는 직관의 결과라는 사실을 인식하게 됩니다. 특히 문제가 되는 것은 문제 해결의 몇몇 단계에서 거의 논리가 개입되지 못하는 것처럼 보인다는 사실입니다. 어려운 문제들은 종종 갑작스러운 직관적 혜안에 의해 해결되곤 합니다. 한 순간에 당신은 문제 해결의 과정에서 막혀 버리고 그 다음 순간에 이 혜안이 떠오르는데, 이것은 되짚어 볼 수 있을 정도의 어떠한 단계적 논리를 거치지 않은 것입니다. 그러나 그것이 무엇이건 간에, 즉 문제의 테두리 밖에 벗어나서 생각하는 것이든, 혹은 제3의 눈을 통해서 투시하는 것이든 면접관들이 그런 것을 원한다는 것은 분명합니다.

이 책의 주요 집필 목적은 구직자들을 위한 것입니다. 따라서 여러분들은 쓸데없이 허비할 시간이 없으므로 구직자들이 가장 중요하다고 여기는 문제를 검토해 볼 필요가 있습니다. 이 책이 정말로 브레인티저 인터뷰에서 당신이 최고의 성적을 낼 수 있도록 도와줄 수 있는가? 다시 말해서,

공부하면 브레인티저 인터뷰를 잘 할 수 있을까?

그렇습니다. 두뇌 작용은 근육과 같습니다. 창의적이고 유연한 사고력은 연습에 의해 향상되어질 수 있으며, 이 책에서 강조하는 논리 퍼즐에 대한 시스템적 접근은 사고력 훈련의 기초가 될 수 있습니다. 전략적 목표는 창의적 사고 방식을 남아 있는 전 생애에 걸쳐 유지할 생활 습관으로 만드는 것입니다. 첫 번째 단계로 논리 퍼즐의 규정, 공통적인 관습, 함정 등을 익히는 것입니다. 이 책에 나와있는 퍼즐을 풀어보는 것이 그것을 시작하는 한 가지 방법입니

다. 이 경우, 최소한 당신은 이런 종류의 문제를 실제로 풀어야 할 때 당황하지 않을 수 있습니다. 아마 당신은 이미 공부한 퍼즐 문제를 실전에서 부딪치게 될 수도 있는데, 이 때에는 도덕적 결정의 문제가 남습니다.

아마도 이 책의 퍼즐을 풀어보는 것으로부터 얻게 될 가장 큰 혜택은 당신의 두뇌를 가장 필요로 할 때 당신의 머리가 당신을 배신하지 않도록 훈련시키는 데 있을 것입니다. 대부분의 퍼즐들은 우리 두뇌의 게으른 구석을 발견해 내는 함정을 갖추고 있습니다. 우리의 두뇌는 매 순간마다 수천 가지의 가정을 바탕으로 작용하는데 (이것을 로트 가정이라 하며, 로트란 의미에 관한 생각 없이 기억되어 있는 메모리임 : rote assumptions), 우리는 이런 방식으로 하루하루의 삶을 살아갑니다. 우리가 일상생활의 모든 행동들을 의식적으로 분석하며 살아야 한다고 상상해 봅시다. 논리 퍼즐은 우리의 가정이라는 레이더 아래에 스며들어서 우리 두뇌의 속성을 이용합니다. 즉 그것들은 우리의 패턴 인식에 잠재해 있는 벌레 먹은 구멍들을 찾아낸다는 말입니다.

이런 퍼즐들이 드러내고자 하는 지적 능력은 로트 가정에 도전할 수 있는 당신의 능력을 보고자 하는 것이며, 인식의 패턴이 존재할 때는 이를 인식하고 존재하지 않을 때는 이를 거부하는 능력을 찾고자 하는 것입니다. 이런 퍼즐들을 풀기 위해서는 당신의 일상적인 사고방식에 의문을 제기할 수 있어야 하고 새로운 접근 방법들을 비판적으로 평가할 수 있어야 합니다. 그리고 이런 기술들은 단순히 이 책에 소개된 퍼즐을 풀어봄으로써 연마될 수 있습니다.

대부분의 논리 퍼즐과 브레인티저는 잠재적인 지원자들을 괴롭

히는데, 상대적으로 적은 수의 부비트랩, 심리적 트릭, 불충분한 정보, 그리고 다른 사기 수법을 이용합니다. 좋은 소식은 종종 이런 문제의 해결에는 트릭이 존재한다는 사실입니다. 이러한 멘탈 트릭과 지름길에 대한 설명을 보고 싶다면 이 책의 '2장'을 참고하기 바랍니다. 때로는 어떤 중요 정보가 빠져 있다는 사실을 인식하기만 하면 되는 쉬운 문제도 있습니다. 다른 경우에는 당신의 두뇌가 부족한 정보를 채워 넣기는 했는데, 그 채워 넣은 정보가 부정확한 것이라는 사실을 인식하는 경우도 있습니다. 당신이 이 트릭을 알고 있거나 또는 이 트릭을 빠르게 발견할 수 있다면 당신은 문제 해결에 있어 훨씬 강력한 위치에 서게 되고, 당신을 무너뜨리려고 설계된 퍼즐의 막다른 골목을 피할 수 있게 됩니다. 그 사실만으로도 당신이 퍼즐을 풀고, 그 다음 단계의 퍼즐을 접할 수 있는 자신감을 주게 됩니다.

학문적 차원에서 공부하고 싶다면 인간의 능력을 측정하는 분야인 사이코메트릭스(Psychometrics) 과목들을 집중적으로 수강하는 것도 도움이 될 수 있습니다. 직업 인터뷰는 또 다른 형태의 시험일 뿐입니다. 면접관들은 특정 문제에 대한 구직 지원자들의 반응이 인원 선발 결과에 유용한 단서를 제공해 줄 것을 기대하고 있습니다. 대개 사실은 그렇지 않지만, 그 어느 누구도 종업원 선발에 있어 더 나은 방법을 만들어 내지는 못했습니다.

이 책을 읽는 면접관 및 채용 담당자들에게 드리는 말씀

이 책이 주로 구직자들을 위해 집필되기는 했지만, 면접관들과 채용 담당자들도 이 책에서 많은 혜택을 받을 수 있습니다. 만약 당신이 인터뷰 과정에서 퍼즐과 브레인티저를 사용하고 있다면 이 책을 통해서 여러분은 문제의 영역을 확대할 수 있고, 아마도 인력 배치 업무에 있어 퍼즐이 더 적합하다는 것을 발견하게 될 것입니다. 혹시 많은 퍼즐이 이미 알고 있는 것이라 할지라도 해결 방법에 대한 논의에 대하여 문제들이 안고 있는 함의에 대한 당신의 견해를 보다 충실하게 만들어 줄 것입니다. 만약 당신이 현재 퍼즐이나 브레인티저를 활용하지 않고 있다면, 이 책이 문제 구성에 있어 선별적으로 퍼즐을 추가했을 때 기대할 수 있는 가치를 볼 수 있을 것입니다. 수백 명의 면접관 및 채용 담당자들에 대한 연구 조사에 근거한 다음의 가이드라인은 그러한 문제들로부터 최대한의 혜택을 이끌어 내고 실수를 회피할 수 있도록 도와 줄 수도 있습니다.

직무와 지원자의 실제 업무 성과에 연관성이 있는 퍼즐을 선별해 봅시다. 대부분의 경우, 인지적 기술의 동일성 때문에 특정 퍼즐과 실제 업무에서 업무와 기술간에는 상관관계가 존재하는 경우가 있습니다. 예를 들어 전략적 계획에 대한 적합성을 요구하는 직무에 대한 지원자를 선별하는데 있어 지원자들의 전략적 계획 수립 능력을 요하는 퍼즐을 내는 것은 선별력을 높이는 데 도움을 줄 수 있습니다. 증거가 빈약한 상황에서 높은 위험을 가진 판단을 내려야 하는 제품 관리자를 선별할 때 신속한 의사 결정 능력과 학문 관련 기술을 테스트하는 퍼즐은 변별력을 높여줄 것입니다. 핵심은 퍼즐이 직무에 적합한 것이어야 한다는 것입니다.

아페리오 시스템사의 최고 기술 경영자(CTO)인 올 이천은 다음과 같이 주장합니다.

"나는 해답이 존재하지 않은 단계가 있는 퍼즐, 혹은 상대적으로 분명한 한 가지 답이 있고, 그러면서도 훨씬 심오한 답이 있는 그런 퍼즐을 좋아합니다. 좋은 퍼즐에는 해결책이 있습니다. 아마도 많은 인터뷰 퍼즐이 안고 있는 가장 큰 문제는 이것들이 너무 어렵다는 데 있습니다. 만약 좋은 퍼즐이라면 명석한 지원자들도 문제를 풀 수 없고, 그렇다면 그 문제는 소용이 없는 문제가 됩니다. 추가로 이상적인 퍼즐은 '아하 효과' 보다는 꾸준한 사고력과 문제 해결 능력을 필요로 하는 것입니다"

지원자들이 직업 인터뷰 전에 퍼즐에 대해서 알고 있었다는 것에 대해 당신이 걱정해야만 할까요? 사실은 그럴 필요가 없습니다. 당신은 최고의 지원자들이 직업 인터뷰에 대해 준비한다는 것을 예상해야 합니다. 그러나 가령 "어려운 문제를 해결했던 경험에 대해 말해보시오"와 같은 질문에 대해 지원자들이 준비를 했다고 해서 당신이 지원자들에게 그 질문을 한 것이 아무런 가치도 없다고 판단합니까? 똑같은 이유로 최고의 퍼즐은 특정한 해결 방법에 의존하기보다는 사고 과정을 필요로 하는 퍼즐입니다. 아마도 하나의 해답이 존재할 수도 있지만 그 해답으로 가는 길은 많이 있습니다. 아니면 무한의 해답이 존재할 수도 있지만, 그 중에 몇 가지를 탐구해 보는 것도 재미있을 것입니다. 핵심은 퍼즐을 대화의 기점으로 사용하는 데 있습니다. 지원자가 퍼즐을 암기하고 있고 동작까지도 만들어 낼 수 있지만 훌륭한 구두 발표는 복제하기 힘든 것입니다.

퍼즐 및 브레인티저 사용 가이드라인

수십 명의 면접관, 채용 담당자, 인력 배치 전문가들로부터의 피드백에 기초해 직업 인터뷰에서 퍼즐과 브레인티저를 사용하는데 대한 규칙과 가이드라인을 제공하고자 합니다.

1. 실험, 실험, 실험

한 가지 퍼즐을 직업 인터뷰에 사용하기 전에 언제나 동료, 친구, 술집에서 만난 사람 등에게 미리 실험을 해 보아야 합니다. 반드시 어떤 퍼즐을 처음 사용할 때는 지원자를 최초의 실험 대상자로 만들어서는 안 됩니다.

2. 퍼즐의 모든 것을 알고 있을 것

당신이 완벽하게 이해하지 못하는 퍼즐을 문제로 내서는 안 됩니다. 해답을 알고 있는 것만으로는 충분하지 않습니다. 당신이 퍼즐을 심도 있게 이해하고 있어야 하고, 맞던 틀리던 모든 가능한 답을 알고 있어야 하며, 지원자에게 퍼즐을 어떻게 풀 것인가에 대한 가이드를 줄 수 있을 정도가 되어야 합니다. 당신보다 퍼즐을 훨씬 심도 있게 이해하는 지원자를 반드시 만나게 될 것은 확실합니다. 자신이나 지원자를 당황하게 만들어서는 안 됩니다.

3. '윈 - 윈' 으로 만들기

직업 인터뷰 퍼즐은 반드시 '윈 - 윈' 이어야 합니다. 다시 말해서 이 퍼즐은 지원자를 정복하기 위한 것이 아닙니다. 어떤 지원자들은 퍼즐을 풀어낼 것이고 다른 지원자들은 도움이 필요할 것입니다. 이것도 괜찮습니다. 그러나 지원자가 패배했다고 느끼거나 더 심각하게는 사기를 당했다고 느끼게 내버려두어서는 안 됩니다. 모든 지원자들에게 자신이 승리자가 되었다는 느낌이 들 수 있도록 해야 합니다. 이상적으로는 퍼즐이 양 당사자에게 학습 기회가 될 것이고 최선의 경우에는 어쩌면 재미있는 순간이 될 수도 있습니다. 다시 말해서 도전에 대해서 의미 있는 대화를 이끌어 낼 수 있도록 훈련을 할 필요가 있다는 것입니다.

4. 의심이 든다면 사용하지 말 것

만약 퍼즐이나 브레인티저에 대해서 완벽하게 확신이 들지 않는다면 이것을 사용하는 것은 꿈에도 생각해서는 안 됩니다. 지원자에게 퍼즐을 던져놓고 문제가 안 풀리게 놓아두어서는 절대로 안 됩니다. 당신이 어떤 정보를 기대하고 있고, 그 결과를 어떻게 활용할 것인가에 대해 확실히 이해하고 있어야 합니다.

5. 최소한 하나의 해답이 존재할 것

절대로 지원자들에게 해결책이 없는 문제를 내서는 안 됩니다. 퍼즐이 한 개 이상의 해결 방법을 가지고 있는 것은 용인되고 있고 심지어는 선호되기도 하지만, 적어도 최소한 하나의 만족할 만한 결론이 존재해야만 합니다. 직업 인터뷰에 있어서 선별력이라는 것이 필요함을 인식해야 합니다. 해결 방법이 전혀 없는 문제를 풀어보라고 지원자에게 요구하는 것은 함정이나 마찬가지입니다.

이 책의 구성

브레인티저 인터뷰에서 최고의 효과를 얻을 수 있도록 퍼즐을 카테고리와 난이도에 따라 구성하고 있습니다. 이 책의 '2장'에서는 모든 것을 알려주고 제대로 풀었을 때 선택할 수 있는 하나의 해답이 존재하는 퍼즐을 다루고 있습니다. '3장'은 현실 세계에서의 사고력 측정 퍼즐, 즉 물리와 일상생활에서 접하는 물체 등에 대한 개념들을 다루는 퍼즐로 구성하였습니다. '4장'은 숫자를 세는 것보다 더 어려운 수학을 요구하지 않는 논리 퍼즐로 구성하였습니다. 반면에 '5장'은 기초 산수, 대수학, 기하학과 같은 기술들이 필요한 논리 퍼즐로 구성되어 있습니다. '6장'은 최소한의 확률이론에 대한 지식을 요구하는 아주 재미있는 퍼즐로 구성되어 있습니다. '7장'은 프로그래머와 애널리스트들에게 적합한 퍼즐로 구성되어 있는데, 문제 해결에 있어 기본적인 프로그래밍의 컨셉이 필요합니다.

그러나 다수의 퍼즐은 한 개의 해답도 가지지 못한 것들이고 설사 해답이 존재한다고 해도 누구도 그 해답에 신경 쓰지 않을 성격의 문제들입니다. 이 퍼즐들은 프로세스에 관한 것으로서 프로세스한 퍼즐이 만족할만한 해답을 찾을 때까지 지원자들이 밟아야 하는 단계들에 관한 것이면 이런 종류의 퍼즐이 '3장'에서 다룰 주제입니다. 이런 종류의 퍼즐은 컨설팅 회사에서 선호하는 케이스 인터뷰에 나타납니다. '8장'은 보다 일반적으로 보여지고 있는 비즈니스 케이스를 열거하고 있습니다. '9장'에서는 규모 추정 문제를 다루는데, "미국에는 얼마나 많은 수의 피아노 조율사가 있을까요?'와 같은 퍼즐 문제와 다른, 소위 페르미(Fermi) 문제들을 다루고 있습니다. '10장'에서는 성과 퍼즐을 다루는데, "나에게 이 펜을 팔아 보시오"라는 질문처럼 지원자가 자리에서 일어나서 실제로 어떤 행동을 보이도록 요구하는 퍼즐을 다루고 있습니다.

이 책에는 152개의 브레인티저와 퍼즐이 소개되어 있습니다. 각각의 브레인티저가 소개와 퍼즐 문제의 지문으로 시작합니다. 각각의 브레인티저는 면접관들이 약간의 도움이 필요한 지원자들에게 제공하려고 하는 힌트를 포함하고 있습니다. 각 퍼즐의 가장 중요한 부분은 신중하지 못한 지원자들을 무너뜨릴 수 있는 숨어 있는 함정들에 대한 설명 부분입니다. 각 퍼즐에 대한 설명에는 이런 함정들을 극복하는 방법과 해결 방법에 대한 해설과 대체 답안이 존재할 경우에는 대체 답안도 다루고 있습니다. 가능한 한 현실성에 기반을 두기 위하여 면접관들이 가장 뛰어난 것으로 평가한 실제 답안도 가능한 경우에는 모두 설명하였습니다. 몇몇의 경우에 이 책은 퍼즐의 추가 득점 포인트인 변형된 답안도 제시하는데, 그러한 해결 방법은 당신의 뛰어난 이해력을 더욱 더 돋보이게 만들어 줄 것입니다.

왜
브레인티저를 사용하는가?

How to Ace
the Brainteaser
Interview

Brainteaser Survival Interview

면접관들은 지원자들과의 대화에서 신뢰성 있는 선발 결정을 내리는데 도움이 되는 정보를 제공해 줄만한 의미 있고, 또 논란의 여지가 없는 대화 내용을 찾기 위해 노력한다. 또한 면접관들은 퍼즐과 브레인티저가 지원자들과 수준 높은 대화를 할 수 있도록 만들어 주기를 희망하고 있다.

포그 크리크 소프트웨어의 창업자이자 전직 마이크로소프트사의 프로그램 매니저였던 조엘 스폴스키는 대화의 시발점으로서 브레인티저를 사용하는 것에 대한 지지를 보낸다. 스폴스키는 다음과 같이 설명한다.

"목표는 지원자와 흥미 있는 대화를 나누는 것이고, 그러한 대화를 통해서 지원자가 얼마나 똑똑하고 능력이 있는가를 살펴보는 것입니다. 만약 당신이 누군가와 어떤 유형의 문제에 대해 흥미로운 대화를 나누었다면, 당신은 그가 당신이 고용하기를 원하는 타입의 사람인지 판단할 수 있습니다. 문제들은 그런 대화를 나누기 위한 방편에 불과합니다."

거의 모든 사례에서 면접관들은 답 자체보다는 답을 얻기 위해 어떤 과정을 거쳤는가를 더 중시한다. 즉 모든 것이 과정에 집중되어 있다는 말이다. 이런 관점에서 볼 때 가장 최선의 전략은 시간을 가지고 크게 생각한 뒤 면접관들에게(최소한이라도) 당신이 문제를 풀기 위해 고민하는 모습을 보이는 것이다. 아이러니컬하게도 퍼즐을 너무 빨리 풀어낼 경우 당신에게 불리하게 작용할 수도 있다. 최소한 면접관들은 당신이 이 문제를 미리 알고 있었다고 생각할 가능성이 크다. 어찌 되었든, 비록 당신이 문제 해결의 속도로 면접관을 놀라게 만들 수 있다 할 지라도, 방금 당신이 보여준 문제 해결의 기술을 회사의 가치를 증대시키는 데 어떻게 쓸 수 있는가에 대해 말해 볼 기회를 놓치게 되는 것이다. 퍼즐을 풀 때는 면접관이 당신의 문제 해결에 참여하도록 만들 필요가 있다.

솔직히 진실을 말하자면 어떤 직업 인터뷰에서건 퍼즐이 차지하는 비중은 10% 이하이다. 마이크로소프트사의 플랫폼 아키텍처 가이던스 팀의 제품 담당 관리자인 론 야곱은 다음과 같이 설명한다.

"마이크로소프트사에서 퍼즐은 인터뷰 프로세스의 작은 부분일 뿐입니다. 우리는 퍼즐이 지원자의 잠재적 능력을 엿보는데 아주 효과적이라는 사실을 발견했습니다. 그리고 그 잠재적 능력은 가장 가늠하기 어려운 부분이기도 합니다. 우리는 이력서가 훌륭해 보이고 지원자들이 기술을 가지고 있는 것처럼 보인다는 것을 압니다. 퍼즐은 지원자들로 하여금 자신과 자신의 기본적인 사고력만을 가지고 문제를 해결해야 하는 위치에 있게 해줍니다."

또한 야곱은 퍼즐의 대부분은 분명한 답이 나오지 않도록 설계되어 있다고 말합니다.

"가끔 면접관들은 힌트를 찾고 있는 지원자들에게 문제 해결에 있어 전혀 잘못된 힌트를 주기도 하는데, 이것은 지원자들이 어떻게 자기의 입장을 방어하는가를 보고, 또 어떻게 반격하는가를 관찰하기 위한 것입니다. 일정한 수준의 확신은 좋은 것입니다. 마이크로소프트사는 이처럼 개인의 독립적인 사고를 중시하는 회사이기도 합니다. 그러나 이런 태도가 완고함이라든지 교만으로 빠져들어서는 안 됩니다."

야곱은 자신의 경험에 근거해서 이야기했다. 그는 마이크로소프트사에서 세 번의 인터뷰를 거친 경험이 있기 때문에 그런 말을 할 수 있다. 1997년 그의 첫 번째 인터뷰에서 야곱은 마이크로소프트의 사람이 될 수 있다는 확신을 담당자들에게 주었지만, 현재 모집 중인 분야에는 맞지 않는 사람으로 판단되었다. 그의 첫 번째 인터뷰에서 담당자는 그에게 공항을 설계해 보라고 말했고, 야곱은 즉시 그가 어떻게 시애틀의 시택 공항이나 시카고의 스퀘어 공항과 같은 세계적 수준의 공항을 설계할 것인가에 대해 거창하게 설명하기 시작했다. 그러나 야곱이 5분 동안 자신의 계획을 말하게 내버려둔 뒤 담당자는 야곱에게 이야기를 멈추게 하고는 다음과 같이 말했다. "그런데 말이죠, 내가 필요한 건 작은 지방 도시의 공항인데요." 이때 야곱은 교훈을 얻었는데, 그것은 고객이 필요로 하는 것이 무엇인가를 정확하게 확인하지 않았다는 것이다.

1년 후에 있었던 두 번째 인터뷰에서 야곱은 브레인티저가 나올 것이라고 예상했지만 담당자는 단 한 문제도 내지 않았다. 대신 그는 코딩 문제를 풀어보라는 말을 들었다. 그 뒤에 그는 회사 내부의 직무 인터뷰를 한 번 더 거쳤다. 야곱은 다음과 같은 설명을 덧붙였다.

"큰 그림에서 보자면 우리가 이런 질문들을 던질 때는 해답을 기대하고 있는 것이 아니라, 지원자가 문제에 대해 어떻게 생각하고 그 해답에 어떻게 접근하는가를 보는 것입니다. 어떤 지원자들은 몇 분 동안 아주 조용하다가 답을 내뱉어 냅니다. 일반적으로 이것은 나쁜 접근법입니다. 보다 나은 접근법은 지원자가 답을 얻기 위해서 나와 협력하는 것처럼 자신의 생각을 말하면서 풀어 가는 것입니다. 저는 특히 문제를 명확하게 하기 위해 지원자들이 질문하는 것을 보고 싶어합니다. 간혹 우리는 이런 것을 테스트하기 위해 애매모호한 질문을 일부러 던지기도 합니다."

insider Tip

"뚜렷한 나만의 해답과 그것을 뒷받침하는 근거를 전달할 것"

컨설팅 회사에서 제시하는 케이스 문제는 사실 그 범위나 종류가 매우 다양하다. 그러나 예전의 경험에 비추어 생각해 보면, 케이스 문제에는 한 가지의 황금률(Golden Rule)이 있는 듯 하다. 바로 "제시된 문제에 대한 본인의 명확한 생각 혹은 방향성을 전달한 후, 그에 대한 타당한 근거와 논리를 반드시 2~3가지 설명하는 것"이 그것이다. 다시 말해, 어떠한 문제에 당면하더라도 본인 생각의 "결과와 그 근거"를 분리해서 뚜렷하게 전달할 수 있어야 한다는 의미이다. 간혹 보면 문제 풀이에만 급급해 논거나 생각의 흐름 없이 답부터 하고 보는 경우가 많다. 그 경우, 면접관의 집요한 질문 공세에 당황할 수 밖에 없고, 본인의 대답에도 점점 더 자신을 잃게 된다. 본인이 답해야 하는 바의 명확한 방향성 혹은 결론을 제시하고, 그러한 내용에 다다르게 된 생각의 흐름 및 논거를 분명하게 제시할 수 있다면 좋은 인터뷰 결과를 얻게 되리라 생각한다. 또한 이러한 커뮤니케이션 방식은 본인 스스로에게도 자신감을 부여하므로, 보다 긍정적인 이미지를 줄 수 있게 될 것이다.

신창훈, 보스턴 컨설팅 그룹(Boston Consulting Group), 어소시에이트 컨설턴트

면접관의 딜레마

인터뷰에서 퍼즐 문제를 섞어 넣는 가장 중요한 이유는 변별력이다. 면접관들은 퍼즐이 많은 수의 지원자 중에서 탁월한 사람을 골라내는 데 도움이 된다고 믿고 있다. 아이러니컬하게도 판매자 우위 시장, 즉 개개의 직업에 훨씬 많은 수의 지원자가 지원하는 현재의 직업 시장은 면접관의 딜레마를 악화시키기만 할 뿐이다. 각각의 직업에 수십에서 수백 명의 지원자들이 몰려들 때, 선발이라는 문제는 쉬운 것이 아니라 아주 어려운 것이 되어 버린다. 이제 면접관들은 직무 요구 사항에 완벽하게 부합하는 수많은 탁월한 지원자 중에서 선발해야 하는 어려움에 직면해 있다. 각 지원자마다 서류 전형을 통과하고 대단한 레쥬메, 업무 능력, 관련 자격증을 자랑한다. 적격자들이 넘쳐 난다. 평균적인 실력 보유자와 슈퍼스타를 구별해 내는 것은 쉽다. 그러나 슈퍼스타들 중에서 한 명을 선택해야 한다면 어떻게 할까?

당신은 아마도 한 때는 직원 채용 과정의 근간을 이루던 직업 관련 레퍼런스가 어디에서도 언급되지 않았음을 눈치챘을지도 모르겠다. 과거 25년이 넘는 기간 동안 기업들은 전직 종업원들에 대한 레퍼런스 제공을 점점 더 꺼리고 있다. 이런 거리낌은 이해하기 어려운 게 아니다. 소송의 사회라 일컬어지는 오늘날 인력 감축을 당했건 자발적 퇴사를 했건 할 것 없이 모든 직업 지원자들은 자신의 변호사에게 연락할 수 있도록 전화번호를 단축키로 저장하고 있으며, 약간이라도 자신에게 모욕이 가해졌다고 느끼면 바로 단축키를 누를 준비가 되어 있기 때문이다. 그 결과 대부분의 기업들은 레

퍼런스 조사를 복무기간 확인, 직무 타이틀, 그리고 최종 급여 정도
만을 확인하는 수준으로 축소시킨 상태이다. 점점 더 많은 수의 기
업들이 자동 음성 응답 시스템을 이용한 레퍼런스 체크의 자동화를
감행해서, 혹시라도 모를 응답자의 실수에 의한 전직 종업원에 대
한 비방성 발언의 여지가 개입하는 것을 막고 있다.

이전에는 채용 절차의 핵심이었던 추천서 역시 이제 골동품이 되
어 버렸다. 개중에 혹시라도 추천서가 제공되는 흔치 않는 경우가
있다고 하더라도, 추천서 인플레는 이 추천서들을 소용없게 만드
는 요인이 된다. 모든 추천서는 번쩍거리고 모든 지원자는 한 점의
결함도 없다. 면접관들은 이런 생각을 한다. "만약 그들이 그처럼
결함 없는 사람들이라면 왜 직업이 없지?" 어느 누구도 다른 의미
를 눈치챌 수 있는 뉘앙스의 추천서를 써주는 위험을 지고 싶어하
지는 않는다. 게다가 인터넷으로 지원하는 대다수의 지원자들은
종종 어떤 종류의 편지나 첨부물을 제출할 수 있는 기회조차 갖지
못하는 경우가 많다.

오늘날 지원자들의 적합성을 판단하는 데 있어서 가장 중요한 방
법인 전통적인 인터뷰조차도 나름대로의 한계가 있다. 면접관들은
겁을 먹고 있다. 면접관들은 회피해야만 하는 주제들과 물어서는
안 되는 질문들도 걱정해야 한다. 미국에서는 주법(州法)과 연방법
으로 특정 영역의 주제와 질문을 하지 못하도록 하고 있다. 면접관
들은 지원자의 나이, 몸무게, 결혼 상태, 출산 계획 등을 물어서는
안 되게 되어 있다. 특정한 직종 이외에는 면접관들이 전과 기록에
대해서도 물어볼 수 없다. 현재 모집중인 직업의 직무를 수행할 수
있는가에 관련된 질문만 할 수 있다. 이와 같은 다수의 법률들은 여

성과 소수 인종을 배려하는 것이므로 좋은 것이다. 어느 누구도 면접관이 여성 지원자에게 피임 기법에 대해 물어보곤 했던 과거로 돌아가기를 원하지는 않을 것이다. 그러나 새로운 법률들은 인간의 의사 교통에 핵심적인 잡담조차도 제대로 못하는 불확실한 상황을 만들어 놓았다. 악의를 품지 않은 질문들, 예를 들어 "오시느라 힘들지는 않았나요?"와 같은 질문도 면접관이 생각하기에는 지원자의 입장에서 혹시 이것이 대화를 풀어가려는 가벼운 질문인지, 아니면 지원자가 승용차를 운전해서 왔는지, 또는 버스를 타고 왔는가를 알아보려는 것이라고 의아해 할지도 모른다고 생각하는 순간 문제거리가 된다.

이런 저런 이유로 퍼즐과 브레인티저들이 되돌아오고 있다. 고용주들도 사실 다급하다. 이 모든 것들이 합리적인 판단을 내릴 수 있는 근거가 되는 활용 가능한 정보를 얻기 위해서 직업 인터뷰를 사용하게 만드는 중요 요인이다. 많은 질문들이 테이블에서 사라진 상황에서 퍼즐과 브레인티저는 지원자들과 장시간의 대화를 할 수 있게 만드는 매력적인 방법이 되고 있다.

지원자들이 퍼즐이나 브레인티저에 반응하게 만듦으로써 대화는 안전한 영역에서 진행될 뿐만 아니라 지원자가 어떻게 도전에 접근하는지, 어떻게 대응을 하는지, 그리고 어떻게 전략을 도출해 내는가에 대한 중요 측면들을 가감 없이 드러내 줄 수 있는 기회를 제공하기도 한다. 면접관들은 리스트에 있는 대부분의 지원자들이 모집중인 직업의 직무 수행에 과분할 정도로 요구 조건을 충족할 때 이런 유형의 대화가 인원 선발을 할 수 있는 의미 있는 단서를 제공해 줄 수 있기를 희망한다.

목적대로 쓰여지는 퍼즐

　직업 인터뷰에 적합한 퍼즐은 지원자와 면접관 사이에 의미 있는 대화를 나누는 것에 대한 촉매 역할을 할 수 있다. 인터뷰의 가치가 나타나는 곳은 특정 퍼즐에 대한 어떤 해답보다는 대화를 나눌 때 나타난다.

　세상에는 수많은 퍼즐들이 존재하지만 직업 인터뷰에 적합한 것은 상대적으로 많지 않다. 대개 이런 저런 이유로 대부분의 퍼즐은 장시간의 대화를 가능하게 만들지 못한다(부록 5.에 나오는 '직업 인터뷰에 부적합한 퍼즐' 참고). 인터뷰에 가장 많이 사용되는 퍼즐은 다음과 같은 속성을 가지고 있다.

● 퍼즐의 속성

• **답이 존재한다** : 퍼즐은 풀기 위해 있는 것이다.

• **짧다** : 퍼즐의 문구는 깨끗하고 결정적이며 분명하다. 복잡한 설명이나 많은 조건들이 붙은 퍼즐은 제대로 적용되지 않는다. 최고의 퍼즐은 5분 이내에 풀 수 있어야 한다. 그러나 이 퍼즐에 대한 대화는 훨씬 오랜 시간 동안 나눌 수 있는 것이어야 한다.

• **개방적이다** : 다양한 수의 인정 가능한 답이 존재하는 퍼즐은 지원자들이 창의력을 발휘하거나 다수의 답을 이끌어 내는 능력을 입증해 보이게 할 수도 있다. 대개 해답도 오답도 없는 상황이라면 지원자들은 패배했다고 느끼지는 않게 된다.

• **불분명하다** : 이 말은 문제가 몇몇 중요 대목에서는 심오한 것이어야 할 뿐만 아니라, 분명한 것 같은 첫 느낌이 필연적으로 틀린 것이어야 함을 의미하기도 한다.

• **매력적이어야 한다** : 최고의 퍼즐은 지원자들이 자극을 받게 만드는 방법으로 지적 영역으로 들어가게 만든다. 어떤 요인이 퍼즐에 이런 특성을 부여해 주는가를 정의하기는 어렵지만, 우리가 이런 퍼즐을 보면 금방 매력적이라는 것을 알 수 있다. 퍼즐은 많은 노력이 투입되어야 풀 수 있는 것이어서는 안 된다. 직업 인터뷰에서 퍼즐의 한 가지 목적은 심각한 사업 얘기를 하면서도 그 얘기 자체를 즐겁게 만들기 위한 것이다.

"자신만의 창의적 사고 체계를 가지고 면접관에게 도전하라"

최근 컨설팅 회사의 인터뷰를 담당하는 동료 컨설턴트 사이에서는 훈련된 '선수'는 많으나 창의적인 지원자는 찾아보기 힘들다는 공통된 생각이 팽배하다.

이러한 현상은 최근 대부분의 입사 지원자들이 각종 경영 서적이나 대학내 써클 활동 등을 통해 사전 경험은 풍부해진 반면, 학습으로 체득된 사고의 틀을 깨보려는 노력은 적은 탓으로 해석된다.

예를 들어, "신제품 출시를 앞둔 제약 회사가 당면한 이슈는 무엇이라고 생각하는가?"라는 질문에 대해, 잘 훈련된 지원자들은 '신제품'이라는 단어에 문제의 핵심을 두고 타사 대비 상품 경쟁력 확보 여부 및 투자 대비 수익성 측면에서 답을 한다

그러나 종종 면접관을 놀라게 하는 지원자들은 경제적 효익이나 상품 경쟁력 외에 제약 회사의 경영자 시각에서 제약 회사가 책임져야 할 공공성(예를 들어, 부작용에 따른 사회적 파장 등) 부문까지 고려한 다양한 접근 방법을 시도한다. 결국 면접관은 다양한 측면을 고려해 창의적 논리를 펼치는 지원자들에게 높은 점수를 주게 마련이다.

여기서 입사를 앞둔 지원자 여러분께 당부하고 싶은 말은 사전에 학습된 방법론은 문제를 체계화시키는데 도움은 되지만, 자신을 차별화시키는 데는 한계가 있는 만큼 본인 스스로가 자신만의 문제 해결 방법을 개발하는 데 많은 노력을 기울였으면 한다.

면접관을 놀라게 하는 질문들은 무수히 많다는 것을 잊지 말기를 다시 한 번 당부한다.

박선학, 에이티커니(A.T.Kearney) 컨설턴트

브레인티저 02
해결 전략

How to Ace the Brainteaser Interview

Brainteaser Survival Interview

인터뷰에서 퍼즐 문제를 물어보는 고용주들은 종종 분개적 사고력(divergent reasoning)에 강한 사람을 찾고 있는 경우가 있다. 분개적 사고력이란 통합적 사고력(convergent reasoning)에 반대되는 개념으로 한 문제에 대해 전에는 알려져 있지 않았던 미발견 해답을 찾아내는 과정을 의미한다.

분개적 사고를 요하는 문제를 풀 때 필요한 도구들은 본원성(originality), 적응성(adaptability), 능숙함(fluency), 그리고 창의성(inventiveness)이다. 분개적 사고를 하는 사람들은 언급된 것과 특히 언급되지 않은 모든 가정을 면밀히 검토한다. 전형적인 분개적 사고가는 대개 최적의 해답을 찾아내기 전에 많은 수의 가능한 답들을 탐구해 본다.

통합적 사고가는 처음에 드러나는 최초의 합리적 해결 방법을 택할 가능성이 많다. 이것은 종종 언급되지 않은 가정에 대한 부지불식간의 수락에 의하는 경우가 많다. 그리고 통합적 사고가는 하나의 해결책을 만들어 냈으면 그 하나의 해답에만 매달리는 경향이 있으며, 마치 뼈다귀 장난감을 물고 이를 지키려고 하는 개처럼 행동한다. 통합적 사고가의 전형적인 예는 헨리 포드의 T형 모델 자동차에 대한 유명한 슬로건이다. 즉 "검은색 중에서 마음에 드는 색의 차를 고르시오." 때때로 이러한 통합적 사고가 필요한 상황이 있기는 하지만 직업 인터뷰는 분명히 그런 상황에는 속하지 않는다.

집중력(Force)을 가져라

내가 말하는 집중력(Force)이란 퍼즐과 브레인티저의 공통 합의 사항을 말한다. 퍼즐을 푸는 사람들은 퍼즐이 어떻게 작용하는가에 대해 일련의 합의 사항을 만들어 왔다. 이것은 사람처럼 보이는 속성을 가진 세계이지만 현실 세계에서는 완전히 멍청해 보이는 방식으로 움직이기도 한다.

예를 들어 균형 퍼즐이라고 불리는 게임들이 있다. 이 퍼즐에서 관건은 가장 작은 수의 무게 측정 횟수를 통해 그룹 내에서 다른 것들보다 무게가 조금 더 나가는 한 물체를 찾아내는 것이다. 뭐 어려운 일은 아니다. 그 물체가 동전이라고 가정해 보자. 현실 세계에서 당신은 동전을 가지고 별의별 시도를 다 해볼 수 있다. 톱을 사용해서 반으로 잘라 볼 수도 있고, 녹여 볼 수도 있고, 갈아서 가루로 만들 수도 있고, 씹어 볼 수도 있고, 손으로 들어 볼 수도 있고, 화학 분석을 해볼 수도 있으며, 인터넷을 검색해 보아도 되고, 보석상을 매수해서 알아볼 수도 있다. 이 중에 몇 가지 방법은 문제 해결에 도움이 될 수도 있고 다른 방법들은 멍청한 방법일 수도 있겠지만, 이 중의 그 어느 방법도 균형 퍼즐에서 쓸 수 있는 것은 없다. 퍼즐의 공통 합의 사항(convention)이 그러한 산만함을 허용하지 않을 것이다. 그렇다면 이러한 퍼즐의 세계에서 통하는 방식에 익숙해져야 한다. 주어진 제약 조건들을 받아들이고 문제가 되는 추상 기하학에 관심을 기울여야 한다.

퍼즐이 인간과 같은 생물체로 의인화되면 당신이 알고 있던 복잡하고 복합적인 인간의 행동에 대한 거의 모든 것을 잊어버리는 것이 중요하다. 퍼즐 속의 생물체들은 단순하고 한 가지 특성만을 가진 캐릭터로서 퍼즐을 풀기 위해서만 존재한다. 이것들은 오직 한 가지 동기만을 가지고 있다. 퍼즐에 따라서 이런 캐릭터들은 오직 돈을 최대로 만드는 것에만 관심을 갖는다든지, 화재로부터 대피하는 것에만 관심을 갖는다든지, 다리 건너로 물건을 옮기는 데에만 관심을 갖는다든지, 혹은 예측 가능한 방법으로 행동하는 것에만 관심을 갖는다. 퍼즐 속의 생명체들은 확률을 알고 있으며 논리적으로 행동할 것이 요구될 경우 절대로 실패하는 경우가 없다. 이 생물체들은 즉시 행동하고 자신들의 행동에서 논리적 귀결에 대해 완벽하게 알고 있다. 퍼즐 속의 생물체들은 절대로 실수를 하지 않을 뿐더러 한번도 불확실한 경우가 없다. 퍼즐의 생물체는 몸 속에 이타적인 구석이라고는 전혀 없고 좋은 일이거나 공평한 일이기 때문에 어떤 일을 하는 경우는 전혀 없다. 그들이 행동을 할 때는 순전히 자신의 이익을 위해서만 움직인다.

심지어 똑똑한 사람도 직업 인터뷰의 중압감을 이기지 못하고 무너지는 경우가 있다. 그러나 절대 절망할 필요는 없다. 여기에서는 인터뷰를 좀더 쉽게 만들어주는 몇 가지 실질적인 조언을 하고자 한다. 수십 명의 면접관, 채용 담당자, 직업 관련 코치들이 퍼즐과 브레인티저에 맞서는 방법을 말하는 것에 귀를 세우고 듣기 바란다.

● 퍼즐과 브레인티저에 맞서는 방법들

• 분명하게 떨어지는 답은 언제나 오답이다
믿어도 좋다. 당신에게 처음 떠오른 생각은 믿을만한 것이 못 된다. 답이 더욱 분명하게 보일수록 그 답이 부정확할 가능성은 더 크다. 거의 모든 퍼즐은 그것들이 언뜻 보여지는 것보다는 더 심오하고, 그런 이유로 이것들이 퍼즐이 되는 것이다. 분명하다고 생각되는 답을 적어 놓는다. 심지어 면접관에게 이 답을 말해도 좋지만, 언제나 의심의 날을 세워 두어야 한다. 이제 그 분명한 답을 놓고 왜 이 답이 틀리는가를 고심해 보아야 한다.

• 해답을 얻기 위해 노력하라
문제의 결함을 찾기 위해 노력해서는 안 된다. 당신이 필요로 하는 모든 정보는 이미 문제에 들어있다. 빠진 것은 아무것도 없다.

• 먼저 생각하고 그 뒤에 말하라
침묵하는 것을 겁내지 마라. 1분이나 2분 정도 문제에 대해 생각해 보아야 한다. 마이크로소프트사의 면접관이 이런 말을 했다. "우리는 당신이 생각하도록 물어본 것이니까 생각을 하세요." 당신이 가능한 모든 답에 대해 생각한 것처럼 보여야 한다. 역설적이게도 대부분의 면접관들은 문제를 푸는 속도보다는 심사 숙고하는 것을 더 중요하게 생각하므로, 심지어 당신이 면접관이 문제를 다 내기도 전에 답을 안다고 생각하게 된 때일지라도 면접관에게는 생각하는 모습을 보여주어야 한다. 당신의 첫 번째 생각은 아마도 틀린 것일 수도 있다. 그리고 면접관이 말할 때는 절대로 그 말을 끊어서는 안 된다.

• 분석하라
규모가 작을수록 다루기 쉽다. 만약 퍼즐이 5개의 구슬로 이루어져 있다면, 우선 2개의 구슬로부터 무슨 일이 벌어지는지 관찰해야 한다.

• 거꾸로 해석하라
지금 들은 것을 되풀이하여 말해 보자. 문제의 목표를 서술해 보자. 당신은 다음과 같은 몇 가지 이유 때문에 이것을 실행한다. 첫째, 당신이 이 케이스에 대해 다시 한 번 주의하여 듣게 된다. 둘째, 면접관에게 당신이 귀를 기울여 들었다는 것을 보여줄 수 있다. 그리고 세 번째로, 당신이 생각하는 것보다 자주 일어나며, 인터뷰 탈락의 근원인 틀린 대답으로 마무리 짓지 않게 된다.

• 대화는 독백보다 낫다
솔직해 지자. 소리를 내어 생각해라. 면접관에게 당신이 이 문제를 가지고 고심하는 것을 보여줘라. 당신의 사고가 나아가는 논리적 경로를 보여주자. 인터뷰는 종종 시험과 같이 구조화되어 있다. 하지만 대부분의 대답은 부분 점수가 있다. 만약 당신이 큰 소리로 말을 한다면, 면접관은 당신의 상태를 파악하고 당신에게 힌트를 줄 수도 있다.

• 오컴의 면도날(단순성의 원리)을 존중하라
경제학적인 해설을 지지하자. 오컴의 면도날이란 어떠한 상황에 두 가지의 해석이 존재할 때, 단순한 해석이 보다 낫다는 명제이다. 취업 퍼즐 인터뷰에서 당신은 퍼즐 자체는 당신이 생각하는 해답보다 훨씬 복잡하지 않다는 것을 확신할 수 있다. 단순함을 기억하자.

• 우리는 함께 즐기고 있는 것이다

그렇지 않은가? 문제를 푸는 과정에서 포괄적인 언어를 사용해라. '우리는' 또는 '우리의'와 같은 포괄적인 언어는 당신의 팀워크 및 협동력에 관한 것을 은연중에 나타낼 것이다. 당신이 적당하게 포괄적인 언어를 사용한다면, 당신은 팀의 한 부분이라는 인상을 줄 수 있게 된다.

• 단순히 대답만 하지 말고 질문을 하라

질문을 한다는 것 자체가 퍼즐에 대한 도전으로 해석될 수 있지만, 대부분은 질문을 명백하게 하는 것을 의미한다. 질문 받은 문제에 대해 대답할 수 있도록 확인하자. 한 곳에 깊이 들어가기 전에 문제의 범위를 확인하는 것으로 질문을 사용하자.

• 계산하는 것은 결코 필수적인 것이 아니다

만약 수학 문제를 해결하고 있는 자신을 발견한다면, 즉각 멈춰라. 이 퍼즐은 단순한 계산 이상의 기술은 절대로 요구하지 않는다. 대체적으로 문제가 복잡할수록 해답은 단순해진다.

• 거꾸로 생각하자

퍼즐을 끝에서부터 시작하면서 거꾸로 생각할 때, 종종 해답을 더 쉽게 찾을 수 있다.

• 모든 것이 대등할 때, 면접관에게 독특한 대답을 하라

인상적으로 두드러질 수 있는 좋은 방법은 면접관이 한 번도 들어보지 못한 해답을 제시하는 것이다.

"도와주세요! 어떻게 해야 할지 모르겠어요"

인간의 뇌는 초자연적인 기관이다. 당신이 태어날 때부터 작동하기 시작하여 당신이 이러한 논리 퍼즐에 타격을 받을 때까지 결코 멈추지 않는다. 당신이 타격을 받았다고 해서 걱정하지 마라. 풀 수 없는 퍼즐을 다루는 방법은 풀 수 있는 퍼즐을 다루는 것만큼 중요하다.

가장 큰 실수는 모두 실패하고 헤드라이트에 오버하는 사슴 - 너무 인사불성이 되어 반응하거나 생존할 수 없는 - 처럼 반응하는 것이다. 더 큰 실수는 면접관을 공격하여 함께 물에 빠져 허우적거리는 사람처럼 반응하는 것이다. 좋은 대응이라는 것이 항상 정확한 해답을 의미하는 것은 아니다. 하지만 좋은 대응이라는 것은 익숙하지 않은 문제에 알맞은 접근 방법을 보여주는 것이다.

가장 좋은 대응은 당신의 유머 감각을 유지하는 것이다. 아주 똑똑한 지원자가 다음과 같이 어려운 퍼즐에 대응하였다.

"음, 우리 중 한 사람은 해답을 알고 있지 않습니다. 또 다른 한 사람은 경기자들이 도움을 청하기 위해서 전화를 사용할 수 있는 유명한 TV 퀴즈 쇼 '누가 백만장자가 되고 싶은가?' 를 언급하며 이렇게 되물었습니다." "내게 몇 번이나 찬스가 남았나요?"

당신이 곤경에 빠진 느낌이 들 때, 가장 먼저 해야 할 것은 깊이 숨을 들이쉬고 퍼즐에 대해 되풀이 해 주도록 부탁하는 것이다. 때때로 면접관은 미리 무언가를 감지하고 무엇인가 부족한 강조나 설명을 제공할 것이다. 그렇다면, 당신은 퍼즐에 대해 면접관에게 되풀이하여 물어보아야 한다. 예를 들어 "제가 이 문제를 제대로 해석하고 있는지 봐주시겠습니까?" 하는 식으로 퍼즐에 대한 문제를 되풀이하면서 해결하는 것이다.

때로는 퍼즐에 대한 문제를 한두 번 자신에게 큰 소리로 되풀이 해보는 것도 다음 단계로 진행하는 좋은 기회가 되기도 한다. 몇몇의 지원자들은 퍼즐 문제를 적어보기도 한다. 너무 급하게 서두르지 말자.

그 다음에는 질문을 해야 한다. 만약 당신이 이해하지 못한 항목이 있다면, 면접관이 알게 하고 당신의 어려운 점들을 솔직하게 인정하는 것이다. "이 문제에 대해서 어려움을 겪고 있습니다. 이해할 수 있도록 도와주실 수 있을까요?" 만약 이러한 것들이 도움이 되지 않는다면, 힌트를 부탁해도 좋다. "죄송하지만, 이 문제에 대해 어려움을 겪고 있습니다. 힌트를 주실 수 있을까요?"

면접관들에게 당신이 당황하고 있다는 모습은 보이지 말며, 그저 소리를 내면서 생각하고 있다는 모습을 보여주자. 그들에게 당신의 사고가 계속적으로 진행되고 있다는 것을 보여주어야 한다. 전 마이크로소프트 개발자 아단 바스는 이렇게 말했다.

"당신의 내부에서 일어나고 있는 사고를 크게 표현하라. 당신의 호기심을 보여주어라. 당신이 탐험하고 있으며 당신이 생각하고 있는 막다른 길을 보여주어라. 당신이 해답에 도달하지 않았다고 하더라도, 그들은 당신의 전략을 인상적으로 받아들일 것이다."

마지막으로, 당신이 진짜 막다른 골목에 이르러서 어떻게 대처해야 하는지를 모른다면, 그저 당신이 생각했던 면접 시간보다 더 많은 시간이 필요하다는 것을 인정하라. 하지만 당신이 문제를 풀 수 없다는 것을 인정해서는 안 된다. 그저 당신이 주어진 면접 시간 내에 문제를 풀 수 없다는 것만을 표시하라. 아단 바스는 다음과 같은 표현을 제안하였다.

"죄송합니다. 지금 여기서 주어진 시간에서는 힘들겠지만, 이 문제는 해결할 수 있습니다. 다시 찾아뵈면 어떨까요?"

당신이 문제를 풀지 못했다 할지라도, 그들에게 당신의 호기심과 포기하지 않는 정신을 보여주어야 한다. "제가 문제를 해결하지는 못했지만, 정말 궁금하군요. 해답을 말씀해주실 수 있나요?" 이러한 종결은 이번 퍼즐에서의 실패를 다음 퍼즐에 대한 낙관적인 인상으로 전환시킨다.

몇몇의 지원자들은 이러한 퍼즐이나 브레인티저에 대해서 좋지 않게 생각하면서 비합법적인 질문으로 간주한다. 또한 단순하게 다음과 같이 대응한다. "저는 이러한 문제에 대답하지 않습니다."

또 다른 그룹은 자신에게 도전하면서 다음과 같이 대응한다. "과업을 수행하는 데에 이 문제는 내 역량과 어떤 상관이 있습니까?" 대부분의 면접관들은 당신의 자세를 존중할 것이다. 그들은 당신을 고용하지 않을 것이지만, 당신의 자세는 존중할 것이다. 만약 당신이 원하는 것이 존중 그 자체라면, 그러한 방법을 따라도 좋다. 하지만 당신이 원하는 것이 직장을 구하는 것이라면, 지원자로서 이러한 갈등에 관여하는 것은 비생산적이라는 사실을 받아들여야 한다. 당신이 이러한 퍼즐을 좋아하지 않을 수 있다. 더 나아가서는 싫어할 수도 있을 것이다. 하지만 당신이 취업을 고려한다면, 최선을 다하여 받아들이는 것 외에는 다른 대안이 없다.

"성공적인 인터뷰를 위한 체크 포인트"

수차례 MBA들을 대상으로 인터뷰를 진행해 보면서 필자가 느낀 점은 의외로 많은 지원자들이 효과적으로 본인을 표현하는 기술이 부족하다는 점이다. 이러한 점은 MBA 리크루팅을 여러 해 진행해 온 선배나 학부 졸업생 리크루팅을 주도해 온 면접관들이 공통적으로 지적하는 사항이기도 하다.

필자가 MBA 과정 중에서 다수의 인터뷰 세션을 통해 습득한 내용 가운데 가장 도움이 되었던 사항들은 크게 두 가지이다. 두 가지 모두 효과적인 PR과 관련된 것들이었는데, 첫째는 지원자가 인터뷰 중에 하는 모든 대답은 항상 다음 세 가지 유형, 즉 '왜 이 산업인가?(Why this industry)', '왜 이 회사인가?(Why this firm)', 마지막으로 '내가 무엇을 기여할 수 있을 것인가?(Why me)'를 중심으로 자신을 세일즈해야 한다는 것이고, 둘째는 인터뷰 진행 시간 중에서도 특히 시작 5분 이내, 그리고 종료 5분 이내에 강한 인상을 심어줄 수 있어야 면접관에게 효과적으로 전달이 된다는 점이다.

'왜 이 산업인가?(Why this industry)'에 해당하는 세일즈는 내가 여러 산업 중에서도 특히 어떤 점 때문에 열정을 갖게 되었는가를 부각시킬 수 있는 기회로서, 지원자가 이 산업에서 필요로 하는 역량이 어떤 것인지 정확히 이해하고 있다는 점을 표현해야 한다. '왜 이 회사인가?(Why this firm)'의 경우, 내가 여러 동종 회사들 중에서도 특히 지원하는 회사의 구성원이 되기를 절실히 원한다는 점을 피력할 수 있는 기회로 내가 동종업계 회사들의 차별점에 대한 충분한 사전 리서치를 수행했고, 각각의 장단점을 나름대로 파악했으며, 어떤 이유 때문에 지원자가 지원하고 있는 회사에 적합한 사람인가 하는 점을 커뮤니케이션하는 것을 말한다.

'왜 이 산업인가?(Why me)' 는 나를 선발하게 된다면 회사에서는 어떤 점에서 득이 될 것이라는 것을 피력할 수 있는 기회로, 다른 사람과 구별되는 나만의 독특한 점이나 능력을 잘 포장해서 세일즈하는 것을 말한다.

또한 처음 5분, 그리고 마지막 5분에 집중적으로 강한 인상을 남겨야 하는 이유는, 여러 형태의 실험에서도 드러난 바와 같이 어느 정도의 긴장감이 유지되는 인터뷰 시작과 종료 시점에서 사람의 기억력이 최적의 상태를 유지하기 때문이다. 하루에도 수십 명의 지원자를 인터뷰해야 하는 면접관들의 입장을 고려한다면 효과적인 시점이 왜 중요한가를 충분히 납득할 수 있을 것이다.

아마도 우리나라와 같이 자신을 낮추는 것이 미덕으로 여겨지는 문화권에서 교육을 받아온 사람들로서는 본인을 PR하는 것이 매우 어려울 것이다. 그렇지만 필자가 여러 지원자들에게 강조하고 싶은 것은 인터뷰를 각인시킬 수 있는 효과적인 자기PR 없이는 수많은 지원자들 중에서 절대로 본인이 두드러질 수 없다는 점과 이러한 행위가 자연스럽고 누가 보기에도 인상적이기 위해서는 가능한 최적 시점의 선택이 필요하다는 점을 명심하기 바란다.

송희준, (주) 두산 과장 (前 PwC 컨설팅 근무, 컬럼비아 MBA, CPA)

현실에서의 추리 퍼즐 03

How to Ace the Brainteaser Interview

Brainteaser Survival Interview

때때로 일상생활에서의 가장 평범한 인위적 현상이 가장 당황스러울 수 있다. 지원자들은 그들이 살고 있는 현실 세계에 대해서 얼마나 정확하게 주시하고 있는가? 우리 일상생활의 부분부분을 차지하고 있는 자연 및 인위적인 현상에 대해서 그들은 얼마나 궁금해하고 있는가? 그들은 소위 말하는 '상식'이라고 일컬어지는 사고력을 발휘한 수단과 컨셉을 얼마나 솜씨 있게 조작할 수 있는가? 이 퍼즐은 비즈니스에서 사용되는 호기심, 관찰력, 다양한 기술을 평가할 수 있다. 면접관들은 여기에서 다루어지고 있는 퍼즐을 면접자들에게 물어보면서 그들이 현실 세계에서 제대로 적응해 갈 수 있는가에 대해 어렴풋이 볼 수 있다고 생각한다. 또한 이 퍼즐이 주는 자체적인 즐거움도 보너스라고 생각한다.

1. 맨홀 뚜껑이 둥근 이유

이것은 모든 취업 관련 브레인티저에 단골로 등장하는 퍼즐이다. 사실은 이 퍼즐에 관련하여 가장 바람직한 표현은 "왜 맨홀 뚜껑은 동그란 모양일까?"이다. 이 퍼즐은 브레인티저를 취업 인터뷰에서

관례적인 트렌드로 시작한 퍼즐이다. 이 이야기는 마이크로소프트사의 최고경영자(CEO)인 스티브 발머가 마이크로소프트사의 임원과 함께 조깅을 하다가 맨홀 뚜껑을 밟으면서 생긴 이야기라고 한다. 맨홀 뚜껑은 동그란 모양이었으며, 그가 지금까지 본 맨홀 뚜껑은 거의 모두가 비슷한 모양이었다. 왜 맨홀 뚜껑은 모두 동그란 모양일까? 발머는 자신에게 되물었다. 그 후 발머는 세 가지 논리를 생각해 내었다. "음 이것은 인터뷰에 좋은 질문거리가 되겠군."

PUZZLE 왜 맨홀 뚜껑은 원 모양일까?

1980년대의 몇 년 동안 마이크로소프트사의 취업자들은 "왜냐하면, 구멍에 빠지지 않기 때문에!"라며 불평을 하였지만, 이 퍼즐은 현재까지도 인터뷰에 등장하는 전형적인 퍼즐이다. 그것은 취업자들이 이러한 전형적인 질문에 대응하는 것을 준비하였음에도 불구하고, 면접관들은 지원자들에 관한 좋은 정보를 얻을 수 있기 때문이다. 전형적인 대답은 다음과 같다.

1. 원 모양은 덮고 있는 맨홀 통로에 빠지지 않는 유일한 기하학적인 모형이기 때문이다.
2. 원 모양의 맨홀 뚜껑은 맨홀 통로의 모양에 따라 일치시키거나 정렬시킬 필요가 없기 때문이다.
3. 원 모양의 맨홀 뚜껑은 무거운 물체를 쉽게 들어올리거나, 운반하거나 굴릴 수 있기 때문이다.
4. 원 모양의 맨홀 뚜껑을 생산하는 것이 다른 모양으로 생산하는

것보다 비교적 적은 금속이 필요하기 때문에 비용적인 측면에서 더 유리하다.
5. 왜냐하면 맨홀 자체가 원 모양이기 때문이다!

이 퍼즐은 그저 해답을 객관식으로 고르는 것을 넘어 더 많은 것이 요구된다. 지원자들은 하나 혹은 두 개의 대답을 골라서 논리적으로 설명하도록 요구된다. 마이크로소프트사의 인력 채용단은 이 퍼즐이 도덕적인 가치의 기초가 될 수 있는 합리적인 퍼즐이라고 생각했다. 면접관들에게 현실 세계에서의 문제들은 인간의 안전을 지키는 것에 집중되어 있다는 것을 상기시키는 것은 항상 바람직하다.

원 모양의 뚜껑은 통로로 빠지지 않기 때문에 뚜껑 아래에 있는 사람에게 부상을 입히지 않으며, 또한 뚜껑 위에 있는 사람에게 위험한 인상을 주지 않는 유일한 기하학적 모형이다. 맨홀 뚜껑 표면 위의 가느다란 입술 모양은 어떤 식으로 지탱되어 있는가에 상관없이 맨홀 통로로 맨홀 뚜껑이 떨어지는 것을 방지할 것이다. 정사각형 모양의 맨홀 뚜껑은 이렇게 활용되지 않을 것이다. 왜냐하면 정사각형의 대각선은 2 제곱근 곱하기 각 변이기 때문이다. 정사각형 모양의 맨홀 뚜껑이 정점에 지탱되어 있다가 조금만 회전시키면 통로로 쉽게 떨어질 것이다. 이러한 원리는 맨홀 뚜껑이 삼각형일 때도 적용된다. 어떤 방향으로도 지름의 길이가 같은 원 모양만이 우리가 바라는 속성을 가지고 있다.

만약 당신이 또 다른 방법으로 접근한다 해도 무관하다. 어떤 접근 방법도 사용될 수 있으므로, 한 가지 접근 방법을 선택하여 그에 알맞은 이론과 대화를 준비해 보자. 퍼즐은 공학적인 기술을 측정하기 위한 것이 아니라, 당신이 어떤 결정을 내리고, 당신의 이론을 정확하게 의사 소통함으로써 당신의 의견을 지지하는 모든 것을 평가하기 위한 것이다.

똑똑하게 보이고 싶은 유혹을 피하자. 물론 하수구 통로에 빠지지 않게 통로를 완전히 덮는 조건을 만족하는 원형이 아닌 다른 형태가 존재할 수 있다. 하지만 다른 형태의 다각형을 언급하는 것은 위상 기하학 포지션으로 지원하는 것이 아니라면 당신의 기회를 앞당기는 것이 아니다.

> **CHECK** 현실은 모든 맨홀이 전부 원형이 아니라는 것이다. 사진작가 단 헬러는 전 세계를 돌면서 찍은 수십 개의 맨홀 커버 사진(대부분의 사진은 자신의 신발이 보여짐)을 자신의 웹페이지에 올려놓고 있다(http://www.danheller.com/manholes.html). 여기서 살펴보면 거의 대부분의 맨홀 커버가 원형인 동시에 몇몇 도시에서는 정사각형이나 직사각형 커버를 선호하였다.

2. 상황을 제거하라

이 문제는 현재까지도 마이크로소프트사에서 사용되는 가장 대중적인 문제 중에 하나이다. 많은 사람들이 그들이 거친 인터뷰에서 각기 다른 해답을 염두에 두고 있는 면접관들에게 이러한 질문을 받았다고 한다.

PUZZLE *만약 당신이 미국의 50개 주 가운데서 하나를 제거해야 한 다면 어느 주를 선택하겠는가? 당신이 왜 그 주를 선택했 는가에 대한 구체적인 이유를 설명하라.*

해답을 찾기 위해서 고민하지 마라. 워싱턴주를 시작으로 하지 말아야 할 마이크로소프트사에 지원하지 않은 이상, 해답은 없다. 최선의 코스는 강제적인 방법으로 이 질문을 다시 구성하는 것이 다. 또 다른 아이디어, 즉 특정 주의 이름으로 대답을 시작하지 말 고, 당신의 논리로 면접관과 함께 접근하여 당신과 면접관이 어떠 한 결론에 도달할 것인가를 지켜보면서 모호한 환경을 만들어라. 유머는 항상 플러스이다. 이 질문에 대해서는 수십 개의 창의적인 해답이 존재한다. 다음과 같이 세 개의 해답이 있다.

1. 글쎄요, 저는 사람들을 제거하는 것에 책임을 지고 싶지 않습니 다. 그래서 저는 캐나다에 양도하는 것이 가능하다면 캐나다와 국경에 밀접해 있는 노스 다코타나 버몬트와 같은 주를 제거하 겠습니다. 양도 후 제가 여전히 방문 가능하겠죠?

2. 저는 와이오밍주를 제거하겠습니다. 당신은 와이오밍주가 인구 조밀도가 가장 적은 주라는 것을 알고 포인트로 잡았다. 하지만 사람들과 자연 속성이 라스베가스의 땅 위에 놀이 공원으로 이 전되는 것을 가정 하에 말입니다.

3. 비슷한 접근 방법은 이웃해 있는 주와 연합시킴으로써 한 주를 제거하는 방법입니다. 예를 들어서 코네티컷은 로드 아일랜드와 연합할 수 있고, 노스 다코타와 사우스 다코타는 다코타주로 연

합될 수 있습니다.

　지원자들은 이러한 질문을 면접관이 던질 때 질문 할 사항들을
준비하고 있으며, 면접관이 생각하고 있는 확실한 결론을 지원자들
이 대답하기를 바란다는 점을 명심하라. 한 지원자는 이러한 질문
을 받았을 때, 면접관은 정사각형인 주를 (콜로라도 혹은 와이오밍
주와 같은) 몇 개의 부분(생각컨대 직사각형)으로 나누고 이웃해 있
는 주와 연합시키는 것을 해답으로 제시했다고 밝혔다. 면접관이
이상적으로 생각하고 있는 대답은 콜로라도주라는 것이 밝혀졌다.
이 지원자가 얼마나 화가 났었는지 들어보자.

　난 거의 모든 현실적인 가능성을 언급했다고 생각했다. 하지만 면
접관이 독단적이었다는 사실이 확인되었고, 마침내 면접관은 다음과
같이 대화를 끌어 나가기 시작했다. "한 주를 여러 개의 지역으로 나
눈 다음 이웃해 있는 주와 연합하는 것에 대해 어떻게 생각하나요?그
러면서 콜로라도가 직사각형이고 나누기에는 쉽답니다." 하면서 계
속해 나갔다. 나의 다른 해석에는 어떠한 언급도 하지 않았으며, 콜로
라도를 나눈다는 것에 완전히 열중해 있었다. 면접관이 위성 사진 촬
영과 같은 현대 과학 기술로 변칙적인 직사각형을 균등하게 나누는
것은 그리 힘들지 않다는 것을 보여주고 싶은지, 혹은 한 주를 다양한
파트로 나누는 것이 내가 생략한 타당한 방법론이라는 것을 인정하
고 싶은 것인지 알 수 없었다. 면접관은 인구 조밀도 및 다른 고려 사
항은 중요하지 않은 듯 계속하여 한 주를 균등하게 나누는 것에만 열
중하고 있었다. 인터뷰 시간 중 대부분, 우리는 한참동안 더 많은 주

를 수반하는 것이 왜 성공적이지 못한가에 대해 나의 생각을 나누었으며, 면접관은 이러한 논리에 대해서는 무시하면서 콜로라도 균등분할에 대해 계속 대화를 진행하였다. 아마도 면접관이 콜로라도주에 대한 불만이 있었거나, 그 주의 직사각형 형태나 쉬운 기하학적 구조에 (직사각형을 균등하게 분할하는 것) 빠져있었음에 틀림없었다.

물론 면접관이 지원자의 해석을 밀어냈을 때 그러한 환경에 어떻게 적응하는가에 대한 테스트를 했을 수 있다고 본다.

3. 균형에 대한 질문

이 질문은 약간 진부하게 보일 수도 있다. 하지만 제품 디자인 컨설팅 회사인 디자인 컨티넘의 마케팅&프로그램 개발팀의 부사장인 에드 밀라노에게는 의미 있는 문제였다.

PUZZLE *시소에서 균형을 맞추려는 두 사람이 있다. 첫 번째 사람의 몸무게는 125파운드이고, 두 번째 사람의 몸무게는 150파운드이다. 시소가 수평적으로 균형을 이루려면 두 사람이 어떻게 배치되어야 할까? (그림 3-1 참조)*

지원자가 밀라노와 인터뷰를 할 때, 그 사람의 습성이나 경험은 문제가 되지 않는다. 밀라노는 지원자를 통과시킬 때, 지원자가 스트레스가 많은 환경, 즉 성공과 실패를 가름하는 전략적 디자인 프

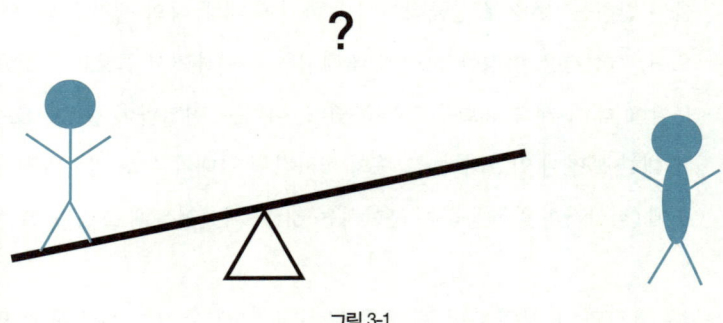

그림 3-1

로그램과 함께 고객을 도와주는 컨설팅 생활에서 어떻게 생각하는가를 봐야만 한다. 그는 다음과 같이 말한다.

"우리는 똑같은 프로그램을 두 번 해결하지 않는다. 각각의 계약이 모두 독특하다. 따라서 우리는 새로운 방법으로 정착된 한계를 뛰어 넘는 열정으로 새롭게 생각하는 사람, 팀원으로서 각각의 경계선을 넘어 추진할 수 있는 확신을 가진 사람을 찾고 있다."

밀라노는 어떠한 대답을 찾고 있을까? 지원자는 최소한으로 가벼운 사람보다 무거운 사람이 중심점 가까이 앉아야 한다는 사실을 전달할 수 있어야 한다. 만약 지원자가 일어나서 칠판에 배치를 그리려고 한다면, 나는 지원자가 개념으로 생각한다는 증거를 볼 수 있는 것이다. 디자이너로서 갖추어야 할 좋은 태도이다.

난이도가 높은 시소 퍼즐을 풀고 싶다면, 퍼즐 93번(균형잡기)을 보기 바란다.

|해답| 더 무거운 사람이 지렛목에 더 가깝게 앉아야 한다.

4. 소금과 후추

이 퍼즐은 중학교 과학 실험 시간을 연상시키는 재미있는 퍼즐이다. 어떤 면접관들은 점심 식사와 함께 이루어지는 런치 인터뷰에 즐겨 사용한다.

PUZZLE *하얀 종이 위에 소금을 뿌린다고 상상해 보자. 그리고 그 위에 후추도 동시에 뿌린다. 자, 플라스틱 빗만을 사용하여 소금과 후추를 어떻게 분리할 수 있을까?*

|힌트| 해답이 쇼킹할 것이다.

플라스틱 빗으로 몇 번이고 자신의 머리를 빗어 내린다. 이 빗에 정전기가 발생할 것이며, 음전기를 수반하게 될 것이다. 자, 그럼 이제부터 소금과 후추가 섞여 있는 종이에 이 빗을 흔들어 보자. 훨씬 가벼운 후추는 빗에 접착되어 떨어져 나올 것이며, 조금 더 무거운 소금 결정만 남을 것이다.

5. 줄사다리와 높아지는 수위

이 퍼즐은 거의 수수께끼 수준이다. 하지만 일부 면접관들은 인터뷰를 시작하는 좋은 방법으로 평가한다. 자, 여기서는 면접관들이 문제를 묘사하여 해답을 알기 쉽게 찾을 수 있는 지원자를 찾는다.

PUZZLE 줄사다리가 배 측면에 걸려있다. 사다리 단 사이의 간격은 1피트 정도 떨어져 있고, 사다리는 12피트이다. 조류는 한 시간에 4인치씩 높아진다. 아래서부터 4개의 사다리 단이 물에 잠기기까지의 시간은 얼마나 걸릴까?

|힌트| 부력

지원자들은 다소 쉽게 보이는 이 문제에 대해 신중을 기울여야 한다. 항상 함정이 있다는 사실을 알아야 한다. 어떤 지원자에게도 답이 명백한 수학적인 문제를 제공하지는 않을 것이다. 그래서 그 문제가 변화를 일으키는 문제가 되는 것이다. 명백하지 않은 퍼즐은 무엇인가? 여기서의 진정한 퍼즐은 참고될 만한 프레임이 포괄적이다는 것을 이해하는 것이다. 배와 줄사다리는 하나의 단위로 행동한다. 배에 소속되어 있는 줄사다리는 수위가 높아지는 바닷물과 함께 올라갈 것이며, 만약 배에서 떨어지지 않는다면, 바닷물이 올라가는 것과는 상관없이 결코 잠기지 않을 것이다.

|해답| 영원히 안 잠긴다.

6. 코코넛과 사업 계획

이 질문은 약간 교묘하지만, 이 질문의 해답을 위해서는 유연하게 생각할 수 있는 사고가 필요하다. 이 퍼즐에 직면하는 거의 모든 사람들이 걸려 넘어지는 고질적인 가정으로부터 해방되어야 한다. 선호하는 해답이 존재하지만, 성과 있는 대화로부터 여러 개의 흥미 있는 해답이 나올 수 있다. 이것이 유익한 퍼즐이 의도하는 바이다.

PUZZLE *어떤 사업가가 코코넛을 매매하기 위한 사업 계획을 고안하고 있다. 그의 계산에 의하면 한 더즌에 5달러로 구입하여 한 더즌에 3달러로 판매하였을 때, 1년 안에 백만장자가 될 수 있다고 한다. 그의 사업 계획과 계산 방법은 정확하다고 가정하였을 때, 이 모든 것이 어떻게 가능한가?*

|힌트| 시작 조건

　이러한 퍼즐을 접하게 되면 대부분은 닷컴 방식으로 사고하기 시작할 것이다. 돈을 잃는 장사가 왜 분명한 사업 계획이 될 수 있는가에 대한 이론적인 설명을 부연할 것이다. 어떤 지원자들은 원가 이하로 상품을 판매하면서 시장 점유율을 확대했을 것, 혹은 그 사업가의 전략이 모든 경쟁자들을 물리치고 코코넛 시장을 지배하는 것이라는 제안과 함께 해결에 힘썼을 것이다. 이 모든 반응은 이 사업가가 사업을 시작하기 전보다 시작한 후에 돈을 더 많이 벌었다는 가정을 출발 조건으로 한 것이다. 어쩌면 가장 명쾌한 해답은 그 사업가는 이러한 사업 계획으로는 실패할 것이며, 만약 그 사업가가 1년 내에 백만장자가 된다고 한다면, 그는 억만장자로 사업을 시작했음에 틀림없다.

|해답| 그 사업가는 억만장자로 시작하였다.

7. 철제 세척기의 구멍에는 어떤 변화가 생길까?

면접 인터뷰를 시작하기에 적당한 퍼즐이다. 어떤 지원자들은 질문을 더 복잡하게 만들기도 한다. 구멍이라는 개념에는 사람들을 혼란시키는 그 무엇이 있다.

PUZZLE *세척기가 가열되었을 때 철제 세척기의 구멍에는 어떤 변화가 생길까? 구멍의 크기가 줄어들까, 늘어날까, 아니면 그대로 유지될까?*
|힌트| 금속이 가열될 때 어떤 변화가 일어나는가?

한 조각의 금속이 가열되거나 차가워 질 때는 균등하게 팽창하거나 수축된다. 이런 현상은 전체가 확대, 축소되는 것과 같다. 철제 세척기를 가열하면 세척기 자체의 크기가 확대되며, 구멍 또한 같이 확대된다.
|해답| 구멍이 커진다.

8. 6개의 물 잔 배열하기

이 퍼즐 역시 교묘한 퍼즐로서 면접관들이 선호하는 것 중의 하나이다. 물 잔 또는 오렌지 주스로 아래와 같은 그림 또는 6개의 유리잔으로 시연이 가능하다.

PUZZLE *6개의 물 잔이 있다. 3개의 물 잔은 오렌지 주스 (혹은 물)로 채워져 있다. 오직 하나의 잔만을 움직여, 3개의 오렌지 주스(혹은 물) 잔이 사이에 빈 잔 없이 차례대로 옆으로 배열 될 수 있도록 할 수 있는가?(그림 3-2 참조)*

|힌트| 붓는 것 또한 움직임으로 간주된다.

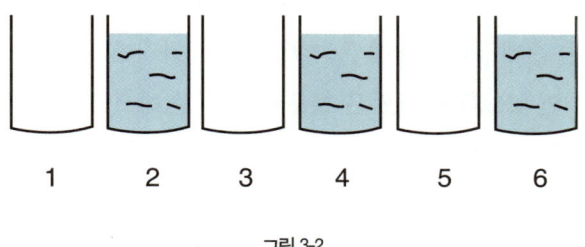

그림 3-2

|해답| 2번의 오렌지 주스(혹은 물) 잔을 들어 5번의 빈 잔에 채워 넣는다.

9. 동부와 서부의 시간대

이 퍼즐은 만족할 만한 해답이 있으나, 미국 지형에 익숙하며, 동부와 서부가 시간대가 다르다는 사실 - 뉴욕이 정오일 때, 캘리포니아는 오전 9시라는 사실 - 을 알고 있는 지원자들에게 제한되어야 한다.

PUZZLE *한 사람은 대서양에 근접한 미국 동부에서, 한 사람은 태평양에 근접한 미국 서부에서 장거리 전화 통화를 하고 있다. 한 사람이 다른 사람에게 현재 시간을 물어 보았을 때, 다른*

사람의 대답을 듣고 난 후, 이 지역이 한 시간 빠르다는 코
멘트를 하였다면, 어떻게 가능한가?

> |힌트| 동부는 동부이고 서부는 서부이며, 이 둘은 결코 만나지 않는다.
> 하지만 당신이 생각하는 것보다 가까이 있을 수 있다.

이 퍼즐에는 단 한 가지의 논리적인 해답이 존재한다. 한 사람은 오레곤 동부(태평양 지역에 있는 서부 지역, 하지만 시간대는 산악 지역 표준시인 곳), 다른 사람은 플로리다 서부(대서양 지역에 있는 동부 지역, 하지만 시간대는 중부 표준시인 곳)에 있었으며, 이 두 지역의 시간 차이는 한 시간이다.

> |해답| 한사람은 오레곤 동부에 있고, 다른 한 사람은 플로리다 서부에 있다.

> CHECK 더욱 도전적인 퍼즐은 두 사람이 시간 차이가 없을 때이다. 이러한 상황은
> 오전 2시 정각에 서머타임(summer time)일 때 가능하다.

10. 앞면을 향한 동전

어떤 사람들에게는 꽤 교묘한 퍼즐이며, 어떤 사람에게는 해답을 설명한 이후에도 이해하기 힘든 퍼즐이다. 거의 대부분의 면접관들은 이 퍼즐을 난해한 단어로 표현하기를 선호하지만, 이 퍼즐은 동전이나 카드를 사용하여 묘사될 수 있다. 눈속임은 추천하지 않는다.

PUZZLE *당신의 눈은 가려져 있으며, 테이블 위에 동전들이 놓여져 있다. 앞면이 위로간 동전이 정확하게 26개가 있다고 한다.*

각각의 세트에 같은 수의 앞면이 위로 향한 동전을 두 세트로 어떻게 구분할 수 있을까? 당신은 어떤 동전이 앞면을 향하는지, 뒷면을 향하는지를 눈으로 보거나 만질 수 없다.

|힌트| 두 세트의 동전이 같은 수의 동전으로 구성될 필요는 없다.

|해답| 26개의 동전을 선택하여 한 세트를 만든다(혹은 보편적으로 문제에서 제시된 동전의 숫자에 맞추어 한 세트를 만든다). 그리고 간단히 그 동전들을 뒤집는다. 남은 모든 동전을 두 번째 세트로 한다. 자, 이제 이 두 세트 안에는 각각 같은 수의 앞면이 보이는 동전이 있다. 대부분의 사람들은 해답이 이렇게 간단하다는 것을 의심스러워 할 것이다. 한 지원자는 다음과 같이 설명하였다.

테이블 위에 총 50개의 동전이 있다고 가정하자. 여기서 문제에 의하면 50개의 동전 중 26개의 동전이 앞면을 보고 있다고 우리는 알고 있다. 그러면 첫 세트는 26개의 동전, 두 번째 세트는 24개의 동전으로 이루어 질 것이다. 그럼 단순하게 내가 선택한 26개의 동전이 모두 앞면이 위로 있는 동전이라고 가정할 때, 그 세트의 모든 동전을 뒤집는다면 이 두 세트의 동전 중에 앞면이 위로 향하는 동전은 없을 것이다.

자, 이제는 다른 사례를 생각해 보자. 첫 세트의 26개 동전 중 10개는 앞면이 위로 향하고 나머지 16개는 뒷면이 위로 향한다고 가정하였을 때, 그 세트의 모든 동전을 뒤집는다면 10개는 앞면이 위로 향하고 16개는 뒷면이 위로 향하게 될 것이다. 이 사례의 두 번째 세트는 총 24개의 동전이 존재할 것이며, 그 중 16개는 앞면이 위로 향하고 8개는 뒷면이 위로 향할 것이다. 여기서도 두 세트 모두 16개의 동전은 앞면이 위로 향하는 결과를 낳게 된다.

"비즈니스의 목적은 실행이지
결론의 정당성을 증명하는 것은 아니다."

실제 인터뷰를 진행하다 보면 부담감 때문인지 과도하게 완벽을 기하려는 지원자들을 만난다. 대부분 이런 사람은 하나하나 결론의 정당성만을 증명하려다 이야기도 길어지고 내용에서도 나무만 보고 숲을 보지 못하는 오류를 범하기 쉽다. 비즈니스가 성립된 구조와 메커니즘을 해명하는 것에 의해 문제의 진짜 원인을 밝히고 그 해결책과 방향성을 명확히 설정하는 능력이야말로 진정한 전략적 사고이며 인터뷰를 훌륭하게 풀어나가는 방법이 아닐까 생각한다.

탁양현, 골드만삭스(Goldman Sachs) 부장

11. 호텔에서 온수를 틀었을 때…

면접관은 다음과 같은 방법으로 이 질문을 사용한다. "당신이 머물고 있는 호텔은 편안합니까?" 지원자는 그렇다고 대답할 것이고, 면접관은 다음과 같이 되물을 것이다.

PUZZLE 당신이 호텔에서 온수를 틀었을 때, 당신이 집에서처럼 몇 분간 물이 뜨거워지도록 기다릴 필요가 없다. 왜 그럴까? 다시 말해서, 수도꼭지에서 쏟아지는 물이 어떻게 즉시 뜨

거워 질 수 있을까?

|힌트| 질문을 다시 돌려보자.

이 질문을 던진 면접관은 당신에게 그러한 것이 가능하게 하는 기술적인 지식을 가지고 있는가에 대해서는 관심이 없다. 오히려, 면접관은 당신이 논리를 만들고, 브레인스토밍을 한 후에 논리적인 결론을 명료하게 표현하기를 기다리고 있다. 해답은 기술적으로 정확할 필요가 없으며, 논리적이거나 무리 없이 창조적이면 된다. 한 지원자는 다음과 같이 대답하였다.

내가 살고 있는 아파트에서 온수를 사용하려면 몇 분 정도 틀어놔야 합니다. 그것은 온수 수도꼭지에서부터 온수기까지의 거리가 멀기 때문이고, 수도관에 온수가 통과하지 않을 때는 수도관 또한 차갑게 식기 때문입니다. 왜 호텔에서는 즉시 온수가 나오는가에 대한 브레인스토밍을 하자면, 첫째는 수도관이 항상 가열되어 있다는 것, 둘째는 호텔의 각 방에 온수기 수요가 있다는 것이다.

이 시점에서 거의 대부분의 면접관들은 꽤 만족할 것이며, 다음 단계로 나아갈 준비가 되어 있을 것이다. 이러한 응답은 만약 틀린 해답이라고 해도 전적으로 용납된다. 당신이 호텔 설비 관리 포지션으로 지원하지 않는 한, 면접관은 상관하지 않을 것이다. 이 지원자는 유창한 사고 능력을 증명하였고, 기본적인 물리학의 이해를 바탕으로 창의적인 응답을 하였으며, 익숙한 경험으로부터 새로운 해답을 유추하는 능력을 증명하였다. 다만 주의할 점은, 만약 당신이 면접관에게 브레인스토밍을 할 것이라고 하였다면 제안들을 평가하는 것보다는 브레인스토밍에 집중하라.

만약 당신이 해답을 알고 있거나 유추할 수 있다면, 그보다 좋을 수는 없다. 해답은 호텔의 온수 재순환 시스템이다. 이 시스템은 온수기에서 온수 수도꼭지로 직접 연결되는 추가 용수 라인이 부착된 펌프로 작동된다. 이 펌프는 온수가 지속적으로 순환될 수 있도록 하기 때문에 온수가 결코 식지 않는다. 그러므로 호텔에서 당신이 온수 수도꼭지를 돌린다면, 용수 라인은 이미 데워져 있다.

|해답| 호텔에서는 온수 순환 시스템을 이용하고 있다.

12. 자동차 속의 풍선

많은 사람들은 이 퍼즐을 사고 실험으로 쉽게 생각할 수 있다. 하지만 거의 대부분의 사람들은 틀린 대답을 한다. 여기서의 트릭은 고체의 움직임이 기체의 움직임처럼 항상 동일하지 않다는 사실을 파악하는 것이다.

PUZZLE *당신은 승객 좌석 위로 떠다니는 헬륨 풍선과 함께 멈추어 진 차 안에 있다. 모든 창문은 닫혀 있으며, 자동차가 앞을 향해 가속한다. 승객 좌석과 관련하여 풍선은 어떻게 움직 일 것인가, 앞으로, 뒤로 혹은 제자리로?*

|힌트| 공기도 움직인다.

분명한 대답은 풍선은 승객 좌석에서 대시 보드 위의 CD처럼 뒤로 움직이는 성향이 있다는 것이다. 하지만 풍선은 관성의 법칙에 의해서 기체 분자를 뒤로 밀어 넣음으로써 풍선이 움직이는 앞에 저기압을 형성하면서 앞으로 움직일 것이다. 시도해 보라.

|해답| 풍선은 앞으로 움직인다.

13. 경계선을 가로지르는 맥주

이것은 논리 퍼즐과 비즈니스 케이스를 넘나드는 것이다. 상업상의 업무로 창출되는 가치에 대한 이해가 요구된다.

PUZZLE 캐나다와 미국의 국경에서 캐나다, 미국 달러의 가치가 10 센트씩 할인된다고 가정하자(1 캐나다 달러는 미국에서 90 미국 센트의 가치가, 1 미국 달러는 캐나다에서 90 캐나다 센트의 가치가 있다는 것이다). 미국 국경에서 온 한 남자가 바에서 10 미국 센트의 맥주를 주문하고 1 미국 달러로 계산하였다. 그리고 거스름돈으로 1 캐나다 달러를 받았다. 다음에 그 남자는 캐나다 국경으로 건너가서 10 캐나다 센트의 맥주를 주문하고 1 캐나다 달러로 계산을 하고, 1 미국 달러를 거스름돈으로 받았다. 그 남자가 계속적으로 이러한 거래를 하였으며, 하루가 지났을 때 만취한 상태에서 최초의 1달러가 그 남자의 주머니에 남아 있었다. 이 남자가 마신 맥주는 누가 지불하였는가?

|힌트| 이 남자가 제공한 가치 혹은 일은 무엇인가?

첫 번째 과제는 경제적인 과업이 달성되었는가를 파악하는 것이다. 이 남자가 캐나다 달러를 캐나다로 미국 달러를 미국으로 운반하면서 이 남자는 경제적인 가치가 더 높은 장소로 통화를 운반함으로써 경제적인 과업을 수행하였다. 그리고 이러한 과업으로 얻어진 수익은 음주로 소비되었다.

|해답| 가장 단순한 대답은 이 남자가 자신이 마신 모든 맥주에 대해 대가를 지급했다는 것이다. 그런데 어떻게 처음과 같은 돈을 가지고 끝마칠 수 있었겠는가? 왜냐하면 이 남자는 맥주로 경제적인 과업에 대한 대가를 받았기 때문이다. 보다 경제적으로 접근한 기술적인 대답을 하면, 맥주의 가격은 그들이 1달러에서 90센트로 화폐 가치 하락을 시켰을 때 달러를 가지고 있던 누군가에 의해서 지불된 것이다. 만약 지폐의 가치가 국경을 건넘으로써 하락된다면, 위의 대답은 확실히 정답이다. 그러나 달러가 단순히 가치만 하락했다는 케이스를 다른 국가의 달러를 가지고 있는 각각의 사람들에게 손실을 부여함으로써 일반적인 공식화로 풀 수 있다. 예를 들어, 미국 1달러를 가지고 있는 미국인이 미국에서는 10병의 맥주를 살 수 있다. 만약 국경을 넘어간다면, 화폐의 가치는 10% 만큼 하락하게 되고 이 남자는 갑작스럽게도 9병의 맥주만 살 수 있게 된다. 각각의 화폐에 대하여 국경을 넘게 되면, 맥주 1병을 손해보게 되는 것이다. 이 남자가 이 화폐를 원래의 발행 국가로 되가져 온다면, 다른 나라에 있는 사람이 손해를 본 맥주를 이 남자가 마시게 되는 것이다.

CHECK 이 남자는 캐나다 바에서 미국 달러를 다 써버리기 까지 이러한 업무 수행을 지속할 수 있다는 사실에 주목하라. 그러한 시점에서 이 남자의 업무 또한 끝나게 될 것이다.

14. 뒤집어진 거울

특수한 상황을 제외하고는 이 퍼즐을 사용하는 것을 추천하지는 않지만, 마이크로소프트사에서 선호하는 퍼즐이므로 여기에 포함시키기로 했다. 논의하기에는 지나치게 애매하며 물리학에 기준하여 논의를 이끌어 간다고 가정할 때 특수한 단어 사용이 요구된다.

PUZZLE *왜 거울은 위와 아래가 아닌, 좌우가 바뀌어 보일까?*

|힌트| 가정에 도전하라. 거울이 좌우로 뒤바뀌지 않을 수도 있다.

이 퍼즐은 이 질문에 대해 공부한 적이 있는 영리한 사람들을 지속적으로 당혹스럽게 한다. 왜냐하면 거울은 우리가 일상생활에서 이해하고 있다고 믿는 대상이기 때문이다. 하지만 실제로는 대부분의 사람들은 이해하지 못하고 있다. 또 다른 문제는 이 브레인티저는 그 자체만으로도 특정 영역에 속해 있다는 것이다. 보편적인 수학으로는 이 퍼즐을 풀 수 없다. 논리조차도 영향을 줄 수 없다. 해답은 상식조차 헛되게 만든다. 지원자들의 모든 가정들을 헛되게 하고, 이 모든 것이 이 퍼즐을 더욱 의미 있게 만드는 것이다. 면접관은 당신을 당황하게 만든 이 퍼즐에 당신이 어떻게 대응하는 가를 보고싶어 한다.

아주 재치 있는 몇몇의 오답이 있다. 그러한 오답을 먼저 걸러내자. 가장 창의적인 것은, 사실 거울에서는 위와 아래도 바뀌어 진다. 하지만 우리 두뇌에서 뒤바뀐 사실을 알고 스스로 뒤집어 형상화시키는 것이다. 꽤 재치 있으나, 왜 우리 두뇌에서 좌우가 뒤바뀐 사실을 인지하여 스스로 뒤집어 형상화시키지는 않을까?

　반사 관련 문제를 풀기 위해서 요구되는 결정적인 통찰력은 이 문제 자체가 절망적인 혼란으로 유도한다는 사실을 인지하는 것이다. 어떤 지원자들은 이 문제가 진술된 그 상태에 대한 해답을 찾으려고 시도하기 때문에 결코 회복되지 않는다. 게다가 평범한 언어는 이 질문을 올바르게 분석할 수 있는 도구를 제공하지 못한다. 가장 적당한 대응 방법은 이 질문 자체에 대해 이의를 제기해 보는 것이다. 거울이 반드시 좌우 혹은 위, 아래를 뒤바꾸는 것은 아니다. 이 퍼즐은 지원자의 독립적인 사고가 얼마나 반영되는가, 더 나아가서 면접관의 의해 제기된 가정에 이의를 제기할 수 있는 의향을 테스트한다. 한 지원자는 이러한 거울 퍼즐을 다음과 같이 해결하였다.

　　내 생각에는 이 질문 자체가 올바르게 진술되지 않았다고 생각한다. 거울은 좌우를 뒤바꾸지 않는다. 대신 앞과 뒤를 반대로 뒤집는다. 다시 말해서, 거울은 좌우가 아닌 앞과 뒤를 전도시킨다. 쉽게 증명할 수 있는 방법으로는 거울을 앞에 놓고 북쪽을 향하여 선다. 당신의 왼쪽 (서쪽 방향의) 손을 흔들어 보라. 거울에 비친 형상 또한 서쪽의 손이 흔들고 있으므로, 좌우가 반대로 바뀌지 않았음을 확인할 수 있을 것이다. 전도에 대한 가장 대중적인 오해는 A라는 사람이 B라는 사람을 볼 때, A라는 사람은 B라는 사람을 마주보고 있을 것이라는 사실을 기대함으로써 야기된다. 하지만 A라는 사람이 (거울을 통하여) 자기 자신을 마주했을 때, 그는 거꾸로 뒤바뀌지 않은 A라는 사람을 보고 있는 것이다.

이 개념에 대한 많은 책들이 있다. 그들의 포인트를 요약하려고 하는 유혹을 뿌리쳐라.

CHECK 만약 당신이 남의 말을 인용해야 할 필요가 있다면, 수리적 분수의 창시자 인 마틴 가드너를 인용하라. 가드너의 해석을 살펴보자. 인간은 피상적, 전 반적, 쌍무적으로 대칭적이다. 하지만 개인적으로 또한 행동 양식적으로 보 았을 때 인간은 비교적 비대칭적이다. 우리 인간들이 왼쪽과 오른쪽을 구분 할 수 있다는 사실 자체가 비대칭적 감지 시스템을 의미한다. 그리하여 쌍 방의 대칭적인 육체 안에서 다소 비대칭적인 정신 거주지가 존재한다고 볼 수 있겠다(Hexaflexagons and Other Mathematical Diversions, University of Chicago Press, 1988). 하지만 다시 생각해 본다면 인용하 지 마라.

15. 샤워 커튼이 움직이는 방향

거의 모든 사람들은 이 실험을 경험한 적이 있을 것이다. 얼마나 관찰력이 뛰어난가? 만약 그들이 그렇게 주의 깊게 관찰하지 않았 다면, 그들은 해답을 찾기 위해서 이 물리학을 이론적으로 생각해 낼 수 있을까?

PUZZLE 샤워 커튼이 있는 샤워 스톨 안에서 샤워기를 작동시켰을 때, 샤워 커튼의 아래 부분이 어느 방향으로 움직일까? 샤 워 커튼 아래 부분이 샤워 스톨 바깥쪽으로 향하게 될 것인 지, 그대로 멈추어져 있을 것인지, 아니면 샤워 스톨 안으로 향하게 될 것인가? 샤워 커튼이 마찰 없이 걸려 있으며, 샤 워기가 커튼을 직접 쏘지 않는다고 가정하자.

분명한 해답은 (당연히 오답) 샤워기가 샤워 스톨의 공기를 바깥쪽으로 내보내면서 샤워 커튼을 바깥쪽으로 향하게 한다는 것이다. 만약 그렇다면, 그것은 샤워기의 수압이 직접적으로 샤워 커튼을 움직였기 때문일 것이다. 샤워기의 수압이 샤워 커튼을 직접적으로 움직이지 않았을 때, 공기는 샤워 스톨로부터 밀려나지만 공기는 샤워 스톨 내부에서 위쪽 방향으로 나가게 될 것이다. (특히 온수일 경우에) 샤워 스톨의 아래 부분은 저압 상태가 될 것이며 그 결과로 공기가 안쪽으로 밀고 들어올 것이다. 그것은 샤워 커튼을 경계선 쪽으로 나부끼게 만들 것이다. 이 질문의 해답을 생각해 내지 못한 지원자들은 취업에 성공하지 못한 사람들로서 항상 샤워를 할 때 이 질문을 떠올리게 될 것이라고들 한다.

|해답| 샤워 커튼은 샤워 스톨 안으로 향할 것이다.

16. 자동차 키 돌리기

마이크로소프트사가 선호하는 이 퍼즐은 소수의 이런 저런 해답을 유도해내려고 할 것이다. 오히려 당신이 당신의 해답에 부합된 고려 사항을 좋은 논리로 이끌어내려고 할 것이다. 질문의 어법, 표현에도 불구하고 자동차 열쇠를 어느 방향으로 돌리는가에 대한 가능한 해석 수는 두 개보다 더 많을 수도 있다. 사실 가능한 해석의 범위는 이 퍼즐의 진정한 범위라고 할 수 있다.

PUZZLE *자동차 문을 열기 위해서는 자동차 열쇠를 어느 방향으로*

돌려야 할까? 시계 방향일까? 시계 반대 방향일까?

|힌트| 주로 사람들이 잘 쓰는 손은?

전하는 바에 따르면, 이 퍼즐은 여전히 마이크로소프트사에서 가끔 사용한다고 한다. 오른쪽 아니면 왼쪽이든 대부분의 면접관들은 후보자들이 그들의 결론을 논리적으로 항변할 수 있다면, 해답은 그리 중요하지 않다고 한다. 면접관들은 본질적으로 임의의 결정을 내린 후보자들이 지체하지 않으면서 어떻게 답변하는가를 보고 싶은 것이다. 이 퍼즐은 대부분 우리가 항변해야 할 비즈니스 결정이 임의적이기에 그러한 실행 능력을 테스트하는 것이다.

어떠한 이유인지는 알 수 없지만, 아무도 추측할 수 없었다. 이 질문은 자동차 문을 잠그기 위해 자동차 열쇠를 어느 방향으로 돌려야 하는가에 대해서 결코 묻지 않았다. 이 질문은 항상 열기 위한 질문이다. 여기에 단서가 있을 수 있다('check'를 참고하라).

만약 세상의 오른손잡이와 왼손잡이의 분포가 같다고 한다면, 아마 문제가 되지 않았을 것이다. 하지만 거의 모든 사람들이 오른손잡이이기 때문에 오른쪽으로 돌릴 때 자동차 문이 열릴 수 있도록 자동차 열쇠가 디자인 되었을 것이다. 자, 후보자들에게 극적으로 표현되었듯이 마이크로소프트사에서 1990년대에 사용했던 퍼즐을 왜 지금까지 사용하는가? 후보자들은 실제로 일어서서 그들의 자동차 열쇠를 꺼내어 행동으로 실연해 보았다.

나는 대부분의 사람들처럼 자동차를 구입하는 사람의 대부분이 오른손잡이라고 가정하여, 소비자의 과반수의 필요를 충족시킬 수 있는 자동차 열쇠를 디자인하자. 나는 자동차 열쇠를 엄지와 검지 사이에 쥔 오른손을 뻗어 불편한 느낌 없이 시계 방향으로 나의 손을 돌린다. 아마도 나의 손목을 완전한 180도로 돌릴 수 있을 것이다. 자, 그럼 이제는 시계 반대 방향으로 모션을 실연해 보자. 이 때는 모션 영역이 90도보다 적은 영역이 된다. 또한 돌릴 때 작용되는 힘도 덜 할 것이다. 오른손잡이의 손, 손목, 팔은 자동차 열쇠를 시계 방향으로 (즉, 오른쪽으로) 돌릴 때 더욱 편리하게 디자인 되어있다. 이 분석에 의하면 오른손잡이가 시계 방향으로 자동차 열쇠를 돌렸을 때가 더욱 쉽기 때문에 오른쪽으로 돌리는 디자인이 선호되는 디자인이라는 결론을 제안한다.

만약 당신이 조금만 더 생각한다면, 여기서 역설적인 면을 발견할 수 있을 것이다. 자동차 문을 잠그는 빈도는 자동차 문을 여는 빈도와 일치하며, 이 모션 중 하나가 쉽다면 다른 하나는 어려울 것이다. 어떠한 전제로 문을 잠그는 모션을 쉬운 모션으로 결정할 수 있을까? 이것은 보이는 것과 같이 임의적일까? 아마 아닐 수도 있을 것이다.

CHECK 잠그는 것 또는 여는 것 중에 쉬운 모션으로 해야 할 것을 정하는 것은 이치에 맞다. 문을 잠글 때 생사를 넘나드는 상황이 있을 수 있다. 강도가 주차장에서 갑자기 습격할 수도 있을 것이다. 1초라는 시간이 탈출할 수 있는가 혹은 그냥 당하느냐를 바꿀 수 있다. 관절염을 앓고 있는 사람은 문을 열기 위해서 모든 유리한 점이 필요하다. 손목의 힘이 강한 사람들조차도 자동차 문이 얼었을 때는 열쇠로 여는 데 어려움을 겪기도 한다. 이러한 많은 이유로 소비자들의 과반수에게 그들의 자동차 열쇠를 오른쪽으로 돌려 여는데에 유리하게 디자인하는 경향이 생긴 것이다.

17. 방안의 냉장고와 온도

소비자용으로 생산되는 제품의 의도에 대해 다시 한 번 생각할
수 있게 만드는 괜찮은 사고 실험이다.

PUZZLE *당신은 냉장고 밖에 없는 빈방에 갇혀 있다. 그 방은 참기*
힘들 정도로 온도가 높아서 당신의 목표는 빠른 시간 내에
이 방을 서늘하게 만드는 것이다. 당신이 할 수 있는 것은
무엇인가?

대부분의 지원자들은 즉시 냉장고 문을 열어 방안의 온도를 서늘
하게 맞추는 것을 생각해 낸다. 당신은 그런 사고를 인정할 수 있으
나, 신중해 보자. 먼저 첫 번째 발상은 결코 해답이 아니다. 두 번째
로 더 깊게 사고해 보자. 냉장고가 하는 일이 무엇인가? 그것은 열
을 발생하는 기기이다. 즉 냉장고 안에 들어 있는 내용물의 열을 빼
앗아 가는 대신에 방안으로 열을 옮기는 것이다. 작동하는 냉장고
의 문을 여는 것은 최악의 수단일 것이다. 다음은 어느 지원자의 대
답이다.

냉장고의 전원 코드를 빼고, 냉장고 문을 열자. 이것은 냉장고 내부
보다 높은 방안의 온도를 내릴 것이다. 가장 바보스러운 행동은 코드
를 빼지 않은 채 냉장고 문을 여는 것이다. 그것은 방안의 열기를 냉
각 칸막이로 흡수하여 뒷부분의 냉각 시스템을 통하여 제거시킬 것
이며, 이러한 과정 중에 열기가 더 발생되도록 할 것이다. 문을 열어

놓는 것 자체는 냉각 칸막이가 자동 온도 조절 장치를 작동시킬 만큼 차가워지지 않을 것이며, 냉장고는 오븐 같은 효과로 끊임없이 작동될 것이다.

|해답| 냉장고 내부에 있는 찬 공기가 실내의 공기를 조금이나마 차갑게 할 수 있도록 냉장고의 코드를 빼고 문을 열어라. 이 방법이 당신이 할 수 있는 최선의 방법이다.

18. 달과 지구의 무게

이렇게 간단한 문제가 왜 복잡하게 될 수 있을까? 지원자가 한 번에 해답을 말할 수 없다면, 거의 대부분이 힌트 없이는 해답을 말할 수 없다고 한다. 여기서의 함정은 우리들의 사고가 즉각 달과 지구 사이의 주된 차이점으로 작동하며(즉, 중력의 차이점), 거기서 멈추어 버린다는 것이다.

PUZZLE *왜 지구보다 달이 더 무거울까?*
|힌트| 부력을 생각하라

아주 훌륭한 두 가지의 응답을 생각해 보자. 하나는 글자 그대로의 해석이고 다른 하나는 상상력이 동원된 해석이다. 먼저 글자 그대로의 해석은 가장 중대한 차이점에서 해당 사항이 있는 또 다른 차이점으로 옮겨갈 수 있는 특별한 사고방식을 요한다. 여기서의 두드러진 차이점은 달의 중력이 지구의 중력보다 작다는 것이다.

진실임에 틀림없지만 여기서 멈추지 말자. 다른 차이점은 어떠한 것이 존재할까? 지구는 대기층이 존재하지만 달은 그렇지 않다. 그렇다면 대기층의 특징은 무엇인가? 그것은 부력을 제공한다. 일정한 질량의 물체는 지구 위에서 떠오를 것이고, 그러므로 무게가 없을 것이다.

공기보다 가벼운 기체인 헬륨이나 수소로 채워진 풍선이 그렇게 작용되는 것이다.

몇몇의 사람들은 풍선은 역시 지구에서와 마찬가지로 달에서도 똑같은 무게가 나갈 것이라고 이의를 제기할 수도 있다. 인가된 질량은 바뀌지 않지만, 무게는 또 다른 것이다. 지구에서의 헬륨 풍선은 대기층이 지지하기 때문에 무게가 나가지 않는다. 만약 당신이 헬륨으로 채워진 풍선을 저울 위에 올려놓았다면 어떠한 무게도 측정되지 않을 것이다. 왜냐하면 풍선의 부력이 중력보다 크기 때문이다. 하지만 달에서는 달의 중력이 저울 위에 나타날 것이다. 그러므로 달에서의 풍선은 지구 중력의 1/6인 달의 중력으로 저울 위에서 측정될 것이다.

`CHECK` 이 실험을 수행하는 것은 불가능하다고 기록하라. 달에서는 진공 상태에서의 부푼 풍선은 즉각적으로 터지기 때문에 존재할 수 없다.

모든 기술적인 퍼즐은 만족스러운 비기술적인 해답을 인정한다는 올바른 태도를 증명한 일리노이주 에반스톤(Evanston IL)의 데이비드 존스의 굉장한 은유적 대답을 들어보자.

"지구에서보다 달에서 무게가 더 나가는 것은 무엇인가? 우주 비행사의 양심이 아닐까 싶다. 우주 비행사가 아내의 생일 아침에 달

을 향한 우주 비행을 떠나가면서도 그 날이 아내의 생일이라는 것
조차 망각하는 그런 것 아닐까."

|해답| 공기보다 가벼운 기체로 가득찬 풍선 또는 우주 비행사의 양심

19. 코르크 마개와 병

어떤 지원자들은 이 퍼즐을 풀려고 할 때 그들 앞의 동전, 병 그리
고 코르크 마개를 발견하게 된다. 만약 그런 환경이 주어진다면, 그
들은 퍼즐에 대해 증명하면서 실제로 실행하게 된다. 하지만 내가
제안하는 것은 퍼즐이 추상적인 범위 안에서 풀어지는 것이다.

PUZZLE *이 병 속에 동전 하나를 넣고 코르크 마개로 병을 막을 것이*
다. 당신은 코르크 마개를 열거나 병을 부수지 않으면서 병
안에 있는 동전 하나를 밖으로 꺼낼 수 있는가?

> |힌트| 1. 레스토랑에서 일하는 웨이터는 매일매일 이 퍼즐을 풀고 있다.
> 2. 당신이 와인 병을 열고 있으며, 당신이 코르크 마개를 부수는
> 과정이라고 가정해보자.

통찰력이 상식이라는 박스 속에 갇혀 있지 않은 지원자들은 병
속으로 코르크 마개를 밀어 넣는 방법을 찾는다. 하지만 이것을 이
해하는 지원자들은 그것과 대항하는 문제의 힘을 사용한 비즈니스
문제를 제기할 수 있다고 가정한다. 불행하게도 대부분의 지원자들
은 코르크 마개가 병으로부터 뽑혀져야 한다는 좁은 사상의 가정을
넘지 못한다.

|해답| 병 속으로 코르크 마개를 밀어 넣고 동전을 뺀다.

20. 이집트의 피라미드

이 퍼즐은 라디오 쇼인 'Car Talk'에 사용되었다. 어떤 측면에서 그것은 의외로 까다로운 질문이다. 또 다른 측면에서는 가정이라는 사고의 틀 안에 묶여져 있지 않은 지원자들에게 그들이 빛날 수 있는 기회를 준다. 이 퍼즐은 특정한 사고로 묶여져 있는 지원자들에게는 당황스러울 수 있다.

PUZZLE *1995년 한 젊은 남자는 피라미드를 보려고 여행을 떠났다. 그 남자는 그 여행에서 매우 감동을 받았고 그 남자의 아이들이 이러한 감동을 느낄 수 있도록 아이들과 함께 다시 돌아올 것을 맹세했다. 그 남자는 자신의 맹세를 1969년에 이루었다. 어떻게 이런 일이 가능한가?*
|힌트| 피라미드는 얼마나 오래된 것인가?

만약 당신이 지원자로서 여행 시간에 대해 깊이 생각한다면, 나는 당신에게 해 줄 말이 있다. "거기까지 가지 마라." 이 인터뷰 문제는 결코 터무니없는 상상이 아니다. 여기에 해답이 있다. 당신은 그저 당신을 함정에 빠뜨리는 정신적인 눈속임, 즉 가정을 넘어서야만 한다. 이 퍼즐의 가정은 AD 1995년에 시작하였다는 것이다. 그러나 이 퍼즐은 실제적으로 기원 전 1995년에 시작했다.

|해답| 그 젊은 남자는 BC 1995년에 피라미드를 보았고 BC 1969년, 즉 26년 후에 자신의 맹세를 아들과 함께 이루었다.

21. 얼마나 추운가?

현혹시키기 위한 단순한 문제는 많은 지원자들을 긴장하게 만듦으로써 생각이 얼어붙을 만큼 아주 헷갈린다. 이 해답은 눈금자 혹은 숫자 문제가 대다수를 이루는 비즈니스에서 헤아릴 수 없는 가치의 기술을 요구한다.

PUZZLE *0도보다 두 배만큼 춥다면 온도가 얼마나 될까?*

|힌트| 0이라는 숫자에 헷갈리지 말자. 그저 열을 액체로 고려할 수 있으며, 춥다는 것은 열이 없음을 측정하는 것이고, 또한 춥다는 것은 분자의 움직임을 느리게 한다는 것을 의미한다는 사실을 기억하면서 퍼즐을 다시 구성해 보자.

이 퍼즐이 말이 되기 위해서는 지원자들이 이 질문을 다시 조정해야만 한다. 상식선의 온도에 대한 지식과 그 사이에서 전환하는 방법을 시도하는 것도 좋은 방법이다. 종종 지원자들과 면접관들 사이의 대화가 요구된다. 한 지원자는 이러한 대안을 제시하였다.

"내가 대답하기 전에 나는 단위를 이해할 필요가 있다. 0도는 어떠한 단위에서 0도인가?"

이 때 면접관은 단위를 자세하게 설명하거나 다음과 같은 대답을 할 수 있겠다. "우리도 잘 모르겠다."

지원자는 다음과 같은 해답을 제시하였다.

춥다는 것이 실제적으로 열의 부재라 한다면, 우리가 얼마만큼의 열로 시작하는가에 대해 계산해 보고, 그것의 반이 무엇인지 계산해 보

자. 우리는 화씨 혹은 섭씨의 온도 단위와 비슷하게 이 문제를 계산할 수 있다. 이 문제는 켈빈 단위, 즉 0 켈빈 도가 역시 모든 열이 없어지는 '절대 0도'로는 말이 되지 않을 것이다. 하지만 켈빈 단위로 작업하는 것이 편리하다. 절대 0도는 약 섭씨 -273도 혹은 화씨 -460도이다. 그래서 섭씨 단위로 0도는 273 켈빈이며 그것의 반은 136.5 켈빈 혹은 섭씨 -136.5도이다. 화씨 단위로는 화씨 0도가 255.4 켈빈과 동일하며, 255.4 켈빈의 두 배만큼 춥다는 것은 127.7 켈빈 혹은 화씨 -230도이다.

|해답| 136.5 켈빈 ; 섭씨 -136.5도 ; 화씨 -230도

CHECK 화씨 단위 버전의 절대 0도는 랭킨 단위라는 것을 언급하라. 랭킨 온도를 유지하기 위해 화씨 460도를 더하라. 그러므로 화씨 0도는 460 랭킨이며, 두 배만큼 추워진다면 230 랭킨이다.
*켈빈 온도(Degree Kelvin) : 섭씨의 절대 온도
 이상 기체의 온도를 -273℃로 할 때 분자 운동이 정지한다고 본다.
 즉 , 0도K = -273℃(0℃=273도K)
*랭킨 온도(Degree Rankine) : 화씨의 절대 온도
 이상 기체의 온도를 -460℉로 할 때 분자 운동이 정지한다고 본다.
 즉, 0도R = -460℉(0℉=460도R)

22. 모래시계로 무게 재기

첫 인상으로 "1톤의 벽돌과 1톤의 깃털 중 어느 것이 더 무거운가?"와 같은 헷갈리는 퍼즐을 상기시킬 것이다. 물론 1톤은 1톤이다. 하지만 정말 그런가? 이와 같은 사고 퍼즐은 물리학과 논리의 중요한 요소들을 포함한 특성이 있다.

PUZZLE *모래시계의 무게를 쟀다. 첫째는 모래가 밑으로 다 내려갔 을 때, 그리고 모래시계를 거꾸로 돌리고 모래가 떨어질 때 무게를 쟀다. 이 두 케이스는 똑같은 무게로 측정될까?*

사실 두 가지의 그럴 듯한 응답이 있다. 하나의 응답은 떨어지는 모래들은 본질적으로 무게가 거의 없으며, 그들이 떨어지면서 균형 상의 어떠한 힘도 배출되지 않는다는 것이다. 그러므로 모래시계는 거꾸로 뒤집은 후에 무게를 측정할 때 무게가 덜 나간다. 또 다른 응 답은 첫 번째로 모래시계 바닥으로 떨어지는 순간부터 마지막으로 떨어지는 순간까지 모래시계 바닥으로 떨어지는 힘의 영향은 일정 하고 그것이 모래시계의 무게를 일정하게 만든다는 것이다. 모래가 떨어지기 시작할 때, 자유스럽게 떨어지는 모래는 무게에 영향을 미치지 않는다. 그래서 처음 몇 백 분의 일초 동안 무게가 약간 적게 나가게 된다. 마지막으로 떨어지는 모래가 칠 때, 무게가 처음 무게 보다 약간 더 나가는 순간이 있다. 모래 시간의 바닥을 치는 각각의 모래가 떨어지는 동안, 즉 모래 시간 윗 부분에서 더 이상 떨어질 모래가 없을 때, 모래 시계는 무게가 더 나간다.

|해답| 현실적으로 거꾸로 돌린 모래 시간의 무게가 더 나간다.

23. 2개의 수술 장갑, 3명의 환자

당황스러운 문제가 무균 상태의 수술실에서 구성되었다. 이 해답 에 대해서는 어떤 이론도 존재하지 않는다. 이것은 현실 세계에서 적용 가능하다.

PUZZLE *한손잡이인 외과 의사는 각각 3명의 환자를 수술해야 한다. 하지만 의사는 오직 2개의(두 쌍이 아닌) 수술 장갑만 가지고 있다. 다른 환자에게 감염의 위험을 주지 않으면서 각각 어떠한 방법으로 수술할 수 있겠는가?*

|힌트| 장갑은 양면이다.

이 케이스의 안전적 측면은 각각의 수술에서 오염되지 않은 장갑을 써야 한다고 요구된다. 이것은 외과 의사 뿐 아니라 환자를 보호하기 위해서다. 지원자인 당신이 "아하!' 할 수 있는 사실, 즉 이 퍼즐에서 명쾌한 해답을 찾기 바란다. 제발 수술용 장갑을 다시 사용할 수 있는 창의적인 방법을 위해 생각하지 않도록 하라. 시작하기 전에 지원자들은 이 퍼즐에 대해 되풀이하는 것은 항상 좋다.

여기서의 상황은 한 손만을 쓰는 외과 의사는 3명의 환자를 돌보기 위해 세 짝의 수술 장갑이 필요하지만 두 짝만을 가지고 있다. 다른 말로 표현한다면, 이 외과 의사가 어떻게 두 짝의 수술 장갑을 사용하면서 안전하게 수술을 진행할 수 있는가? 이 장갑은 외과 의사로부터 환자를 보호할 뿐만 아니라 환자가 병균에 감염되지 않도록 보호해 주는 것이다.

여기서의 해답은 외과 의사가 한 짝의 장갑을 쓴 후에 다시 한 짝의 장갑을 덮어씀으로써 2개의 장갑을 사용하는 것으로부터 시작된다. 그 후에 외과 의사는 환자 1을 수술한다. 수술이 끝난 후 외과 의사는 덮어쓴 한 짝의 장갑을 벗고, 그 밑의 장갑을 남겨둔다. 자,

그런 다음 환자 2를 수술한다. 마지막으로 외과 의사는 환자 1을 수술하고 벗은 수술 장갑을 남겨진 장갑 위에 거꾸로 다시 낀다. 그런 후 환자 3을 수술한다.

이 퍼즐은 실제로 기본적으로 쓰여진 조건, 즉 3명의 파트너와 2개의 콘돔과 같은 난해한 조건보다 더욱 황당한 경우이다. 여기서의 상황에 알맞게 다시 바꾸어 말한 것이다. 한 손의 외과 의사가 어떻게 장갑을 바꾸어 낄 수 있는가에 대해서는 물을 생각도 하지 말자.

|해답| 2개를 겹쳐 수술 장갑을 끼고, 두 번째 수술 장갑을 거꾸로 다시 낀다.

24. 3명의 하이커

이 케이스는 자원의 사용을 시험하기 위한 퍼즐이다. 대부분의 비즈니스 문제는 우선 순위 및 자원에 대한 비슷한 추정에 관련되어 있다.

PUZZLE *3명의 친구가 험한 지역에서 멀리 떨어진 행선지를 향해 하이킹을 하고 있다. 이 하이킹은 6일이 걸린다. 1명은 4일 동안 충분한 음식과 물만을 짊어질 수 있다. 어떤 사람을 희생시키거나 그들의 생명에 위험 없이, 목표는 행선지까지 가능한 안전하게 많은 사람이 도착하는 것이다. 몇 명이 행선지까지 안전하게 도착 가능한가?*

여기서의 포인트는 하이커 중 몇 명은 행선지까지 도달하기 위한 1명의 하이커를 위해 음식물 운반꾼으로 행동해야 한다는 사실을 이해하는 것이다.

그럼 3명의 하이커를 탐, 딕, 그리고 해리라고 부르자. 각각의 하이커는 4일 분량의 음식물과 물로 여정을 떠난다. 첫째 날 후, 탐은 딕과 해리 2명에게 하루 분량을 공급한다. 이것은 탐이 출발점으로 다시 돌아올 때까지 하루의 공급량이 남게 된다. 이젠 딕과 해리가 4일 동안의 공급량을 가지고 있다. 둘째 날 후, 딕은 해리에게 하루 물량을 공급하고 그 자신이 출발점까지 안전하게 돌아갈 수 있도록 2일 분량의 공급 물량을 가지고 있다. 이것은 해리에게 4일 동안의 음식과 물 공급이 가능하게 해 주는 것이다.

|해답| 1명이 성공할 수 있다.

25. 절반을 채운 물 잔

필연적으로 면접관은 이 퍼즐이 소개될 때 물 잔을 사용할 것이다. 때때로 물 잔의 그림이 제공되기도 한다.

PUZZLE *여기에 한 잔의 물 잔이 있다. 실린더 모양의 비치는 물 잔이다. 그것은 물이 반정도 차 있게 보여지지만, 당신이 어떻게 확신할 수 있는가? 당신은 이 물 잔에 물이 정확하게 반이 차여져 있는지, 반보다 적게 차여져 있는지, 아니면 반보다 많이 차여져 있는지 어떻게 알 수 있나? 당신은 자, 쓸 수*

있는 도구 및 다른 도구를 가지고 있지 않다.

|힌트| 물 잔의 기하학적 구조를 이용하라.

대부분의 지원자들이 첫 번째로 생각해 내면서 왜 충분하지 못한가를 고찰하는 해답부터 시작해 보자. 수직으로 똑바로 선 물 잔을 잡은 지원자들은 왼손의 손바닥으로 물 잔을 덮는다. 그런 후 오른손의 엄지와 집게손가락으로 꼬집는 몸짓을 해본다. 엄지손가락을 물 잔의 바닥에 놓고 집게손가락을 물이 채워져 있는 레벨과 인접한 부분에 놓는다. 그렇게 하여 물 잔 바닥으로부터 물이 채워진 선까지의 높이를 측정할 수 있다.

이제는 두 손가락의 높이를 그대로 유지하여 그의 왼쪽 손가락으로 감싼 물 잔을 거꾸로 한다. 출입구를 왼쪽 손바닥으로 막았으니, 물이 흘러내릴 걱정은 하지 않아도 된다. 아까 유지한 두 손가락의 높이를 비교한다. 만약 두 높이가 일치한다면 이 물 잔의 물은 정확하게 반이 채워진 것이다. 이것은 괜찮은 해답처럼 보일 수 있다. 하지만, 손바닥의 표면이 정확하게 평평하지 않기 때문에 정확한 것은 아니다. 또한 물 잔을 거꾸로 할 때 물이 흐를 수 있는 위험도 존재한다.

가장 명쾌한 해답은 이 물 잔의 기하학적 구조에 대한 통찰력이 절대적으로 정확한 해답을 제공한다는 것이다. 해답은 말로 묘사하는 것보다 직접 실행하는 것이 쉽다. 조심스럽게 당신을 향하여 물이 거의 쏟아지게 (하지만, 쏟아지지 않게) 물 잔을 기울여라. 이 물 잔의 기하학적 구조는 (이것이 정확한 실린더 모양임을 기억해라) 만약 물 잔이 정확하게 절반만 찼다면, 물의 레벨은 정확하게 안쪽 바닥의 모서리와 만나게 될 것이다. 만약 물의 레벨이 물잔 바닥보다 높으면, 반보다 더 많이 찬 것이다.

> **해답** 수위가 물 잔의 내부와 외부 가장자리에 동시에 도달하는 시점에 오른쪽 실린더가 완전히 절반으로 채워지는 때를 찾아냄으로써 물 잔 본래의 기하학적인 면을 이용한다.

26. 도와줘요! 젖소가 우유를 주지 않네요

벨기에의 웹 개발자 코엔 반 톨휴이젠은 1999년 7월에 취업 면접에서 이 퍼즐을 접하게 되었다. 인터뷰는 표준적인 취업 인터뷰처럼 시작하였다. 반 톨휴이젠은 이렇게 회상한다.

"나는 내 자신에 대해 간략하게 말하고, 나의 목표, 나의 기대에 대해서도 서술하였다. 그 다음에 면접관이 다음과 같이 말하였다."

"약간 이상하게 들릴지도 모르는 질문을 하겠고, 생각할 수 있는 시간을 주겠다."

"이 질문을 접한 첫 인상은 이렇게 바보스러운 질문이 어디 있겠느냐는 반응일 것이다. 하지만 나중에 매우 좋은 질문이라는 사실을 깨닫게 되었다. 그들이 좋은 후보자가 될 것인가를 보기 위해 항상 IT 관련 사람들에게 기술적인 질문을 해야 하는 것은 아니니까."

PUZZLE 농부들을 위한 안내 데스크에서 당신이 일하고 있다. 어느 날, 한 농부에게 전화가 오고, 그 농부는 다음과 같이 말한다. "항상 농장 한 가운데에 서 있는 내 젖소에서 더 이상 우유가 나오지 않습니다." 당신은 어떻게 그 농부의 문제를

인지하고 해결해 줄 것인가?

이 질문의 의도는 지원자들에게 요구되는 통찰력, 창의성, 논리성 및 분석적 특징을 포함하는 문제 해결의 기술을 보기 위함이다. 면접관은 농부로서 지원자에게 질문을 해야 한다. 반 톨휴이젠은 다음과 같이 재구성하였다.

첫 번째로 나는 젖소와 관련하여 질문을 하기 시작하였다(나이, 색깔 등). 면접관은 항상 다음과 같이 대답하였다. "자, 젖소는 5살이며 하얀 색이라고 가정하자. 하지만 그것들은 관련성이 없다." 그 다음에는 현재의 상황에 대한 질문을 하였다. 당신은 이러한 문제가 전에 일어난 적이 있나요? 이 젖소는 정말로 농장의 가운데에만 서 있나요? 젖소가 마지막으로 우유를 줄 때도 서있었나요? 이 젖소에서 그 전에는 우유가 나왔다는 사실을 인정한 후에 나는 행동이나 환경의 변화를 찾기 시작하였다. 그것은 주요 열쇠가 된다는 것이 증명되었다. 안내 데스크는 변화 현상을 인식하는 것이다.

사실 이 퍼즐에는 해답이 없고 오직 질문만이 있다. 하지만 일리노이주의 문델린에 있는 전직 CIO(최고정보관리책임자)인 렐라니 알렌은 지원자가 부적절한 사실을 선언함으로써 이 퍼즐을 준비했다는 것이다. 실제로 안내 데스크 종업원들은 그렇게 하지 않는다. 그녀는 또 이렇게 말했다.

"안내 데스크에서의 속임수는 시스템의 어느 부분(예를 들어, 하드웨어, 소프트웨어, 사용자)이 작동하지 않게 되는가를 재빨리 알아 내게 하는 질문들을 선별해 내는 것이다. 그리고 나서 무엇이 바뀌었는가에 대한 질문을 하라."

27. 갇혀 있는 방에서 외부 기온을 측정하라

상상력을 요하는 퍼즐이다. 단서는 매우 불충분해서 지원자들은 기본적으로 작업을 할 때 빈 캔버스로 시작하게 된다.

PUZZLE *당신은 사무실 빌딩 안에 갇혀 있고 외부의 기온을 알고 싶어한다. 어떻게 알아 낼 수 있겠는가?*
　　　|힌트| 외부까지 거리가 얼마나 되는가?

이 퍼즐의 방법은 특별한 제약 조건 없이 지원자가 면접관에게 가능한 한 많은 잠재적인 해결책을 보여주는 것이다. 제약 조건이 언급되어 있지는 않지만, 대부분의 지원자들은 창문을 깨고 손(또는 온도계)을 밖으로 내민다거나, 또는 TV의 기상 뉴스를 시청한다는 것과 같은 대답을 내놓는 것이 그들의 원하는 대답이 아니라는 것을 이해하고 있다. 어느 경우에는 제시된 해답을 면접관이 묵살해 버릴 것이다. 그럼에도 불구하고 문제에서 언급하지 않은 제약 조건들을 시도해 보는 것으로 시작하라. 지원자가 무엇이라고 말하든지 면접관은 반대로 반응할 준비가 되어 있다. 여기 전형적인 시나리오가 있다.

지원자: 기온을 측정하기 위해 X를 사용할 수 있다.

면접관: 좋다. X가 주위에 없다고 가정하자.

지원자: 좋다. 아마도 Y로 해볼 수 있을 것이다.

면접관: Y는 부서졌다, 그밖에 뭐가 있을까?

면접관: Y는 부서졌다, 또 뭐?

결국 지원자들은 이 퍼즐에서 '외부'가 무엇을 의미하는가를 생각해야 한다는 것이다.

지원자: 나는 외부를 온도가 절대 0도인 깊은 우주, 즉 지구 대기층의 외부라고 정의할 것이다.

면접관이 그 종류의 비전으로 논쟁할 것인지 보자. 만약 지원자가 충분하게 박스 외부에 있다면 해답은 명백하다.

28. 밧줄 타는 원숭이

때때로 면접관들은 간단한 도표를 퍼즐로 쓰기도 한다.

PUZZLE *밧줄이 도르래를 통과한다. 한쪽 끝의 밧줄은 고철 덩어리가 달려 있고, 또 다른 쪽 끝에는 같은 무게의*

그림 3-3

원숭이가 매달려 있다. 만약 원숭이가 밧줄을 타고 올라간다고 할 때 어떤 일이 생기겠는가? (그림 3-3 참조)

|힌트| 이것은 완벽한 기계, 즉 도르래의 마찰이 존재하지 않고 밧줄 자체의 무게도 무시할만한 조건이라고 가정하자.

처음의 평형 상태, 즉 원숭이가 밧줄을 타고 올라가기 전까지의 상태에서부터 시작해 보자. 원숭이의 무게는 힘 w와 함께 밧줄을 당기면서 아래쪽을 향하여 작용하고, 이 밧줄은 힘 w와 함께 무게를 당기면서 다른 끝 쪽 밧줄의 무게를 직접적으로 이 힘을 이동시킨다. 하지만 이 무게 역시 원숭이에게 작용된 힘, 또 힘 w와 함께 밧줄에 작용되어 무게를 아래로 당긴다. 그러므로 원숭이 및 고철 덩어리는 그들 자신의 무게로 인해 아래로 당겨지며, 같은 힘으로 밧줄로 인해 위쪽으로 당겨진다. 이것은 왜 균형의 상황이 이루어지는가를 설명한다. 그리고 왜 원숭이와 고철 덩어리 둘 다 움직이지 않는가를 설명한다. 이 모든 것을 다른 방법으로 설명한다면 원숭이는 고철 덩어리와 균형을 이루기 때문에 움직이지 않는다고 설명할 수 있겠다. 물리학에 관심을 끌었던 지원자가 그 나머지를 설명하도록 하자.

그럼 원숭이가 밧줄을 타고 올라가기를 시도한다면 어떤 일이 생길까? 원숭이는 밧줄의 추가적인 힘을 작용한다. 그리고 그것은 w보다 큰 힘으로 밧줄을 아래로 끌어당긴다. 어떻게 가능할까? 어떤 한 사람이 아무 밧줄이나 타고 올라가는 방법(즉 그들이 밧줄에 매달릴 때, 그 밧줄이 그들의 무게에 의해 당겨진다. 그러나 그들이 올라갈 때, 더 큰 힘으로 그 밧줄을 끌어당긴다)과 똑같은 방법으로 가능하다. 아마도 그 밧줄을 지지하고 있는 어떠한 것이 이 추가적인 힘을 깨뜨리지 않을 만큼 충분히 단단하고, 그 밧줄을 타고 올라 갈 수 있을 것이다. 어떤 특정한 것의 무게보다 더 큰 노력은 턱걸이, 팔굽혀펴기 혹은 그저 소파 위에 서 있는 것 자체와 같은 행위를 할 때 일어난다.

원숭이가 밧줄을 잡아당긴다. 그 다른 쪽의 밧줄에서 고철 덩어리가 원숭이의 무게뿐만 아니라 올라가는 힘으로 인해 위를 향해 올라가기 시작한다. 그것은 그것 자신의 무게로 인해서만 밑으로 당겨지기 때문에 전체 힘을 위로 향한다. 그러므로 그 고철덩어리는 위로 빠른 속력으로 올라갈 것이다.

|해답| 원숭이는 밧줄 자체가 당겨지기 충분할 만큼 힘차게 밧줄을 아래로 당긴다. 이렇게 당기는 행위는 원숭이의 효과적인 무게를 증가시킨다. 밧줄의 팽팽함은 원숭이와 같이 고철 덩어리가 충분히 올라가도록 한다.

29. 밧줄을 회수하라

때때로는 면접관이 단순한 도식 퍼즐을 물어볼 것이다.

PUZZLE *2개의 50피트 밧줄이(약 20피트 떨어진 고리로 연결되어) 40피트 천장에 매달려 있다. 오직 칼만으로 무장하여 어느 정도의 밧줄을 회수할 수 있을까?*

어떤 지원자들은 이것을 머릿속으로 간단하게 풀 수 있다. 또 다른 지원자들은 대답하기 전에 먼저 그리면서 시작할 때 더 잘 푼다. 사실 거의 모든 밧줄이 횡령 가능하다. 여기 지원자의 대답이 있다.

해답은 거의 모든 밧줄이 가능하다는 것이다. 자, 왜 그런가를 보여주겠다. 두 밧줄을 묶어보자. 그 다음에 한 밧줄을 타고 올라가 천장에 가까워 질 때, 밧줄에 고리를 만들어 묶는다. 그 다음에 그 고리 바로 아래로 밧줄을 자른다. 그 다음 고리를 통해 밧줄을 통과시키고 두 끝 부분을 허리에 맨다. 이젠 다른 밧줄로 그네를 타는 방식으로 올라간다. 이젠 고리를 통해 밧줄을 끌어당기고 또 다른 밧줄을 천장에 되도록이면 가깝게 하여 잘라낸다. 그런 후에는 고리를 통해 밧줄로 아래로 내려갈 수 있다. 밧줄을 조금씩 내리면서 바닥 쪽으로 내려간다. 이제 허리에 묶인 밧줄을 풀어 고리를 통해 밧줄을 끌어당기면서 밧줄을 회수한다. 이런 식으로 한다면 고리를 만들 때 필요한 밧줄 외의 모든 밧줄을 회수한 셈이다.

|해답| 거의 모두

30. 어떤 것이 자석인가?

이 퍼즐은 물리학과 자기학의 지식이 요구되는 퍼즐이다.

PUZZLE 당신은 원통 모양의 철강 2개를 가지고 있다. 하나는 반영구적인 자석이고, 또 다른 하나는 반영구적 자석이 아닌 무자기성 (non-magnetized) 자석으로 철이 붙을 정도의 것이다. 어떤 도구도 사용하지 않으면서 당신은 2개를 어떻게 구분할 수 있는가?

2개의 철강을 2등분하여 T자로 놓아보자(그림 3-4 참조). 만약 그 2개의 막대 철강이 서로 붙는다면 B가 자석이다. 만약 붙지 않는다면 A가 자석이다. 왜냐하면 막대 자석은 2개의 상반된 극이 상쇄되어 중간 쪽에는 자성을 가지고 있지 않기 때문이다. 만약 A가 자석이라면 B는 A의 중간에 붙을 수가 없다. 그러나 자석은 끝 부분의 자성이 매우 왕성하다(자성이 집중되어 있다). 그리하여 B가 자석이라면, A의 어느 부분에라도 붙을 것이다.

|해답| 2개의 철강을 T자로 배열해 보자.

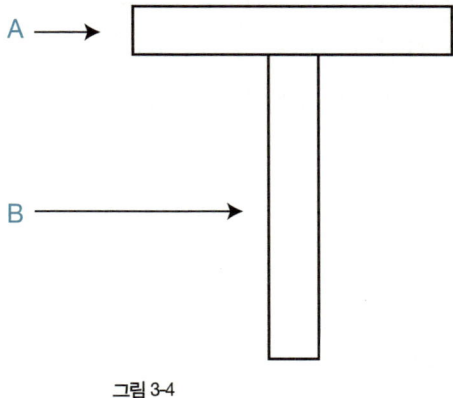

그림 3-4

31. 21개의 고리 사슬

이 고전적인 퍼즐은 많은 퍼즐 책에서 볼 수 있지만, 그 전에 보았던 지원자들도 이 퍼즐을 풀 때마다 계산을 다시 해봐야 한다.

PUZZLE *21까지의 가능한 모든 숫자를 제공할 수 있게 하기 위해 21개의 고리 사슬을 당신이 잘라야만 한다. 최소한으로 잘라야 하는 숫자는 무엇일까?*

|힌트| 요인들을 생각해 보자.

이 문제가 두 가지의 해결 과제를 서술하고 있기 때문에 문제를 쪼개어 보자. 첫 번째는 절단하는 가장 최소한의 숫자를 계산하는 것이고, 두 번째는 어디에서 절단이 이루어져야 하는가를 알아내는 것이다. 해답의 키는 21을 만들기 위한 가장 작은 숫자를 찾아내는 것이다. 대답은 4번째와 10번째의 고리를 자르는 것이다. 그렇게 되면 3, 5, 11번의 고리와 하나의 고리 단위처럼 수행하는 2개의 절단된 고리만이 남을 것이다. 21까지의 고리 숫자는 다음과 같다.

1 : 1

2 : 1+1

3 : 3

4 : 3+1

5 : 5 또는 3+1+1

6 : 5+1

7 : 5+1+1

8 : 5+3

9 : 5+3+1

10 : 5+3+1+1

11 : 11

12 : 11+1

13 : 11+1+1

14 : 11+3

15 : 11+3+1

16 : 11+5

17 : 11+5+1

18 : 11+5+1+1

19 : 11+5+3

20 : 11+5+3+1

21 : 11+5+3+1+1

|해답| 고리 4와 고리 10, 즉 2개의 절단

32. 금으로 만든 사슬

여기 약간의 발상 전환이 요구되는 또 다른 사슬 퍼즐이 있다.

PUZZLE *7개의 고리로 형성된 금사슬이 있다. 하루에 하나의 금고리*

가치만큼 1명의 조교를 고용할 필요가 있다. 당신은 하루하루마다 조교가 제공하는 서비스에 대해 부족하거나 과하지 않도록 적당하게 보상할 필요가 있다. 이러한 배열을 용이하게 하기 위해 최소의 절단을 하려면 몇 개로 해야 할까?

|힌트| 잔돈을 만들자.

이 퍼즐에서 요구되는 중요한 통찰력은 조교가 잔돈을 거슬러 줄 수 있도록 준비되어 있다는 것이다. 당신이 한 번에 한 고리를 모두 조교에서 지불해야 하는 그러한 케이스는 아닌 것이다. 해답은 세 번째 고리를 절단하는 것이다. 이 절단은 4개의 고리와 2개의 고리, 그리고 또 다른 하나의 절단된 고리, 즉 3개의 사슬을 만들어 사슬을 분리할 것이다.

첫 번째 날: 조교에게 절단된 고리를 준다.
두 번째 날: 절단된 고리를 다시 받고 2개 짜리 고리 사슬을 조교에게 준다.
세 번째 날: 조교에게 절단된 고리를 준다.
네 번째 날: 절단된 2개의 고리를 돌려 받고, 4개의 고리 사슬을 조교에게 준다.
다섯째 날: 조교에게 절단된 고리를 준다.
여섯째 날: 절단된 고리를 돌려 받고, 2개 짜리 고리 사슬을 조교에게 준다.
일곱째 날: 조교에게 절단된 고리를 준다.

33. 얼어붙은 7개의 얼음 조각 쟁반

현대식 냉장고에서 보급되는 얼음 조각을 상상한다면 이 퍼즐은 긍정적인 말로 고전처럼 들릴 것이다. 대부분의 젊은 지원자들은 얼음 쟁반을 한 번도 본 적이 없을 것이다. 하지만 익숙하거나 익숙하지 않거나, 이 퍼즐은 상식을 넘어선 해답을 찾기 위한 것이다.

PUZZLE *당신은 7개의 얼음 조각 쟁반이 세로로 쌓여있지만 쟁반들 사이를 구분하는 어떠한 것도 존재하지 않는 작은 냉동고가 딸려있는 구식 냉장고가 있다. 당신에게는 제한 없이 쟁반이 공급되고, 각각의 쟁반은 12개의 조각을 만든다. 하지만, 만약 당신이 완벽하게 얼지 않은 쟁반 위에 또 다른 쟁반을 올려놓는다면 서로가 포개져서 아래쪽 쟁반의 얼음 조각은 완벽한 모양이 아닐 것이다. 이러한 제약 조건 안에서 얼음 조각을 만드는 가장 **빠른** 방법은 무엇인가?*

|힌트| 블록 쌓기

많은 상황에서 문제를 풀기 위한 촉매제로써 고려 중인 '과정의 결과'를 사용하는 것이 용이할 때가 있다. 이 퍼즐의 해답은 그러한 과정의 결과 중 하나를 사용한다. 얼어 있는 얼음 조각을 쟁반 사이를 메꾸는 공간 확보제로 사용함으로써, 84개의 얼음 조각을 만드

는 것이 가능해진다. 다음과 같은 방법으로 말이다.

한 쟁반을 채워서 얼린 후 얼음 조각을 꺼낸다. 6개의 쟁반의 반대 코너에 2개의 얼음 조각을 놓고 6개의 쟁반을 물로 다 채운다. 6개 모두 얼려라. 그리고 맨 위에 7번째 쟁반도 같이 얼려라.

|해답| 각각의 쟁반을 겹치지 않도록 얼어있는 4개의 얼음 조각을 사용하라.

34. 얼음과 물

어떤 면접관은 지원자들이 차가운 물을 마실 때 이 질문을 하는 경우가 많다.

PUZZLE *넘칠 정도로 얼음이 가득 찬 물 잔이 있다고 가정하자. 얼음이 다 녹았을 때 물 잔의 수위에 어떤 현상이 발생할까? 수위가 올라 물 잔이 넘쳐흐를까, 수위가 낮아질까, 혹은 똑같은 수위를 유지할까? 왜? 증발 혹은 표면의 압력 등은 무시한다.*

거의 모든 사람들이 이러한 상황에 한 번쯤은 부딪혔을 것이다. 얼음이 가득 찬 물 잔에서 녹을 때마다 냅킨이 필요하거나 넘치는 것을 닦을 필요가 있었는가? 대답은 '아니오' 이다. 하지만 이 퍼즐에서 중요한 부분은 해답 자체가 아닌 '왜 그런가' 를 설명하는 부분이다. 여기 한 지원자의 설명이 있다.

제 생각을 정리해 보겠습니다. 얼음은 물보다 밀도가 작다. 그렇기 때문에 물 위에 얼음이 뜨는 것이다. 또한 얼음은 물보다 부피가 크다. 우리는 가득 찬 물통이 얼면서 물통이 터지는 현상으로 알 수 있다. 그래서 첫 번째로는 수위가 먼저 떨어질 것이다. 하지만 경험으로부터 얼음이 녹는다 해서 물이 넘치지 않는다는 것을 우리 모두는 알고 있다. 왜 그런가? 왜냐하면 물 수면 위로 얼음 조각의 한 부분이 떠오르기 때문이다. 그러므로 얼음 조각이 녹을 때 줄어들지만, 물 수면 위로 올라온 부분의 부피와 상충된다. 그렇기 때문에 얼음이 녹음으로써 물 수면의 높이에는 거의 변화가 없을 것이다.

|해답| 수면의 레벨은 변하지 않는다.

CHECK 만약 얼음 조각이 완벽하게 수면 아래로 잠겼다면, 얼음이 녹으면서 수면은 내려간다는 것을 유념하라.

35. 남극의 얼음산이 녹을 때

얼음과 물에 대한 다른 버전의 퍼즐(약간 반대되는 해답이지만)이 여기 또 있다. 다시 말하지만, 이 퍼즐 또한 해답 자체보다는 설명이 더욱 흥미롭다.

PUZZLE 남극의 얼음산이 녹는다면 해양의 수면에는 어떤 일이 생길까? 해양의 수면이 올라갈까, 내려갈까 아니면 똑같이 머무를까?

첫 번째로 드는 생각은, 만약 남극의 얼음산이 녹는다면 추가적으로 발생되는 물 때문에 해양의 수면이 올라 갈 것이다. 이 케이스에서 보편적으로 잘못 시작하는 첫 번째 사고는 실제적으로 해답이다. 만약 세상의 얼음이 녹는다면, 물은 해양으로 흘러갈 것이고 두드러지게 수면은 상승할 것이다. 뉴욕에서는 이러한 모든 과정이 대서양의 수면이 엠파이어 스테이트 빌딩의 16층까지 상승할 수 있다는 것을 의미한다.

그렇다면 남극의 얼음산이 녹는 것과 물 컵의 얼음이 녹는 것 사이의 다른 점은 무엇인가? 물 잔에서 얼음이 녹는 케이스에서는 얼음이 떠있다. 남극의 얼음산이 녹는 케이스에서는 남극 대부분의 얼음 산, 특히 남극 대륙에서의 얼음산이 실제로는 땅 위에 있고 그것은 해양의 물을 대신하지 않는다는 것을 의미한다.

|해답| 해양의 수면은 상승한다.

시나리오

다음에 나오는 퍼즐 같은 시나리오는 네트워크 보안직을 위해 적격 심사를 하고 훈련시키기 위해 피터 헤르조그(Institute for Security and Open Methodologies의 전무이사)에 의해서 개발되었다. 보안 직종에 있는 사람들은 그들이 해결해야 할 여러 유형의 위협이 항상 틀에 박히지 않은 사고를 하는 사람들로부터 일어나기 때문에 창의적으로 사고할 필요가 있다.

헤르조그에 의하면 지원자들의 창의성, 분석력, 그리고 훌륭한 보안 업무를 수행하기 위한 기술 등을 파악하는 데 효과적으로 중

명되는 시나리오로 밝혀졌다. 시나리오의 4가지 단계는 지원자들이 창의적으로 사고할 수 있도록 설계되어 있다. 자, 다음은 헤르조그의 보편적인 설명이다.

시나리오에서 당신은 전기공, 우편 배달부, 의사와 같이 다른 직업을 가정하고 그에 따라 대답을 해야 한다. 각각의 직업에 따라서 당신은 작업을 수행하는 과정을 설명하라고 요구될 것이며, 각각의 시나리오에는 4개의 질문이 포함되어 있다. 당신의 대답은 요점을 찌르는 명료한 대답이어야 한다.

각각의 대답이 수행된 후, 지원자와 헤르조그는 그 대답에 대해 이야기를 나눌 것이다. 이것이 전체적인 요점이다. 시나리오를 상기시키는 대화에서는 시나리오의 속도가 강조된다. 헤르조그는 지원자들에게 각 단계에 1분씩만을 준다. 헤르조그와 'Institute for Security and Open Methodologies'의 연락처는 '부록 6. 브레인티저 (퍼즐) 출처 및 링크'에서 찾을 수 있다.

36. 시나리오 1 : 전기공

당신은 전기공이다. 당신 앞에는 천장에 매달려 있는 전등이 있고, 당신 뒤에는 전등 스위치가 벽에 있다. 전등은 지금 켜져 있는 상태이다.

1. 전등을 끌 수 있는 10가지 방법을 나열하라.

2. 전등을 이루는 10가지 구성 요소를 나열하라.

3. 전등이 꺼져 있음을 증명하는 10가지 방법을 나열하라.

4. 어떤 사람이 전등을 끄지 못하게 하는 10가지 방법을 나열하라.

헤르조그는 스트레스가 존재하는 환경에서 사고의 유동성과 자신감을 겸비한 지원자를 찾고 있다. 지원자들의 대답은 그 중 일부가 다른 지원자들보다 명백하게 괜찮은 대답을 한다고 해도, 거의 수준들이 비슷하다. 헤르조그는 창의적인 대답뿐만 아니라 명백한 대답을 기대한다. 그는 지원자들이 관련된 과정에 깊은 이해력을 가지고 있는가를 대부분 보게 된다. 그들은 전등 뒤에 아주 큰 그림이 있다는 것을 보여주어야 한다. 여기 첫 번째 문제에 대해 가장 보편적인 10개의 응답 사례가 있다(전등을 끄는 10가지 방법).

1. 스위치로 꺼라.

2. 전구를 깨뜨려라.

3. 전선을 망가뜨려라.

4. 과전류가 흐르게 하여 누전이 일어나게 하라.

5. 이 방의 전기를 차단시켜라.

6. 더 밝은 전등으로 교체하라.

7. 그 전등 자체가 소모될 때까지 기다린 후, 전등을 교체하지 마라.

8. 전기세를 내지 않음으로써 전기 공급을 차단시켜라.

9. 전등을 가려라.

10. 눈을 감아라.

대화를 위한 기회는 풍부하다. 어떤 지원자들은 의미심장한 대답을 할 것이다. 예를 들어 사회 공학을 이해하는 지원자로부터의 응답을 보자.

"인부에게 수당을 주어 전등을 꺼라"

전등에 대한 인식론상의 역설을 노출시켰거나 혹은 그저 재치 있게 대처한 응답을 보자.

"당신의 눈을 감아라"

다른 응답은 지원자들의 특성이나 전문적 기술을 노출시킨다. 물리학의 배경을 가진 지원자는 다음과 같이 답한다.

"전구로부터 발생되는 빛의 파장과 일치하는 빛의 발사로 인해 전구의 빛을 상쇄시킬 수 있는 도구를 개발하라"

37. 시나리오 2 : 우편 배달부

당신은 독립적인 우편 서비스 업체의 우편 배달부이다. 당신은 책 크기 만한 패키지를 운반해야 한다.

PUZZLE　*1. 패키지의 수취인을 파악할 수 있는 10가지 방법을 나열하라.*

2. 이 패키지를 운반하지 않을 수 있는 10가지를 나열하라.

3. 이 패키지를 운반해야 할 10가지 이유를 나열하라.

4. 패키지의 수신인을 파악할 수 있는 10가지 방법을 나열
하라.

38. 시나리오 3 : 레코드 가게 주인

당신은 음악에 대한 강한 흥미 때문에 만들어진 당신 소유의 독
립적인 레코드 가게를 운영하고 있다. 당신의 레코드 가게의 성공
여부는 음악에 대한 열정을 가지고 있는 고객에 달려있다.

PUZZLE 1. 가게의 레코드를 구분하는 10가지 방법을 나열하라.
2. 고객의 음악적 기호를 구분하는 10가지 방법을 나열하라.
3. 도둑으로부터 당신의 제품을 보호할 수 있는 10가지 방
법을 나열하라.
4. 고객이 당신으로부터 제품을 구입하지 않도록 하는 10
가지 영향력을 나열하라.

39. 시나리오 4 : 군인

당신은 전쟁에 참가중인 군인이다. 당신은 협곡을 가로지르는 유
일한 다리 위에 배치되어 있다.

PUZZLE 1. 다가오는 적군들을 위해 준비해야 하는 10가지 방법을

나열하라.

2. 적군들이 이 다리를 건너지 못하도록 하는 10가지 방법을 나열하라.

3. 다리를 건너려는 적군과 민간인을 구분하는 10가지 방법을 나열하라.

4. 적군이 다리를 건널 때 일어날 수 있는 10가지 문제에 대해 나열하라.

헤르조그는 1번 질문에 적당한 응답을 제시한다. 협곡을 가로지르는 몇 십만 개의 다리를 만들어라. 그리고 그 중 하나의 다리에 폭발성 지뢰를 설치하라. 오직 아군들만이 어떤 다리가 안전한 지를 알고 있다. 이 응답은 무선 네트워크에서 실질적인 네트워크 보안 전략, 즉 관련성 없는 수십 만개의 허상의 분기점을 구성함으로 인해 하나의 실질적인 분기점을 보호하는 현실적인 전략과 일치한다.

40. 시나리오 5 : 안전 검열관

당신은 직업상 독립적인 안전협회의 면허를 받은 안전 검열관이다. 당신은 많은 사고로부터 그들의 기계 장치의 안전을 검토하기 위해 큰 공장에 있다.

PUZZLE   *1. 이 공장의 현장 주임에게 물어볼 10가지 질문을 나열하라.*

2. 계속적으로 증가하는 사고 관련 종업원들이 가지고 있
   을 만한 10가지 관심사를 나열하라.
3. 이 공장을 일하기에 안전한 장소로 만들기 위한 10가지
   변화를 나열하라.
4. 이러한 변화를 수행하기 위해 종업원들의 10가지 관심
   사를 나열하라.

41. 시나리오 6 : 컴퓨터 안내 데스크직

당신은 세계적인 대기업에서 종업원들의 질문을 해결해 주기 위
한 안내 데스크의 전화 도우미이다. 당신은 모든 사항을 해결해야
하는 가장 최전선에 위치해 있다.

PUZZLE 1. 문제를 진단하기 위해 물어볼 수 있는 10가지 질문을 나
           열하라.
           2. 문제를 해결하기 위해 사용할 수 있는 10가지 자원을 나
           열하라.
           3. 당신의 조언에 질문자가 가질 수 있는 10가지 관심사를
           나열하라.
           4. 당신이 더 나은 서비스를 제공하기 위한 10가지 방법을
           나열하라.

42. 콜라 캔

마이크로소프트사에서 선호하는 이 퍼즐은 지금까지 수많은 면접에 등장하였고, 자주 사용되고 있다. 하지만 1960년도의 나팔 바지처럼 이 퍼즐은 유행이 지난 것처럼 생각되다가 다시 나타나고 있다. 부즈 알렌 & 해밀턴, 클리블랜드 사무실의 대학생 채용 디렉터인 제리 볼맨은 콜라 캔 질문이 생산직 혹은 운영직에 알맞다고 동의하였다. 기술직을 위해서는 퍼즐이 새로운 지식 범위 내에서 창의성과 공학적 상식을 나타낼 수 있도록 디자인되어야 한다. 내 자신이 이 퍼즐은 음료 용기 생산직 정도 외의 다른 직업에는 적합한 퍼즐이 아니라고 생각함에도 불구하고, 한 때 이 퍼즐이 대중적으로 사용되었고, 언제든지 되돌아 올 가능성이 있기 때문에 이 책에 포함되었다.

PUZZLE *콜라 캔과 맥주 캔의 윗 부분과 아래 부분은 왜 항상 움푹 들어가 있는가?*

> |힌트| 과정 중심적 운영직이 가장 관심 있게 생각해야 하는 이슈는 무엇인가?

이 질문에서 거의 모든 지원자들이 피해갈 수 없는 응답은 캔 자체의 내구성을 증가시킨다는 것, 특히 "탄산가스로 포화시킨 내용물의 내부 압력에 저항하기 위해서" 라고 응답하는 것이다. 이 응답은 정확하지 않지만 모든 명백한 대답처럼 이것은 완벽한 그림이 아니다. 콜라와 맥주를 담았던 최초의 캔에서는 윗 부분과 아래 부분이 움푹 패여 있지 않았다. 현재 캔의 윗 부분과 아래 부분은 기술적인 이유보다는 사업적인 이유로 패여 있다. 이렇게 조금 패여 있음으로 해서 재료가 덜 들어가고, 그것은 바로 비용 절감의 효과를 나타내기 때문이다. 몇 십억 개의 캔을 만드는 과정에서 이렇게 작은 절감은 큰돈으로 나타난다.

현재의 캔은 가능하면 가장 얇게 알루미늄을 사용하여 캔을 만들지만, 기술자들은 여기에 대해 문제를 제기한다. 설계상으로 캔의 가장 강력한 부분은 소비자들이 캔의 고리를 홱 꺾어 뒤집어 여는 스트레스를 감당해야 하는 윗 부분이 되어야 한다. 이러한 이유를 위해 생산자들은 윗 부분의 지름을 최소화시킬 필요가 있다는 것을 찾아내었다. 여기서 캔 자체의 약간 큰 지름과 캔의 윗 부분을 연결하기 위해 경사를 추가하는 것이 요구된다. 여기에서의 경사는 윗 부분의 움푹 패여진 부분을 말한다. 아래 부분의 이유는 캔이 차곡차곡 쌓여져서 저장하기 쉽게 하기 위해서 대칭 형태가 되어야 하기 때문에 그런 것이다.

마이크로소프트사에서는 콜라 캔(혹은 펩시 캔)에 대한 수많은 비화들이 있다. 면접을 거쳐 취업한 소프트웨어 기술자의 응답이다.

나는 여기에서의 이유는 힘이라는 것을 거의 확신한다. 홱 꺾어 여는 캔과 그냥 커팅하여 여는 캔의 차이점은 내부의 압력이다. 당신이 캔 고리를 홱 꺾어 열었을 때, 제발 압력이 그리 크지 않기를 원하지만 몇 시간 동안 뜨거운 열기가 발생하는 트럭에서 캔을 위아래로 흔들고, 그 때의 압력은 매우 높아진다. 이것은 왜 바닥 부분이 오목하게 들어갔는가를 설명해 준다. 그리고 때때로 당신이 바닥 부분이 볼록 튀어나온 캔을 발견할 수 없다는 것을 설명한다. 그렇게 만드는 압력에 대해 생각해 보라.

마이크로소프트사의 인턴십 포지션으로 지원했던 대학생의 응답이다. 그는 취업을 하지 못하였다. 당신은 왜 그랬는지 추측할 수 있는가?

나는 뾰족하고 정사각형 코너의 모양은 역시 압력을 지탱하기 힘들다고 가정한다. 몸체가 동그란 형태일 때 내부(혹은 외부)의 압력에 더욱 강하다. 하지만 공 모양은 실용적이지 않다. 캔을 쌓아 저장하기 위해서, 그리고 그것은 테이블 위에서 굴러 떨어지지 않으면서 잘 올려놓기 위해서는 비교적 윗 부분과 바닥 부분이 평평해야 한다. 그래서 실린더 모양인 캔의 끝 부분이 움푹 패임으로써 전체적으로 최상의 결과를 주는 것이다.

"보잉747 항공기를 도색하기 위해서는
페인트가 얼마나 필요할까?"

이 문제는 기본적으로 비행기라는 입체적 물체를 평면화하는 것이 가장 핵심적인 열쇠이다. 마치 어릴적 정육면체를 만들기 위해 도화지에 6개의 서로 연결된 사각형을 그리고 오려내듯이, 항공기를 절단해 평면으로 펼쳐 놓았을 때 몸체와 중앙 날개, 꼬리 날개 등의 전체 면적을 구하고, 단위 면적당 소요되는 페인트 양(예를 들어 1m² 당 1통의 페인트 소요)을 설정하여 계산하면 된다. 이 케이스는 항공기가 아니더라도 유조선이나 건축물 등에 응용할 수 있으므로 잘 고려하기 바란다.

김규석, IBM BCS 컨설턴트

수학적 계산이 필요 없는 추리 퍼즐

How to Ace the Brainteaser Interview

Brainteaser Survival Interview

대부분의 면접관들이 생각하기에 취업 프로세스에서 가장 적당한 퍼즐은 오직 논리에 의거한 퍼즐이라고 생각한다. 하지만 수학적 기술을 요하는 퍼즐은 생각보다 그리 적합하지 않을 수 있다. 왜냐하면 그러한 퍼즐은 면접관들이 원하는 질적인 대화를 도출하기에는 부족할 수 있기 때문이다. 그러한 퍼즐은 지원자들이 수학적 기술을 갖추고 있는가에 대한 여부만을 판단할 수 있다. 면접관들은 적절한 수학적 기술뿐만 아니라, 직감, 창의성, 비전 등과 같은 질적인 가치도 높이 산다.

대부분의 지원자들은 모든 퍼즐을 3분 안에 풀 수 있다. 거의 대부분의 퍼즐에서 수학적 해답은 존재하고, 만약 그것이 단순하다면 방정식들도 보여줄 수 있다. 하지만 모든 퍼즐에서 직관에 의한 접근이 정확한 해답으로 선호된다.

43. 3가지 색깔의 젤리 빈(Jelly Beans)

이것은 단순하고 강제성이 없는 준비 운동으로 좋은 퍼즐이다. 이 퍼즐은 종종 전화 인터뷰를 실행할 때 사용된다.

당신은 빨강, 초록, 그리고 파란색의 3가지 색깔의 젤리 빈
(콩 모양의 젤리 과자)이 담긴 양동이를 가지고 있다. 눈을
감은 채로 당신이 양동이에 손을 뻗쳐서 색깔이 같은 2개의
젤리 빈을 꺼내야 한다. 같은 색깔의 2개의 젤리 빈을 확실히
꺼내기 위해서 각각의 젤리 빈을 몇 번 꺼내야 하는가?

|힌트| 특정한 색깔이 언급되어 있지 않음

거의 대부분의 사람은 힌트나 추가적인 질문 없이 이 퍼즐은 쉽
게 풀 것이다. 해답은 네 번이다. 최악의 상황은 첫 3개의 선택 모두
가 각각의 색깔을 초래하는 것이다. 하지만, 오직 3가지 색깔만이
양동이 안에 존재하기 때문에 네 번째 선택은 필요적으로 같은 색
깔을 꺼낼 것이 확실하다.

|해답| 4개의 젤리 빈

CHECK 보편적으로 n 개의 색깔이 존재할 때, 당신이 $(n + 1)$번의 젤리 빈을 꺼낸
다면 반드시 동일한 색으로 2개의 젤리 빈을 가질 것이다.

44. 검은색 양말, 흰색 양말

이 문제는 젤리 빈 퍼즐과 비슷하다. 하지만 불확실성과 숨겨져
있는 단서의 추가적인 요소가 존재한다는 것이다.

PUZZLE 침실용 장롱 안에 3개의 양말 서랍이 있다. 서랍은 하양, 검
정 그리고 섞여져 있는 것으로 분리되어 라벨로 표시되어

있으나, 각각의 서랍은 부정확하게 표시되어 있다. 한 서랍은 모두 흰색 양말로, 또 다른 서랍은 모두 검정색 양말로, 그리고 섞여져 있는 것은 흰색과 검정색 양말로 채워져 있다. 당신은 눈을 감고 한 서랍에서 1개의 양말을 꺼내야 한다. 당신은 어떻게 각각의 서랍을 정확하게 라벨로 표시할 수 있을까?

|힌트| 라벨에 어떻게 표시되어 있는가?

이 퍼즐에서의 본질적인 요소는 모든 서랍이 부정확하게 라벨로 표시되어 있다는 단서의 중요성을 인지하는 것이다. 그것을 이해한다면 최적의 전략은 섞여 있는 라벨이 붙어 있는 서랍으로부터 양말을 꺼내는 것이다.

양말을 면밀하게 살펴라. 만약 그것이 하얀 양말이라면, 그 서랍은 흰색 양말로 채워져 있음에 틀림이 없다. 왜냐고? 왜냐하면 그것이 섞여 있는 서랍이라고 라벨로 명기되어 있기 때문이다. (만약 섞여 있는 서랍이 사실이라면, 그것은 부정확하게 명기되어 있는 것이 아니기 때문이다.) 남아 있는 두 서랍 위의 라벨은 단순하게 주고받는다. 모든 서랍이 부정확하게 명기되어 있다는 강력한 단서는 한 번의 시도로 이 문제를 해결할 수 있도록 도와준다.

|해답| 섞여 있는 양말 서랍에서 꺼낸다.

올레 아이코른 면접관은 이 퍼즐을 풀지 못하는 프로그래밍 지원자에게 매우 까다롭다. 이 퍼즐에 대해 선호하는 점은 주어진 선택의 숫자를 통하여 간단하게 작업을 한다는 것이다. 그리고 이 해결

과제는 계속적으로 프로그래밍 디자인 방면에서 일어난다. 오염된 알약 퍼즐과 함께(퍼즐 69번을 참고하라) 나는 이 문제를 통하여 지원자들이 성공적으로 문제를 해결할 수 있도록 기대할 것이다. 실제적으로 이 퍼즐은 꽤 쉽다. 그래서 나는 그들이 스스로 이 문제를 풀 수 있기를 기대한다.

마이크로소프트사의 면접관들은 이 퍼즐을 다음과 같은 방법으로 구조화시켰음은 잘 알려져 있다.

콜라, 사이다 그리고 콜라 혹은 사이다라고 쓰여 있는 표지판이 부착된 3개의 자동 판매기가 있다. 자동 판매기는 모두 틀리게 표시되어 있다. 캔 하나는 쿼터(25센트)이다. 이 3개의 자동 판매기를 정확하게 표시하기 위해서 당신은 몇 개의 쿼터(25센트)가 필요한가?

콜라 혹은 사이다의 자동 판매기에 사용되는 25센트가 명확하게 이 문제를 해결할 것이다.

45. 마지막 구슬은 무슨 색깔인가?

*고전적 구슬 선택 퍼즐

PUZZLE 당신은 박스 안에 13개의 흰색 구슬과 15개의 검은색 구슬을 가지고 있다. 당신은 또한 박스 밖에 28개의 검은색 구슬도 가지고 있다. 2개의 구슬을 박스 안에서 무작위로 꺼내라. 만약 2개의 구슬이 다른 색깔이라면 흰색 구슬을 박스 안에 넣어라. 만약 2개의 구슬이 같은 색깔이라면 2개를 꺼내고 박스 외부에 있었던 검은색 구슬과 대체하라. 이러한 과정을 박스 안에 구슬이 1개가 남을 때까지 계속 하라. 마지막 구슬은 무슨 색일까?

|힌트| 쌍으로 선택하라.

대부분의 지원자들은 이 문제를 개념화시킨다. 어떤 면접관들은 맹목적인 힘의 방법과 반대되는 직관적인 방법으로 이 문제를 푸는 지원자들을 선호한다. 한 면접관이 다음과 같은 지원자의 응답이 이상적이라고 생각했다.

구슬은 오직 2개씩, 즉 한 쌍으로 꺼낼 수 있기 때문에 우리는 홀수의 흰색 구슬로 시작했고, 항상 하나의 흰색 구슬이 남을 것이고, 그것 자체가 남을 때까지 당신은 박스 안에 계속적으로 집어넣을 것이다.

|해답| 마지막 구슬은 흰색일 것이다.

46. 연꽃

*이 퍼즐과 다음 퍼즐은 기하급수적인 이해력을 설명한다.

PUZZLE 연꽃은 매일매일 크기가 2배로 자란다. 만약 60일째 연못이 연꽃으로 가득 덮였다면, 며칠만에 연못의 반이 덮일까?

|힌트| 변화를 매일매일 작성하라.

대부분의 지원자들은 30일째라고 생각할 것이다. 이 퍼즐을 다시 한 번 반복하고 거꾸로 작업해 보라. 만약 연못이 60일째 가득 덮여진다면, 바로 전 날의 연못의 상태는 어떠했을까?

|해답| 59일째

이 퍼즐은 다음과 같이 바꾸어 말할 수 있다. 웬일인지 하루하루의 단위 대신 연간 단위의 문제가 더 어렵다. 예를 들어본다.

어떤 나무는 그것의 최대 높이에 닿을 때인 20년 안에 매년 두 배씩 자란다. 이 나무가 최대 높이의 절반에 도달할 때까지 몇 년이 걸릴까?

|해답| 이 문제의 해답은 19년이다.

47. 버스 정류장을 지나가는 남자의 선택

많은 사람들은 이미 지원자들의 윤리와 도덕적 사고를 검증할 수 있는 훌륭한 퍼즐을 알고 있다. 하지만 이 퍼즐을 모르는 사람들에게는 이 퍼즐이 이타주의, 충성심 그리고 이기주의의 이슈를 검증할 수 있는 기회뿐만 아니라 실질적인 도전을 상징한다. 몇몇 사람들은 이것을 측면 사고 퍼즐의 예로써 간주한다. 하지만 나에게 이 퍼즐은 완벽하다. 여기서는 해답이나 오답이 존재하지 않는다. 하지만, 하나의 해답은 피할 수 없을 정도로 세련되어서 그 어떤 것과 비교해도 빛이 바랠 수 없다.

한 젊은 남자는 그의 2인승 스포츠카를 폭우가 쏟아지는 날 운전하고 있다. 그는 버스 정류장을 지나가고 버스를 기다리고 있는 세 사람을 본다.

매우 심각하게 다쳐서 바로 병원으로 옮겨지지 않으면 죽을 수 있는 한 중년 부인

그 젊은 남자의 목숨을 구해준 군대 친구

그 젊은 남자의 짝일 수도 있는 매력적인 여성

PUZZLE *젊은 남자의 차에는 오직 두 사람만 탈 수 있다. 당신은 이러한 상황에 놓여져 있는 이 남자가 어떻게 해야 한다고 생각하는가?*

|힌트| 당신은 퍼즐의 전제가 된 가정에 대해 질문하라. 이 젊은 남자가 꼭 차 안에 있을 필요가 있는가?

이 퍼즐은 지원자들이 여기서의 이슈가 윤리라는 사실을 받아들여야 한다. 언제 버스가 올 것인지, 차 안에 누가 탈 것인가에 대해 추측하는 것을 피하라. 이슈는 모든 비즈니스에서 보편화되는 상황으로서 경합되어 있는 중요성을 균형화하고 선택을 하여 결과에 따라 살아가는 것이다. 그러므로 여기서의 윤리적 요구를 보자.

많은 지원자들의 첫 번째 충동적 사고는 죽어가는 중년 부인의 어려움을 고려하는 것이다. 이것은 타당하다. 이 지원자들은 중년 부인을 차에 싣고 병원으로 갈 것이다. 충의에 반응하는 지원자들은 자신의 생명을 구해준 오랜 친구를 선택할 것이고, 아주 적은 수의 지원자들이 잠재적 인생의 짝을 싣고 죽어가는 중년 부인과 생

명의 은인을 뒤로 한 채 떠날 것이다. 하지만, 만약 중년 부인과 생명의 은인을 선택한다면 면접관들은 다음과 같이 반문할 것이다.

"그렇다면 당신이 다시는 만날 수 없는 인생의 짝을 포기할 것인가?"

여기서의 목표는 모든 관심사를 균형화 시키는 틀에서 벗어난 해결책을 찾는 것이다. 하지만 여기서 빨리 다시 한 번, 당신은 어떤 가정을 만들고 있는가? 언급되어 있지 않은 가정 - 여기에서는 당신이 스포츠카 안에 머물러야 한다는 가정 - 에 도전하는 것이 이 퍼즐을 흥미롭게 만드는 것이다. 이러한 가정이 꺾이자마자, 해답은 더욱 쉽게 다가온다.

|해답| 가장 이상적인 해답은 경합되는 모든 관심사를 다음과 같이 완벽하게 균형화 시키는 것이다. 그 젊은 남자가 차를 세우고 그의 오랜 친구에게 차 열쇠를 건네주면서 즉각적 치료를 위해 그 중년 부인을 병원에 보내달라는 부탁을 하고, 그 남자는 꿈에 그리던 매력적인 여성과 버스를 함께 기다리는 것이다.

48. 그들 사이의 21달러

이 퍼즐은 아이들을 위한 책에서 종종 발견된다. 하지만 이 퍼즐은 의외로 퍼즐이 어렵다고 생각하는 어른들을 곤란하게 만들 수 있다. 사실 이 퍼즐은 더욱 강력한 문제를 풀기 위한 준비 운동 단계로 쓰여진다. 이 퍼즐에는 약간 헷갈리는 계산이 있으며, 해답을 위한 포인트는 수학적인 것이 아니다.

PUZZLE *베티는 샐리보다 20달러 더 가지고 있다. 둘의 합이 21달러*

*라면 각각 얼마를 가지고 있는 것인가? 해답에서 분수를 쓸
수 없다.*

|힌트| 달러를 센트로 바꾸어 보라.

왜 이 문제는 영리한 사람들에게 터무니없는 혼란을 주는가? 아
마도 우리가 초등학교에서 경험한 적이 있는 불가능한 수수께끼와
같은 질문을 상기시킬 것이다. 아마도 분수는 쓸 수 없다는 제약 조
건 때문일 지도 모른다. 그래서 사람들은 고민한다.

명백한 해답은 베티는 21달러를, 샐리는 1달러를 가지고 있다는
것이다. 모든 해답처럼 이것도 틀린 것이다. 이것은 첫 번째 조건을
만족시키나, 두 번째 조건을 만족시키지는 못한다. 그들의 합은 22
달러가 되기 때문이다. 몇몇 지원자들은 정확한 해답을 생각해내기
도 한다. 베티는 20달러 50센트, 샐리는 50센트를 가지고 있다. 그리
고 그들은 분수는 쓸 수 없다는 제약 조건 때문에 고민할 것이다. 하
지만 왜? 누가 센트가 분수라고 하였는가?

이 퍼즐의 요점은 유일하게 논리적인 해답을 제공하고 당신의 대
답에 자신감을 가지는 것이다. 실질적인 해답은 베티는 20달러 50
센트를 샐리는 50센트를 가지고 있다는 것이다. 산수를 사용하려는
사람에게 다음과 같은 방정식이 있다. 달러는 센트로 바꿀 수 있다.
그리고 S를 샐리, B를 베티라고 가정하자.

$$B = S + 2,000센트$$
$$B + S = 2,100센트$$

그러므로

$$B = 2,050센트$$
$$S = 50센트$$

하지만 내 생각으로는 이 문제를 풀기 위해 동시적으로 방정식을 생각해 내는 지원자들은 특정한 사고의 긴장감을 나타내는 것이라고 생각한다. 지원자들은 시시하고 장황한 이야기 없이 이 퍼즐을 차분하게 생각해 내는 지원자들을 선호한다.

|해답| 베티는 20달러 50센트를 샐리는 50센트를 가지고 있다.

49. 자물쇠와 암호

열쇠와 상자에 관련된 퍼즐은 잘 알려져 있지만, 그래도 약간의 생각이 필요하다. 이것은 가장 심플한 변형 중 하나이다. 이 퍼즐은 공개키 암호 전략을 사용하는 추가적인 이점이 있으며, 보여지는 지식은 지원자를 더욱 돋보이게 만들 것이다.

PUZZLE *당신은 하나의 소중한 물건을 친구에게 안전하게 보내고자 한다. 당신에게는 그 물건을 담을 만큼 충분히 큰 상자를 가지고 있다. 당신에게는 몇 개의 열쇠가 달린 자물쇠가 있다. 박스에는 자물쇠를 달기에 충분한 고리가 달려 있다. 그러나 당신 친구는 당신이 가지고 있는 자물쇠에 맞는 어떤 열쇠도 가지고 있지 않다. 당신이 어떻게 하면 물건을 안전하게 보낼 수 있겠는가?*

이 퍼즐은 암호 기법을 직접적으로 활용하는 예이다. 당신이 친구에게 비밀 메시지를 보낸다고 가정해 보자. 당신은 상업적으로 공개된 암호화 방법을 믿지 못하기 때문에 당신 고유의 비밀 암호를 사용한다. 오직 당신만이 암호의 코드를 알고 있을 뿐이다. 당신 친구조차도 알지 못한다. 그리고 당신은 암호화된 메시지를 보낸다. 당신의 친구는 그 메시지를 자신의 비밀 암호를 사용해 암호화한 후 당신에게 다시 보낸다. 당신은 당신의 암호를 제거하고 메시지를 친구에게 다시 보낸다. 그리고 친구는 두 번째 비밀 암호를 제거하고 내용을 읽는다. 이 프로세스는 매우 빠르다는 것과 전자 메일로 쉽게 할 수 있다는 장점이 있다.

위의 잠긴 상자 이야기는 공개 암호 기법에 대한 소개 중 하나로 자주 인용된다. 아이디어들이 아마 여러 방법으로 연관되어 있을 것이다. 그러나 이 이야기는 실제로 안전한 암호화가 가능하다는 것만을 보여주는 것일 수 도 있다(암호 푸는 키가 많은 이에게 전달되지 않는).

[해답] 소중한 물건을 상자에 넣은 후, 당신의 자물쇠로 잠근다. 그리고 상자를 당신 친구에게 보낸다. 당신의 친구는 상자에 그의 고유한 자물쇠를 채운 후 당신에게 다시 보낸다. 당신이 상자를 받은 후, 당신이 잠근 자물쇠를 풀고 상자를 다시 보낸다. 이제 당신의 친구는 그의 고유한 자물쇠를 열고 소중한 물건을 꺼낼 수 있다.

50. 이상하게 나뉜 동전들

이것은 바에서 즐기는 퍼즐로 취업 인터뷰에도 적절히 활용된다. 어떤 면접관들은 지원자들이 활용할 수 있도록 도구를 준비하기도 한다.

PUZZLE *당신은 아래 보이는 3개의 잔에 각각 홀수로 10개의 동전을 집어넣을 수 있습니까?*

그림 4-1

지원자가 우선적으로 알아두어야 할 것은 주어진 그대로는 문제를 해결할 수 없다는 것이다. 10개의 동전을 3개의 잔에 홀수로 넣는다는 것은 불가능 한데, 그 이유는 세 홀수의 합은 홀수이기 때문이다. 여기서의 트릭은 동전 1개가 한 번에 1개이상의 잔에 있는 것으로 세어질 수 있도록 잔을 배열하는 것이다. 짝수의 동전을 하나의 잔에 넣고, 홀수의 동전을 두 번째 잔에 넣은 후, 두 번째 잔을 첫 번째 잔에 넣음으로써 2개의 잔 모두 홀수의 동전을 가지게 된다.
(그림 4-2 참조)

그림 4-2

|해답| 여러 개의 해답이 가능하다. 하나의 해답은 2개의 동전을 하나의 잔에, 동전 3개 를 두 번째 잔에 넣고 첫 번째 잔에 넣는다. 나머지 5개의 동전을 세 번째 잔에 넣 는다.

51. 붉게 칠해진 정육면체

이 퍼즐은 공간 감각이 있는 지원자에게는 쉬울 수 있다. 다른 이 들은 억지스런 방법을 이용할 필요가 있을 것이다. 이 문제는 확률 문제로 구분될 수도 있으나, 6장(확률에 관한 퍼즐)보다 여기에 수 록한 이유는 기본 논리가 모든 것을 앞서기 때문이다.

PUZZLE 3인치 정육면체의 모든 면이 붉은색 페인트로 칠해져 있다.

정육면체는 다시 1인치 넓이의 작은 정육면체로 잘라졌다. 그렇게 잘라진 모든 정육면체를 모아 평평한 표면에 던졌다. 모든 정육면체 상단 부분에 붉은 페인트가 칠해져 있을 확률은 얼마인가?

이 문제를 해결하기 위한 방법은 잘라진 정육면체를 3차원적으로 상상하는 것이다. 잘라진 3인치 정육면체의 가장 중심은 모두 내부의 표면을 가지고 있으며, 단 한 면도 붉은색 페인트가 칠해져 있지 않다. 따라서 아무 것도 칠해지지 않은 1개의 정육면체는 항상 존재하기 때문에 모든 정육면체 상단 부분이 붉을 확률은 영(제로)이다.

|해답| 확률은 0(제로)이다.

52. 시계 바늘

놀랍게도 이 퍼즐은 만약 실내에 벽걸이 형태의 아날로그 시계가 있다면 더 효과적으로 사용될 수 있다. 삶의 가장 흔한 사물에 대한 퍼즐은 우리를 때때로 속이곤 한다. (다음 퍼즐을 보자.)

PUZZLE 아날로그 시계를 생각하라. 3시 15분에 시침과 분침 사이의 각은 몇 도인가?

|힌트| 0은 아니다.

시계의 12시는 360도를 구성하므로 각각의 시는 30도를 나타낸다. 오후 3시에 시침은 정확하게 3에, 그리고 분침은 정확히 12에 위치한다. 15분 혹은 1/4 시간 후 시침은 30도 각의 1/4만큼 움직이거나, 분침으로부터 7.5도 움직일 것이다. 분침은 다시 3에 위치할 것이다. 따라서 시침은 분침으로부터 7.5도 멀어질 것이다.

|해답| 7.5도

CHECK 아날로그 시계의 시침과 분침은 하루에 몇 번 직각을 이루는가?
우선, 뻔한 답을 생각해 보자. 시계 바늘은 매 시간 두 번씩 직각을 이룬다(15분 전과 15분 후). 따라서 하루는 24시간이기에 시계 바늘은 하루에 48번 직각을 이룬다. 그러한가? 그렇지 않다. 2시와 3시 사이 그리고 3시와 4시 사이에는 단 한 번의 직각만이 이루어진다. 직접 확인해 보라. 따라서 총 합에서 4번을 빼야 한다(오전과 오후).

|해답| 44번

53. 겹쳐지는 시계 바늘

시계 바늘에 관한 또 다른 기하학 문제이다. 어떤 경우에도 오직 소수의 사람만이 이 문제의 해답을 얻을 것이다. 이 퍼즐에 대하여 잘 생각하거나 답에 근접하는 것만으로도 면접관에게는 충분하다.

PUZZLE *아날로그 방식의 시계로 생각해 보자. 시계 바늘은 하루에 몇 번 겹치는가?*

어떤 것도 이보다 심플할 수 없지 않은가? 그러나 조심하라! 가장 단순한 생각은 하루에 12번 시계 바늘이 겹친다는 것이다. 하지만 당신이 똑똑하다면 그것을 배로 하거나 하루에 24번 겹친다는 것을 알아차릴 수 있을 것이다. 그러나 만약 당신이 직관적으로 생각한다면, 분침은 시침보다 시간 당 한 번씩 덜 겹치게 된다고 결론지을 수 있을 것이다. 분명해 보이는 이 해답은 시침이 정지되어 있지만 분침의 약 1/12의 비율로 움직인다고 가정한다면 맞게 되는 것이다. 따라서 대충 산출해 낸 해답은 시계 바늘이 매 1과 1/12 시간마다 혹은 65분마다 겹치게 된다는 것이다.

정확히 맞지는 않지만, 이것은 해답에 가깝다. 만약 지원자가 여기까지 해결했다면, 대부분의 면접관들은 다음으로 넘어가고자 한다. 그러나 면접관이 지원자에게 증명하라고 요구할 경우, 일리노이 바타비아의 로저 브레이쉬(Roger Breisch)는 다음과 같이 설명할 것이다.

각 시계 바늘의 이동 각도를 한 번 생각해 보자. 원이 360도를 구성한다는 것은 모두 알고 있다. 분침은 한 시간에 360도를 이동한다. 시침은 12시간에 360도 혹은 1시간에 30도를 이동한다. 그렇다면 질문은, 만약 시침이 360도 먼저 출발한다면 분침이 얼마 후에 시침을 따라잡을 수 있는가를 묻는 것이다. X를 분침이 시침을 따라잡고 추가적인 360도를 가야 하는데 필요한 시간이라고 하자. 따라서 분침이 이동하는 각도는(x시간 × 360도/시간) 시침이 이동한 각도에 360을 더한 것과 같아야 한다(x시간 × 30도/시간 + 360도).

$$x\text{시간} \times 360\text{도/시간} = x\text{시간} \times 30\text{도/시간} + 360\text{도}$$

$360x = 30x + 360$

$330x = 360$

$x = 1.090909$ 또는 1과 1/11시간

따라서 24는 1.090909 또는 1과 1/11로 나누어져 하루에 22회 겹치게 된다.

훨씬 간단한 해답이 일리노이 위렌빌(Warrenville)의 캐더린 레이토(Katherine Lato)의 영리한 생각에서 나왔다. 루슨트 테크놀러지(Lucent Technologies)사의 교육관인 레이토(Lato)는 시계 바늘 문제를 사소하게 보이도록 만들었다. 그녀의 해답은 아주 정확하게 엄격하지 않으면 독창적인 것이 되지 못한다. 그리고 이것이 정말로 무엇인가를 입증해 보이는가에 대해서는 확신할 수 없다. 그녀의 논리를 살펴보자.

해답은 분침이 24시간 동안 시계 위를 24회 돌아가게 되고, 시침은 24시간 동안 2회 돌아가게 된다. 두 개의 시계 바늘 모두 동일한 방향으로 움직이기 때문에 분침은 시침을 24회 하루에 2회 또는 22번 추월하게 된다.

|해답| 매 1과 1/11시간마다 혹은 하루에 22회

54. 누구를 위하여 종은 울리는가?

또 다른 시계 퍼즐이지만 확실히 다른 색깔이다. 퍼즐이 단순할수록 당신은 답을 안다고 생각하며, 그것은 당신을 좀 더 생각하게 만든다. 이러한 자명한 이치에 다음의 퍼즐보다 나은 것은 없다.

PUZZLE *시계탑의 종이 6시에 6회 종을 치기 위해 걸리는 시간은 5초이다. 정오를 알리는 12회의 종을 치기 위해서 걸리는 시간은?*

|힌트| 10초는 아니다. 만약 10초라면 퍼즐이라고 할 수 없지 않은가?

이 퍼즐에서 시간은 종을 대표하는 것이 아니라 종소리 사이의 기간을 의미한다는 것에 대한 이해가 필요하다. 6시를 알리기 위한 5초는 종소리 사이의 5회의 조용한 간격을 말한다. 정오를 알리기 위한 12회의 종소리는 11회의 조용한 간격에 의해 나누어지므로 11초의 시간이 필요하다.

|해답| 11초

55. 파이를 공평하게 나누기 위한 방법은?

서로 믿지 못하는 두 사람을 위하여 공평하게 하나의 파이를 나누는 방법은 삼척동자도 안다. 방법은 첫 번째 사람이 파이를 자르고 두 번째 사람이 어느 조각을 가져갈 것인가를 정하는 것이다. 따라서 각자의 이해관계는 스스로 공정하게 만드는 절차와 방식에 의해 조정될 수 있다.

PUZZLE *도전은 이러한 분배 방법에 있어 2명 이상으로 일반화시키는 것이다. 5명 혹은 N명의 서로 믿지 못하는 사람이 모두 공평한 몫을 받을 수 있도록 파이를 나눌 수 있을까?*
|힌트| 파이를 자르는 것보다 자른 후의 조각을 생각하라.

사람들에게 1부터 N까지 번호를 부여한다. 사람 1이 파이의 한 조각을 자른다. 이제, 이 한 조각의 파이는 사람들 중 반드시 한 사람은 결국 가져가야 하는 절차에 구속된다. 이 절차에서 사람 2는 통과하거나 추가적으로 파이를 자를 수 있다. 그리고 나서 사람 3은 같은 두 가지 선택이 있으며 사람 4, 사람 5도 마찬가지다. 마지막 N번 사람이 기회를 가질 때까지 마지막으로 파이를 건드리는 사람은 그 조각을 반드시 가져가야 하며 절차에서 제외된다. 그 후 다른 사람이 파이의 한 조각을 자르게 되면 이 절차는 모든 사람이 한 조각의 파이를 가질 때까지 반복된다.

만약 첫 번째 사람이 부당하게 큰 조각의 파이를 자른다면, 다른 사람들은 그 조각이 공평해 질 때까지 자르지만 너무 작게는 자르지 않을 것이며, 그 이유는 그 사람이 마지막으로 건드리게 될 위험을 안고 있기 때문이다. 따라서 욕심은 일반화된 방법으로 사람들이 공평하게 행동하는 것을 보상으로 견제된다.

CHECK 사람들의 담합에 의하여 아무도 속지 않을 수 있는 방안에 대하여 토론하시오.

56. 케이크 자르기

이 기하학 퍼즐에는 2개의 답이 있으며 당신이 뛰어나다면 모두 찾아낼 수 있을 것이다. 하지만 첫 번째 답이 나온 후에 두 번째 답이 나온다. 반대로는 불가능하다.

PUZZLE *어떤 사람이 이미 어떤 사각형 모양의 조각 혹은 그러한 방법으로 자른 사각형의 케이크를 같은 크기로 자를 수 있는가? 당신은 단 한 번만 직선으로 자를 수 있다.*
|힌트| 중심은 유지된다.

대부분의 사람들이 이 퍼즐의 기하학적 요소를 구체화 할 줄 알거나 혹은 모른다. 문제의 포인트는 자리잡은 사각형을 어떻게 2등분하느냐에 있다. 올레 아이코른은 그의 블로그 'The Critical Connection(http://w-uh.com)' 에서 다음과 같은 분석을 내놓았다.

이 질문의 해답은 분명히 있다. 중요한 포인트는 직사각형의 중심을 지나가는 어떠한 라인도 직사각형을 이등분한다는 것을 알거나 깨닫는데 있다. 케이크에서 직사각형 조각을 잘라내기 전에 케이크를 2등분할 수 있는 선은 무한대로 많다. 직사각형 조각을 잘라낸 후에는 단 하나의 선이 존재한다. 잘라낸 직사각형 조각의 중심과 케이크의 중심을 잇는 선은 잘라낸 조각을 반드시 이등분하므로, 따라서 남아있는 부분의 각각의 반에서 같은 양이 잘라지는 것이다.

이 질문의 가치는 지원자가 답을 어떻게 계산하는 가에도 있지만, 오답을 제거하는 것에도 있다. 잘려진 직사각형 조각의 위치가 제한되지 않다는 사실이 포인트이다. 아마 지원자들은 조건에 대해서 질문할 것이다. (잘려진 조각이 가장자리에 위치한다고 가정해도 됩니까?) '노(no)' 라고 답하진 않겠다. 오히려 "그런 가정이 어떤 도움이 되는가?" 라고 질문하겠다. 그들은 몇 번의 시행착오를 통해서 그러한 조건이 도움을 주지 못한다는 것을 깨달을 것이고, 그것은 그들을 해답으로 안내할 것이다.

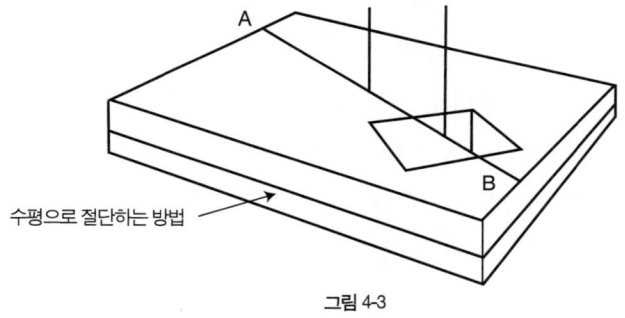

수평으로 절단하는 방법

그림 4-3

[그림 설명] AB라인이 외부와 내부에 있는 직사각형의 중심을 통과한다.

그럼 해답을 바꿔보자. 대부분의 사람은 수직으로 자르는 것만을 생각 할 것이다. 몇 명의 재치 있는 사람들은 케이크를 단순히 수평으로 자름으로써 2개의 같은 층을 만들어 내는 해답을 제시하면서 창의적으로 생각하고 있다고 믿을 것이다. 그러나 이 방법에 대해서 케이크 상단의 초컬릿이나 과자를 좋아하는 사람들은 케이크의 윗 부분과 아래 부분이 절대로 같을 수 없다는 것을 알기에 초등학생도 반박할 것이다. 어찌하였든, 대부분의 면접관들은 수평으로 자르는 것을 제안한 지원자들에게 점수를 줄 것이다. 그러나 면접관 아이코른은 "이러한 해답은 독창성으로 점수를 받겠지만, 나는 그래도 지원자들이 다른 방법으로 문제를 해결하는 것을 보고 싶다"고 말한다.

57. 용 vs 기사

이것은 텍사스 오스틴에 위치한 트릴로지 소프트웨어사에서 인터뷰 퍼즐로 사용되었다. 취업 인터뷰 퍼즐로서는 다소 복잡하게 보이지만, 전략에 대하여 유익한 대화의 기회를 제공한다. 이 퍼즐을 무난하게 해결하는 지원자는 복잡한 비즈니스 거래를 잘 해결할 수 있을 것이다. 이것은 1987년 '프린세스 브라이드'란 영화에서 독약을 마시는 결투 장면을 회상하게 한다.

PUZZLE *용과 기사가 무인도에 갇혀있다. 이 섬에는 1에서 7까지 번호가 매겨진 독이 든 우물이 있다. 만약 누구라도 우물을 마신다면 몇 분 안에 마신 우물의 번호보다 높은 번호의 우물을 마셔야만 살 수 있다. 우물 7번은 산꼭대기에 있기에 오직 용만이 거기에 다다를 수 있다. 달리 말하면, 만약 용이 4번 우물을 마시면 5 ~ 7번 우물에서 독을 마시지 않으면 죽는다는 것이다. 기사에게도 같은 룰이 적용된다. 하루는 무인도가 둘 모두에게는 충분치 않다고 결정하였고 결투를 제안하였다. 용과 기사는 모두 이성적인 존재이다. 둘 모두*

각각 우물에서 독을 가져와 서로의 잔을 바꾼 후, 상대방이
가져온 잔의 내용물을 마시는 것이다. 결투 후, 기사는 살아
났고 용은 죽었다. 기사는 용을 물리치기 위하여 어떤 전략
을 사용하였는가?

|힌트| out-side-box 뿐만이 아니라 out-side-island도 생각해 보자.

사실을 검토해보자. 용과 기사 모두 기사가 7번 우물까지 갈 수 없다는 사실을 알고 있다. 따라서 용은 7번 우물에 대한 해독을 기사가 얻을 수 없을 것이라는 것을 알고 7번 우물로 컵을 채울 것이다. 기사는 이러한 것을 예측하고 1번 우물에서 컵을 채운다. 우선 1번 우물을(가장 약한) 마신 후, 높은 번호 우물의 물이 담겨있을 용의 잔에서 물을 마신다. 그런 후 바로 1번 우물을 다시 마시고 2번 우물을 마신다. 이렇게 하여, 만약 용이 2~7번까지 우물에서 물을 가져왔다면 기사는 스스로를 2번씩 독살하고 다시 살려내었다. 만약 용이 1번 우물을 기사에게 주었다면, 실제로 어떠한 일이 발생하였는가 하면 기사는 1번 우물을 마시고 그런 후 2번 우물을 마신다. 이것은 그를 살릴 것이다. 기사의 전략은 용에게 섬 주위에 있는 물이 담긴 컵을 주는 것이다. 용은 기사가 1번 우물에서 독을 주었으리라 예상하고(또는 6번 우물까지) 마신 후 바로, 예상한 독약에 대한 해독인 7번 우물을 마신다. 그러나 용은 독이 든 물이 아닌 바닷물을 마셨기에 7번 우물은 용을 독살시킨다.

|해답| 용에게 바닷물을 주어라.

58. 어둠의 스카이다이버

이것은 미국 남서부의 지원자들에게 주어진 다소 새로운 브레인 티저이다. 여기에 언급된 두 가지의 해답 이외에 다른 답이 존재할 수도 있다. 만약 당신이 더 나은 답을 안다면 알려주기 바란다.

PUZZLE *당신은 짙은 어둠에서 모양을 알 수 없는 섬으로 스카이다이빙을 한다. 당신은 섬 어딘가에 울타리가 쳐진 공간이 있음을 안다. 당신의 과제는 당신이 울타리가 쳐진 공간 안에 다이빙했는지, 그 공간 바깥에 다이빙했는지 알아내는 것이다.*

|힌트| 당신에게는 끈이 많이 달린 낙하산이 있다.

가장 간단한 답변은 스카이다이버에게 직선으로 걸어가서 바다에 이르기까지 몇 개의 울타리를 넘었는지 확인하면 된다. 만일 울타리의 수가 홀수이면 그는 울타리 안에 착륙한 것이고, 만일 짝수라면 그는 울타리 밖에 착륙한 것이다. 그러나 면접관은 이 해답에 몇 가지 이의를 제기할 수도 있다. 섬이 아주 클 수 있고 스카이다이버가 영원히 헤매고 돌아다닐 수 있다. 또한 낙하산이 해답의 도구로 사용되지 않았다.

면접관은 지원자가 퍼즐의 단서에 관한 대화에 주시하기를 좋아한다. 그것은 만일 퍼즐이 단서를 포함한다면(낙하산과 같은) 그것을 사용하라. 이런 맥락에서 다른 해답은 낙하산 끈을 모두 묶어 하나의 긴 로프를 만드는 것이다. 그 후 스카이다이버는 벽을 찾을 때까지 걸어간다. 그는 그가 울타리 안 혹은 밖에 있는지 알지 못한다. 그리고 그는 줄을 늘이면서 벽을 따라 걷는다. 그가 시작한 지점까지 와서 로프를 만나게 되면 두 끝을 잡아당긴다. 만일 로프가 팽팽히 당겨진다면 그는 울타리 밖에 있는 것이다. 만약 로프가 계속 당겨진다면 그는 울타리 안에 있다.

면접관은 이의를 제기할 수 있다. 당신의 로프 해답은 울타리가 쳐진 공간이 완전히 볼록할 것이라고 가정한다는 것이다. 만일 오목한 공간이 있다면 당신이 울타리 바깥에 있더라도 로프는 계속 당겨질 것이다. 당신은 이와 같은 이의 제기에 대하여 울타리가 지속적으로 양의 굴곡이 있다고 협의함으로써 해결할 수 있을 것이다. 그렇다면 가능한 길게 만든 로프를 울타리에 묶는 것이 가능하고, 로프가 바닥날 때까지 울타리를 따라 걸어간 후 뒤돌아 로프를 확인한다. 만일 로프가 울타리에 붙어 있다면 당신은 울타리 밖에 있는 것이고, 그렇지 않고 만일 울타리에서 떨어져 있다면 당신은 울타리 안에 있는 것이다.

59. 보잉 747 비행기의 무게

이것은 마이크로소프트사의 과거 지원자들이 자주 경험했던 또 다른 브레인티저이다. 마이크로소프트사에서 이 문제를 접할 기회는 더 이상 없겠지만, 아직은 유익한 문제이다. 이것은 9장(규모 추정의 퍼즐)의 총 주문량을 예측하는 문제 중 하나로 올려질 수 있었지만, 이 문제가 해답이 있고, 해답에 가까운 답을 낼 수 있는 훌륭한 답변들이 있기 때문에 여기에 포함되었다.

PUZZLE *저울을 사용하지 않고 보잉 747기의 무게를 어떻게 잴 것인가?*

|힌트| 배수량(排水量) 또는 타이어의 압력

이 퍼즐에 대한 답은 많다. 대부분의 면접관들이 의도하는 답변은 비행기를 항공모함과 같은 큰배에 비행기를 실은 후, 선체 외곽에 물높이까지 페인트로 표시를 하는 것이다. 이제 비행기를 배에서 내리고, 배는 물에서 떠오른다. 마지막으로 무게를 알 수 있는 물체를, 예를 들면 시멘트 100포대, 예전에 페인트를 칠한 수위까지 배가 가라앉도록 선적한다. 선적된 물건의 무게의 총합이 비행기의 무게와 일치한다.

그러나 이것을 해결하기 위한 다른 방법이 있다. LA에 위치한 직업센터의 직업 카운셀러인 데일 퍼더슨은 다음의 방법이 더 간단하고 명료하다고 생각한다. 전직 교사로서 이 방법을 사용하여 학생들로 하여금 그의 자동차 무게를 재도록 하였다. 페더슨은 다음과 같이 설명한다.

활주로와 접촉하는 모든 타이어의 고무 타이어 부분을 평방인치로 측정하고(자와 얇은 직선 자를 사용하면 쉽다) 타이어의 압력을 측정한다. 그리고 압력과 평방인치를 곱한다. 이것이 비행기의 무게이다. 보잉747-400의 예를 들어, 16개의 랜딩기어 타이어가 있고 2개의 노즈기어 타이어가 각각 175평방인치만큼 활주로와 접해 있다고 가정하자. 더 나아가, 타이어 압력이 평방인치당 125파운드라고 가정하자. 계산은 다음과 같다. 타이어 18개 × 175평방인치 × 125파운드 = 393,750파운드

타이어는 신축적인 물체이기 때문에 비행기가 바퀴의 테두리로 서 있지 않는 한 활주로와 접한 고무가 비행기를 바치는 전부이며, 고무는 압력에 의해 - 평방인치 당 파운드 - 작용하고, 그 압력은 필연적으로 반작용이며 비행기의 무게와 같다.

보잉사의 웹사이트에서 테크니컬 사양을 조회한다는 것과 같은 건방진 답변들은 추천하지 않는다. 실제로 사양을 찾을 수 있으며, 일반적으로 작동하는(비워진) 보잉747-400기의 공개된 무게는 398,780 파운드이다 (페더슨의 계산과 놀랍게도 일치하는 답).

|해답| 여러 가지 답변이 가능하다. 동의할 수 있는 2개의 답변 중 하나는 배수량을 이용하여 계산하는 것이나, 타이어의 공기압을 이용하는 것이다.

CHECK 비행기의 무게는 다음의 방법으로 찾아낼 수 있다. 첫 번째 수위(비행기 없이)와 두 번째 수위(비행기 싣고) 사이의 배 부분에 대한 양을 계산한다. 그 양을 물의 밀도와 곱하게 되면 비행기의 무게를 찾을 수 있다.

60. 3개의 전구 스위치

전형적인 논리 퍼즐이지만 너무나도 격조가 높아서 논리 퍼즐의 최고봉에 위치할 만하다.

복도에 3개의 전구 스위치가 있다. 하나의 스위치는 복도 끝에 위치한 한 방의 고정된 전구를 조정한다. 방의 문들은 닫혀 있으며 전구에 불이 들어왔는지 꺼졌는지 볼 수 없다. 당신은 3개중 어떤 스위치가 방의 전구를 조정하는지 밝혀야 한다. 당신은 방까지 단 한 번만 다녀올 수 있다. 당신은 어떤 스위치가 방의 전구를 조정하는지 밝힐 수 있을 것인가?

|힌트| 전구로도 가능하다.

3개의 전구 스위치를 1, 2, 3이라고 정하자. 스위치 1은 꺼놓는다. 스위치 2를 5분간 켠 후 다시 끈다. 스위치 3을 켠다. 방에 들어간다. 만일 전구에 불이 들어온다면 스위치 3에 의해 조정되는 것이다. 열을 확인하기 위해 전구를 만져본다. 뜨거운 전구는 스위치 2에 의해 조정된다. 불이 안 들어오며 차가운 전구는 스위치 1에 의해 조정된다.

|해답| 전구에서 열이 발생한다는 사실을 사용하여 데이터 자료를 구하라.

"제가 바로 그 말씀을 드리려고 했던 겁니다."

지원자들에게서 가장 많이 듣는 말이다. 이 말을 듣게 되기까지는 보통 장황하고 현학적인 설명과 사용하는 모든 단어에 대한 강조적인 억양을 접하게 되며, 결국 지원자가 말하고 있는 내용의 핵심적인 포인트가 무엇인지 알 수 없게 된다. 제한된 시간이 끝난 후, "결국 이런 내용이어야 하는 것 아닌가요?" 라는 면접관의 피드백에 대해 돌아오는 지원자의 대답은 "제가 바로 그 말씀을 드리려고 했던 겁니다" 이다.

브레인티저 인터뷰에서는 말 그대로 지원자를 당황케 하는 질문이 주어진다. 하지만 정해진 것은 질문일 뿐, 답변의 수준과 방향은 전혀 정해진 바가 없다. 단지 인터뷰 참여자들 간에 제한된 시간 내에서 주관적으로 합의되는 것이다. 결국 원활한 합의를 위해 질문에 대한 답변의 핵심 포인트와 도출 과정을 제시하는 능력을 보고자 함이 인터뷰의 목적이다.

따라서 인터뷰의 결과도 자명하다. 인터뷰 참여자 간의 합의가 원활히 이루어졌는지 스스로 생각해 보면 된다. 합의가 잘 이루어졌다면 그 이유는 답변에 대한 핵심 포인트가 제대로 전달되었고 도출 과정상 큰 무리가 없었다는 것이다.

"제가 했던 말이 바로 그 말인데요." "제가 드리려는 말이 그 말이에요" 라는 말은 할 필요가 없는 것이다.

이승혁, IBM BCS 매니저

61. 선체에서 밖으로 던져지는 벽돌

아르키메데스의 법칙에 대한 이해를 시험하는 퍼즐이다. 히에론 2세가 시라큐스의 아르키메데스에게 왕이 제작을 지시한 금관이 순수한 금인지 아닌지를 밝히라고 한 문제와 거의 유사하다.

PUZZLE *당신이 선체 안에 있고 하나의 벽돌을 선체 밖으로 던진다 면, 수면의 높이는 올라갈 것인가, 내려갈 것인가?*

|힌트| 볼륨 vs 배수량

선체 밖으로 던져진 벽돌은 벽돌의 질량과 같은 양의 물을 대체 한다. 물 속의 벽돌은 벽돌의 부피와 같은 양의 물을 대체한다. 물은 염도의 레벨을 벽돌과 같이 조밀하게까지 만드는 - 벽돌은 항상 가 라앉는다 - 염도 때문에 지탱할 수 없어 부피는 질량보다 당연히 크 다. 벽돌은 배에 있을 때 보다 물 속에 있을 때 더 많은 물을 대체한 다.

|해답| 수위가 떨어진다.

62. 곰의 색깔은 무엇인가?

이것은 세계에서 가장 널리 알려진 퍼즐 중의 하나이다. 이것이 어떤 사람에게도 새롭다는 것은 생각하기 어려우며, 해답을 알게 되면 아무것도 아니다. 다음 퍼즐의 도움을 위해서 여기에 포함시켰을 뿐이며, 다음 퍼즐은 지원자에게 상당한 어려움을 줄 것이다.

PUZZLE *사냥꾼이 캠프를 세운 후, 10마일 남쪽으로 그리고 10마일 동쪽으로 걷는다. 그는 곰을 쏜 후에 다시 10마일 북쪽으로 끌고 와서 캠프까지 돌아온다. 곰의 색깔은 무엇인가?*

|힌트| 힌트가 필요한 사람이 있을까?

　곰의 색깔은 흰색이며 이유는 오직 북극곰만이 북극에 살기 때문이며 사냥꾼의 캠프는 10마일 남쪽, 10마일 동쪽, 10마일 북쪽으로 걸었을 때 다시 출발점으로 돌아오게 되는 지구상의 유일한 지점이기 때문이다. 다음 퍼즐에서 이 질문에 대해 더 깊게 검토할 것이다.

|해답| 흰색

　이 퍼즐은 이전 것보다 좀 더 일반적이다. 어떤 지원자들은 면접관의 질문이 끝나기도 전에 '흰색'이라는 답변이 튀어나오려고 할 것이다. 대답을 하기 전에 질문을 경청하도록 하라. 이 퍼즐이 이전 것과 비슷하게 들릴지 모르지만, 좀더 정교한 공간 추리 능력을 요구하는 전혀 다른 과제이다.

PUZZLE *지구상에 10마일 남쪽으로, 10마일 동쪽으로, 그리고 10마일 북쪽으로 걸어 당신이 시작한 곳에 다시 도착하는 지점이 얼마나 되는가?*

|힌트| 남극 이웃을 생각하라.

우리는 북극점이(위의 퍼즐에서) 그러한 장소인 것을 안다. 그러나 지구에 이러한 조건을 만족하는 무한대의 지점이 있다는 것을 알 수 있다. 다음은 이 퍼즐에 대하여 한 지원자가 논의한 것이다.

물론 북극이 당연하다. 그러나 남반구에 그런 점들의 링이 존재한다. 남극 아주 가까이에 원주가 존재하므로 남쪽으로 당신이 10마일을 걷는다면 당신은 원주가 정확히 10마일인 경도에 도달하게 된다. 다른 말로 하면, 당신은 극으로부터 10과 파이(π)마일보다 약간 더 되는 지점에서 남극 주위에 위치한 남쪽으로 10마일을 걸은 후에, 10마일 오른쪽으로 가면 완전히 극을 완주하게 되는 것이다. 그리고 그 지점으로부터 10마일 북쪽으로 걸어가면 처음 출발 지점으로 돌아오게 된다. 따라서 당신의 출발점은 남극으로부터 약 11.59마일 반지름이 되는 위도 위의 무한점 중의 어디가 되어도 가능하다. 그러나 만약 당신이 보다 더 정확하고 싶다면 극에 더 가까운 지점에서 출발할 수 있다. 그러면 동쪽으로 걷는 것이 극 주위를 두 번(또는 세 번, 또는 네 번!) 도달하게 할 것이다.

|해답| 무한의 지점들

63. 반도체 회로판

이 브레인티저는 지원자의 운영 능력과 힘든 상황에서 일할 수 있는 능력을 테스트하기 위함이다.

PUZZLE *마이크로 칩 처리 공장에서 작업자가 1그램짜리 실리콘 반*
도체 물질을 마이크로프로세서 회로판으로 형성화한다. 제
조 과정에서 모든 실리콘이 사용되는 것은 아니다. 매 5개
의 회로판당 공장에서 제조를 하며, 1개의 추가적인 회로판
을 만들 수 있는 충분한 여분의 실리콘이 있다. 작업자에게
25그램의 실리콘이 있다고 가정해 보자. 작업자가 최대한
만들 수 있는 회로판의 숫자는 몇 개가 되겠는가?

|힌트| 남아 있는 것에 대해 생각할 것

공정에서 나오는 부산물들이 재사용 될 수 있기 때문에 이 문제
는 고전적인 잔여형 문제이다. 첫째로, 25그램의 실리콘은 25개의
마이크로칩 회로판을 만들 수 있다. 이 과정은 25/5 또는 5그램의
초과하는 실리콘을 발생시킨다. 이 여분의 실리콘은 5개의 추가적
인 회로판을 만드는 데 사용된다. 이 5개의 추가적인 회로판을 만들
면서 1그램의 추가적인 실리콘이 생성되며, 1개의 회로판을 더 만
들 수 있게 해준다. 공장에서 최대한 제조할 수 있는 회로판의 숫자
는 25 + 5 + 1 혹은 31개이다.

|해답| 31개의 회로판

CHECK 1/5그램의 실리콘이 남게 된다는 것을 언급한다.

64. 등산객

언뜻 보면 이 퍼즐은 확률에 관한 문제처럼 보인다. 그러나 그것

이 바로 트릭이다. 이것은 진정한 논리 퍼즐이기에 논리를 명료하게 표현하라.

PUZZLE *산 정상에 이르는 단 하나의 등산로가 존재한다. 등산객이 아침 6시에 등반하여 저녁 6시에 정상에 다다른다. 그는 정상에서 밤을 지샌다. 그는 아침 6시에 하산하여 저녁 6시에 산 아래에 도착한다. 매일 등산객은 다른 속도로 이동한다. 풍경을 즐기고, 사진을 찍기 위해 멈추고, 점심식사를 위해 멈춘다. 등산로의 지정된 한 지점을 올라가고 내려갈 때 정확히 같은 시간에 지나갈 수 있는 확률은 얼마인가?*

|힌트| 진행을 나누어서 동시에 진행하도록 하라.

이와 같은 문제는 특히 과제와 퍼즐의 내용에 대하여 듣는 것이 중요하다. "…의 확률은 얼마인가?" 라는 주어진 정보에서 당신의 단서는 확률이 아마도 100% , 50% 혹은 0%일 것이라는 거다. 이런 퍼즐이 고도의 확률 계산을 필요로 하지는 않는다. 퍼즐이 가능하거나 불가능할 것이라는 것과 만약 정말 일어날 수 없는 상황이라는 퍼즐은 질문되지 않을 것이기에 0%라는 답은 제외한다. 진정한 문제는 사실 당신의 대답을 설명하는 것에 있다. 따라서 과제는 논리적으로 생각하고 문제를 다시 강조하는 것이다. 한 지원자의 논리적 답변이다.

답은 100%이며 증명을 구체화하는 방법은 다음과 같다. 2명의 등산객이 동시에 등반하는 것을 상상하라. 그리고 등산객 중 한 사람은 다른 한 사람이 내려오는 동시에 오르기 시작한다. 한 등산객이 신발 끈을 묶기 위해 멈추고 다른 등산객은 전혀 멈추지 않는다 하여도 등산로 어느 한 지점에서 서로의 길이 엇갈리기 때문에 필연적으로 마주친다. 그들은 길 가운데 어느 지점에서 반드시 만나며 만나는 바로 지점에서 이 퍼즐의 조건을 만족하게 된다.

|해답| 100%의 확률

65. 뒤섞인 알약

산술적이지 않으면서 과정이 중요한 퍼즐은 과정 및 절차상의 기술이 요구되는 직업을 위한 인터뷰에 적절할 것이다.

PUZZLE 어떤 환자가 알약 A와 B를 매일 각각 하나씩 복용해야 한다. 구별하기 힘든 알약 A와 B는 꼭 함께 복용해야만 한다. 만약 그렇게 복용하지 않는다면 그 환자는 사망할 수 있다. 그 환자는 약 A가 들어있는 병과 B가 들어있는 병을 가지고 있다. 알약 A를 그의 손에 쥐고 약병 B를 여는 동안 2개의 알약 B가 실수로 떨어졌다. 지금 그의 손에는 3개의 알약이 있다. 2개의 알약이 똑같이 생겼기 때문에 A인지 B인지 구별할 수가 없다. 이 알약이 무척 비싸기 때문에 환자는 이 3개의 알약을 그냥 버릴 수 없다. 어떻게 하면 이 환자가 알약을 버리지 않고 1회분의 투약량을 지켜 복용할 여기서 중점적으로 요구되는 통찰력은 알약 A와 B의 원활한 혼합을 위해서는 1 대 1의 비율이 필요하다는 것이다. 알약의 물리적 외형에 대해서 너무 신경쓰지 말고, 또한 알약이 손상되지 않으면서 변형되지 않아야 된다는 가정과 알약을 구분해야 할 필요가 있다는 가정도 갖지 말자. 해답은 많다. 여기 두 가지의 분석, 즉 동일한 해답을 소개한다.

1. 약병 A에서 알약 A를 꺼내어 각각 2개의 알약을 갖도록 만들자. 어느 것이 어느 것인지를 아는 것은 중요하지 않으며, 1 대 1의 비율이 존재한다는 것을 인식하도록 하자. 이제 각각의 알약을 반으로 가르며 각각 나뉘어 있음을 확인한다. 첫째 날, 각각의 반을 먹도록 복용하면, 알약 A와 B를 한 알씩 정확하게 복용할 수 있다. 남은 알약은 내일을 위해 남겨두도록 하자.

2. 3개의 알약에 알약 A를 더하자. 그럼 이제는 2개의 알약 A와 2개의 알약 B가 존재할 것이다. 다시, 어느 것이 어느 것인지를 구별하는 것은 중요하지 않다. 공이와 약절구를 가지고 4개의 알약이 확실하게 섞이도록 가루로 만들어라. 이제 오늘 이 가루약의 반을 복용하고 남은 가루약은 내일 복용하도록 하자. 알약을 버리지 않고 환자는 적당한 비율의 약을 복용할 수 있다.

66. 악수

이 퍼즐은 지원자들이 어떤 과정을 개념화시킬 수 있는 능력을 평가하기에 유익한 단어 퍼즐이다. 당신은 이것이 "비둘기집 이론" 이라 불리는 조합적 수학을 반영한 문제로 알려져 있다는 것을 알 필요는 없다.

PUZZLE *인터뷰를 성공적으로 끝낸 지원자를 그려보자. 그 혹은 그녀는 취업이 되었고, 153명의 동료들이 지원자들과 악수를 하며 환영 파티를 하고 있다. 이 파티에는 서로 알지 못하는 사람들도 있기 때문에 동료들 사이에서도 악수를 할 것이다. 어떤 사람도 모두 합쳐 얼마나 많은 악수를 하였는지 알지 못한다. 확실성을 가지고 적어도 두 사람이 악수한 횟수가 같다고 말할 수 있을까? 어떻게 확신할 수 있을까?*

|힌트| 비둘기 집을 생각해 보자.

우리가 알고 있는 것부터 시작해 보자. 우리는 각각의 사람이 0부터 152까지의 횟수 안에서 악수를 했을 것이라는 사실을 알고 있다. 153명이 존재하고 있지만, 아무도 자신과 악수를 하지 않기 때문이다. 이 퍼즐을 개념화하는 하나의 방법은 비둘기 집에 각각을 집어넣음으로써 153명을 분배하는 것이다. 한 명과 악수한 사람은 1번 구멍에 들어갈 것이다. 그리고 두 명과 악수를 나눈 사람은 2번 구멍, 이렇게 계속할 수 있다. 153명의 사람들 사이에서 당신은 153개의 다른 서로의 비둘기 집을 나누기 전까지 153개의 다른 비둘기 집

을 갖게 된다.

그렇다면 비둘기 집 0은 어떻게 생각하는가? 어떤 사람과도 악수를 하지 않는 사람이 존재하는가? 만약 그렇다면, 비둘기 집 152는 존재하지 않을 것이다. 여기 다른 방법으로 이 퍼즐을 설명하는 요점이 있다. 만약 0번이 존재한다면, 다시 말해서 어떤 사람과도 악수를 나누지 않은 사람이 존재한다면, 152번 악수한 사람은 존재하지 않을 것이다. 만약 그런 상황이 벌어지려면 자신과 악수를 나누어야만 한다. 결과적으로 153번째 사람과 마주하였을 때 당신은 몇 번 악수를 했다고 말할 수 있는가? 그는 이미 사용된 번호를 다시 사용하고 비둘기 집을 같이 써야할 수밖에 없을 것이다.

|해답| 그렇다. 적어도 두 사람이 악수를 한 횟수가 같을 것이라는 점을 확신할 수 있다.

67. 8개의 당구공 중에서 불량품 찾기

저울은 법정에서 볼 수 있는 정의의 천칭과 같이 간단한 2개의 접시로 균형을 잡는 기계이다. 그것은 당신에게 2개의 접시 중 어느 것이 얼마나 무거운가를 가르쳐 줄 수는 없지만, 어느 것이 더 무거운가는 말해 줄 수 있다. 그것은 또한 2개의 접시가 언제 같은 무게로 되는 지도 말해 준다. 이 퍼즐은 세계적으로 알려져 있지만 아직까지도 취업 인터뷰에 자주 등장한다.

PUZZLE 당신은 8개의 당구공을 가지고 있다. 그 중 하나는 불량이며, 그것은 다른 것보다 무게가 더 나간다. 저울을 두 번만

사용하여 어느 것이 불량인지 어떻게 알아낼 수 있는가?
힌트 당신은 두 번에 걸쳐 무게를 재면서 정보를 얻을 수 있다.

대다수 지원자들이 첫 번째로 선택하는 방법, 즉 4개의 당구공으로 나누어 두 그룹의 무게를 재는 것은 틀린 방법이다. 당신은 4개의 당구공 중에서 하나의 불량품을 알아내기 위해서는 적어도 두 번은 무게를 재야 한다는 사실을 배울 것이다. 최적의 전략은 무정부주의자적인 사고이다. 한 지원자가 옵션을 통해서 다음과 같이 분석했다.

4개의 공 대 4개의 공을 측정하는 것은 해답이 아닌 것 같다. 우리는 무거운 쪽이 불량품을 포함하고 있다는 것을 알 수 있다 하지만, 2개의 그룹으로 나누어 측정할 때 그 불량품을 찾기 위해서는 한 번 더 측정할 필요가 있다.

여러 개의 측정 방법 중에서 하나를 소개한다.

2개의 그룹으로 나누어 무게를 잴 때 2개의 무게가 같은 결과가 나온다면 불량품은 존재하지 않는다는 사실을 걸러내자. 그렇다면 첫 번째 측정 후 3개의 공을 골라 또 다른 3개의 공과 비교하여 무게를 측정해 보자. 하나의 결과로는 2개의 무게가 균형적으로 나온다는 것이다. 이 상황에서는 측정하지 않은 2개의 당구공 중에 불량품이 존재한다는 것이다. 이 상황에서 두 번째 측정을 통하여 시험되지 않은 당구공 2개의 무게를 알아낼 수 있을 것이다. 더 무거운 공이 불량품일 것이다.

또 다른 방법으로는 3개의 공 대 3개의 공을 측정하였을 때 무게가 다르게 나왔을 때이다. 이 상황에서는 더 무거운 쪽에 불량품이 있음을 알 수 있다. 두 번째 측정에서는 하나의 공을 뺀 2개의 공 사이에서 측정을 한다. 만약 한 곳이 더 무겁다면 그것이 불량품으로 판정이 될 것이고, 무게가 균형이 잡혀 있다면 무게를 측정하지 않은 다른 하나의 공이 불량품일 것이다.

이것으로써 이상의 두 단계가 이 브레인티저의 해답을 구하는 요구 조건이 된다.

|해답| 2개의 공을 뺀 3개 대 3개로 공의 무게를 측정한다.

68. 12개의 당구공 중에서 불량품 찾기

균형에 관한 이 문제는 마이크로소프트사에서 선호하는 퍼즐로 알려져 있다. 왜 안 그렇겠는가? 진부한 문제가 아닌 재치가 요구되기 때문이다. 이 퍼즐은 바로 전 퍼즐과 다음과 같은 점에서 다르다. 당구공의 개수가 8개에서 12개, 또 불량품 당구공이 더 무겁거나 가볍다는 것을 모르는 점에서 다르다.

PUZZLE *같은 모양과 같은 무게의 당구공 12개가 있다. 하지만 하나의 공은 더 무겁거나, 더 가볍다. 세 번의 무게 측정을 통해서 어떤 당구공이 다른 당구공과 다르다는 것을 알 수 있을까?*

나누어 정복하라. 이 문제를 단순한 단계로 나눈 후에 단순한 단계들은 조립하
여 해답을 찾아보자.

　항상 질문의 현상을 들어 각각의 현상에서 어떤 정보가 가능하게
주어졌는가를 알아내야 한다. 같은 퍼즐이지만 다음과 같이 다른
현상에서 퍼즐은 다르게 느껴질 것이다. 다른 당구공과 비교하여
무겁거나 혹은 가벼운 당구공을 구분하기 위해서는 최소 몇 번의
측정이 필요한가? 여기에서 당신은 측정을 세 번 할 수 있다고 주어
졌다. 여기서의 해결 과제는 그 특별한 당구공을 구분하기 위해 연
산 방법 혹은 단계를 알아내는 것이다.

　이 문제에는 여러 가지 접근 방법이 있지만, 하나의 접근 방법만
이 세 번의 측정으로 해답을 인도한다. 접근하기 좋은 방법은 문제
를 단순화시키는 것이다. 2개의 공을 고려해 보자. 파란색, 빨간색,
무게가 같은 10개의 하얀색 공이 있다. 빨간색 공과 하얀색 공의 무
게를 측정해 보자. 만약 무게가 같다면, 파란색 공이 다른 공이다.
하지만 당신은 그것이 가벼운지 무거운지를 알아내기 위해 한 번의
측정이 더 필요하다.

　자, 이젠 3개의 공을 고려해 보자. 파란색, 빨간색, 초록색, 그리고
무게가 같은 9개의 하얀색 공이 있다. 당신은 파란색, 빨간색, 그리
고 초록색 공을 하얀색 공과 비교하여 무게를 측정할 수 있다. 그리
고 측정을 통해서 어느 것이 무겁거나 가벼운가를 알아낼 수 있다.
당신은 파란색과 빨간색 공을 2개의 하얀색 공과 비교하여 측정할
수 있다. 만약 2개의 무게가 같다면 초록색 공이 다른 공이며, 만약
무게가 같지 않다면 당신은 그 다른 공이 무거운지 가벼운 지에 관

한 사실은 알아 낼 수 있다. 만약 빨강, 파랑, 초록색 공이 무겁다고 판명되면 파랑 대 빨강으로 다시 측정해 보자. 만약 균형이 잡혀 있다면 초록색 공이 무거운 것이다. 어려운 점은 이것을 일반화시키는 것이다.

그럼 이제 두 명의 지원자들이 두 가지의 다른 접근 방법을 사용하여 어떻게 해석하였는지 살펴보자. 첫 번째 지원자는 전형적인 서술식으로 접근하였다.

12개의 공이 3개씩, 4개의 그룹으로 나누어 질 수 있으므로 두 번의 측정을 통해서 3개씩 들어있는 그룹 중 어느 것이 다른지 알아 낼 수 있으며, 마지막 해답을 위해서는 네 번의 측정이 요구된다. 이것은 우리가 4개의 공을 각각 나누어 시도하던가 혹은 다른 방법을 채택해야 한다는 것을 제안한다. 4개의 공으로 나누어 2개의 그룹을 측정하는 것으로 시작해 보자. 만약 무게가 같다면 다른 공은 측정하지 않은 다른 4개의 공에 존재할 것이다. 이젠 남아 있는 4개의 공 중 세 개를 선택하여 측정해 보자. 만약 무게가 같지 않다면, 적어도 다른 공의 무게가 가볍거나 무겁다는 판명을 한 셈이다.

만약 4개의 공으로 나뉜 두 그룹의 무게가 같지 않다면 약간 복잡해진다. 자, 그럼 왼쪽이 더 무겁다고 가정해 보자. 그렇다면 오른쪽에 더 가벼운 공들이 필요하다는 것을 기억해야 한다. 두 번째 측정으로 남아 있었던 4개의 당구공 중에서 3개를 골라 왼쪽(더 무거웠던)의 3개의 공과 바꾸고 마지막 네 번째 공을 오른쪽에 놓여 있던 공과 바꾸어 측정해 보자. 만약 저울의 균형이 잡힌다면, 왼쪽에서 옮겨졌던 3개의 당구공 중에서 하나가 더 무겁다는 것을 알 수 있다. 만약 왼쪽이 더 가볍다면 오른쪽에서 바뀌어진 공 중 하나가 다른 공일 것이다. 만약 오른쪽이 여전히 가볍다면 오른쪽의 3개의 당구공(바뀌어 지지 않은 공) 중에서 하나가 더 가볍다는 사실을 알 수 있을 것이다.

다음은 프로그래머 출신의 지원자가 실제 프로그램과 비슷한 코드를 사용하여 다음과 같이 문제를 풀었다.

다른 공 찾기 :

　　　　4 대 4 무게 측정, 4개 그냥 두기

　　　　Case match :

　　　　무게 측정한 8개 제거

Remark : 그것이 더 무겁거나 가볍다는 것을 알아내야 함

　　　　3(새로운 공) 대 3(측정했던 공) 무게 측정, 1개 그냥 두기

　　　　Case match :

　　　　무게 측정한 3개 제거

　　　　1(그냥 둔 공) 대 1(측정된 공) 무게 측정

　　　　Case match :

　　　　　　단언 (설명된 상황에 맞지 않음)

　　　　Case mismatch :

　　　　　　적절하게 공에 이름 붙이기

　　　　　　공 되돌리기, status

　　　　Case mismatch :

남아 있는 모든 공에 이름 붙이기 (가벼운 공/무거운 공)

1 대 1 무게 측정, 1개 그냥 두기

Case match :

무게 측정한 2개 제거

남겨 둔 곳으로 되돌아 가기, status

Case mismatch :

바로 전에 계산되어 매치된 곳으로 되돌아가기, status

Case mismatch :

4개 제거

더 무겁거나 가벼운 공에게 WRT라고 이름 붙이기

Case match :

6개 제거

남은 것 대 알려진 공의 무게 측정

Case match :

또 다른 공으로 돌아가기, status:

Case mismatch :

측정된 공으로 돌아가기, 그것의 status:

Case mismatch :

Remark : 무거운 쪽에 2개의 무거운 것 혹은 가벼운 쪽에 2개의 가벼운 것 중 하나이다.

2개의 무거운 것 측정하기

Case match :

전 단계에서 가벼운 공으로 돌아가기

Case mismatch :

두 개 중에서 가장 무거운 것으로 돌아가기

Remark : 프로그램 테스트 하기

Struct

Ball

    Hidden_field (values: normal, heavy, light)

    Tag-field-0

    Tag-field-1

    Calculated-status

Main

    Ball [12]

    Ball [random (12).hidden_field=(random (2) (heavy, light);

    Oddball=find-oddball (all of the balls)

    Assert (oddball, calculated-status==oddball.hidden_field)

|해답| 4개의 공으로 구성되어 있는 두 그룹을 측정하면서 시작하기

69. 오염된 알약

역시 마이크로소프트사에서 선호하는 이 퍼즐은 세계적인 수준의 프로그래머와 분석자들을 위한 전형적인 문제 풀이 접근 방법을 증명하고 있다.

PUZZLE *당신은 알약으로 가득 채워진 5개의 병을 가지고 있다. 한 병은 오염되어 있다. 어떤 병이 오염되어 있는가를 알아내*

는 방법은 무게를 측정하는 것뿐이다. 보통 알약은 10그램
의 무게이며 오염된 알약은 9그램이다. 당신에게 저울이 주
어졌고, 단 한 번의 측정이 가능하다. 당신은 오염된 알약으
로 가득 채워져 있는 병을 어떻게 알아 낼 수 있을까?

|힌트| 샘플링

이것은 전형적인 기술적 인터뷰 퍼즐이다. 이것은 트릭이 아니며
문제를 풀 수 있는 해답을 가능한 해답들 중에서 찾아내는 것이다.
당신이 문제 해결 과정 중에 이끌어 낼 가능한 가정이 있으며, 당신
은 이 문제를 정확하게 구조화시켜야 한다. 그런 다음에 해답이 나
온다. The Critical Connection 블로그(http://w-uh.com)에서 이 퍼즐
이 어떻게 분석되는지 살펴보자.

당신은 기본적으로 정체 불명의 병 5개를 가지고 있다. 각각의 병
은 오염된 병으로 판명될 가능성이 있다. 당신은 단 한 번의 무게 측
정이 가능하며, 해답을 그 정체 불명인 5개의 병 중에서 오염된 약병
을 구별해야 한다. 그렇다면 한 번의 측정으로 어떻게 5개의 불분명
함을 알아낼 수 있을까? 자, 명백하게 무게 측정의 결과는 숫자이며,
그러한 숫자 결과가 당신이 알고 싶어하는 무엇인가를 말해 줄 수 있
도록 무게 측정은 디자인되어야 한다.

가능한 가정 중 하나는 병의 무게 자체를 측정하는 것도 도움이 된
다는 것이다. 하지만 얼마 지나지 않아서 당신은 그것이 쓸모 없다는
것을 알아낸다. 또 다른 가정은 각각의 병에서 단 하나의 알약의 무게

를 측정할 수 있다는 것이다. 이것은 제시된 제약 조건은 아니며, 현실적으로 알약 하나의 무게를 측정하는 것이 당신에게 해답에 이르는 길로 인도하지는 않을 것이다. 해답은 각각의 병에 담긴 다른 숫자의 알약 무게를 측정하는 것이다. 자, 그럼 당신이 1번 병에서 하나의 알약을 꺼내고, 2번 병에서 2개의 알약을, 3번의 병에서 3개의 알약을, 4번 병에서 4개의 알약을 꺼냈다고 하자. (당신은 5번 병에서 5개의 알약을 꺼낼 수 있으며, 더 현명하게는 아무것도 꺼내지 않아도 된다. 두 가지의 접근 방법 모두 당신에게 해답을 제공할 것이다.) 이렇게 한다면, 이제는 5개의 케이스와 5개의 가능한 결과가 존재하게 된다.

1번 병이 오염되었다면, 무게는 $(1\times9)+(2\times10)+(3\times10)+(4\times10)=99$

2번 병이 오염되었다면, 무게는 $(1\times10)+(2\times9)+(3\times10)+(4\times10)=98$

3번 병이 오염되었다면, 무게는 $(1\times10)+(2\times10)+(3\times9)+(4\times10)=97$

4번 병이 오염되었다면, 무게는 $(1\times10)+(2\times10)+(3\times10)+(4\times9)=96$

5번 병이 오염되었다면, 무게는 $(1\times10)+(2\times10)+(3\times10)+(4\times10)=100$

올레 아이코른은 이렇게 말한다. "이 퍼즐은 나에게는 초심자를 테스트하는 질문일 수 있다. 다시 말해서 프로그래머로 취업하고자 하는 지원자가 이 문제를 풀지 못한다면 나는 그를 고려 대상에서 제외할 것이다." 아무튼 초심자를 테스트하는 질문은 경험이 없는 사람의 능력을 엄격하게 시험하는 문제이다. 이것이 이 퍼즐의 본질이다.

좀더 회화체의 접근 방식은 다음과 같은 지원자의 응답을 고려하라.

만약 단 한 번의 무게 측정만이 나에게 허락된다면, 오염된 병과 아닌 병을 구별하기 위한 모든 정보를 취득해야 할 필요가 있다. 이 문제에서는 하나의 접근 방법이 있다. 첫째, 1번부터 5번까지 각 병마다 번호를 만들자. 그 다음에 1번 병에서 하나의 알약을, 2번 병에서 2개의 알약을, 3번 병에서 3개의 알약을, 4번 병에서 4개의 알약을, 5번 병에서 5개의 알약을 꺼내 보자. 이렇게 꺼낸 15개의 알약을 저울 위에 함께 놓고 무게를 측정해 보자. 자, 만약 모든 알약이 오염되지 않았다면 각각의 무게는 10그램일 것이며, 합계는 150그램이 될 것이다 $(1 \times 10 + 2 \times 10 + 3 \times 10 + 4 \times 10 + 5 \times 10)$. 하지만 오염된 알약의 무게가 9그램이기에 실제 무게는 이것보다 적을 것이다. 얼마나 적을 것인가? 150에서부터 실제 무게를 뺀 그 결과의 숫자가 오염된 병의 직접적인 포인트가 될 것이다.

나는 이 문제를 풀기 위한 다른 방법에 대해서는 알지 못한다. 어쨌든, 이런 방법이 퍼즐을 푼다는 것을 쉽게 설명할 수 있다. 자, 그럼 4번 병이 오염된 알약을 포함하고 있다고 가정하자. 그렇다면 실제 측정 무게는 146이 될 것이다 $(1 \times 10 + 2 \times 10 + 3 \times 10 + 4 \times 9)$. 146을 150에서 빼면 4가 남고, 이 숫자는 오염된 알약을 포함한 병의 숫자이다.

|해답| 병의 번호에 해당하는 숫자의 알약을 각각의 병에서 꺼내자.

70. 삼각형 위의 개미 3마리

다른 한편으로 이 퍼즐은 지원자에게 가능성과 관련하여 튼튼한 기초를 제공할 것이다. 하지만 이것 또한 상당한 재치가 요구되고, 동적인 상황을 구체화하는 지원자들의 능력을 파악할 수 있다.

PUZZLE *삼각형의 세 꼭지점에 3마리의 개미가 있다. 각각의 개미들은 일관성 없이 다른 꼭지점으로 일직선으로 옮겨가기 시작한다. 개미들의 연쇄 충돌을 피할 수 있는 가능성은 얼마나 되는가?*

|힌트| 만약 필요하다면 격자 방식의 눈금을 그려 결과를 추측해 보자.

여기 3명의 다른 지원자들에게로부터 추출된 3개의 다른 응답이 있다. 모두 같은 해답에 이르지만, 접근 방법은 모두 다르다는 것을 기억하자. 대부분의 면접관들은 해답보다는 접근 방법이 더 중요하다는 사실에 동의한다.

지원자 A의 응답은 명확하게 설명되고 있다. 지원자 B는 개미에게 이름까지 주면서 이야기 식으로 응답하고 있다. 지원자 C는 확실히 많은 교육을 받았음에 틀림없다. 당신은 당신 팀의 구성원으로 어떤 지원자를 선호하는가? 중요한 포인트는 큰소리를 내어 생각함으로써 면접관들이 당신의 논리를 읽을 수 있도록 하는 것이다.

지원자 A : 각각의 개미는 각각 오직 두 방향으로 움직일 수 있다. 개미의 숫자와 가능한 방향의 숫자를 곱하면 가능한 수의 합계를 구할 수 있다(2×2×2=8). 자, 그럼 개미들이 충돌하지 않도록 피할 수 있는 방법은 오직 2개가 있다. 모두 시계 방향으로 혹은 시계 반대 방향으로 움직이는 것이다. 그렇지 않으면 충돌이 일어날 수밖에 없다. 해답은 8개 중 반 혹은 4개 중 하나 혹은 25%이다.

지원자 B: 한 마리의 개미를 골라 '윌리'라고 이름을 지어 보자. 윌리가 어느 방향으로 갈 것인지 정한 후(시계 방향 혹은 시계 반대 방향), 다른 개미들은 충돌을 피하기 위해 같은 방향으로 움직여야 한다. 개미들이 일관성 없이 선택되었으므로, 두 번째 개미가 윌리와 같은 방향으로 움직이는 가능성은 둘 중에 하나, 또 다른 개미가 같은 방향으로 움직이는 가능성도 둘 중 하나이다. 이것은 충돌을 피하는 4가지 중 한 번의 가능성이 존재한다는 것을 의미한다.

지원자 C: 삼각형 ABC를 생각해 보자. 각각의 개미들이 삼각형의 변을 따라 다른 꼭지점을 향해 움직인다고 가정하자. 움직임의 합계는 8이 된다. ($A{\rightarrow}B$, $B{\rightarrow}C$, $C{\rightarrow}A$ $A{\rightarrow}B$, $B{\rightarrow}A$, $C{\rightarrow}A$ $A{\rightarrow}B$, $B{\rightarrow}A$, $C{\rightarrow}B$ $A{\rightarrow}B$, $B{\rightarrow}C$, $C{\rightarrow}B$ $A{\rightarrow}C$, $B{\rightarrow}C$, $C{\rightarrow}A$ $A{\rightarrow}C$, $B{\rightarrow}A$, $C{\rightarrow}A$ $A{\rightarrow}C$, $B{\rightarrow}A$, $C{\rightarrow}B$ $A{\rightarrow}C$, $B{\rightarrow}C$, $C{\rightarrow}B$) 충돌하지 않는 움직임은 2이다. (2 $A{\rightarrow}B$, $B{\rightarrow}C$, $C{\rightarrow}A$ $A{\rightarrow}C$, $B{\rightarrow}A$, $C{\rightarrow}B$). 모든 개미는 시계 방향, 혹은 시계 반대 방향으로 같은 시간에 움직인다. P(충돌하지 않음)=2/8=0.25

해답 ¼ 가능성 혹은 25%의 충돌을 피하는 가능성

71. 2명의 형제와 2마리의 말

이 퍼즐의 다른 버전을 보면 불필요하게 낙타, 족장 그리고 아라비안 사막을 배경으로 자세하게 서술해 놓았다. 나의 경험을 비추어 보았을 때 어떤 사람들은 이렇게 특별한 지리학적 배경 때문에 혼란스럽게 될 수 있다. 때문에 지리학적 배경의 중립을 지킬 필요가 있다. 하지만 낙타가 되든, 말이 되든 이것은 전형적인 퍼즐이며, 만족할만한 해답을 가지고 있다.

PUZZLE *한 아버지에게 두 아들이 있었는데, 두 아들 중에서 누구에게 재산을 상속할 것인가를 결정할 때가 왔다. 아버지는 두 아들에게 "너희 둘 모두 말을 타고 가까운 도시로 경주를 할 것이고, 둘 중에서 도시 관문에 두 번째로 도착하는 말의 소유자가 나의 유산을 상속받을 것이다."라고 말했다. 두 형제는 반신반의했지만 말의 속도를 최대한 늦추면서 천천히 도시를 향해 갔다. 도시 바깥쪽에서 며칠 동안 머뭇거리며 둘 중에서 누구도 먼저 도시로 들어가려 하지 않았다. 마침 현인이 지나가자, 두 형제는 지혜를 구하였다. 현인이 두 마디를 하자마자, 두 형제는 최대한 빨리 그 도시의 문을 향해 달렸다. 그 현인의 충고는 무엇이었는가?*

|힌트| 당신의 가정(상상력)에 도전해 보라.

현인은 형제에게 말을 바꾸라고 말했다. 아버지의 말씀은 사람이 아니라 두 번째로 도착하는 말의 소유자에게 유산을 물려준다는 것

이다.

|해답| 말을 교환하라.

72. 섬에서의 화재

이 퍼즐은 첫 번째로 산수 문제에 나타나는 전형적인 퍼즐이다. 하지만 지원자들은 여기에 또 다른 것이 있다는 것을 재빨리 이해하여야 한다.

PUZZLE 맥스는 10마일에 걸쳐 길쭉하게 숲이 우거진 섬에 갇혀있다. 남쪽에서 화재가 발생하여 1mph의 속도로 북쪽에서 불어오는 2mph의 바람의 속도와 함께 맥스가 있는 쪽을 향해 다가오고 있다. 화재 속에서 사망하지 않기 위해 맥스가 할 수 있는 것은 무엇인가? 맥스는 수영을 할 수 없으며, 어떤 도구도 가지고 있지 않다고 가정하자.

|힌트| 맞불 작전을 생각해 보자.

|해답| 맥스는 통제 가능한 두 번째 화재를 만들어 이용하여야 한다. 현재 화재가 발생한 지점으로부터 불을 이용할 수 있으므로 맥스는 성냥 혹은 라이터가 필요없다. 결국에는 첫 번째 화재가 통제 가능한 두 번째 화재 지역에 도달할 것이며, 연료의 부족으로 화재는 멈출 것이다. 이것을 맞불 작전이라 부른다.

CHECK 맥스는 물 속으로 뛰어들어 익사할 수도 있다. 맥스가 화재로 사망하지 않는 것이기에 이것 또한 해답이 될 수 있다.

73. 불확실한 카드

눈에 보이지 않으면 마음에서도 멀어진다는 말처럼 자명한 이치 때문에 오직 약 20%의 사람들이 아주 단순하게 보이는 이 퍼즐에 적절한 해답을 찾아보자. 이러한 퍼즐을 1996년 심리학자 피터 웨이슨이 설명한 것과 같이 '웨이슨 선택 작업'이라 부른다. 여기에서의 속임수는 사람들이 확실한 것으로부터 추론하기를 선호한다는 것이다. 일반적으로 사람들은 알려지지 않았거나 확실하지 않은 것에 대해 추론하는 것을 싫어하기 때문에 지원자들은 잘못 인도하는 정보를 선택할 것이다.

PUZZLE *다음과 같은 규칙을 테스트하기 위해 당신은 어떤 카드를 뒤집을 필요가 있는지 파악해 보라. 만약 카드 한 면에 모음이 적혀 있다면, 다른 한 면에는 짝수가 적혀져 있다. (그림 4.4 참조)*

|힌트| 불확실성으로부터 추론하는 것을 두려워하지 말자.

그림 4-4

항상 그렇듯이, 명백한 선택을 고려하고 왜 당신이 그것을 거부하는가에 대해 명확하게 표현하라. 이와 같은 상황에서 가장 대중적이면서 명백한 선택은 A 카드 혹은 A와 4 카드를 선택하는 것이다. 자, 그럼 이와 같은 옵션을 하나씩 살펴보자. 왜냐하면 둘 다 그렇게 할 만한 가치가 있기 때문이다. A 카드를 뒤집는 것은 한 면에 모음이 적혀 있는 카드는 반드시 다른 한 면에는 짝수가 있다는 것을 테스트 할 수 있도록 해 준다. 만약에 그 다른 한 면에 홀수가 적혀 있다면, 규칙은 성공적으로 테스트되었으며 규칙은 거부된 것이다. 하지만, 만약 그 다른 면에 짝수가 적혀 있다면 우리는 규칙이 성공적으로 테스트되었다고 말할 수 있는가? 아니다. 왜냐하면, 몇몇의 다른 상황이 짝수에 대해서 설명하기 때문이다. 아마도 오직 일직선으로 만들어진 글자만이 적당하게 짝수와 연관성 있는지도 모른다.

만약에 지원자가 여기까지 해답을 구하고 있다면, 그 혹은 그녀는 A와 4 카드가 함께 이 규칙을 테스트 할 수 있다고 논쟁할 것이다. 그것 또한 틀렸다. 4는 짝수이다. 그리고 규칙은 모음이 한 면에 존재한다면 다른 한 면은 짝수가 존재한다고 밝혔다. 이 말은 오직 모음 카드만이 짝수를 가지고 있다고 표현한 것은 아니다. 자, 그렇다면 4의 뒷면에 Q가 적혀 있거나, 기린 그림이 있다고 하자. 이것은 규칙이 잘못되었다는 것을 증명한다. 모음, 자음 혹은 또 다른 것이 있다고 해도 똑같다. 4 카드는 부적절하다.

사실적으로 당신은 A 카드와 0 카드의 두 카드가 필요하다. 왜냐하면 9 카드는 이 규칙에 결정적인 주요 테스트를 대표한다. 만약에 모음이 적혀 있는 반대편 한 면에 9가 존재한다면 규칙을 증명할 수 없다.

A 카드가 유일한 모음 카드이고 4가 유일한 짝수 카드이기 때문에, 지원자들이 4 카드를 뒤집어야 한다는 틀린 결과로 뛰어들기가

쉽다. 더 나은 전략은 부정확성으로부터 추론할 수 있도록 사고를 작동시키는 것이다. 당신은 9 카드 반대편에 모음 혹은 자음이 존재한다는 사실을 알고 있으나, 볼 수 없기 때문에 그것의 중요성을 당신은 경시하고 있는 것이다. 이것의 기술적인 용어를 '분열' 이라고 한다. 정확하게 둘 중 하나 혹은 상호간에 양립할 수 없는 결과와 같은 어느 상황에서나 진실일 수 있다. 문제가 분열에 대해서 표현할 때, 트릭은 모든 가능 요소들을 적어 내려가면서 각각의 논리를 펼쳐나가는 것이다. "만약 보이지 않는 글자가 모음이라면…?, 만약 보이지 않는 글자가 자음이라면…?'

74. 죄수와 담배

이것은 힘에 관한 사고(思考) 실험이다. 여기에서는 해답이나 오답이 존재하지 않는다. 무기력하게 보이는 사람이 통제하는 힘의 한계에 대한 탐험이다. 이 퍼즐은 많은 사람들이 관심을 보였던 나의 웹사이트에서 콘테스트의 주제였다. 가장 창의적인 몇 사람들은 내가 생각하기에 가장 현명하게 다음과 같이 대답하였다.

PUZZLE *당신은 가석방의 가능성 없이 인생을 독방에서 보내고 있는 죄수이다. 금요일 오후이고 당신은 절대적으로 담배를 피워야만 한다. 당신에게 담배를 줄 수 있는 유일한 사람은 당신의 독방을 지키고 있는 간수이다. 담배를 얻기 위해 당신은 무엇을 할 것인가?*

나의 웹사이트에서 콘테스트에 참가한 모든 사람들에게 감사한다. 이 책에 모두 담을 수 없을 정도로 상상력이 풍부한 대답이 있었다. 콘테스트에 참가하고 싶은 독자는 나의 웹사이트를 참고하라(www.jkador.com). 첫 번째 후보인 프랑스 메릴린치 캐피탈 마켓의 막시밀리언 푸는 신선한 사고를 기초로 다음과 같은 해답을 올렸다.

간수를 부를 것이며, 만일 그가 나에게 담배를 준다면 그가 6분 더살 것이고, 나는 6분 덜 살 것이다. 이 사실은 과학적으로 증명된 것이기에, 나의 무의미하고 감옥에서의 고통스러운 시간을 그와 바꾸어서 그가 그의 인생을 더 길게 즐길 수 있을 것이다. 그리고 나는 감옥에서 종신형을 받고 있기에 내가 일찍 죽는다면(다른 것들이 동일하다는 전제 하에) 간수는 좀더 일을 덜 할 것이며, 더 오래 살 수 있을것이다! 따라서 이것은 우리 모두에게 좋은 제안이다.

텍사스 오스틴의 두 번째 후보 로리 포머로이는 수감자는 서비스를 행함으로써 담배를 얻을 수 있다고 제안한다.

기본적으로 간수의 필요성과 욕구를 구분할 것이며, 담배를 얻기위하여 그 필요성과 욕구를 충족할 수 있는 방법을 결정할 것이다. 그의 애인을 위해서 시를 쓰거나, 엄청나게 청구된 금액에 대하여 신용카드 회사에 편지를 쓰거나, 그 또는 그녀가 필요할 지도 모르는 모든 편지를 쓸 것이다. 또는 그에게 농담을 하거나, 짧은 얘기를 들어서 말해 주는 방법 등으로 즐겁게 해줌으로써 담배를 얻을 수 있을 것이다.

세 번째 후보 마틴 스웨저는 그의 해답 첫 부분에서는 강력한 제안을 했으나 날려버리고 내가 생각하기엔 아주 약한 방법을 추구하였다.

간수의 시선을 끌도록 하겠다. 문을 사정없이 두드리면서 그의 당직 시간에 자살할 것이라고 말한다. 우선 간수의 관심을 유도한 후 다른 간수보다 그가 얼마나 뛰어난지 말하고 승진이 당연히 필요하다고 말한다. 그런 후에 담배 하나를 위하여 내가 대담무쌍한 탈출을 연기하고 그가 단독으로 쉽게 나를 체포하여 동료에게는 존경을 받고 상사에게는 인정을 받을 수 있도록 한다고 말할 것이다.

스웨저는 사실 내가 생각하기에 가장 강력한 답을 도출하였다. 우선 퍼즐을 다시 살펴보자. 단서 중 가장 묘한 부분은 무엇인가? 만일 당신이 금요일 오후라고 생각했다면 그것은 해답이다. 종신형을 받은 죄수에게 금요일 오후는 어떤 의미를 지니는가? 의미가 없다. 그러나 주말을 중요시 여기는 간수에게는 의미가 있다. 나의 해답은 모든 단서를 사용한다. 죄수는 간수에게 이렇게 말한다.

"이보게, 나는 담배 한 가치가 필요하다. 당신이 주지 않아도 상관 없다는 것은 나도 안다. 그러나 나에게 담배를 주지 않으면 자살을 시도할 것이다. 내가 성공할 수도 혹은 실패할 수도 있으나, 결국 나는 다칠 것이고 의무 병동으로 옮겨져야 할 것이다. 그렇게 되면 당신은 필요한 서류를 작성하여야 하며 주말을 반납하고 여기에 계속 있어야 할 것이다. 나에게 제발 담배 한 가치를 준다면 당신 근무 시간까지 조용히 지낼 것이며 그 후는 다른 사람의 문제이다."

이제 이 문제의 우승자의 답변이다. 알릭 고트립의 약간의 외설스런 답변은 심리적으로 대단히 교활하기 때문에 심심한 간수가 응대할지 모른다. 고트립는 이스라엘 텔아비브에 있는 매트릭스 소프트웨어사의 선임 소프트웨어 개발자로 우승 답안을 제안하였기 때문에 상금으로 필자가 서명한 이 책을 받을 것이다.

보통 교도소의 간수는 매우 지루하며 죄수도 마찬가지다. 따라서 만약 굉장히 복잡하거나 지적이지 않다면 어떠한 오락거리라도 반길 것이다. 그래서 죄수는 간수와 간단한 대화를 시작하고 몇 개의 농담을 던지며 다음과 같이 얘기한다. "여보슈, 다들 나를 왜 '두 개피 담배의 잭'이라고 부르는지 압니까? 왜냐하면 내 페니스가 정확히 19cm이기 때문이죠! 그건 정확히 담배 두 개피의 길이입니다. 확인해 볼래요?' 간수는 흥미롭다고 생각할지 모른다. 그는 "증명해봐!'라고 하면서 나에게 담배 두 개피를 던진다. 나는 그 담배를 나의 페니스와 나란히 세워본 후 놀란 목소리로 "어림도 없네. 당신이 이겼수!' 혹은 "아! 길이가 딱 맞네!'라고 말한다. 하여튼 간수는 굳이 담배를 돌려 달라고 하지 않을 것이다. 따라서 간수는 웃고 나는 한 개피가 아닌 두 개피의 담배를 얻을 것이다.

"나무가 아니라 숲을 보는 자세를 지향하라"

여러 고비와 난관을 극복하며 열심히 케이스를 풀어낸 마지막 순간 날 당황하게 했던 면접관의 한마디, "본 면접관을 당신 고객사의 임원이라 가정하고 본 케이스의 내용을 정리하여 처음부터 한번 프리젠테이션 해 주시겠습니까?"

케이스 인터뷰는 주어진 단위 문제를 해결함으로써 결론에 도달하는 것이 아니라 결국은 전체를 해결하기 위해 문제를 하나하나 구조화하는 것이다. 따라서 항상 전체 구도를 머리에 넣지 않고서는 '내가 무엇을 했는지?', '그것을 왜 했는지?' 매우 당황하게 되는 경우가 많다. 나중에 당황하지 않기 위해서라도 내가 지금 어디쯤 있는지, 그리고 문제 해결을 위해 어느 방향으로 가고 있는지 한번쯤 확인하면서 문제의 전체를 보는 시각을 기르는 것이 중요하다.

김대일, 베인 & 컴퍼니(Bain & Company) 컨설턴트

How to Ace
the Brainteaser
Interview

Brainteaser Survival Interview

5장에 포함된 퍼즐은 어느 정도의 산술적 계산을 필요로 한다. 대부분의 문제들은 간단한 산술보다는 좀 더 많은 것을 요구하지만, 몇몇만이 기하학과 기본 대수학이 필요하다. 어떤 것도 미적분과 혹은 그와 가까운 것을 요구하지는 않는다. 그러나 명심하라. 만약 당신이 급수들의 합을 계산하거나 미적분을 계산한다면 당신은 상당 부분 해답에서 벗어나 있을 것이다.

여기에 나오는 퍼즐은 절대로 산술적 기량을 시험하기 위한 것이 아니다. 그것을 위한 더 나은 방법들이 있으며, 만약 당신이 보험계리사에 지원한다면 당신의 능력이 시험될 것이다. 하지만 이 퍼즐은 그런 시험이 아니다. 오히려 여기에 제시된 퍼즐은 산술적으로 쉽게 표현될 수 있는 다양한 인지 능력을 표현할 수 있다. 또한 각 퍼즐은 가장 쉬운 것부터 가장 어려운 순서로 제시되었다.

75. 우물 안의 달팽이

이 퍼즐은 아이들이 볼 수 있는 거의 모든 퍼즐 책에 있으므로 지극히 단순함을 시험한다. 간혹 퍼즐의 주인공은 지렁이 혹은 개구

리이다. 퍼즐이 여기에 포함된 것은 지원자가 잘못된 해답을 제시했을 때 그의 지적 게으름을 보여줄 수 있기 때문이다.

PUZZLE *달팽이 하나가 20피트 깊이의 우물 안에 있다. 매일같이 달팽이는 5피트를 기어오르지만, 밤에는 다시 4피트를 미끄러져 내려간다. 며칠만에 달팽이는 우물 밖으로 나올 수 있을 것인가?*

|힌트| 앞으로 갔다가 뒤로 온다.

조심하라! 전형적인 함정이다. 명백한 답은 달팽이가 매일 오르는 1피트가 20피트 우물에서 20일 후면 나올 것이라는 것이다. 당신이 여기서 필요한 것은 시간을 가지고 매일 매일 계산하는 것이다. 사실 달팽이는 매일 1피트를 움직이는 것이 아니라 5피트를 가고 4피트 떨어진다. 이것은 첫 날에 5피트 움직이고 1피트까지 떨어진다. 둘째 날에는 6피트까지 갔다가 2피트까지 떨어진다. 셋째 날에는 7피트까지 움직이고 3피트까지 떨어진다. 16일째에 행복한 달팽이는 20피트까지 올라가고 다시 내려가지 않을 것이다.(이미 밖으로 나왔기 때문이다!)

|해답| 16일

76. 4와 5 사이의 값

이 퍼즐은 즉석에서 칵테일 냅킨에 그려볼 수 있기 때문에 식사와 함께 하는 인터뷰에 좋은 퍼즐이다.

PUZZLE *종이 한 장에 약간의 공간을 두고 4와 5를 적는다. 4와 5 사이에 어떤 수학 기호를 넣었을 때 결과가 4보다 크거나 6보다 작을 것인가?*

|힌트| 수학 기호가 연산 기호일 필요는 없다. 이것은 메뉴에도 사용되며 매일 사용하는 보통의 수학 기호이다.

$$4 \quad 5$$

그림 5-1

|해답| 4와 5 사이에 소수점을 찍어 4.5를 만든다.

77. 생맥주, 흑맥주

이것은 식사와 함께 하는 인터뷰에서 면접관들이 애용하는 것으로 알려진 재미있는 퍼즐이다.

PUZZLE *한 남자가 바에 가서 카운터에 1달러를 놓은 후 "맥주 한 잔 주시오"라고 바텐더에게 말한다. 바텐더는 생맥주 혹은 흑맥주를 원하는지 묻는다. 남자는 "가격은 얼마나 차이가 나는가?"라고 묻는다. "생맥주는 0.9달러이고, 흑맥주는 1달러"라고 바텐더는 답한다. "그럼 흑맥주로 주시오"라고 남*

자는 말한다. 다른 남자가 바에 들어와서는 1달러를 카운터에 놓고서 "맥주 한 잔 주시오"라고 말한다. 바텐더는 말없이 흑맥주를 두 번째 남자에게 준다. 바텐더는 두 번째 남자가 흑맥주를 원하는지 어떻게 알았을까?

|힌트| 변수를 바꾸어라.

사실 이 퍼즐은 별다른 것이 없고, 단지 대부분의 사람들이 두 번째 남자가 1달러를 지불했을 때 지폐를 냈을 것이라고 가정한다는 것이다. 이 퍼즐에 대한 다른 해답이 있을 수 있지만, 다음과 같은 답만큼 면접관이 선호하는 해답도 없다.

첫 번째 남자는 1달러 지폐를 카운터에 놓았다. 두 번째 남자는 1달러에 해당하는 동전을 놓았다. 1달러 동전은 3개의 쿼터, 2개의 다임 그리고 니켈로 구성된다. 첫 번째 남자와 달리 두 번째 남자는 0.9달러만큼의 잔돈이 있었다. 바텐더는 그 남자가 가격에 대해서 알고 있다고 생각하였다. 손님이 정확히 1달러를 지불하였기에 그는 손님이 흑맥주를 주문하였다고 가정한 것이다.

|해답| 남자는 잔돈으로 지불하였다.

78. 위조 지폐

사실 이 퍼즐은 너무나 간단해서 고등학교 경제학 수업 시간에서도 웃음거리가 될 수 있을 것이다. 그런데 왜 대다수의 영리한 비즈니스맨들이 이 퍼즐 앞에서 난감해지는 것일까?

소비자는 판매자로부터 3달러에 부품을 구매한다. 소비자는 판매자에게 10달러 지폐를 준다. 판매자는 평상시 현금으로 장사하지 않기에 옆 가게로 가서 잔돈을 얻어 온다. 판매자는 부품과 7달러의 잔돈을 돌려준다. 소비자가 떠난 후, 옆 가게에서 10달러 지폐가 가짜인 것으로 밝혀졌다. 그래서 판매자는 옆 가게 주인에게 자신의 지갑에서 진짜 10달러를 준다. 이 판매자는 거래에서 얼마나 손해를 보았는가?

|힌트| 판매자에게 남은 것은 무엇인가?

우선, 여기에는 단 하나의 거래만이 있을 뿐이다. 이 거래에서 눈에 띄는 부분은 가치 없는 종이 한 장에 판매자는 부품 하나와 7달러를 지불했다는 것이다. 돌려 받은 3달러만이 판매자가 얻을 수 있는 가치이다.

|해답| 7달러와 부품 하나

79. 땅벌과 2대의 기차

처음에는 이 퍼즐이 단순한 산술적 계산만이 아니라 미적분이 필요하다고 보여진다. 이런 (그리고 다음 번) 문제들은 풀기 어렵게 느껴지지만, 상식을 깨는 트릭이 있다는 것을 당신은 알 것이며, 문제를 재구성하는 것이 이 문제의 포인트이다. 그 다음부터는 쉬울 것이다.

PUZZLE *2대의 기차가 서로 다른 방향에서 100mph의 속도로 길이 200마일의 터널에 들어선다. 기차가 터널에 들어서는 순간, 음속의 땅벌이 1,000mph로 하나의 기차에서 다른 기차로 날아간다. 땅벌이 다른 기차에 다다르는 순간, 방향을 바꾸어 첫 번째 기차로 날아가 터널 안에서 기차가 충돌하여 폭발이 일어날 때까지 기차 사이를 왕복한다. 마지막 순간까지 벌은 어느 정도의 거리를 날았을까?*

|힌트| 벌이 이동하는 시간은 얼마나 될까?

잠시 이 문제에 대해 생각해 보자. 첫 인상으로는 무한대의 시리즈가 가능한 문제이다. 대학에서 수학을 전공한 사람이라면 무한대의 시리즈 문제를 만들어 낼 수 있겠지만, 지원자들은 당신이 그렇게 하기를 원하지 않을 것이다. 그렇기 때문에 지름길 혹은 트릭이 있을 것이다. 당신이 해야 할 일은 아래의 지원자가 답변한 것처럼 "아하!" 하는 정도의 통찰력 있는 무엇인가를 찾는 것이다.

첫 번째로 이 문제를 듣고 나서, 내 심장이 멈추는 것 같았습니다. 왜냐하면, 이 퍼즐은 미적분 문제라고 생각했기 때문입니다. 계속적으로 거리가 줄어드는 공간에서 벌이 이동하는 거리를 모두 합하여 적분할 수 있지만, 아마도 다른 방법이 있음에 틀림이 없습니다. 단순화 시켜보면, 전체 거리는 200마일입니다. 기차는 100mph로 이동하면서 중간에서 만납니다. 이것은 기차가 1시간 안에 서로 만난다는 것입니다. 벌은 1시간 동안 기차가 만나기 전에 1,000mph로 이동합니다. 계속 같은 속도로 벌이 반대로 움직인다고 가정할 때, 제 생각으로는 기차가 만나기 전에 1,000마일을 이동한다고 생각합니다.

|해답| 1,000마일

80. 26개의 자음

이렇게 어려운 퍼즐을 대할 때는 스트레스를 받지 말고, 항상 지름길이나 트릭이 존재한다는 사실을 명심하자. 그리고 생각하는 동안에는 긴장을 풀고, 적분에 대해서는 잊어버리자. 그쪽으로는 생각도 하지 말자. 이것이 문제의 덩굴에서 빠져나오는 방법이다. 이것이 퍼즐의 속성이다.

PUZZLE *A부터 Z까지 이름이 붙여진 26개의 자음이 있다. A가 1과 같다고 하자. 다른 자음들도 알파벳 순서에 따라 그 전의 자음이 증가하게 되는 가치가 있다. 다른 말로 한다면, B(2번째 글자) = 2^A = 2^1 = 2, C = 3^B = 3^2 = 9 등과 같이 말이다. 다음과 같은 표현에서 정확한 숫자로 된 가치를 찾아라.*

$(X-A) \cdot (X-B) \cdot (X-C) \cdot \cdots\cdots (X-Y) \cdot (X-Z)$

|힌트| 생략 부호 안에 감추어진 것은 무엇인가?

이 문제를 보고만 있어도 대개의 사람들은 질겁한다. 하지만 긴장하지 말자. 24번째 알파벳인 X는 지구의 모든 분자보다 더 큰 숫자일 것이다. 질문을 다시 들어보자. '정확한'이라는 단어가 들리는가? 그것은 가치가 단순한 숫자일 것이라는 당신의 첫 번째 힌트

이다. 이것도 "아하!" 하는 순간에 모든 것이 풀리는 트릭 문제 중의 하나이다.

이런 퍼즐에서 당신은 항상 숨겨진 부분을 찾아내야 한다. 이와 같은 상황에서는 생략 부호 안에 힌트가 있다. 만약 시간을 내어 정신적으로 이 범위를 강조한다면, 당신은 이러한 표현이 $(X - X)$인 것, 편리하게도 제로인 것을 찾아낼 것이다. 이상적인 해답은 다음과 같다.

X에서는 $(X - X)$가 되기 때문에 결과적으로는 제로이므로, A부터 W까지의 합계는 무의미하다. 하나의 부분이 $(X - X)$이면 결국 제로이고, 이것은 문제에서 식의 결과가 제로(0)라는 것을 의미한다.

|해답| 제로(0)

81. 4쿼트의 물을 측정하라

이것 또한 잘 알려진 퍼즐이다. 양동이의 수량이 바뀔 수도 있지만, 해답은 같은 방법으로 풀 수 있다. 이 퍼즐은 영화배우 브루스 윌리스가 주연한 영화 '다이하드'에서도 나왔었다.

PUZZLE *3쿼트 양동이, 5쿼트 양동이, 그리고 무한의 물을 공급받을 수 있다. 정확하게 4쿼트의 물을 어떻게 측정할 수 있을까?*

  * 쿼트(quart) : 야드파운드법에 의한 부피의 단위. 1쿼트는 1갤런의 4분의 1, 파인트의 2배로 영국에서는 약 1.11리터, 미국에서는 약 0.95리터에 해당한다.

|최적의 해답|

1. 3쿼트의 양동이를 채우고 5쿼트 양동이에 넣는다.
2. 또 다른 3쿼트의 양동이를 채우고 똑같은 5쿼트 양동이에 가득 채운다. 그렇다면 또 다른 3쿼트 양동이에는 1쿼트의 물이 남는다.
3. 5쿼트 양동이를 비운다.
4. 1쿼트를 5쿼트 양동이에 채운다.
5. 3쿼트 양동이를 다시 채우고 1쿼트에 더하여 4쿼트를 만든다.

|다른 방식의 해답|

1. 5쿼트 양동이를 가득 채운다.
2. 3쿼트 양동이가 가득 채워질 때까지 5쿼트 양동이의 물을 붇는다. 이제 5쿼트 양동이에는 2쿼트의 물이 남아 있게 된다.
3. 3쿼트 양동이를 비운다.
4. 5쿼트 양동이로부터 3쿼트 양동이로 들어있던 2쿼트의 물을 붇는다.
5. 5쿼트 양동이를 다시 가득 채운다.
6. 3쿼트 양동이를 1쿼트만 채운다. 5쿼트 양동이에는 4쿼트의 물만 남는다.

|창의적인 해답|

1. 5쿼트 양동이를 채우고 3쿼트 양동이에 3쿼트 만큼의 물을 채

운다. 5쿼트 양동이에는 2쿼트의 물이 남게 된다.

2. 5쿼트 양동이를 다시 채운다.

3. 3쿼트 양동이(현재 2쿼트의 물을 담고 있음)를 5쿼트 양동이로 작은 양동이가 가득 찰 때까지 조심스럽게 합친다. 이제 큰 양동이의 물 3쿼트는 대치되었다. 이제 5쿼트 양동이에 2쿼트의 물이 남아 있게 된다.

4. 작은 양동이를 없애고 5쿼트로 2쿼트 분량의 물을 옮긴다.

일리노이주 오로라에 있는 일리노이 수학·과학 아카데미(Illinois Mathematic and Science Academy) 출신의 한 학생은 위의 해답 중에서 창의적인 해답에 대해 반대 의사를 표명했다. 3쿼트 양동이를 5쿼트 양동이로 합쳤을 때, 3쿼트 양동이 자체의 부피가 큰 양동이에서 대치된 물의 양에 포함되게 된다. 그 학생의 의견에 따르면 면접관이 양동이의 부피에 대해 알려주지 않으면 창의적인 해답은 실제와는 다르게 되는 것이다.

82. 100미터 경주

이 문제는 토끼와 거북이의 우화를 떠올리게 하는 현혹시키는 퍼즐이다.

PUZZLE *잭과 질은 100미터 경기에 참가하고 있다. 질이 결승선을 통과하였을 때 잭은 겨우 90미터 거리에 있었다. 질은 다시*

한 번 경주할 것을 제안했다. 이번에는 잭이 출발선 10미터 뒤에서 출발하도록 하였다. 다른 모든 조건들이 동일하다고 하였을 때 잭이 이길 것인가, 질이 이길 것인가, 아니면 이번 경주에서는 두 사람이 비길 것인가?

잭이 또다시 질 것이다. 두 번째 경주에서 잭은 10미터 뒤에서 출발하였다. 잭이 90미터 지점에 이르렀을 때 질은 잭을 따라잡을 것이다. 따라서 최종 10미터는 둘 중 누가 빠른가에 의해서 결정되는 것이다. 질이 잭보다 빠르기 때문에 질이 최종 10미터에서 앞서게 될 것이고, 결국 경주에서도 이기게 될 것이다.

|해답| 질이 100미터 경주에서 다시 이기게 된다.

83. 여덟 조각의 빵

이 문제는 분수 계산을 할 줄 알고 공평함에 대한 식견을 요하는 그다지 복잡하지 않은 퍼즐이다.

PUZZLE 밥과 데이브는 빵을 먹으려고 앉았다. 밥은 3조각의 빵을, 데이브는 5조각의 빵을 가지고 있다. 행인이 그들에게 다가가 배고픈 자신에게 그들 빵의 일부를 팔 수 있는지 물어본다. 그들 모두는 공평하게 빵을 나누어 갖기로 하였고, 그 행인은 매우 감사하였다. 그 행인은 동일한 금액의 동전 8개를 갖고 있고 이 동전을 밥과 데이브에게 나누어주려 하였으나, 어떻게 그들에게 나누어 주어야 하는지 난감했다. 밥은 데이브와 공평하게 동전 4개씩 나누어 가질 것을 제안한다. 하지만 데이브는 빵 8조각은 각각 1개의 동전으로 가치가 매겨져야 한다며 밥의 제안을 거절한다. 이럴 경우, 데이브는 5조각의 빵을 내놓았으므로 데이브가 5개의 동전을 갖고, 밥은 3개의 동전을 갖는 것이 공평하다. 이 문제에서 가장 공평한 해결책은 무엇일까?

|힌트| 처음 제시된 조건 상황에 주목하라.

휴렛 패커드사의 채용 담당자는 이 퍼즐을 사용하였고, 한 지원자로부터 다음과 같은 이상적인 해결책을 받았다.

빵을 먹고자 하는 3명의 사람과 8조각의 빵이 있다. 각자 8조각의 빵을 공평하게 나누어 갖는다. 즉 각각 2와 2/3조각의 빵을 갖게 된다. 이제 각자가 내놓은 것을 확인해 보자. 밥은 3조각을 내놓았으므로 1/3의 조각의 빵만 내놓은 것이다. 그는 그가 갖고 있는 빵의 나머지를 먹게 된다. 데이브는 5조각을 내놓았고 2와 1/3조각(또는 7/3조각)을 행인에게 준 것이다. 데이브는 그가 갖고 있던 빵의 나머지를 먹는다. 가장 공평한 해결책은 밥이 1개의 동전을, 그리고 데이브가 7개의 동전을 갖는 것이다. 행인은 그의 몫으로 2와 2/3 조각의 빵을 갖게 된다.

|해답| 빵 한 조각을 내놓은 밥은 동전 1개를, 빵 5조각을 내놓은 데이브는 7개의 동전을 갖는다.

84. 조류 속에서의 수영

어느 면접관이 지원자에게 칠판에 가서 이 퍼즐을 풀어보도록 하였다.

PUZZLE *세계적인 수영 선수가 강력한 조류의 2배 속도로 수영을 할 수 있다. 그가 부표까지 수영을 해서 갔다가 돌아오는 데에 40분이 걸린다. 그가 잔잔한 물에서 동일하게 수영을 하면 얼마나 걸리겠는가?*

이 퍼즐이 수학적으로 풀릴 수 있지만, 논리적으로 푼 지원자가 있다. 그의 해답을 들어보자.

우리는 그가 조류의 2배 속도로 수영한다는 것을 알고 있다. 조류를 거슬러 수영할 때는 그의 속도가 조류의 속도와 동일하게 된다. 그러면 잔잔한 물에서는 조류 속도의 2배인 것이다. 조류 속에서 수영할 때, 조류 속도의 3배가 된다. 해변과 부표 사이의 수영을 1헤엄이라고 하면, 조류 속에서는 1/3헤엄, 잔잔한 물에서는 1/2헤엄이 된다. 왕복으로 수영한다고 하면, 잔잔한 물에서는 1헤엄이, 그리고 조류가 있을 때에는 4/3헤엄이 된다(조류를 거슬러 수영하는 것은 전체 중 1헤엄이고, 조류 속에서 수영하는 것이 전체 중 1/3헤엄이기 때문이다). 잔잔한 물에서 왕복으로 수영하는데 걸리는 시간은 1/3헤엄이 된다. 조류가 있을 때 40분이 걸리기 때문에 조류가 없다면 30분이 걸리게 되는 것이다.

|해답| 30분

85. 박스에 들어갈 수 있는 가장 적은 수의 사탕

인수분해에 대한 이해력을 요하는 매우 깔끔한 퍼즐이다.

PUZZLE 한 박스의 사탕이 둘, 셋, 또는 일곱 사람들에게 자르지 않고 똑같이 나누어 질 수 있다. 박스에 들어갈 수 있는 가장 적은 숫자의 사탕은 몇 개인가?

|힌트| 인수분해

2, 3, 7의 인수를 갖는 가장 작은 숫자는 무엇인가? 이 문제를 수학적으로 푸는 방법이 있지만, 가장 손쉬운 방법은 시행착오에 의한 방법이다.

|해답| 42개의 사탕

86. 토너먼트 방식의 경기

PUZZLE 당신은 세계적인 탁구 대회의 조직위원장으로 봉사키로 했다. 전세계에서 온 657명의 참가자가 있다. 토너먼트는 1회 예선 방식으로 진행되며, 승자는 다음 회로 진출하고 패자는 탈락하게 된다. 홀수의 참가자가 있기 때문에 최강자가 부전승이 되어 자동으로 다음 경기에 진출하게 된다. 챔피언을 가려내기 위해서는 총 몇 경기가 펼쳐져야 하는가?

|힌트| 승자가 아니라 패자를 생각하라.

657과 같은 숫자를 퍼즐에 접하게 되면, 당신은 추리 퍼즐과 같은 것을 풀게 되는 것이다. 노트북이나 계산기가 필요치 않다. 부전승을 따낸 선수 때문에 현혹되어서는 안 된다. 이 퍼즐은 생각을 요하는 퍼즐이므로 생각하라. 어느 지원자의 대답이다.

모두 656명의 경쟁자가 있으며, 매 경기마다 패자가 나오게 된다. 656명의 패자가 나오게 하기 위해서는 몇 번의 경기가 진행되어야 하는가? 그리고 패자는 어떻게 정해지는가? 1 대 1 방식으로 경기가 진행되므로 패자와 경기의 숫자는 일치해야 한다. 656명의 패자가 나오려면 656 경기를 요한다.

|해답| 656 경기가 필요하다.

87. 불타는 퓨즈

특정 시간동안 불타는 퓨즈나 양초에 대한 퍼즐은 우리에게 친숙한 퍼즐 유형인데, 특정한 시간 간격을 유지하는 조건으로 퓨즈나 양초를 사용하는 것이다. 모래시계 문제는 유사한 추론 방식을 요한다. 다음 2개의 퍼즐은 이런 유형을 대표하는 퍼즐이다.

PUZZLE *당신은 폭발물을 발화시키는 데 쓰이는 2개의 로프 퓨즈가 있다. 퓨즈는 완전히 연소되는 데에 각각 1시간이 걸린다. 문제는 퓨즈가 균일한 길이가 아니어서 동일한 시간 동안 타는 것을 예측할 수 있다. 어떻게 하면 2개의 퓨즈만을 이*

용하여 45분을 잴 수 있겠는가?

|힌트| 퓨즈의 양끝을 이용하라.

분명한(그리고 틀린) 접근 방법은 1시간 짜리 퓨즈의 절반은 30분 동안 탄다는 전제 하에 퓨즈를 자르는 것이다. 만약 하나의 퓨즈가 절반(30분)으로 잘려지고, 다른 하나는 다시 절반(15분)으로 잘려진다면 이 퍼즐은 매우 쉬운 문제일 것이다. 만약 당신이 여전히 뻔한 접근 방법이라고 생각한다면 문제를 제대로 듣지 않은 것이다. 퓨즈가 정형화된 길이로 되어있지 않기 때문에 그들은 위와 같이 잘라질 수 없다는 것을 의미한다. 더욱이 자르는 도구는 주어지지 않았기 때문에 다른 방법을 찾아봐야 한다. 여기 어느 지원자가 푼 방법이 있다.

1번 퓨즈의 양끝과 2번 퓨즈의 한쪽 끝에 불을 동시에 붙이는 것으로 시작하겠다. 1번 퓨즈가 완전히 연소되면 30분이 지나간 것이다. 그 때 나는 2번 퓨즈의 다른 쪽 끝에 즉시 불을 붙일 것이다. 30분 동안 타고 남은 2번 퓨즈는 15분간 연소될 것이다. 따라서 나는 30분과 15분, 또는 45분이 경과된 시간을 알 수 있다.

|해답| 퓨즈의 양쪽 끝에 불을 붙인다.

88. 2개의 모래시계

다른 유형의 시간 조절 문제이다. 이번에는 퓨즈 대신 모래시계를 이용한다.

PUZZLE *당신에게는 2개의 모래시계가 있다. 하나는 정확히 7분이 걸리고, 다른 하나는 정확히 11분이 걸린다. 어떻게 하면 이 2개의 모래시계만을 이용하여 정확하게 15분을 측정할 수 있겠는가?*

|힌트| 동시에 2개의 모래시계를 사용하라.

가장 멋진 대답은 가장 빨리 하는 대답이다. 어느 지원자의 대답을 보자.

2개의 모래시계로 동시에 시작한다. 7분이 지나면 7분 짜리 모래시계를 뒤집어 놓는다. 4분이 경과하면 11분 짜리 모래시계는 다 되었고, 7분 짜리 모래시계에서는 4분 분량이 내려갔을 것이다. 7분 짜리 모래시계를 뒤집어 놓고 다시 4분 분량이 떨어지기를 지켜보면 된다.

7 + 4 + 4 = 15

|해답| 2개의 모래시계로 동시에 시작하자.

89. 평균 연봉 측정하기

지원자가 일반적인 해결책을 얼마나 명료하게 표현하는가에 관한 능력을 측정하는 퍼즐의 예이다.

PUZZLE *미팅을 시작하기 위해 매니저를 기다리는 동안 7명의 직원들이 연봉에 대해 논의하고 있다. 비록 회사의 규정상 개개*

인의 연봉에 대해 누설하는 것을 금지하고 있으나, 직원들은 평균 연봉을 아는 것이 도움이 될 것이라고 동의하였다. 개개인의 연봉은 알리지 않는 조건으로, 어떻게 하면 평균 연봉을 측정할 수 있는가?

|힌트| 연봉 금액을 나눈다.

이 퍼즐은 팀이 문제를 분할함으로써 협조할 수 있다는 것을 인식하는 것을 요한다. 또한 평균의 개념을 잘 이해하는 것이 필요하다. 프로그래밍 지식은 필요로 하지 않는다. 단순히 일반적인 계산 능력만을 필요로 한다. 여기 어느 지원자의 해결책이 있다.

개개인의 연봉은 누설하지 않으면서 그룹의 평균 연봉을 산출해내는 해결책을 설계해야 한다. 첫 번째 직원이 임의의 숫자를 두 번째 직원에게 귓속말로 얘기한다. 두 번째 직원은 첫 번째 직원이 말한 임의의 숫자에 자신의 연봉을 더해서 세 번째 사람에게 얘기한다. 세 번째 사람은 여기에 자신의 연봉을 다시 더해서 네 번째 사람에게 얘기한다. 동일한 방식으로 네 번째는 다섯 번째 사람에게, 다섯 번째 사람은 여섯 번째 사람에게, 그리고 여섯 번째 사람은 일곱 번째 사람에게 얘기를 한다. 첫 번째 직원은 이제 자신이 처음에 말했던 임의의 숫자를 뺀 뒤 자신의 연봉을 더하고 7로 나눈 숫자를 사람들에게 말해준다.

다른 해결 방식으로, 첫 번째 직원은 단순히 그룹의 합계만 말해주고 각자의 직원이 계산을 하도록 하는 것이다. 또 다른 지원자는 다음과 같은 방식으로 하였다.

각 직원은 자신의 연봉을 합쳤을 때 자신의 연봉과 같아지는 2개의 숫자로 나눈다. 그리고 이 2개의 숫자 중 첫 번째 숫자를 왼쪽에 있는 사람에게, 그리고 다른 하나의 숫자는 오른쪽에 있는 사람에게 전달한다. 그렇게 한 뒤 각 직원은 자신의 연봉은 제외하고 왼쪽과 오른쪽의 합계를 더한다. 각 직원은 차례로 합계를 말한다. 모든 숫자의 합을 더해서 7로 나눈다. 서로 귓속말을 할 필요가 없다.

insider Tip

"맨하탄의 공중전화는 몇 개일까?"

이는 실제 컨설팅 회사에서 자주 사용되고 또는 응용되는 브레인티저 케이스이다.

기본적인 해법은 먼저 맨하탄의 블록(도시 구획) 수를 추정하고 블록마다 보유하고 있는 전화박스의 확률을 추정한다(예를 들어 70%). 그런데 여기서 중요한 것은 블록들은 가로와 세로의 도로 수를 곱한 수 만큼의 교차로가 존재하므로 이 교차로가 하나의 블록을 나타낸다면 이 도시에는 교차로 만큼의 블록이 있을 것이다. 따라서 교차로 수의 70%가 공중전화 수인데, 특별히 센트럴 파크와 같은 장소는 면적을 고려해서 그만큼의 전화 수를 차감하고, 반대로 호텔과 같은 빌딩, 식당이나 술집, 학교 등의 시설을 고려해서 최종적인 수를 추정하는 것이 바람직하다.

이원주, 딜로이트 컨설팅(Deloitte Consulting) 매니저

90. 커피와 차

이 퍼즐은 종종 격렬한 논쟁을 일으킨다는 것에 대해 미리 주의시킨다. 어떤 이유에서든 사람들은 그들이 도달한 결론에 대해 고착하게 된다. 잘못된 방향으로 진행되면 이 퍼즐이 인터뷰를 완전히 망치게 할 수도 있다.

PUZZLE *당신은 2개의 동일한 컵을 갖고 있다. 하나는 커피가, 다른 하나는 차가 가득 차 있다. 커피 한 스푼을 떠서 차와 섞어라. 이제 커피와 차가 섞인 혼합물 한 스푼을 떠서 원래의 커피가 담긴 컵에 넣는다. 결국 차가 담긴 컵에 커피가 더 있겠는가, 아니면 커피가 담긴 컵에 차가 더 있겠는가?*

마릴린 서반트(Marilym vos Savant ; IQ228로서 기네스 기록 보유자이며, 「퍼레이드」지의 컬럼니스트)가 퍼레이드 잡지에 이 퍼즐을 게재했을 때, 그녀의 풀이에 반대 의사를 표명하는 수학자들로부터 분노의 글이 담긴 편지를 수백 통이나 받았다. 전세계의 사람들은 이 퍼즐에 대한 해답을 웹사이트에 올렸다. 이러한 투고자들은 커피 속에 차가 동일한 양이 있는 것처럼, 차 속에도 동일한 양의 커피가 있다는 해답을 받아들일 수 없었다.

정확한 논의를 고려하기 전에 우리는 매우 설득력 있어 보이는 오답을 살펴보는 것이 유용할 것이다. 아슈토쉬라는 퍼즐 전문가는 다음과 같이 분석했다.

퍼즐에서 요구하는 것은 1회씩 옮겼을 때 차와 커피 컵에 각각 들어있는 양을 맞추는 것이다(커피 컵에 차를, 차 컵에 커피를). 두 컵이 차의 x 부분과 커피의 x 부분만큼 갖고 있다고 하자. 커피 컵 속에 차와 커피의 혼합물을 만든다. 이제 혼합물에서 한 스푼을 떠서 차 컵으로 집어넣는다. 결국 차 컵 성분은 이제 차와 커피 둘 다를 갖게 된다. 커피 컵은 원래의 성분보다 조금 더 들어있게 됨을 의미한다. 왜냐하면, 커피 컵에서 나온 혼합물은 확실히 다소 덜 순수한 커피를 포함하기 때문이다(약간의 차를 포함하고 있기 때문에). 간략히 말하면, 차 컵은 순수 차의 x 부분만큼 줄어들게 되고, 커피 컵은 상대적으로 커피의 $x - y$ 부분만큼이 줄어들게 되는 것이다. 차 컵에 있는 커피가 커피 컵에 있는 차보다 더 들어있게 된다.

또 다른 인터넷 퍼즐 전문가는 두 컵이 동일하지 않다는 것을 입증하기 위해 수학을 이용하여 분석하였다.

컵은 각각 100온스이고, 스푼은 10온스라고 해보자. 차 10온스를 떠서 커피와 섞으면 당신은 100온스의 커피와 10온스의 차를 갖게 된다. 일단 잘 섞여지면 총량은 110온스가 된다. 이제 커피 10온스당 1온스의 차가 들어 있게 되며, 커피와 차의 비율은 10 대 1이 된다. 만약 당신이 이 혼합물의 10온스를 차 속에 다시 넣으면 대략 9.011111111 커피 대 0.999999999 차를 넣게 되는 것이다. 이제 이 혼합물을 차에 넣자. 차 컵 안에 당신은 90.999999999의 차와 9.011111111의 커피를 갖게 되는 것이다. 즉 9.09온스 차 당 0.901온스의 커피를 갖게 되며, 그 비율은 9.09 차 대 0.901 커피가 된다. 커피 컵은 여전히 10 대 1의 비율이 유지된다. 전부를 다 더하면 차 컵은 처음 양보다 더 늘어난 상태로 끝나게 된다.

사실 동일한 크기의 두 컵 안에 있는 커피와 차의 비율은 동일해야 한다. 『논리적 사고의 힘(The Power of Logical Thinking)』(St. Martin's Press, 1966)이란 책에서 마릴린 서반트는 다음과 같이 설명한다.

> 만약 컵 A에 일정량의 어떤 액체가 들어있고, 컵 B에 다른 액체 동일량이 들어있다면 당신이 몇 차례 넣고 빼기를 반복하든 상관없이, 또는 잘 섞던 그렇지 못하던 간에 2개의 컵이 동일한 양으로 끝나게 된다면, 컵 A에 있는 B 액체와 컵 B에 있는 A 액체는 동일한 양이 될 것이다. 이것은 B 액체가 지금 A 컵에 있을 지라도 A 액체를 대체하는 것으로 이것을 B 컵에서 찾을 수 있기 때문이다.

다른 퍼즐 전문가 에릭 벤틀리는 여기에 동의하면서 주목하지 않을 수 없는 유추법을 내 놓았다.

> 커피와 차 문제를 푸는 다른 방법이 있다. 200페니를 100개는 앞면으로 나머지 100개는 뒷면으로 나눈다. 10개의 앞면을 100개의 뒷면 뭉치에 넣는다. 이제 110개의 페니 더미에서 무작위로 10개의 페니를 꺼내 앞면 페니 더미에 넣는다. 이제 앞면 페니 더미에는 90개의 앞면과 110개의 섞인 뭉치에서 가져온 몇 개의 앞면과 몇 개의 뒷면이 있어 총 100개의 페니가 있게 된다. 다른 페니 뭉치는 이 페니 뭉치와는

정 반대로 페니가 구성되어 있을 것이다.

액체 문제로 다시 돌아가서 미카엘이 퍼즐을 푼 방법이다. 많은 사람들이 이해하기 어려워하는 차와 커피 문제를 쉽게 설명한다. 살펴보도록 하자.

당신은 각각의 컵에 동일한 양의 차와 커피로 시작한다. 몇 번을 섞는 것에 상관없이 각 컵 속의 양이 동일한 상태로 끝나는 한, 항상 첫 번째 컵에 있는 차의 비율과 두 번째 컵에 있는 커피의 비율은 동일할 것이다. 최초의 차가 담겨져 있던 컵이 85퍼센트의 차와 15퍼센트의 커피가 있다면, 다른 컵에는 15퍼센트의 차와 85퍼센트의 커피가 있음을 의미한다. 분산이나 어떤 산식을 필요로 하지 않으며, 단지 상식 수준에서 풀 수 있는 것이다.

|해답| 차 컵에 있는 커피의 양은 커피 컵에 있는 차의 양과 동일하다.

91. 거리를 행진하는 개

이 퍼즐은 수학에 재능이 있는 지원자에게 적합한 단순한 문제이다.

PUZZLE 음악대가 일정한 속도로 시가지를 행진하고 있다. 드럼 연주자는 개를 한 마리 데리고 가고 있으며, 이 개는 일정한 속도로 앞 열과 이 드럼 연주자 사이를 오가며 달리고 있다.

뒷 열과 앞 열의 거리는 50피트이다. 개가 앞뒤로 돌아다니는 사이에 드럼 연주자는 50피트를 행진하게 된다. 개가 뛴 거리를 구하라.

약간의 더하기와 빼기를 이용하여 수학적으로 계산하면 쉽게 풀 수 있다.

음악대가 x거리만큼 갈 때, 개는 '50 + x' 만큼 뛰게 된다.
음악대가 '50 - x' 만큼 가면 개는 만큼 간다.
따라서 $x/(50 + x) = (50 - x)/x$

$x \cdot x = (50 - x) \cdot (50 + x)$

$x \cdot x = 2,500 - x \cdot x$

$2x \cdot x = 2,500$

$x = 35$

|해답| 35피트

92. 다리 위에 있는 4명의 사람

이 퍼즐은 마이크로소프트사의 채용 인터뷰에 자주 등장하는 문제라고 한다. 이 문제의 풀이는 생각의 정밀함, 수리적 구상, 그리고 서너 가지를 한꺼번에 해결할 수 있는 기교를 요구한다. 거의 대부분의 사람들이 이 문제를 풀기 위해 종이와 연필을 필요로 한다. 어떤 면접관은 화이트 보드에 퍼즐을 적어놓고 지원자에게 일어나서 풀도록 하였다.

PUZZLE *4명의 프로그래머가 밤에 무너질 수도 있는 다리를 건너야 한다. 다리는 한 번에 두 사람만 건널 수 있고, 그들은 손전등을 하나만 가지고 있다. 4명의 프로그래머는 다른 속도로 건넌다. 알렉스는 1분, 샘은 2분, 펫은 4분, 그리고 프랜시스는 8분이 걸린다. 그들 모두가 건너는데 가장 짧게 걸리는 시간은 몇 분인가?*

|힌트| 2명의 가장 느린 사람을 먼저 건너게 한다.

첫째로, 가능한 일이라고 가정하자. 나는 이러한 문제를 내는 면접관을, 그리고 풀기 위해서 노력하는 지원자를 본적이 없다. 사실 가능하지 않은 일이다. 이 문제의 해결책은 반직관적으로 하는 것이다. 대부분의 사람들은 가장 빠른 사람을 먼저 건너게 하려 한다. 이 문제에 대해 대부분의 사람들이 내놓는 해결책이다.

알렉스 + 샘 → 건너기(2분)

알렉스 → 돌아오기(1분, 총 3분)

알렉스 + 펫 → 건너기(4분, 총 7분)

알렉스 → 돌아오기(1분, 총 8분)

알렉스 + 프랜시스 → 건너기(8분, 총 16분)

알렉스가 손전등을 매번 움직일 때마다 휴대하게 하는 것은 좋은 방법이다. 알렉스는 가장 빠르고, 따라서 합리적으로 보인다. 샘,

팻, 프랜시스는 다리를 건너야만 하고, 2 + 4 + 8 = 14분이 걸린다. 그리고 알렉스는 2회 되돌아 와야 하고 총 16분이 소요된다. 이 방법이 왜 최선의 방법이 아니겠는가?

이 퍼즐을 취업 인터뷰에 사용한 올레 아이코른은 그의 홈페이지에 풀이법을 분석해 놓았다. [The Critical Connection(http://w-uh.com)]

이 문제에 대해 최적의 해결책을 내놓은 후에 많은 사람들은 그 해결책이 틀렸다는 것을 믿기 어려울 것이다. 나는 이러한 이유로 이 문제를 좋아한다. 만약 지원자가 스스로 이 문제를 풀어낸다면 만점을 받을 것이다. 그러나 좋긴 하지만 틀린 답을 내놓고 그 답이 틀렸다는 것을 인정하고 계속 풀려고 한다면 나는 역시 만점을 줄 것이다. 때때로 사람들은 더 좋은 답이 있다는 것을 믿으려 하지 않는다. 그리고 논쟁을 벌이려 할 것이다. 그것은 좋지 않은 신호이다. 자신감을 갖는 것은 좋다. 하지만 새로운 생각에 폐쇄적으로 나오는 것은 좋지 못하다.

더 효과적으로 풀 수 있는 방법은 없는가?

답을 하기 전에 다른 방향으로 줄거리를 벗어나 보겠다. 이 문제에서 최적의 답은 15분이다(내가 곧 어떻게 그렇게 되는지 말해주겠다). 면접관인 당신이 "4명의 프로그래머가 어떻게 15분만에 건널 수 있는가?"라고 물어보려 한다면, 당신은 지원자를 난처하게 만들 것이다. 이것은 당신이 원하는 바가 아니다. 이상적으로는 당신은 지원자가 이 문제를 분석하여 해결책을 내놓고 그 해결책을 고수하는 것이다. 이는 지원자가 어떻게 생각하는가에 대하여 들여다 볼 수 있고, 성취감을 가질 수 있을 것이다. 그렇지 않고 그들이 15분을 내놓지 못한다면 그들은 기분이 좋지 않을 것이며, 당신은 그들을 속였다고 느낄 것이다.

좋다, 이제 최선의 해결책으로 돌아가 보자. 주요 포인트는 프랜시스와 펫을 동시에 건너게 하는 것이다. 그들은 가장 느린 두 사람이며, 본질적으로 두 번째로 느린 사람은 공짜로 건너게 하는 것이다. 어떻게 이런 일이 생기는지 명백하지는 않지만, 여기에 가장 그럴듯한 첫 번째 시도가 있다.

프랜시스 + 펫 → 건너가기(8분)
펫 → 돌아오기(4분, 총 12분, 이미 뭔가 틀린 것 같다)
펫 + 알렉스 → 건너가기(4분, 총 16분, 당신은 최적의 해결책이 아님을 알게 된다)

펫은 손전등을 가지고 돌아와야 한다. 이것은 그가 소요하는 4분을 공짜로 처리하게 되는 것이다. 왜냐하면 단지 돌아와야 하는 것이 아니라, 다시 돌아가야 하기 때문이다. 좋지 않다. 그래서 만약 펫이 돌아올 필요가 없다면? 가장 빠른 프로그래머가 이미 건너편에 있고 대신 손전등을 갖고 돌아올 수 있다면?

알렉스 + 샘 → 건너가기(2분)
알렉스 → 돌아오기(1분, 총 3분)
프랜시스 + 펫 → 건너가기(8분, 총 11분)
샘 → 돌아오기(2분, 총 13분, 여기가 요점이다!)

샘 + 알렉스 → 건너가기(2분, 총 15분)

홀륭하지 않은가? 또한 논리적이지 않은가. 상대적으로 몇 가지의 해결책 속에서 철저하게 규명하는 분석이 있으면 쉽게 풀 수 있을 것이다.

또 다른 방법으로의 시도는 최적이라고 생각되는 해결책에서 도출된 시간을 더 줄이게 한다. 벤 웹맨의 분석에서 왜 손전등에 의해서 나오는 빛이 약해서 손전등을 지니고 있는 사람에게만 보인다는 가정을 했느냐는 것이다. 손전등이 일부분 또는 다리 전체를 비출 수 있다고 가정하지 않는 것인가? 그렇다면, 전혀 고려할 필요조차 없는 것이다. 웹맨의 대답에서 손전등의 빛은 모든 방향으로 비추어 지므로 돌아갈 필요가 없다는 것이다. 예를 들어 손전등이 다리의 절반을 비출 수 있다고 가정해 보자. 이 때 가장 좋은 해결책은 무엇인가? 이럴 경우 원래의 해결책을 어떻게 바꾸게 되는지 살펴보자.

알렉스 + 샘 → 건너가기(2분) : 알렉스는 반만 가면 된다.
알렉스 → 돌아오기(1/2분, 총 3분)
프랜시스 + 펫 → 건너가기(8분, 총 10.5분)
샘 → 다리 중간(1분, 총 11.5분, 여기가 바로 핵심이다!)
샘 + 알렉스 → 건너가기(1분, 총 12.5분)

따라서 총 시간은 15분에서 12.5분으로 단축되었다.
이 문제에 대한 올레 아이코른의 논평이다.

더 좋은 해결책이 있다. 100%를 보낼 수 있다고 가정하여 푼 다른 해결책이 있다. 모든 프로그래머들이 건너는 데에는 프랜시스가 건너기 위해 소요되는 시간 이내이다. 한 번에 다리 위에 최대 2명까지만 있어야 한다. 이것이 최적이다(사실, 같은 해결책을 위해 7/8의 수송이면 된다). 어떻게 10분이 정말 최적이라고 확신할 수 있겠는가? 우리가 할 수 있는 모든 것을 해보고, 우리는 프로그램을 쓴다! 이런 작은 해결책 속에서 움직임의 모든 가능한 조합을 검토해 최소한의 시간을 찾아내는 것은 가능하다. 손전등의 빛이 다소 미묘한 요소인데, 50%의 수송에 소요되는 10분이라는 시간의 해결책이 최선의 안이라고 확신한다.

*아이코른의 해결책을 보려면, 'http://w-uh.com/images/progbridge.cpp.txt' 를 참조

93. 균형잡기

이 퍼즐은 시소의 물리적인 특성에 대하여 정확한 이해와 계산력을 필요로 한다. 많은 엔지니어들은 이 퍼즐을 접했을 때 기뻐하였고 매우 만족스러운 해결책을 내 놓았다. 이 퍼즐은 톰 피트에게 헌정된 'Car Talk' 퍼즐에 나온다.

PUZZLE *시소를 생각해 보자(그림 5-2 참조). 시소의 상판은 발 크기 정도의 폭, 8피트의 길이, 그리고 36파운드의 무게가 나간다. 시소의 중앙에 있는 전형적인 지렛대와 달리 이 지렛대는 한쪽 편에서 2피트 되는 지점에 있다. 다른 편에는 지렛*

대로부터 6피트가 된다. 짧은 쪽에서 상판의 끝에는 3피트
× 3피트 사이즈에 48파운드가 나가는 물체가 있다. 여기서
시소의 균형을 이루게 하려면 반대편에 몇 파운드의 물체
를 놓아야 하는가?

|힌트| 이 문제에서 언급되지 않은 가정은 무엇인가?

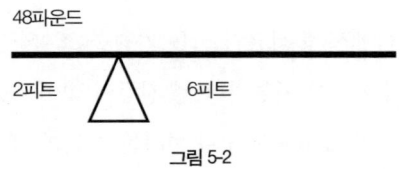

48파운드

2피트 6피트

그림 5-2

　가장 먼저 주목해야 할 점은 상판이 무게가 나가고, 따라서 무게
와 균형을 계산할 때 고려해야 한다는 점이다. 8피트에 36파운드의
무게가 나가므로 피트별로는 4.5파운드의 무게가 나가게 된다. 지
렛대의 2피트 되는 지점의 상판은 9파운드가 되고, 반대편 6피트는
27파운드가 된다는 것을 의미한다. 9 더하기 27은 36이 되므로 맞
다.

　이제 시소의 물리학을 이해하는 것이 도움이 될 것이다. 시소는 지
렛대의 양쪽 지점의 힘이 같을 때 균형을 이루게 된다. 상판 질량의
중간은 3피트에 있다(길이의 중간). 시소의 힘을 계산하기 위하여 질
량의 중간으로부터의 길이에 상판의 무게를 곱한다. 이 문제에서 지
렛대의 오른편은 '27파운드 × 3피트 = 81파운드 피트' 가 된다. 그리
고 이것은 상판 위에 추가적인 무게가 나가지 않을 경우이다.

　반대편 쪽을 생각해 보자. 지렛대로부터 2피트가 되는 쪽은 9파
운드가 나가는 2피트 부분이 있다. 하지만 2피트 부분은 지렛대로

부터 1피트인 질량의 중간에 있게 된다. 따라서 상판 자체는 1파운드 내지 9파운드 길이의 9배에 해당하는 힘을 지니게 된다. 이제 물체가 48파운드가 나간다고 하자. 중량의 중앙은 지렛대로부터 1피트 반이 된다. 따라서 1피트 반의 48배인 72파운드 피트가 된다. 물체의 무게(72파운드 피트)에 상판의 무게(9파운드 피트)를 더하면 81파운드 피트가 되고, 이것은 정확히 다른 쪽의 힘이 된다. 따라서 어떤 물체를 더 올려놓지 않아도 된다. 시소는 완전히 균형을 이루게 되는 상태인 것이다.

|해답| 시소는 항상 균형을 이룬다.

94. 볼링 공 떨어뜨리기

이 퍼즐은 소프트웨어의 개선을 위해 깨뜨려야만 하는 소프트웨어 프로그래머들이 좋아하는 퍼즐이다.

PUZZLE *당신의 직업은 볼링공을 테스트하는 사람이다. 당신에게 2개의 똑같은 볼링공이 있다. 100층 짜리 빌딩에서, 당신은 몇 층에서 떨어뜨리는 볼링공이 지면에 안착하는가를 알아내야 한다. 볼링공의 내구성에 대해서는 알지 못한다. 1층에서 떨어졌을 때 깨지기 쉽거나 또는 부서질 수도 있고, 또는 100층에서 떨어뜨려도 매우 단단해서 흠집 하나 생기지 않을 수도 있다. 몇 층에서 공을 떨어뜨렸을 때 볼링공이 안착할 수 있는가를 알아내는 가장 효율적인 방법이 무엇이*

겠는가? 다시 말하면, 당신이 테스트를 하기 위해 최소 몇
개의 볼링공을 떨어뜨려야 하는가? 당신은 테스트를 할 때
2개의 볼링공 전부 떨어뜨려 볼 수 있고, 그렇게 하면서 적
합한 층을 찾아내는 것이다.

|힌트| 되돌아오다.

지원자들은 이 문제를 확실하게 설명하고 싶어할 것이다. 또한 이 문제에는 함정이 있으며, 지원자들이 올바르게 푸는가를 알고 싶어할 것이다. 가장 많은 질문은 66층에서 공이 떨어져서 안착했다고 했을 때, 65층에서 떨어진다면 결코 안착할 수 없겠는가 하는 것이다. 대부분의 사람들은 한 번에 한 층씩 더해가면서 풀려고 할 것이다. 요구되는 통찰력은 바로 층별로 건너뛸 수 있다는 점을 깨닫는 것이다. 왜냐하면 2개의 공이 있고 반대로 일하기 때문이다.

해결책에서는 품질 테스트를 위한 경험에서 나오는 숫자론에 대한 지식 또는 약간의 시행착오를 요한다. 대부분의 면접관은 지원자가 100개 층을 어떻게 효율적으로 나누는가에 대한 이해력 또는 거꾸로 해보는 전략을 보여주는 지원자에게 시선을 멈추게 된다. 어느 지원자가 문제를 정의하고 푼 해답을 보도록 하자.

볼링공을 100층 짜리 빌딩에서 떨어뜨렸을 때 깨지지 않고 유지될 수 있는 가장 높은 층을 찾아내는 문제이다. 목표는 항상 n번의 낙하 테스트보다 많지 않게 하여 층수를 찾아내는 가장 이상적인 절차를 찾아내는 것이다. 가장 작은 n의 숫자는 무엇이겠는가? 여기서 체계가 필요하다. 첫 번째 공이 깨지게 되면 우리는 측정하지 않은 아래의 모든 층들을 아래에서부터 위까지 찾아보아야 하기 때문에 우리는 여기서 단순히 2로 나누는 방식을 사용할 수 없다. 최상의 전략을 찾아내기 위하여 우리는 아래의 규칙에 따라 가장 작은 층수로부터 역으로 생각해야 한다.

1회 낙하로 1개 층을 측정할 수 있다.

2회 낙하로 3개 층을 측정할 수 있다. 첫 번째 층을 먼저 측정한다. 만약 깨진다면 첫 번째 층을 다른 공으로 측정한다. 만약 그렇지 않다면 다른 공으로 윗 층을 측정한다.

3회 낙하로 6개 층을 측정할 수 있다. 세 번째 층을 먼저 측정한다. 만약 깨지면 다른 공으로 아래에서 두 번째 층을 측정한다. 만약 그렇지 않다면, 위에서 나온 것처럼 위에서 세 번째 층을 측정한다.

4회 낙하로 10개 층을 측정할 수 있다. 네 번째 층을 먼저 측정한다. 만약 깨지면 다른 공으로 아래에서 세 번째 층을 측정한다. 만약 그렇지 않다면, 위에서 나온 것처럼 위에서 여섯 번째 층을 측정한다.

n회의 낙하로 1부터 n까지 더한 합에 해당하는 층을 측정할 수 있다. 14회 낙하는 105개 층을 측정할 수 있다. 14층을 먼저 측정한다. 만약 깨지면 다른 공으로 아래에서 13번째 층을 측정한다. 만약 그렇지 않다면, 스물 일곱 번째 층($14 + 13$)을 측정한다.

어느 주어진 측정에서 당신이 필요로 하는 낙하 횟수는 볼링공이 깨지거나 깨지지 않던지 간에 같게 될 것이다. 또는 만약 총 횟수가 심지어 1부터 n까지 더한 합과 같지 않다면 1만큼 적게 된다.

100개 층에 대한 최적의 측정 계획은 최대 14회의 낙하를 요한다.

다음 단계는 100개 층을 '14 + 13 + 12 + 11 + 10 + 9 + 8 + 7 + 6 + 5 + 4 + 3 + 2 + 1' 로 나누는 측정 전략을 끌어내는 것이다. 가장 좋은 측정 전략은 14층에서부터 시작하는 것이다. 그리고 27층(14 + 13), 그리고 39층(14 + 13 + 12). 완전한 형태로 하면 '14, 27, 39, 50, 60, 69, 77, 84, 90, 95, 99, 100' 이다.

이러한 시리즈로 하면 가능한 목표 층에서부터 감소하는 시리즈를 찾아내기 위하여 첫 번째 공을 희생시켜야만 한다. 두 번째 공을 이용하여 최소한의 낙하를 하면 목표 층을 찾아낼 수 있게 된다. 단순히 바로 앞전에 측정한 층으로 돌아가서 한 번에 한 층씩 올려가며 시작을 해보라. 결국 어느 층에서 공이 깨지게 되는가를 찾아낼 것이다. 이것이 가장 효율적인 측정 풀이이다.

최악의 경우 공은 13층에서 깨지는 것이다. 첫 번째 시도에서는 14층에서 깨지게 된다. 그리고 13번의 추가적인 테스트가 필요하게 된다. 다른 경우에는 이보다 더 적은 테스트를 요하게 된다.

볼링공이 73층에서 깨진다고 가정해 보자. 첫 번째 공을 여섯 차례(14, 27, 39, 50, 69, 77층에서) 떨어뜨릴 것이고, 여섯 번째 측정인 77층에서 깨지게 된다. 여기서 70층(당신은 69층에서 떨어뜨린 공이 안착했음을 알고 있다)과 77층(여기서 깨지게 된다) 사이로 목표 층을 좁힐 수 있게 된다. 어느 층에서 공이 깨질지 구체적으로 측정하기 위해 공이 안착했던 마지막 실험 층으로부터 단순히 증가시켜 보라. 그리고 다음 순서로 측정해 보라. 70, 71, 72, 73, 여기서 두 번째 볼링공이 깨지게 될 것이고 답을 얻게 되는 것이다. 예를 들어 이 측정은 10회의 낙하를 요한다.

만약 100층에서 떨어뜨린 공이 깨지지 않는다면, 당신은 아주 강한 공을 가지고 있는 것이다. 그리고 이러한 결과는 12회의 낙하로 나오게 된다.

|해답| 1층부터 14층 아무데서나 볼링공을 떨어뜨린다.

95. 거리를 걷는 두 사람

이처럼 간단한 퍼즐은 지원자를 매우 난처하게 만든다. 대부분의 사람들은 이 퍼즐의 해결책에 대하여 직관적인 반응을 보이게 된다. 그것은 틀린 것이다. 이 퍼즐은 동일한 주제 속에서 탐색하게 되지만 어떤 이유 때문에 더 복잡하고 혼란스러울 것이다.

PUZZLE 샐리와 존은 가까운 도시를 향해서 1마일의 거리를 동시에 걷기 시작한다. 존은 일정한 속도로 걷는다. 샐리의 속도는 변동한다. 처음 1/2마일 동안은 샐리가 존보다 시간당 1마일 더 빠른 속도로 걷는다. 나머지 1/2마일 동안은 샐리가 존보다 시간당 1마일 더 느리게 걷는다. 도시에 도착하였을 때 무슨 일이 발생하였겠는가? 그들은 동시에 도착하였겠는가, 그리고 만약 그렇지 않다면 누가 더 먼저 도착하였겠는가? 샐리인가 아니면 존인가?

|힌트| 수학 계산은 단순하다.

명백한 대답은 샐리와 존이 동시에 도착하였다는 것이다. 왜냐하면 샐리의 가변적인 속도가 결국에는 서로 상쇄시킬 것이기 때문이

다. 그러나 사실은, 존의 속도와는 상관없이 존은 언제나 먼저 도착하게 된다. 여기에 면접관을 압도시킨 어느 지원자의 추론 방법이 있다.

샐리가 1/2마일을 존보다 1마일 느리게 걸을 때, 그녀는 나머지 반 마일을 존보다 1마일씩 빠르게 걸을 때 생기는 거리 격차보다 더 많이 격차가 벌어지게 된다. 예를 들어 샐리의 빠른 속도가 3 mph이고, 존의 지속적인 속도가 2 mph, 그리고 샐리의 느린 속도가 1 mph라고 가정해 보자. 샐리는 처음 반마일을 10분 내에 도달할 것이고, 나머지 반 마일은 30분 내에 도달할 것이다. 그러나 존은 전체 거리를 30분 내에 돌파할 것이다. 왜냐하면 샐리가 반 마일을 빨리 걸을 때 존은 그녀 속도의 2/3 만큼의 속도로 걷기 때문이다. 그러나 샐리가 나머지 1/2마일을 느리게 걸을 때 그녀는 존이 걷는 속도의 1/2 속도로 걷게 된다.

|해답| 일정한 속도로 걷는 사람(존)이 항상 먼저 도착하게 된다.

96. 역풍과 순풍

예전에 나왔던 퍼즐과 유사한 혼란스러운 문제이다. 많은 면접관들이 지원자가 비행기를 타고 면접을 하러 왔을 때 이 퍼즐을 선택한다. 지원자들은 정확하게 틀린 답에 도달하게 된다. 왜냐하면 우리들 중 많은 사람들이 비행기에 탑승한 상태에서 속도의 덧셈 개념을 이해하고 있다고 생각하기 때문이다. 이 퍼즐의 속성을 간파하고는 바로 답하기를 거절한 지원자들을 보라. 비록 그들이 맞는 답을 내놓지 못했다 할지라도.

PUZZLE *국경을 건너가는 왕복 비행을 생각해 보자. 예를 들어 뉴욕발 로스앤젤레스행 비행, 그리고 다시 뉴욕으로 돌아오는 비행. 바람이 불지 않을 때와 비교했을 때 지속적이고 일정한 형태를 띤 바람이 총 비행 시간에 어떻게 영향을 미치겠는가? 지속적인 일정 형태의 바람이 왕복 비행의 총 비행 시간을 늘리겠는가, 줄이겠는가, 아니면 영향을 미치지 않겠는가?*

|힌트| 바람의 속도가 비행기의 속도와 동일하다면 무슨 일이 발생하겠는가?

뻔한(그리고 틀린) 대답은 역풍과 순풍의 영향이 서로 영향을 상쇄시킨다는 것이다. 사실 바람은 항상 비행을 지연시킨다. 대기권에서의 비행기 속도와 육지에서의 속도가 다르다는 것을 아는 것이 필요하다. 아래 시나리오를 살펴보자.

100mph 속도로 비행하는 비행기가 있다고 가정해 보자. 당신은 A도시와 B도시 사이(200마일)를 왕복 비행해야 한다. 목표는 최대한 짧은 시간 내에 왕복 비행을 하는 것이다. 바람이 없을 경우 왕복 비행은 4시간이 소요된다. 50mph의 일정한 속도로 바람이 분다고 상상해 보자. 순풍은 비행기의 육지에서의 속도에 50mph를 더해주고, 결국 150mph 속도로 B도시에 갈 수 있게 된다. 총 1시간 20분이 소요된다. 역풍은 비행기 속도에서 50mph 만큼을 차감시킴으로써 결국

50mph의 속도가 된다. 따라서 돌아오는데 걸리는 시간은 4시간이 걸리게 된다. 역풍과 순풍을 고려해 보았을 때 추가로 1시간 20분이 소요된다.

위의 결과에 대해 보다 엄밀한 증명을 위해서 아래의 설명을 보도록 하자.

가정하기를

s = 비행기의 속도

w = 바람의 속도

d = 거리

$(s^2)/(s^2 - w^2)$ 비율에서 무엇이 비행 시간을 더하게 되는가?

$d/(s + w)$ = 바람이 불 때 한 구간의 비행을 마치는데 걸리는 시간

$d/(s - w)$ = 역풍이 불 때 한 구간의 비행을 마치는데 걸리는 시간

$d/(s + w) + d/(s - w)$ = 왕복 비행 시간

$$\frac{d/(s + w) + d/(s - w)}{d/s + d/s}$$ = 바람이 불 때와 바람이 불지 않을 때의 비율 (등식의 분모는 분자에서 $w=0$ 일 경우임)

단순화시키면 $(s^2)/(s^2 - w^2)$

바람이 강하면 강할수록 비행 시간은 더 오래 걸릴 것이다. 바람의 속도와 비행기의 속도가 같아질 때가 최고점이 될 것이며, 이 때 비행기의 속도와 육지에서의 속도는 0이 될 것이다.

해답 바람의 양이 얼마가 되든지 비행기의 왕복 시간을 항상 더 오래 걸리도록 만들 것이다.

97. 프로그래머의 딸들

지원자가 단서를 찾아내어 숫자를 계산할 수 있는 능력을 측정하는 고전적인 형태의 퍼즐이다. 이 문제를 예전에 몇 번 들었던 사람들도 어려워하는 문제이므로 전체적으로 다시 한 번 생각해 보아야 한다.

PUZZLE *2명의 프로그래머들이 20년 동안 서로 보지 못하다가 우연히 마주쳤다.*

"어떻게 지냈어요?" 첫 번째 프로그래머가 두 번째 프로그래머에게 물었다.

"좋아요!" 두 번째 프로그래머가 대답했다. "난 3명의 딸이 있어요."

"정말 대단한데요. 그들은 몇 살인가요?"

"그들 나이의 곱은 72이고, 합은 저기 있는 빌딩의 숫자와 동일해요."

"알겠어요. 가만, 확실히 모르겠네요. 죄송해요." 두 번째 프로그래머가 얘기했다.

"나의 큰딸은 이제 막 피아노를 연주하기 시작했어요."

"멋진데요! 나의 큰애는 같은 나이에요!"

이상의 대화에서 볼 때, 딸들의 나이는 어떻게 되는가?

|힌트| 성공의 요인들

이러한 유형의 퍼즐에서는 모든 단서를 듣고 그들이 주고받는 정

보들이 무엇을 의미하는가를 이해하는 것이 중요하다. 중요한 포인트는 72라는 숫자가 딸들의 나이를 입증한다는 것을 아는 것이다. 72는 세 딸의 나이를 곱한 숫자라는 것이다. 사실 대부분들의 사람들은 72로 가능한 모든 경우의 수를 나열한다.

왜 두 번째 사람은 그가 여전히 딸들의 나이를 잘 모르겠다고 하였겠는가? 왜냐하면 곱의 두 가지 경우가 동일하게 더하면 14가 나오기 때문이다. 따라서 또 다른 단서가 필요하다. 이 경우에, 단서는 딸들 중 한 명이 가장 나이가 많다는 것이다. 이 단서는 2명의 6살짜리 쌍둥이라는 경우의 조합을 제외시켜 준다. 나이의 합이 14가 되는 두 번째 경우의 수 조합이 딸들의 나이가 되어야 하는 것이다.

나이			
1	1	72	74
1	2	36	39
1	3	24	28
1	4	18	23
1	6	12	19
1	8	9	18
2	2	18	22
2	3	12	17
2	4	9	15
2	6	6	14
3	3	8	14
3	4	6	13

왜 우리는 첫 번째 3가지 경우의 수 조합을 제외시킬 수 있는가? 왜냐하면 이 조합들의 경우 가장 나이 많은 딸이 20살 이상이 되어야 하는데, 이 퍼즐에서는 두 사람이 마지막으로 만난 것이 20년 전이라 하였으므로 딸은 그 이후에 태어났다는 것이다.

|해답| 딸들의 나이는 각각 3살, 3살, 그리고 8살이다.

CHECK 한 눈치 빠른 지원자가 두 자매가 나이는 같되 쌍둥이는 아닐 수도 있다는 것을 지적하였다. 예를 들어 한 명은 1월에 태어나고, 다른 한 명은 바로 임신되어 10월에 태어나는 것이다. 다음 해 10월에 두 자매 모두 1살이 되는 것이다. 면접관은 이 지원자를 채용하였다.

98. 어항 속의 구피들

현직 그리고 예전 마이크로소프트사의 직원들에 따르면, 이 인터뷰 질문은 지원자로부터 나왔다. NPR은 이 퍼즐을 마이크로소프트사의 브레인티저 프로그램에 다루었다. 이 퍼즐은 여전히 사용되고 있기 때문에 해답은 1급 비밀이다. 대부분의 좋은 퍼즐에서처럼 비밀스러운 것은 없지만 해답은 놀라운 것이다. 문제는 어떤 면에서는 매우 간단하지만, 손쉬운 지름길을 찾아내지 못한 지원자에게는 아주 괴로울 정도로 어려울 수 있다.

PUZZLE *200마리의 물고기가 어항 속에 있고, 이 중 99%는 구피이다. 남아 있는 물고기의 98%가 구피가 되는 지점에 이르기 위해서는 몇 마리의 구피를 끄집어내야 하겠는가?*

> |힌트| 표현 때문에 혼동해서는 안 된다. 당신은 눈이 가리워 진 것이 아니다. 구피가 아닌 물고기를 끄집어 내면, 바로 다시 집어넣으면 된다. 99%에서 98%로 가기 위해서는 어떻게 해야 하겠는가?

해답이 중요한 것뿐만 아니라, 면접관은 당신이 어떻게 해답을 구했는지 알고 싶어한다. 따라서 분명하게 생각한 것을 보여주고 명백해 보인다 할지라도 어떠한 풀이 단계도 그냥 지나치지 않도록 하라. 정밀한 수식으로 이 문제를 푸는 것도 가능하겠지만, 생각해 보는 것이 더 좋다. 대학원생 이브는 풀이법을 이렇게 소개하였다. "나는 대학원에 지원하기 위해 GRE를 봤을 때 이 문제에 많은 시간을 보냈고, 그 분야에서 100점 만점을 받았다. 나는 퍼즐 때문에 괴로워하였다."

1급 비밀에 준하는 해결책은 당신이 오직 구피만을 꺼내려 하기 때문에 다른 물고기 1%는 그대로 남아 있게 된다는 것을 인식하는 것이다. 200의 1%는 2마리이다. 따라서 이 2마리는 98% 구피가 되도록 하기 위해서는 2%가 되어야 한다. 2%의 2마리는 100이고, 따라서 100마리의 구피가 나가야 한다.

나는 구피를 꺼내기 시작하겠다. 구피가 아닌 물고기의 수는 동일하게 유지된다. 좋다, 200마리 물고기 중 99%는 198마리의 구피와 구피가 아닌 물고기 2마리임을 의미한다. 이제, 몇 마리의 구피를 꺼내어야 어항 속 구피의 비율이 98%가 되겠는가? 대답은 98이다. 나는 198 마리의 구피 중 98마리로 끝내야 한다. 즉 100마리의 구피를 꺼내야 함을 의미한다.

여전히 확실하지 않은가? 수학적으로 보면 다음과 같다.

x는 제거될 구피의 숫자이다. 구피를 제거한 후 총 물고기의 숫자는 '200 - x' 이다. 제거 후 구피의 숫자는 '99 · 200 x' 또는 '198 - x' 이다.

$$(198 - x)/(200 - x) = 0.98$$
$$198 - x = 0.98(200 - x)$$
$$198 - x = 196 - 0.98x$$
$$2 = 0.02x$$
$$x = 100$$

마이크로소프트사의 면접관은 이 지원자가 풀이한 방식을 선택할 수밖에 없었다.

|해답| 100마리의 구피

99. 3명의 아들에게 17마리의 말을 나누어주기

지원자가 두 가지 방향으로 접근할 수 있는 전형적인 형태의 퍼즐이다. 이 문제에 대한 실질적인 해답은 한 가지이다. 명쾌하고 만족스러운 해답. 왜 해답을 내는 것이 훨씬 더 어렵고 수학에 대한 깊은 이해력을 요하는지 설명하게 된다. 해답을 아는 지원자들도 왜 그렇게 되는지 이유를 표현하는 데 어려워하고, 면접관은 항상 단순히 알고 있는 지원자보다는 이해하고 있는 지원자를 선호한다.

PUZZLE 한 아버지가 3명의 아들에게 17마리의 말을 나누어주고 싶어 한다. 그의 유언에 따르면 가장 큰아들이 말의 절반을, 둘째 아들이 1/3을, 그리고 막내아들은 1/9을 갖도록 하였다. 아버지가 죽은 뒤, 아들들은 어떻게 말을 나누어야 할지 난처하였다. 유언에 따른 비율은 정확하게 숫자로 나오지 않았기 때문이다. 아들들이 논쟁을 벌이자, 여행중이던 어느 수학자가 말에서 내려 이 문제를 듣고는 3명의 아들에게 공평하게 나누어지면서 말은 전혀 해치지 않은 채 분배할 수 있는 방법을 제안해 주었다. 그 제안은 무엇이었으며, 말을 어떻게 나누었는가? 그리고 왜 그 방법이 유용했는가?

|힌트| 수학자가 타고 여행하던 것은 무엇이었는가?

수학적인 충돌 없이 창의적인 해결책을 제시하는 것이 가능하다. 예를 들어 승마사인 나의 15살짜리 딸 레이첼이 이렇게 제안했다. "수학자는 분배하기 위한 충분한 말의 숫자를 확보하기 위해 그의

말을 말 무리 중 암말에게 종마로 준다." 그러나 맞건 틀리건 간에, 대부분의 면접관들은 이 퍼즐에서 더 깊이 있는 수학적인 풀이에 근거한 해답을 원한다.

따라서 수학적으로 검토해 보는 것이 필요하다. 17마리의 말이 있다. 아버지의 조건에 따라 첫째 아들은 절반, 즉 8.5 마리의 말을 갖고, 둘째 아들은 1/3, 즉 5.66마리를, 그리고 막내아들은 1/9, 즉 1.88마리를 갖는다. 이러한 비율은 말을 쪼개야 하므로 부적합하다. 그렇다면 수학자가 할 수 있는 것은 그의 말을 말 무리에 더하는 것이다. 이제 18마리의 말이 있고 아들들은 쉽게 말을 나눌 수 있다.

큰아들은 절반, 즉 9마리를, 둘째 아들은 1/3, 즉 6마리를, 막내아들은 1/9, 즉 2마리를 갖는다. 9 더하기 6 더하기 2는 17이 된다. 수학자는 다시 자신의 말을 돌려 받음으로써 모든 사람들이 행복하게 된다.

|해답| 수학자는 그의 말을 아들들의 말 무리에 더해서 말의 수를 18마리로 만든다.

아주 매끄럽다. 그러나 어떻게 이럴 수 있는 것인가? 해결책은 아주 공정하다. 그러나 모든 사람이 만족해하기 때문인 것이다. 문제는 이 해결책은 사실 유언의 조건을 완전히 충족시키지는 못한다는 것이다. 아들들은 아버지가 원래 의도했던 것보다 더 많은 말을 가지게 된 것이다. 유언의 정확한 조건에 따르면 큰아들은 절반인 8.5마리를, 둘째 아들은 1/3인 5.66마리를, 막내아들은 1/9인 1.88마리를 가져야 한다. 그러나 이것을 모두 더해도 17이 되지 않는다. 약 0.875마리의 말이 남게 된다. 유언의 조건에 의하면 그 누구도 0.875마리의 말을 갖지는 못한다. 수학자는 단지 3명의 아들에게 말의 일부분이 아닌 온전한 말 전체를 가져갈 수 있도록 남아있는 0.875마리의 말을 나누어주는 현명한 방법을 알려준 것이다. 다른 문제점은 1/2(0.5) 더하기 1/3(0.3333) 더하기 1/9(0.1111)은 더해서 1이 되지 않는다는 것이다. 유언은 0.875마리의 남는 말에 대해서는 어떻게 하라고 언급하지 않았다. 따라서 이것을 아들들에게 나누어주는 것이 공평한 것이라고 가정한 것이다.

100. 분수의 값들

대다수 지원자들의 눈은 이 퍼즐을 받자마자 눈앞이 캄캄해 질 것이다. 우선적으로 해야 하는 것은 긴장을 푸는 것이다. 이런 유형의 퍼즐에서는 항상 비결이나 손쉬운 방법이 있다. 그 어느 면접관도 당신이 난처해하거나 실제로 값을 계산하는 것을 보고 싶어하지는 않는다. 면접관은 다루기 어려운 퍼즐에 대해 어떻게 반응하는가를 보고 싶어한다. 고민스러워하고 포기하는가? 아니면, 풀거나 생각하기 시작하는가?

PUZZLE *1,000의 9/10의 8/9의 7/8의 6/7의 5/6의 4/5의 3/4의 2/3의 1/2은 무엇인가?*

|힌트| 거꾸로 계산하라.

이 퍼즐은 실제보다 훨씬 더 어려워 보인다. 우선적으로 해야 할 일은 단서를 찾는 것이다. 1,000의 마지막 자리 숫자가 시작점이다.

다른 정수에서 값을 낮추는 연속성을 찾아라. 값을 0으로 만드는 방식을 찾는 것이다. 그러나 이 경우에는 실질적으로 정수를 풀어나가는 연속성이다. 이런 종류의 퍼즐에서 좋은 방법은 거꾸로 풀어보는 것이다. 그렇게 한다면 문제는 다루기 쉬워질 것이다. 거꾸로 해보면 1,000의 9/10은 900이다. 900의 8/9는 800, 800의 7/8은 700, 700의 6/7은 600, 600의 5/6은 500, 500의 4/5는 400, 400의 3/4는 300, 300의 2/3은 200, 그리고 200의 1/2은 100이다.

|해답| 100

How to Ace the Brainteaser Interview

Brainteaser Survival Interview

취업 인터뷰에 나오는 많은 퍼즐들은 확률과 관련된 주제를 다룬다. 이것은 놀라운 일이 아니다. 비즈니스에서의 결정은 대부분 핵심적인 사안에서 확률적인 측면을 지니고 있다. "새로운 제품을 도입할 것인가?, 성공의 기회는 무엇인가?, 경쟁자가 우리와 견줄 가능성은 얼마인가?, 우리의 의약품이 FDA 승인을 받을 가능성은 얼마인가?"라는 형식의 모든 퍼즐들은 순열, 조합, 표본 공간, 종속 그리고 독립 변수 등과 같은 개념에 대한 이해를 요한다. 이와 같은 개념에 대한 이해와 문제에 확률을 적용하는 능력은 필수적인 비즈니스 역량이다.

101. 눈 가리고 무작위로 주머니에서 뽑기

확률의 힌트가 주어진 단순한 수학 문제이다. 그러나 이 퍼즐은 흥미로운 방법으로 결과물에 대한 이해를 테스트한다.

PUZZLE *당신은 눈이 가려진 채로 50달러, 20달러, 10달러, 그리고 5달러 지폐가 들어있는 상자 앞에 서 있다. 당신은 손을 넣어*

한 번에 한 장의 지폐만 꺼내는 것이 허용된다. 당신이 동일한 액면 금액의 4장의 지폐를 골랐을 때 이 제비뽑기는 끝나게 된다. 당신이 뽑을 수 있는 돈의 가장 큰 합은 얼마이겠는가?

|힌트| 지나치게 자부하지 마라. 면접관은 당신이 생각하기를 원한다.

많은 지원자들이 3장의 50달러 지폐와 1장의 20달러 지폐인 총 170달러라고 틀리게 추측한다. 그러나 동일한 4장의 지폐를 뽑기 전에 12장의 지폐가 뽑힐 수 있는 가능성을 간과한 것이다. 뽑힐 수 있는 가장 큰 값은 305달러이다. 즉 3장의 50달러, 3장의 20달러, 3장의 10달러, 그리고 마지막으로 뽑히는 1장의 50달러 지폐이다.

|해답| 305달러

102. 재미있는 동전들

지나치게 어렵지도 않고 약간의 난관이 있는 좋은 유형의 확률 퍼즐이다. 여기에서는 지원자가 이 퍼즐의 정확한 표현을 자세히 듣는 것이 요구되는 문제이다. 일반적인 규칙으로서 문제의 정확한 표현을 듣는 것이 항상 중요하다는 점을 명심하자.

PUZZLE *어떤 도박사가 3개의 동전을 가지고 있다. 하나는 보통의 동전, 두 번째는 앞면만 2개, 세 번째는 뒷면만 2개가 있는 동전이다. 도박사는 무작위로 하나의 동전을 골라서 던지*

고, 앞면을 보여주게 된다. 동전의 반대 면이 뒷면이 될 가
능성은 얼마인가?

|힌트| 이 문제는 뒷면이 나올 가능성을 계산하는 문제가 아니다.

이것을 생각해 보자. 이 3개의 동전은 총 몇 개의 앞면과 뒷면을
가지고 있는가? 각각 3개씩이다. 그렇다면 뒷면이 보일 가능성이
50%라고 결론짓는 것은 구미에 당길 것이다. 그러나 다음 지시 사
항을 들어보자. 도박사가 첫 번째 던졌을 때 앞면이 나온다. 문제는
이 동전의 반대 면이 뒷면일 가능성을 계산하는 것이다. 3개의 동전
중 하나만 반대 면에 뒷면을 가지고 있으므로 해답은 1/3이다.

|해답| 1/3

103. 전화 걸기

일부 면접관들은 대부분의 사람들에게 친숙한 도구와 숫자를 포
함하는 유형의 퍼즐을 좋아한다. 이것이 아주 전형적인 확률 계산
문제이다.

PUZZLE 만약 당신이 전화기에서 무작위로 7개의 숫자를 누르게 된
다면, 당신의 7자리 전화번호를 누를 가능성은 얼마나 되겠
는가? 지역번호는 무시하고 당신이 미국에 있다고 가정해
보자.

|힌트| 모든 숫자가 첫 번째로 올 수 있는가?

대부분의 면접관들은 지원자가 두 가지의 기본적인 것을 이해하는지 알고 싶어한다. 첫째로, 7개 숫자의 순열은 10개 중 7개를 선택하는 순열이다. 둘째로, 전화번호 조합은 사실상 가능한 순열의 숫자를 줄여준다. 면접관은 특히 이러한 대답을 높이 평가한다.

7개 번호 중 첫 번째 번호는 2 ~ 9 사이에서 될 수 있다고 가정하자. 0은 교환원에게 연결되고 1은 장거리 번호를 나타내므로 이 두 개의 숫자는 제외시키자. 두 번째부터 일곱 번째 숫자는 0 ~ 9 사이에 나올 수 있다.

따라서 해답은 다음과 같다.

$1/9 \times 1/10 \times 1/10 \times 1/10 \times 1/10 \times 1/10 \times 1/10 = 1/9,000,000$

만약 첫 번째 숫자가 0이 될 수 있다면 대답은 1/10,000,000이 될 것이다.

|해답| 1/9,000,000

104. 맨해튼의 전화번호부

이 퍼즐에 대해서는 간단한 대답과 더 복잡한 대답이 있다. 영리한 지원자는 둘 다 차례로 답할 것이다.

PUZZLE *특정한 이름을 찾으려면 맨해튼의 전화번호부를 평균 몇 차례 뒤적여야 하는가?*

면접관은 이 퍼즐을 지원자가 창의적인 방식으로, 예를 들면 인터넷 검색을 이용하겠다는 등의 답변을 원치 않는다. 따라서 이 문제의 의미를 정리하는 것이 필요하다. 여기서 '열어본다' 라는 말의 의미는 무작위로 두 페이지 면을 펼치는 것을 '책을 열어본다' 는 것으로 가정한다. 펼쳐진 두 페이지 중에서 찾으려던 이름이 나오면 조건을 만족시키는 것이다. 가정은 허용된다. 어느 면접관이 인정했던 지원자의 답을 본다.

맨해튼 전화번호부를 1,000페이지라고 가정해 보자. 즉 이 책은 500번 펼쳐보는 것이 가능한 것이다. 따라서 어느 특정한 이름이 있는 페이지를 열기 위해 책을 넘겨보는 가능성은 500분의 1이 된다. 평균적으로 어느 특정한 이름을 찾기 위해서 약 500회 넘겨보는 것이 소요된다.

이러한 분석은 기술적으로는 옳다. 그러나 이것은 질문에 대한 실질적인 대답이 되지는 못한다. 특정한 이름을 찾기 위해 맨해튼 전화번호부를 평균 몇 차례 넘겨보아야 하는가? 이 질문은 평균을 묻는 것이다. 따라서 면접관은 정말로 이 다음 대답을 흥미로워 할 것이다. 왜냐하면 지원자는 가능성에 대한 더 좋은 전망뿐만 아니라, 비즈니스 문제가 성공할 가능성의 계산에 의해서가 아닌 실패할 가능성의 계산에 의해 더 잘 보여지게 되는 중요한 통찰력을 보여주면서 질문을 다시 구성하기 때문이다.

보다 정확한 질문으로 한다면 "잘못된 페이지를 넘겨볼 가능성은 얼마인가?"이다. 왜냐하면 우리는 맞는 페이지를 찾을 때까지 페이지 넘기는 것을 계속할 것이기 때문이다. 실질적인 질문은 "한 번 넘겼을 때 바로 맞는 페이지를 찾게 되는 신뢰성 있는 수준에 도달하기 위해서는 몇 차례 책을 넘겨야 하는가?"이다. 1,000페이지의 전화번호부가 주어졌을 때 틀린 페이지를 넘겨보게 될 가능성은 500번 중 499번이라는 것을 알고 있다. 왜냐하면 500번의 기회 중에서 한 번을 제외하고는 틀린 페이지를 넘기는 것이기 때문이다. 첫 번째의 n번 넘겨보기를 했을 때 전부 맞는 페이지를 넘기는 것에 실패할 가능성은 '$(499/500)^2$'이다. 따라서 첫 번째 n번의 넘겨보기를 했을 때 전부 맞는 페이지를 넘기는 것에 성공할 가능성은 적어도 $1-(499/500)^n$이다.

대부분의 면접관들은 만족해 할 것이다. 그러나 지원자가 이때 계산기를 꺼내 50 대 50 확률의 넘기기로 맞는 페이지를 찾기 위해서는 347번의 넘겨보기가 필요하다는 것을 계산해 낸다. 500번 넘기기의 첫 번째 대답은 이름을 찾을 가능성이 63%라고 보여준다. 90%의 확실성에 도달하기 위해서는 1,150번의 넘겨보기를 해야 한다.

105. 흰 구슬을 뽑으면 승리

이 퍼즐을 푸는 데는 상당한 시간이 걸린다. 그러나 쉬운 퍼즐은 따분하다고 느끼는 지원자에게 적합한 퍼즐일 것이다. 다음과 같은 게임으로 구성될 수 있다.

PUZZLE 흰 구슬과 검은 구슬을 가지고 하는 게임이다. 흰 구슬을 뽑으면 이기고, 검은 구슬을 뽑으면 지게 된다. 2개의 항아리가 있고 하나에는 50개의 흰 구슬이, 다른 하나에는 50개의 검은 구슬이 있다. 뽑기 전에 2개의 항아리에 있는 구슬을 어떠한 방식으로든 섞을 수 있다. 전체 100개의 구슬을 항아리 안에 넣어 두어야 한다. 그리고 항아리는 흔들어 섞은 후 눈을 가린 채로 하나의 구슬을 2개의 항아리 중 하나에서 무작위로 뽑게 된다. 흰 구슬을 뽑아 이기기 위한 가능성을 극대화시키기 위해서는 구슬을 어떻게 섞어야 하는가?

|힌트| 하나의 항아리에 있는 확률을 극대화하라.

퍼즐을 푸는 데는 몇 가지 방법이 있다. 어느 지원자가 이 퍼즐에 접근했던 방식이다. 지원자가 팀워크에 중점을 두고 협력적인 방법을 나타내기 위해 어떻게 '나'라는 단어 대신에 '우리'라는 단어를 사용했는지 주목하라.

두 가지의 선택이 있다. 첫째로, 항아리를 선택한 후 각각의 항아리에는 50%의 뽑을 확률이 있다. 그리고 구슬을 선택하고, 어떻게 구슬을 분배하는가에 따라서 우리는 '(항아리 속 하얀 구슬의 숫자)/(항아리 속 모든 구슬의 숫자)' 만큼 하얀 구슬을 뽑을 가능성이 있게 된다. 예를 들어 A항아리에 하얀 구슬을 모두 집어넣고, 모든 검정 구슬은 B항아리에 집어넣는다고 가정하자. 그렇다면 하얀 구슬을 뽑을 가능성은 다음과 같다.

A항아리를 선택할 확률 50% × 하얀 구슬을 뽑을 확률 50%

B항아리를 선택할 확률 50% × 하얀 구슬을 뽑을 확률 0%

A항아리에서 하얀 구슬을 뽑을 확률은 100%이고, B항아리에서 하얀 구슬을 뽑을 확률은 0%이다. 결과는? A항아리에서 하얀 구슬을 뽑을 확률은 50%이다. 그러나 A항아리에 50개의 하얀 구슬을 모두 넣지 않더라도 동일한 결과가 나올 것이다. A항아리에 1개의 하얀 구슬을 넣으면 확률은 1/1이다. 다른 모든 하얀 구슬을 꺼내어 확률을 높이기 위해 B항아리에 넣어보자. 이러한 방식으로 우리는 1개의 흰 구슬이 들어있는 항아리를 선택할 50/50 확률로 시작하게 된다. 그리고 우리가 B항아리를 선택했다 할지라도, 우리는 49개의 흰 구슬 중에 하나를 선택할 수 있는 50/50에 가까운 확률을 가지게 된다.

문제를 풀기 위해 계산을 해보자.

A항아리를 선택할 확률 50% × 하얀 구슬을 뽑을 확률 100%

B항아리를 선택할 확률 50% × 하얀 구슬을 뽑을 확률 49/99

50% + 49/198 = 148/198 = 74.7474

이와 같은 최적의 전략으로 이길 확률을 거의 75%까지 높일 수 있다. 다른 방법은 열등한 방법이다.

|해답| 하나의 흰 구슬을 A항아리에 넣고, 나머지(49개의 흰 구슬, 50개의 검은 구슬)는 B항아리에 넣는다.

106. 확률의 극대화

알고리즘에 익숙한 프로그래머들은 이 퍼즐을 잘 푼다.

PUZZLE *지원자가 뒤집어 놓은 3장의 색인 카드를 받는다. 각각의 카드에는 무작위의 숫자가 적혀 있다. 해야 할 일은 가장 높은 숫자가 적힌 카드를 찾아내는 것이다. 규칙은 다음과 같다. 어떤 색인 카드나 뒤집어 보고 적힌 숫자를 볼 수 있다. 어떤 이유에서든 이 카드에 적힌 숫자가 가장 크다고 생각되면 끝나는 것이다. 그 카드를 가져간다. 그렇지 않다면 그 카드를 내던지고 다른 색인 카드를 뒤집어 본다. 다시 이 카드의 숫자가 가장 크다고 생각되면 그 카드를 가져가고 게임은 끝나게 된다. 그렇지 않다면 그 카드를 또다시 내던진다. 여기서 세 번째 색인 카드를 선택한다. 가장 큰 숫자가 적힌 카드를 선택할 확률은 셋 중에서 하나를 고르는 것이다. 그렇지 않은가? 확률을 높일 수 있는 전략이 있겠는가?*

|힌트| 전략을 짜고 실행해 보자.

물론 1/3 확률보다 더 높은 확률을 갖는 좋은 방법이 있다. 그런데 어떻게? 확률을 높이기 위한 여기서의 포인트는 당신이 숫자를 찾아보아야 한다는 것이다. 어느 지원자가 분석한 전략을 보도록 하자.

다음에 나오는 전략은 확률을 1/3에서 1/2로 바꾸게 된다. 첫째로, 무작위로 색인 카드를 고르고 숫자를 본다. 숫자가 얼마이든지 간에 그것을 내놓는다. 그러나 그 숫자가 무엇인지는 표기해 둔다. 이제 다른 색인 카드를 고른다(아무 카드나). 이 두 번째 색인 카드에 있는 숫자가 첫 번째 뽑았던 색인 카드보다 더 높은 숫자라면, 두 번째 색인 카드를 선택한다. 만약 두 번째 색인 카드의 숫자가 첫 번째 카드의 숫자보다 낮다면, 두 번째 카드는 내놓고 세 번째 색인 카드를 선택한다. 직관적으로 들리는가?

증명하는 방법으로 순열을 고려해 보자. 전략을 정말로 시험해 보기 위해서 색인 카드가 'A, B, C' 라고 표기되어 있다고 가정해 보자. 첫 번째 카드 A는 항상 내놓아야 한다. 따라서 이 카드에 가장 높은 값을 주자. 3장의 색인 카드는 '150, 25, 50' 이라는 숫자가 적혀 있다고 가정해 보자. 3개의 다른 숫자들을 사용했을 때 나올 수 있는 가능한 결과를 보여주는 것이 있다. A열은 당신의 첫 번째 선택에 해당하는 열이며 항상 카드를 내놓게 된다. B는 당신의 두 번째 선택이고, C는 세 번째 숫자이다. 이는 당신이 취할 수도 있고 그렇지 않을 수도 있다. 여기 여섯 가지 유형의 가능한 결과가 있다.

A	B	C	step	Outcome
150	25	50	Discard A, discard B, keep C	Lose
150	50	25	Discard A, discard B, keep C	Lose
25	50	150	Discard A, keep B, ignore C	Lose
50	150	25	Discard A, keep B, ignore C	Win
50	25	150	Discard A, discard B, keep C	Win
25	150	50	Discard A, keep B, ignore C	Win

여섯 가지의 가능한 조합은 세 번의 성공과 세 번이 실패하는 경우를 보여준다. 1/2확률. 어느 숫자를 넣던지 그것은 중요하지 않다.

107. 큰 아이가 딸일 확률은?

직선적인 확률 퍼즐은 잘 알려진 것이지만 그래도 여전히 복잡하다.

PUZZLE *길을 가다가 낯선 사람을 만나서 자녀가 몇 명인지 물어본다. 그는 확실하게 2명이라고 대답한다. 그들 중 최소한 1명은 여자인지 물어본다. 그는 "그렇다"고 대답한다. 다른 1명도 여자일 확률은 어떻게 되는가?*

대답을 하기 전에 질문을 들어보자. 한두 번 반복해 보자. '최소한' 이라는 문구에 주의를 기울여야 한다. '최소한' 이란 무엇을 의미하는지 스스로에게 물어본다. 분명한 대답이 떠오르지 않으면 50 : 50으로 하자. 물론 직관적인 대답은 틀린다. 아래 네 가지 순열을 생각해 보자.

아이 1	아이 2
1. 딸	딸
2. 딸	아들
3. 아들	딸
4. 아들	아들

'최소한 한 명은 여자이다' 라는 조건이 4번의 경우를 제외시켜 준다. 최소 1명이 여자일 수 있는 경우는 세 가지가 있다. 이 세 가지 순열에서 한 여자의 형제로 여자, 남자 또는 다른 남자가 될 수 있는데, 여자가 형제가 될 경우는 세 가지 중 한 가지이다. 어느 지원자의 설명을 본다.

여기서의 핵심은 어느 아이가 여자인가를 입증하지 않았다는 것이며, 따라서 둘 중의 하나일 것이다. 가장 큰 아이가 딸이라고 하였다면, 다른 아이도 딸일 확률은 어떻게 되겠는가? 확률은 50 : 50이다. 그러나 최소 한 명이 여자아이라고 명기하였으므로, 누가 여자인지 그리고 형제가 여자인지 아니면 남자인지를 알 수 없다. 여자 형제가 있을 확률은 세 가지 중 하나가 될 확률임을 의미한다.

|해답| 1/3

108. 대화할 상대 찾기

매우 어려운 확률 퍼즐이다. 가장 유능하다고 생각되는 지원자에게 제시하는 문제이며, 면접관은 이 퍼즐과 해답에 대해 깊은 이해력을 가지고 있어야 한다.

PUZZLE *한 줄에 6명의 면접관이 차례대로 당신과 함께 같은 테이블에 있으며, 지원자는 가장 끝에 앉아 있는 인터뷰를 상상해*

보라. 내가 "시작"이라고 외치면 테이블에 있는 모든 사람들이 오른편 또는 왼편에 있는 사람과 대화를 하기 시작한다. 사람들(끝에 있어서 선택의 여지가 없는 사람들은 제외)은 무작위로 오른편 또는 왼편에서 상대를 선택한다고 가정한다. 이런 방법으로 한 번에 파트너를 찾은 사람은 그 파트너로 확정을 짓는다고 하고, 한 번에 파트너를 찾지 못한 사람은 왼편 또는 오른편에 있는 누군가와 짝을 짓기 위하여 최선을 다해 행동할 것이다. 말할 상대를 찾지 못할 확률은 어떻게 되는가?

[힌트] 두 가지 조건, 즉 무작위 조건(가운데 있는 5명의 사람이 오른쪽 또는 왼쪽으로 무작위로 돈다)과 순리성 조건(모든 사람들이 그 후에 순리적으로 행동한다)을 생각하자.

한 줄에 7명의 사람이 있다. 그들은 각각 'A, B, C, D, E, F, G'라고 하자. 내가 지원자 A가 된다. 내가 대화 상대를 찾느냐, 못 찾느냐의 핵심은 물론 B의 선택에 달려있다. 총 7명이므로 1명이 파트너 없이 남겨지게 될 것이다. B는 당연히 자신이 그렇게 되지 않기를 원한다. 무작위 조건이 없다면, B의 최상의 전략은 나를 택하는 것이다. 나는 가장 끝자리에 있어서 선택의 여지가 없으므로 그는 파트너가 생기는 것을 확신할 수 있게 된다.

무작위 조건이 있으므로 문제는 더 까다로워진다. "시작"이라고 말하면 가운데 있는 5명은 각자 왼편 또는 오른편으로 무작위로 몸을 돌린다. 우리가 표현할 수 있는 것은 서른 두 가지의 경우의 수가 있다.

RRRRR

RRRRL

RRRLR

RRLRR

RLRRR

LRRRR

RLRRR

만약 우리가 위와 같이 한다면 이러한 경우의 수 중에서 열 여섯 가지가 L자로 시작한다. 즉 B는 왼편인 나의 쪽으로 향하게 된다. 여기서 대화를 시작하게 된다.

남아 있는 열 여섯 가지 경우 중에서 RL로 시작하는 것은 여덟 가지이다. 즉 B는 오른편으로 향하고 나와는 떨어지게 되며, C는 왼편인 B쪽으로 향하게 된다. B와 C는 대화를 하게 되고 나는 대화 상대를 찾지 못한 운 없는 사람이 되는 것이다. 나머지 여덟 가지는 아래와 같다.

RRRRR

RRRRL

RRRLR

RRRLL

RRLRR

RRLRL

RRLLR

RRLLL

    RRRL로 시작하는 경우를 B의 관점(첫 번째 R로 대표되는 사람)에
서 보도록 하자. C는 B와 얼굴을 마주보고 있지 않지만 D와 E는 마
주보고 있다. C는 선택의 여지가 없지만 B쪽으로 향하게 된다. 물
론 당신도 짝이 없다. 따라서 B는 어떠한 경우에도 분명히 짝이 생
기게 된다.

    그러면 그는 무엇을 해야 하는가? 이 경우에 '합리적인' 이라는
의미가 무엇이겠는가? A와 C 사이에 상대적인 매력을 느끼는 것,
예를 들어 숨쉴 때 느껴지는 향기, 다른 헤아릴 수 없는 감정 등과
관련이 있다. 게임 이론과 상식적인 수준에서 생각해 보았을 때, B
는 어떻게든 다를 바가 없으므로 무작위로 오른편 또는 왼편으로
향하게 된다. 이 상황에서 있을 수 있는 서른 두 가지 경우 중에서
두 가지의 가능성이 있기 때문에 그가 C로 향할 경우는 서른 두 가
지 중에서 한 가지가 되는 것이다.

RRRRR

RRRRL

RRLRR

RRLRL

RRLLR

RRLLL

다른 여섯 가지의 경우에 B가 할 수 있는 최선의 선택은 내 쪽으

로 향하는 것이다. 내가 짝이 없을 확률은 8/32 더하기 1/32, 즉 9/32
가 된다.

|해답| 지원자가 짝을 찾지 못할 확률은 9/32이다.

109. 진실과 거짓을 말하는 사람의 생존 게임

기발한 방법으로 거짓과 진실을 말하는 개념을 사용하는 재미있
는 확률 퍼즐이다. 많은 퍼즐 책에서 볼 수 있는 내용에 근거하고 있
으며, 프로그래머들에게 이 퍼즐을 제시하면 기뻐할 것이다. 퍼즐
은 지원자가 상관없는 경우는 제외시키고 제한된 숫자의 성과에 대
해서만 초점을 맞출 것을 요구한다. 이러한 능력은 대부분의 비즈
니스에서 필요로 한다. 원래 '살인자와 평화주의자'로 불리던 이
퍼즐은 사무실에서 살인자에 대해 얘기하는 것을 어색하게 느끼는
면접관들 때문에 이름이 바뀌게 되었다.

PUZZLE *당신은 L이라는 거짓말쟁이와 T라는 진실만을 말하는 사*
람들이 있는 마을에 들어서게 된다. 진실을 말하는 사람이
진실을 말하는 사람을 만났을 때에는 아무 일도 발생하지
않는다. 진실을 말하는 사람이 거짓을 말하는 사람을 만나
면 진실을 말하는 사람은 사라지게 된다. 거짓말을 하는 2
명의 사람끼리 만나면 둘 다 사라지게 된다. 당신은 진실을
말하는 사람이거나 아니면 거짓을 말하는 사람일 수 있다.
항상 2명씩만 만나게 된다고 가정하고, 그 관련된 2명은 완

전히 무작위로 선별된다. 당신이 생존할 승산은 어떻게 되는가?

|힌트| 상관없는 과정은 제거하라.

당신이 진실을 말하는 사람이든 거짓을 말하는 사람이든, 당신이 포함되어 있는 경우를 제외하고 진실을 말하는 사람이 연관되어 있는 경우는 모두 배제해도 괜찮다. 고려해야 할 사항은 당신이 사라지거나 한 쌍의 거짓을 말하는 사람들이 사라지는 경우뿐이다. 단, 한 쌍의 거짓을 말하는 사람들이 사라지는 경우에는 당신이 포함되어 있기 때문에 사라지는 경우를 제외시킨다. 이렇게 해서 우리는 L명의 거짓을 말하는 사람들, 그리고 당신이 있다고 가정할 수 있다. 만약 L이 홀수이면 당신이 생존할 수 있는 확률은 0이다. 왜냐하면 거짓을 말하는 사람들이 서로 쌍으로 없어지면, 결국에는 항상 당신과 짝을 이루어 당신을 사라지게 할 1명이 남을 것이기 때문이다. 만약 L이 짝수이면 당신이 거짓을 말하는 사람이든 아니든 문제될 것이 없다. 이 경우에 당신이 거짓을 말하는 사람이라고 가정하자. 그러면 당신이 생존할 수 있는 확률은 '1/(L+1)' 이다.

|해답| 1/(L+1)

110. 생일이 같을 확률은?

수학자들이 사교 모임에 모였을 때 그들은 항상 이러한 질문을 하곤 한다. 퍼즐은 해답이 매우 놀랍기 때문에 사람들을 즐겁게 만

들어 준다. 이 퍼즐을 들어본 적이 있는 지원자라고 할지라도 근원
적인 개념을 설명하도록 요구받을 것이다.

PUZZLE *2명의 지원자가 생일이 같을 확률이 '50 : 50'이 되기 위해
서는 총 몇 명의 지원자가 있어야 하는가?*

365개의 생일이 있기 때문에 150명 이상의 사람들이 필요할 것이
라고 생각하기 쉽다. 하지만 해답은 매우 놀랍다. 이 질문을 채용 면
접에 사용하는 휴렛 패커드사의 채용 담당자는 문제 풀이를 우선
단순화시키고, 재구성하였던 아래의 대답을 매우 이상적이라고 평
가하였다.

지원자를 총 2명으로 가정해 보자. 그들의 생일이 같을 확률은 어
떻게 되는가? 같은 질문처럼 보일지 모르겠지만, 이렇게 한 번 다시
물어보자. 그들의 생일이 같지 않을 확률은 어떻게 되는가? 1년에 총
365일이 있기 때문에 두 번째 지원자는 364일 중 하루가 될 수 있고,
첫 번째 사람과 다른 생일이 되는 것이다. 따라서 그들의 생일이 같지
않을 확률은 364/365이다.

세 번째 지원자가 들어온다면, 3명 모두 생일이 다를 확률은 어떻
게 되겠는가? 첫 번째와 두 번째 지원자의 생일이 다를 확률은
364/365이다. 세 번째 사람이 앞의 두 사람과 생일이 다를 확률은
363/365이다. 따라서 전체적인 확률은 '(364/365)×(363/365)'가 된
다. 네 번째 지원자가 들어오게 되면 동일한 논리를 적용하여 4명 모
두 생일이 다를 확률은 '(364/365)×(363/365)×(362/365)'가 된다. 이

것은 다음과 같이 표현될 수 있다.

$$\frac{364}{365} \cdot \frac{363}{365} \cdot \frac{362}{365} \cdot \frac{\dfrac{364!}{361!}}{365^3}$$

이러한 수식은 n명의 지원자를 포함하여 일반화시킬 수 있다. 아래 등식은 원래의 질문(2명의 생일이 같을 확률이 1/2보다 커질 확률이 발생하기 위해서 모두 몇 명의 지원자가 있어야 하겠는가?)을 진술하는데 있어서 일반화를 적용하고 있다. 최소 2명의 지원자가 생일이 같다는 확률은 1에서 아무도 생일이 같지 않을 확률을 뺀 것과 같음을 기억하자.

$$1/2 < 1- \frac{\dfrac{364!}{[364-(n-1)]!}}{365^{(n-1)}}$$

이제 우리가 해야 할 목표는 이 수식을 만족시키는 최소의 n을 구하는 것이다. 가장 간단한 방법은 약간의 시행착오를 거치는 것이다. 입증된 바와 같이 23이 마법과도 같은 숫자이다. 23명의 지원자가 모였을 때 최소 2명의 생일이 같게 될 확률은 50.7%이다.

|해답| 23명의 지원자가 있을 때 생일이 같을 확률은 50%가 된다.

111. 착석하시고, 안전벨트를 착용해 주시기 바랍니다.

이 퍼즐은 사우스웨스트 항공사의 탑승 수속을 떠오르게 하는데, 이 항공사는 지정 좌석 배치를 하지 않는 것으로 유명하다.

PUZZLE *100명의 승객이 비행기에 탑승하기 위해 줄을 서서 기다리고 있다. 승객들은 각각 100석 중 한 자리에 앉을 수 있는 티켓을 들고 있다. 편의상, n 번째 줄에 서 있는 승객이 좌석 번호 n 자리의 티켓을 가지고 있다고 하자. 그런데 공교롭게도 첫 번째 승객이 자기 좌석 번호의 자리에 앉지 않고 임의의 다른 좌석에 앉게 된다. 나머지의 모든 승객들은 자기 좌석 번호의 자리에 앉는다. 다만 다른 사람이 자기 자리를 차지하고 있으면 그 승객도 임의로 다른 좌석에 앉게 될 것이다. 그렇다면 마지막으로 비행기에 탑승할 승객(100번째 승객)이 자기 좌석 번호에 앉게 될 확률은?*

|힌트| 두 사람만 비행기에 탑승할 경우에 어떻게 되는가?

면접관들은 이런 종류의 퍼즐을 선호한다. 왜냐하면 자연스러운 대화를 쉽게 이끌어 낼 수 있기 때문이다. 포그 크리크 소프트웨어 (Fog Creek Software)라는 기업의 인사 담당자가 면접할 당시 한 지원자가 대답했던 내용을 보자.

이 질문은 수학에서 순환(recursive) 유형에 관한 문제이다. 수학적으로 푸는 것이 불가능하지는 않지만, 이 문제는 수학적으로 해답을 찾을 필요가 없다. 그래서 나는 이 문제를 우선 단순화하고 그것이 정답을 찾는데 도움이 되는가를 볼 것이다. 만약 비행기에 좌석 2개만 있다고 가정한다면 어떻게 될까? 그렇다면 그는 두 자리 중 한 좌석에만 앉을 수 있기 때문에, 그가 자기 좌석 번호에 앉을 확률은 50%이다. 이것이 일반적인 해답일까?

비행기에 100개의 좌석이 있는 경우에는 마지막 승객이, 예를 들어 좌석 번호 75에 앉을 수 있을까? 그럴 수 없다. 왜냐하면 75번째 승객이 그 자리에 앉아 있을 것이기 때문이다. 사실상 100번째 승객은 좌석 번호 100 또는 좌석 번호 1에만 앉을 수 있다. 100번째 승객은 아무 것도 결정할 수 없다. 마지막 승객은 남아있는 자리에 앉을 뿐이다. 그러므로 마지막 승객은 고려하지 않아도 된다. 첫 번째부터 99번째 승객들에 의해 결정되는 두 가지의 경우만 있을 뿐이다. 나머지의 모든 승객들이 보기에는 좌석 번호 1은 좌석 번호 100과 마찬가지이기 때문에(그들은 자기 좌석만 특별석으로 보는 반면에 첫 번째 승객은 어떤 좌석도 특별석으로 보지 않음), 결국에는 좌석 번호 1이 남아있는 경우는 좌석 번호 100이 남아있는 경우와 같다.

공식적인 증명을 위해 다음의 인터넷 주소를 참조하기 바란다.
http://discuss.fogcreek.com/techInterview/default.asp?cmd=show&ixPost
=1710&ixReplies=8

|해답| 50%

" 백두산을 제주로, 한라산을 함경도로 옮겨보시오 "

브레인티저 인터뷰를 성공적으로 통과하기 위해서는, 내용 전개 단계의 논리적 사고가 매우 필수적이긴 하지만 지나치게 무미건조한 천편일률적 논리만으로는 "중간" 을 넘기 힘들다. 이 문제는 실제 언론에도 보도된 적이 있는 사례인데, 문제를 접하는 사람들 대부분은 나름대로 정치 · 경제, 사회 등 다양한 역학 관계를 들먹이며 논리적으로 설명을 시도했지만 고만고만한 비슷한 결론에 도달할 수밖에 없었다. 이런 때에 논리력과 함께 보다 창의적인 발상으로 무장한 사람은 단연 빛을 발하게 마련이다.

"마케팅을 전공한 저라면, 다양한 고객 채널을 활용한 적극적인 마케팅 전략을 구사하여 고객의 마음속에 백두산은 한라산으로, 한라산은 백두산으로 다시 포지셔닝시키는 방법을 택하겠습니다."

멋지지 않은가?

최영환, 다음 커뮤니케이션(Daum Communication) CEO Staff

How to Ace the Brainteaser Interview

Brainteaser Survival Interview

7장에 나오는 문제들은 이 책에서 가장 난해한 질문들을 다루고 있으며, 최상위권 지원자들의 능력을 구분하는 데 유용할 것이다. 이러한 문제를 출제하고자 하는 면접관은 최소한 면접 지원자와 같은 수준의 프로그래밍 능력을 갖추고 있어야 한다.

이 질문들은 어떤 특정한 코딩 기술을 시험하기 위한 도구는 아니다. 프로그래머의 코딩 기술을 시험하기에 가장 적합한 방법으로 구조화된 사고 능력을 알아보는 것이다. 여기에 있는 문제들 자체가 코딩 능력을 테스트 하지는 않는다. 대신 여기에 나오는 문제들은 면접관들로 하여금 지원자들이 프로그래머로서의 사고 방식을 가지고 있는가를 평가할 수 있다. 주위를 둘러보면 프로그래머와 같이 생각하지만 비주얼 베이직(Visual Basic)의 프로그래밍 스킬조차 갖추지 못한 사람들이 많다. 반면에 여기에 나오는 모든 질문들은 기본적인 프로그래밍 경험을 갖춘 창의적인 지원자들이 더 짧은 시간에 해답을 얻을 수 있는 것들로 구성되어 있다.

112. 알람 시계의 반복 기능

이 문제는 IT 분야 기업들이 선호하는 면접 질문이다.

PUZZLE *알람 시계 중에서 반복 알람 기능이 있는 시계들이 많이 있는데, 이들은 9분에 한 번씩 알람이 울리게 되어 있다. 이상하다고 생각하지 않는가? 대부분의 사람들은 10분 간격으로 알람이 울리는 것이 더 상식적이라고 생각할 것이다. 그렇다면 시계를 설계한 디자이너들이 졸면서 만들었을까? 왜 9분 간격으로 만들었을까?*

|힌트| 회로를 최소화 함

시계의 알람을 9분 간격으로 울리게 설계함으로써 알람 시계는 시간의 마지막 한 자릿수만 체크하면 된다. 디지털 회로와 소프트웨어를 통한 장치 모두 마지막 한 자리만 조절하는 것이 더 용이하기 때문이다.

113. 닭, 여우 그리고 곡물

이번 문제는 면접에서 전형적으로 볼 수 있는 질문일 것이다. 거의 대부분의 사람들이 알고 있기 때문에 취업 면접에서 이 질문을 출제한다면 의아해 할 것이다. 어떤 면접관들은 지원자들에게 이 문제를 전에 들어본 적이 있는지 물어보고, 이 문제를 접해봤다고 하는 지원자들에게 가산점을 주기도 한다.

PUZZLE 한 농부가 강둑 한 쪽 끝에 한 마리의 여우, 한 마리의 닭, 그리고 한 자루의 곡물을 가지고 서 있다. 그는 여우와 닭 그리고 곡물을 가지고 강을 건너야 한다. 하지만 배에는 농부 자신과 농부가 가지고 있는 것 중에서 하나만 실을 수 있다. 그러므로 농부는 자신이 가지고 있는 동물과 물건을 강 건너편으로 운반하려면 여러 번 배를 타야 한다. 게다가 여우가 닭을 잡아먹는 경우가 없도록 농부는 여우와 닭이 함께 있지 못하도록 해야 한다. 또한 닭이 곡물을 먹지 못하도록 닭과 곡물을 함께 놓지 못한다. 여우는 곡물에 관심이 없기 때문에 여우와 곡물은 한 장소에 같이 있어도 괜찮다. 농부는 어떤 방법을 사용해 동물과 물건을 무사히 강 건너편으로 운반할 수 있을까?

|힌트| 강 건너편으로 운반했던 것 중 하나를 다시 출발점으로 가지고 온다.

많은 사람들은 한 가지 방향으로만 생각하기 때문에 이 문제를 해결하는 데 어려움을 겪는다. 대부분의 사람들은 강 건너편으로 한 번 운반한 물건을 다시 가지고 올 수 있다는 생각을 하지 못한다. 이 문제는 지원자들이 어느 정도의 창의적 사고 능력을 가지고 있는지, 또한 문제에 제시된 조건을 부합시키면서 얼마만큼 독창적으로 문제를 해결할 수 있는가를 평가할 수 있도록 해 준다.

|해답| 농부는 여우와 곡물은 남겨두고, 우선 닭을 강 건너편으로 운반한다. 그는 다시 돌아와서 여우와 함께 건너는데, 여우를 강 건너편에 놓을 때 닭을 다시 출발점으로 운반한다. 왜냐하면 여우와 닭을 함께 놓지 못하기 때문이다. 닭을 다시 출발점에 놓고 곡물을 가지고 강 건너편으로 가서 여우가 있는 곳에 함께 놓는다. 마지막으로 그는 출발점으로 다시 돌아와서 닭을 강 건너편으로 운반한다. 어느 시점에서도 여우와 닭은 함께 있지 않으며, 또한 닭과 곡물도 함께 놓여 있지 않게 된다.

114. 줄지어 있는 100명의 프로그래머들

이번 문제는 매우 어려운 문제 중 하나이다. 지원자들은 문제 해결을 위해 생각할 수 있는 충분한 시간이 필요하거나 또는 문제 해결 과정의 방향을 제시해 줄 수 있는 면접관이 필요하다. 이 질문을 해결하기 위해서는 여러 가지 접근 방식이 있는데, 그 중에서도 특히 세련된 접근 방식이 있다. 가장 명료한 해답으로 시작하면서 깊게 들어가 보자.

PUZZLE 인사 담당자가 100명의 프로그래머들을 한 줄로 세웠다. 줄지어 있는 프로그래머들은 자기 앞줄에 있는 프로그래머들만 볼 수 있다. 인사 담당자는 모든 프로그래머들 머리 위에 빨간 모자와 파란 모자를 씌운다. 어느 프로그래머도 자신의 모자를 보지 못하며, 뒤에 서 있는 프로그래머들의 모자도 보지 못한다. 다만 앞에 서 있는 프로그래머들의 모자는 볼 수 있다. 인사 담당자는 맨 끝줄에 서 있는 프로그래머부터 시작하여 질문을 한다. 당신이 쓰고 있는 모자의 색은 무엇입니까?

프로그래머들은 '빨강' 또는 '파랑' 이라는 대답만 할 수 있다. 만약 자신이 쓰고 있는 모자 색깔과 답변이 다르면, 그 후보는 퇴장한다. 계속하여 인사 담당자는 줄의 맨 끝에서 앞으로 가면서 각각의 프로그래머들에게 질문을 한다. 질문을 받은 프로그래머의 앞에 서 있는 다른 프로그래머들은 뒷사람이 받은 질문의 대답을 들을 수 있다. 프로그래머들은 줄을 서기 전에 서로 의견을 교환할 수 있고 전략을 세울 수도 있다. 하지만 한 번 줄을 서고 모자를 쓴 후에는 어떤 방법으로도 의사 소통을 할 수 없게 된다. 프로그래머들은 어떤 전략을 세워야 최대한 많은 프로그래머들이 살아남을 수 있을까?

|힌트| 1명만 제외하고 모든 프로그래머들이 살아남을 수 있다.

첫 번째 해결책은 모든 프로그래머들이 '빨강' 이라고 대답하도록 전략을 세우는 것이 최선의 방법이다. 모자가 임의로 씌어진다고 가정하면 프로그래머들의 반은 살아남을 수 있을 것이다. 또 하나의 전략은 모자를 쓰는 즉시 모든 프로그래머들이 자기 앞에 있는 프로그래머의 모자 색깔을 말하는 것이다. 이 전략은 자기 줄 앞에 서 있는 프로그래머들은 살아남을 수 있지만, 정작 자기 자신은 살아남기가 어렵다. 이 전략은 최소한 절반을 조금 더 넘는 숫자의 프로그래머들이 살아남을 수 있다. 왜냐하면 그들 중 몇몇의 모자가 자기 자신 앞에 있는 프로그래머들의 모자 색깔과 똑같을 수 있기 때문이다. 그러면 그들 2명은 살아남을 수 있게 된다. 사실상 모

자가 임의적으로 분배된다고 가정하면 프로그래머들의 생존 확률은 75%이다. 앞의 전략보다 생존할 수 있는 가능성이 더 높아진다.

어떤 지원자들은 목소리의 어조나 다른 방법으로 단어를 말함으로써 힌트를 주고받는 해결책을 제시할 수도 있다. 실제로 어느 지원자는 앞에 있는 모자가 같은 색깔이면 프로그래머들이 모자 색깔을 부드러운 목소리로 말하고, 앞에 있는 모자가 다른 색깔이면 모자 색깔을 큰 소리로 말하는 것으로 해결책을 제시했다. 채용자들은 이 방법이 당연히 좋고 옳다고 생각한다. 또 다른 해결 방법은 x 초 동안 "빠~알강"이라고 말하는 것이다. 즉 여기서 모자 1개는 2진법 수의 비트이고(적색 = 1, 청색 = 0), x는 모자의 분포도를 나타내는 것이다.

하지만 채용자들이 말하는 이상적인 해결책은 프로그래머들이 서로 정보를 교환하기 위하여 목소리의 어조나 말투를 변조하지 않고 단순히 "빨강" 또는 "파랑"을 말하는 것이다. 이것을 쉽게 이해하려면 이 문제를 약간 다르게 바꾸면 된다. 인사 담당자가 프로그래머들의 계획을 미리 들을 수 있고, 규칙에 어긋나지 않으면 전략을 방해할 것이다.

만약 프로그래머들이 모두 "빨강"을 외치는 전략을 세운다면, 인사 담당자는 모두에게 파란 모자를 씌울 것이다. 만약 프로그래머들이 자기 앞에 있는 모자 색을 외치는 계획을 세운다면, 인사 담당자는 프로그래머들 머리 위에 있는 모자를 모두 바꿀 것이다. 이렇게 되면 반은 퇴장하게 된다.

그러나 인사 담당자가 미리 전략을 듣게 된다 할지라도 거의 모두가 살아남는 방법이 있다. 그 해결책을 살펴보자.

첫 번째 사람이 자신의 모자 색깔을 알 수 있는 방법은 전혀 없기 때문에 첫 번째 프로그래머의 생존은 불확실하다. 하지만 한 사람 걸러 한 사람은 틀림없이 살아 남을 수 있다. 뒷줄에 서 있는 사람이 자기 앞에 있는 적색 모자의 수가 짝수이면 "빨강"이라고 외친다. 만약 빨간 모자의 수가 홀수이면 뒷줄에 있는 프로그래머는 "파랑"이라고 외친다. 이러한 방법으로 99번째 줄에 서 있는 사람이 자기 앞에 있는 빨간 모자의 수를 세면 된다. 만약 빨간 모자의 합계가 짝수이고 100번째 줄에 서 있는 프로그래머가 "빨강"을 외쳤다면, 99번째 줄에 서 있는 프로그래머는 파란 모자를 쓰고 있을 것이다. 만약 빨간 모자의 합계가 짝수이고 100번째 줄에 서 있는 프로그래머가 "파랑"을 외쳤다면, 이것은 빨간 모자의 수가 홀수라는 것을 나타내기 때문에 99번째 줄에 서 있는 프로그래머는 빨간 모자를 쓰고 있을 것이다. 98번째 줄에 서 있는 프로그래머는 99번째 줄에 서 있는 프로그래머가 모자의 색깔을 맞추었다는 것을 알기 때문에 그 정답과 자기 앞에 있는 97개의 빨간 모자 개수를 사용하여 자기 자신의 모자 색을 맞힐 수 있게 된다.

인사 담당자가 미리 전략을 듣게 된다 할지라도 이 계획을 방해할 수 없다. 이 전략은 모자가 프로그래머들의 머리에 씌어져 있는 특정한 순서에 의해 좌우되지 않는다. 최악의 경우는 인사 담당자가 100번째 줄에 서 있는 프로그래머를 확실하게 탈락시키는 것이다.

115. 디지털 대마왕

프로그래머들은 이 퀴즈에 흥미를 느낄 것이다. 하지만 일반적인 사람들이 이 문제를 이해하기란 쉽지 않을 것이다. 이진법을 사용하는 문제이므로 대부분의 프로그래머들이 일상적으로 사용하는 프로그래밍 기술을 요한다.

PUZZLE *어느 무자비한 왕에게 1,000병의 매우 값비싼 와인이 있는 저장소가 있다. 어느 암살자가 와인에 독을 넣기 위해 와인 저장소에 침입한다. 다행히도 그 암살자는 한 병의 와인에만 독을 넣은 후 왕의 호위병들에게 잡힌다. 하지만 안타깝게도 호위병들은 어느 와인 병에 독이 들어 있는지 모른다. 암살자가 사용한 독은 너무 강해서 어떠한 희석액도 독이 든 와인을 해독할 수 없다. 게다가 한 모금만 마셔도 바로 효과가 나타난다. 무자비한 왕은 감옥에서 몇몇의 죄수들을 불러다가 와인을 마시게 한다. 만약 무자비한 왕이 영리하다면, 10명 이상의 죄수들을 희생시키지 않고 1,000병의 와인중에서 어느 병에 독이 들어 있는지 알 수 있다. 왕은 이것을 어떻게 알 수 있을까?*

|힌트| 만약 1,024병 이상의 와인이 있었다면 10명 이상의 죄수가 필요했을 것이다.

이 질문에 대한 해답을 프로그래머들은 잘 알 것이다.

와인 병을 1부터 1,000까지 번호를 부여한 후에 그 숫자를 이진법 수로 바꾼다.

병 1   = 0000000001
병 250   = 0011111010
병 1,000   = 1111101000

죄수 1부터 10까지 불러놓고 죄수 1은 최소 유효 비트(맨 마지막 자리)에 숫자 1이 있는 모든 와인 병의 와인을 한 모금씩 마시게 한다. 그리고 죄수 10은 최대 유효 비트(첫 번째 자리)에 숫자 1이 있는 모든 와인 병의 와인을 한 모금씩 마시게 한다.

와인 병 924   1 1 1 0 0 1 1 1 0 0
죄수   10 9 8 7 6 5 4 3 2 1

다시 말해서 와인 병 924는 죄수 10, 9, 8, 5, 4와 3이 마실 것이다. 만약 와인 병 924에 독이 들어 있었다면 이것을 마신 죄수만 죽을 것이다. 4주 후에 죄수들을 비트 순서대로 줄을 서게 하고 살아 있는 죄수를 0으로, 그리고 죽은 죄수는 1로 정한다. 그렇게 해서 얻은 이진법의 수는 독이 들어있는 와인 병의 숫자이다.

CHECK 만약 왕이 최소한의 죄수를 희생시키고자 한다면(그리고 죄수의 수가 매우 많다고 가정한다면), 가장 좋은 전략은 999명의 죄수가 각각 한 병의 와인을 한 모금씩 마시는 것이다. 그렇게 하면 독이 든 와인을 마신 죄수만이 죽을 것이다. 아무도 죽지 않을 확률은 1/1,000이다.

116. 헨젤과 그레텔

이 문제는 지원자의 이진법 수에 대한 이해력을 평가하는 데 매우 훌륭한 문제이다.

PUZZLE 헨젤과 그레텔이 숲 속을 거닐고 있는데, 집에 돌아가는 길을 표시해 두려고 한다. 그들은 걸으면서 반복적인 패턴을 이용하여 그들 뒤에 1과 0을 남겨둔다. 당신이 만약 그들의 뒤를 쫓게 된다면, 그들이 가는 방향을 정확하게 알 수 있다고 판단되는 가장 짧은 0과 1의 패턴은 어떻게 되는가?

하나의 해답은 010011이다. 이것이 가장 짧을 수 있다. 이 패턴을 반복적으로 나열하면 다음과 같이 나타난다.

110100110100110100011……

위 숫자의 순서를 보게 되면 이와 반대되는 패턴인 110010이 아닌 010011의 반복적인 패턴을 발견할 수 있게 된다. 그러므로 어느 쪽 방향으로 헨젤과 그레텔이 이동했는지 알 수 있다.

|해답| 010011

117. 마주보고 달리는 2대의 열차

명령이 지정되어 있는 것만 제외한다면, 이번 문제도 프로그램을 만드는데 매우 도전적인 퀴즈이다.

헬리콥터가 2대의 기차를 각각 낙하산에 매달아서 직선의
무한한 철도 위에 놓는다. 두 기차 사이의 거리는 정해져 있
지 않다. 두 열차는 같은 방향을 향해 있고, 철도 위에 착륙
하면서 각각의 기차에 매달려 있던 낙하산은 기차 옆 지면
에 떨어지면서 분리된다. 각각의 기차에는 마이크로 칩이
내장되어 있어 움직임을 통제할 수 있다. 2개의 마이크로
칩은 동일하다. 기차는 자기들이 어느 위치에 있는지 알 수
있는 방법이 없다. 당신은 칩에 코드를 입력하여 두 기차가
서로 충돌하도록 만들어야 한다. 동작을 실행하는 데 필요
한 각각의 명령에 동일한 시간이 소요된다. 당신은 다음 명
령을 사용할 수 있다(그리고 이 명령들만 사용할 수 있다).

MF : 기차를 앞으로 움직이게 한다.

MB : 기차를 뒤로 움직이게 한다.

IF (P) : 기차가 낙하산 옆에 있을 때 사용할 수 있는 조건. IF 명제
   에 THEN은 없다.

GOTO

A : MF

IF (P)

GOTO B

GOTO A

…

B : MF

GOTO B

첫 번째 줄은 간단하게 기차가 낙하산에서 분리되게 한다. 당신은 각각의 기차가 낙하산과 분리되게 해서 뒤에 있는 기차가 앞에 있는 기차의 낙하산을 찾을 수 있도록 해야 한다. 이렇게 하면, 두 대의 열차가 첫 번째로 따라야 할 명령 코드를 실행할 수 있는 특별한 조건을 만들게 된다. 두 기차는 A루프(loop)를 따른다. 뒤의 기차가 앞 기차의 낙하산을 찾을 때까지 이 루프를 실행하는데, 이 시점에 B루프를 실행한다. 그리고 그 루프에 고정된다. 앞 기차는 낙하산을 찾지 못했기 때문에 A루프에 머문다. 동작을 실행하기 위해서 각 명령에 소요되는 시간이 동일하기 때문에 B루프보다 A루프를 실행하는 시간이 더 길다. 그러므로 뒤에 있는 기차는 (B루프에서 움직이고 있다) 앞의 기차를 뒤쫓을 것이다.

118. 해적 퍼즐

이 퍼즐은 리얼리티 TV 쇼 프로그램인 '서바이버'를 생각나게 한다. 이 쇼 프로그램은 고립된 섬에서 진행되는데, 참가자들은 투표를 통해서 서로 1명씩 섬에서 내보내다가 마지막으로 남는 1명이 상금을 얻는 게임이다. 이 퍼즐도 마찬가지로 리스크 관리, 이익 분배, 상반되는 이해 관계의 균형 유지, 그리고 협력 관계 구축 등 사업적인 마인드와 능력을 요한다.

이 퍼즐은 종종 뉴욕의 포그 크리크 소프트웨어사에서 프로그래머들의 채용 면접 문제로 출제된다. 해적 퍼즐이나 이것을 응용한 문제들은 매우 난해하다. 대부분의 지원자들이 이 퍼즐을 해결하기 위해서는 몇 분 정도의 시간이 필요할 것이다. 이 퍼즐은 철저한 분석보다는 더 실질적인 통찰력을 요구한다.

PUZZLE *5명의 해적이 100개의 금화를 가지고 있다. 그들은 약탈한 금화를 나누려고 한다. 계급이 높은 순서대로 각각의 해적은 금화를 어떻게 나누어 가질 것인가에 대한 방법을 제안한다. 해적들은 투표를 하는데, 만약 그 제안에 최소한 반이 찬성을 하면 그 금화는 그 방법에 따라서 나누게 된다. 그렇지 않으면, 그 방법을 제안한 가장 고참인 해적은 제거되고, 다음으로 계급이 높은 해적이 또 다시 다른 방법을 제안하게 되고 또 투표를 한다. 가장 계급이 높은 해적은 어떤 해결책을 제시하는가? 해적들은 매우 영리하고, 굉장히 탐욕스럽고, 그리고 생존하고자 하는 욕구가 강하다고 가정하자.*

|힌트| 공평함을 강조한 사람이 있는가?

　이 문제를 푸는 지원자들은 완벽하게 논리적인 사람들이 존재하는 추상적인 세상을 떠올려야 한다. 당신은 사람들이 현실적으로는 어떻게 행동하고 반응하는가에 대한 생각을 버리는 것이 좋다. 퍼즐 속의 사람들은 고립된 환경에 처해있기 때문에 그들의 관심사는 오직 자신의 이익을 극대화하는 데에만 있다. 그들은 즉각적인 결정을 하고, 또한 만약 필요하다면 임의로 결정을 내리기도 한다. 그들은 퍼즐 속에 있는 상대 경쟁자들의 예상 행동과 반응을 정확하게 판단한다.

해적 퍼즐을 출제한 면접관들은 종종 다음과 같이 말한다.

많은 지원자들은 성급하게 다음과 같은 제안을 한다. "가장 계급이 높은 해적이 금화의 반을 갖고 나머지 반은 4명의 해적들이 나누어 가지면 된다." 이것은 잘못된 판단이다. 이 문제의 요지를 이해하지 못하고 있다는 것을 보여준다. 배후에 구체적인 전략을 세우지 않고 대답하는 것은 소용이 없다. 만약 내가 당신에게 "왜 고참 해적이 부하 해적들에게 금화를 주겠느냐?"라고 물어볼 때, "그는 공평하기 때문이다"라는 대답을 듣고 싶지 않다. 이 문제를 보면 공평함에 대한 조건이나 언급이 전혀 없다. 나는 매우 비약적인 해답을 원한다. 일단 그러한 대답이 나오면, 나는 지원자들이 이 퍼즐을 더 이상 끝까지 풀지 않도록 한다.

여기서 중요한 사항은 고참 해적이 부하 해적들과의 협력을 도모하는 것이다(이와 마찬가지로 성공적인 프로젝트의 수행을 위해서는 협력 관계의 구축이 필요하다). 다시 말해서 나머지 해적들이 단체로 당신의 제안에 반대하지 않고, 당신을 제거하지 않으려면 어떤 방법을 사용해야 하는가? 만약 그렇게 하지 못한다면 5명이 아니라 4명의 해적이 100개의 금화를 나누어 가질 것이다.

이 퍼즐은 귀납적 추리를 요구한다. 가장 단순한 경우에서부터 생각하면 된다. 가장 단순한 경우는 1명의 해적이 있는 경우이다. 당연히 이 해적은 100개의 금화를 모두 자기가 가질 것이다. 2명의 해적이 있을 경우에는 어떻게 되겠는가? 다음의 지원자는 문제를 정확하게 간파하여 이와 같은 해답을 제시했다.

가장 연장자인 해적은 자신이 제거되지 않기 위해서는 자기가 제안한 방법에 찬성할 2명의 해적이 필요하다는 것을 알고 있다. 하지만 다른 해적들이 그의 제안에 찬성할 이유가 어디 있는가? 두 번째로 고참인 해적은 분명히 자신의 이익을 위해 첫 번째 고참 해적이 없어지기를 바라고 있을 것이다. 이것을 단순화 해보면, 만약 1명의 해적만 있을 경우에는 문제가 없을 것이다. 그 해적은 모든 금화를 가질 것이고 불평하는 사람이 아무도 없을 것이다.

2명의 해적이 있을 경우를 고려해 보면 같은 결과가 나온다. 고참 해적이 모든 금화를 갖게 되고 나머지 1명은 아무것도 할 수 없다. 왜냐하면 고참 해적의 찬성이 투표자의 반을 나타내기 때문이다.

3명의 해적이 있을 경우에는 고참 해적에게 문제는 더욱 더 복잡해진다. 신참부터 시작하여 고참 해적에게 번호를 매긴다. 1, 2, 3 순으로 번호를 부여한다. 3명의 해적이 있을 경우에 해적 번호 3은 최소한 다른 1명의 해적에게 그와 제휴하도록 설득해야 한다. 해적 번호 3은 만약 그가 제안한 방법이 선택되지 않는다면 그는 제거되고 나머지 2명이 살아남게 된다는 것을 알고 있다. 2명의 해적이 남았을 경우 어떻게 되는지 모두 알고 있다. 해적 번호 2가 모든 금화를 갖게 되고 해적 번호 1은 아무것도 갖지 못하게 된다. 그래서 해적 번호 3은 자기가 99개의 금화를 갖고 1개의 금화를 해적 번호 1에게 줄 것을 제안한다. 해적 번호 1이 자기 이익을 고려한다면 사실상 그는 선택권이 없다. 만약 해적 번호 1이 그 제안을 거절한다면 그는 아무것도 갖지 못한다. 그러므로 해적 번호 3의 제안이 해적 번호 3과 1의 찬성표 2개와 해적 번호 2의 반대표 1개로 통과된다.

4명이 있을 경우에는 2명만 찬성해도 되기 때문에 고참 해적은 다른 1명만 필요하게 된다. 그의 질문은 3명의 해적들 중 누구의 투표권이 가장 적은 금화로 교환될 수 있느냐 하는 것이다. 해적 번호 2는 자신이 가장 위험하다는 것을 알고 있다. 그러므로 해적 번호 4는 만약 그가 해적 번호 2에게 금화를 조금이라도 준다면 해적 번호 2가 자기 제안에 찬성할 것이라는 것을 알고 있다.

한 가지 규칙이 여기서 성립된다. 각각의 사례에서 보이듯이 고참 해적은 그가 필요로 하는 투표권만 얻으면 되고, 또한 그것을 최대한 값싸게 사는 것이다. 이 규칙을 5명의 해적이 있을 경우에도 똑같이 적용하면 된다. 해적 번호 5는 자기 자신과 2개의 투표권이 필요하다. 그의 목표는 가장 위험에 처해 있는 해적 번호 1이나 3에게 1~2개의 금화를 주는 것이다. 만약 고참 해적이 죽고 4명이 남는다면 해적 번호 1과 3은 아무것도 얻지 못할 것이다. 그러므로 해적 번호 5는 해적 번호 3과 1에게 각각 금화 1개를 준다. 반면에 해적 번호 2와 4는 아무것도 갖지 못한다.

이 문제의 해답에 대해 더 자세한 내용을 원한다면 포그 크리크 소프트웨어사에 근무하는 프로그래머 마이클 프라이어의 해답을 아래 인터넷 사이트에서 참고할 수 있다.

http://techinterview.org/Solutions/fog0000000102.html

|해답| 고참 해적은 가장 막내와 세 번째 지위에 있는 해적에게 각각 금화 1개씩을 준다.

119. Base Negative 2로 계산하라

언뜻 보면, 이 문제를 이해하지 못할 것이다. 사실 'Base

Negative 2' 라는 것은 존재하지 않는다. 그럼에도 불구하고 가끔 마이크로소프트사에서 이 문제를 취업 면접용으로 사용하는데, 이것은 다른 모든 시험을 통과한 프로그래머들을 평가하기 위한 것이다. 이 문제를 출제하는 목적은 지원자들이 합당하고 일관성 있는 'Base -2' 기수법을 고안해 낼 수 있는 능력이 있는가를 보는 것에 있다.

PUZZLE *Base negative 2로 계산하라.*

|힌트| 이진법을 생각하면서 추정하라.

올레 아이코른 이라는 사람은 'The Critical Connection (http://w-uh.com)' 이라는 블로그를 운영한다. 그는 이 문제를 출제하여 프로그래머들을 채용하는데, 여기서 얻는 정보를 좋아한다. 그는 이 퀴즈를 다음과 같이 풀어본다.

이 문제는 약간 다루기 힘든데, 만약 지원자가 이 문제를 과거에 접해 본 적이 있다면 이 문제를 어렵지 않게 해결할 수 있을 것이고, 만약 지원자가 이 문제를 한 번도 접해 본적이 없다면, Negative Base의 개념을 이해하는 데에만 시간이 꽤 걸릴 것이다. Negative Base가 무엇인가? Base라는 단어는 정말로 무엇을 뜻하는가? 그것은 어떠한 형식의 방정식에 있는 Base를 결정짓는다.

$$c_n b^n + c_{n-1} b^{n+1} + \cdots + c_1 b^1 + c_0 b^0$$

계수 c는 한 자리 숫자이다. 만약 $b < 0$이면 짝수 지수와 있는 인수
는 양의 값이지만, 홀수 지수와 있는 인수는 음의 값이다. 이것은 약
간 이상하다. Base 2를 기본으로 한 시스템은 2개의 숫자 값이 필요
하다. 그것을 0과 1이라고 하자. 그렇게 되면 이런 식으로 계속 나아
간다.

 1 = 1

10 = -2

100 = 4

1000 = -8

10000 = 16

이렇게 계산하는 것은 직관적이지 못하다. 몇 개의 정수만 나열해
보자.

1 = 1

2 = 110 (4 + -2!)

3 = 111

4 = 100

5 = 101

6 = 11010 (16 + -8 + -2, 이 값을 얻었다면 모두 찾은 것이다)

7 = 11011

8 = 11000

9 = 11001

만약 지원자가 여기까지 문제를 해결했다면 만점을 줄 것이다. 하
지만 가산점을 얻으려면 이진법 수에도 음수가 있다는 것을 언급해
야 한다. 몇 개의 음의 정수를 나열 해보자.

-1 = 11 (-2 +1)

-2 = 10

-3 = 1101 (-8 + 4 + 1)

-4 = 100

-5 = 1111 (-8 + 4 + -2 + 1)

-6 = 1110

-7 = 1001

-8 = 1000

Negative Base를 사용해서 모든 정수를 이진법으로 나타낼 수 있다는 것이 매우 훌륭하지 않은가! 만약 지원자들이 이것이 멋지다고 생각한다면 나는 그들도 멋지다고 생각할 것이다.

윌리엄 파운드스톤은 그의 책 『당신은 후지산을 어떻게 움직일 것인가』(부록 6 참조)에서 기수법을 전개하며 1부터 10까지의 정수를 다음과 같이 나타낸다.

1 1

2 110

3 111

4 100

5 101

6 11010

7 11011

8 11000

9 11001

10 11110

"자기 중심적 프로페셔널리즘은 금물!"

주변 동종업계에 종사하는 동료와 선배들로부터의 경험담에 비추어 감히 당부를 한다면, 자기 중심적 프로페셔널리즘에 얽매이지 말라는 것이다. 지금까지의 컨설팅 경험으로 볼 때, 가장 효과적이고 고객을 감동시킬 수 있는 전략 및 해결 방안을 제시하기 위해 컨설턴트가 갖추어야 하는 역량 중 하나가 상대방의 말을 먼저 들어주는 것이라 생각한다. 즉 상대방이 제시하는 문제점을 정확히 파악한 후에야 상대방이 처한 상황에 가장 적합한 해결 방안을 제시할 수 있기 때문이다. 프로를 가장한 자기 중심적 주장 전개는 허황된 해결책 제시로 멈출 수밖에 없을 것이다. 케이스 인터뷰 시에도 면접관과의 지속적인 대화를 통해 상대방의 상황을 충분히 숙지한 상황에서 논리를 전개해 나가는 것이 중요하리라 생각된다.

김정현, 딜로이트 컨설팅(Deloitte Consulting) 컨설턴트

비즈니스 케이스

08

How to Ace the Brainteaser Interview

Brainteaser Survival Interview

컨설팅 업계의 취업 면접에서는 일반적으로 지적인 능력을 평가하는 일정한 유형의 면접을 보는데, 이것을 케이스 인터뷰 또는 비즈니스 케이스라고 한다. 비즈니스 케이스란 실제 또는 가설의 비즈니스 상황을 바탕으로 한 이야기 형식의 문제이다. 오늘날에는 금융, 마케팅, 그리고 생산 분야에서도 비즈니스 문제에 대해 신속하게 그리고 논리적으로 사고할 수 있는 능력을 갖춘 지원자들을 선발하기 위해서 비즈니스 케이스를 활용하는데, 이것을 통해 지원자의 분석적 능력과 대인 관계 역량을 평가할 수 있다. 비즈니스 케이스에는 다양한 형태가 있다.

종합적인 유형의 케이스

이 유형의 케이스는 매우 상세하고 구체적인 비즈니스 전략 또는 경영 시나리오이기 때문에 이것을 분석하기 위해서는 1시간까지 걸릴 수 있다. 대부분의 MBA 졸업생들은 이런 유형의 케이스에 익숙할 것이다. 출제되는 케이스의 내용은 지원자가 직무상 어떤 분야에 지원하는가에 따라 달라지며 마케팅, 생산, 전략, 재무 등에 걸친 역량을 필요로 할 것이다. 컨설팅사에서의 케이스 질문의 예를 들면 다음과 같을 수 있다.

"그 기업은 필요한 기술을 자체적으로 개발하여야 하는가, 아니면 기술을 라이센싱 하거나 타기업을 인수하여 필요한 기술을 사야 하는가?"

이 케이스를 두 가지 방식으로 풀 수 있는데, 하나는 지원자가 면접관과 의사 소통 없이 혼자서 케이스를 분석하는 것이고, 다른 하나는 지원자가 면접관에게 질문을 할 수 있고 상호 의사를 소통하면서 케이스를 분석하는 것이다. 종합적 케이스는 연역적이거나 귀납적인 경향이 있다.

연역적인 케이스

보편적인 것에서 구체적인 것으로 논증하는 것으로 다음과 같은 특징이 있다.

- 매우 적은 양의 정보를 제공한다.
- 추가적인 세부 정보를 찾을 수 있는 능력을 평가한다.
- 새로운 사실을 바탕으로 기본 틀을 구성할 수 있어야 한다.

귀납적인 케이스

구체적인 것에서 보편적인 것으로 논증하는 것으로 다음과 같은 특징이 있다.

- 매우 많은 양의 상세한 정보를 제공하지만 불필요한 것도 있다.
- 중요한 쟁점을 파악할 수 있는 능력을 평가한다.
- 적절하고 관련된 사실을 바탕으로 깊이 있는 분석을 요구한다.

규모 추정 평가 케이스

마켓 사이즈 문제 또는 페르미(Fermi) 문제라고도 알려져 있는 이 케이스는 지원자들의 숫자를 다루는 요령, 시장의 움직임과 원인을 신속하게 파악할 수 있는 능력, 합당하고 타당한 가설을 세울 수 있는 판단력, 그리고 이를 통해 합리적인 추정을 할 수 있는 실력을 평가한다.

일반적으로 이와 같은 케이스를 출제하는 면접관들은 문제에 대한 해답을 알지 못하며, 또한 정답이 맞는가에 대한 여부에 관심이 없다. 이런 유형의 비즈니스 케이스 면접은 일반적으로 시장 분석이나 신제품 개발에 대한 문제를 수반한다. 지원자는 여러 가지 질문이나 다른 방법을 사용하여 면접관과 의사를 소통하면서 문제의 주요 쟁점을 파악하고 있는지 확인할 수 있다.

액센츄어 컨설팅사에서는 브레인티저를 지양하지만, 채용 면접용으로 케이스 문제를 출제한다. 액센츄어의 면접관들은 지원자들의 정확하고 구체적인 정답을 원하기보다는 각각의 케이스에 대한 지원자들의 합리적이고 체계적인 접근 방식을 중요하게 생각한다. 액센츄어에서 근무하는 사람의 말이다.

"면접을 하다 보면 합당한 접근 방식을 사용하고 정확한 해답을 제시하는 지원자들이 몇몇 있습니다. 중요한 것은 문제를 심사숙고해서 체계화된 대답을 하는 것입니다. 지원자는 케이스와 관련된 산업에 대한 풍부한 지식이 없어도 됩니다. 하지만 지원자는 자신이 가지고 있는 지식을 최대한 효과적으로 활용할 수 있어야 하고 합당한 상식을 바탕으로 논리적인 가설을 세울 수 있어야 합니다."

대부분의 컨설팅사와 마찬가지로 액센츄어는 지원자들이 케이스 면접을 준비하는데 도움이 될 수 있도록 체계화된 문제 해결 접근 방식을 접할 수 있는 웹 페이지를 운영하고 있다.

케이스에 접근하는 모범적인 방법론

비즈니스 케이스 문제에 접근하기 위해서는 체계화된 방법론이 요구된다. 케이스의 해답은 언제나 지원자가 문제 해결을 위해 선택한 방법론보다 덜 중요하다. 각각의 기업들마다, 그리고 각각의 면접관에 따라서 케이스 스타일도 다양하다. 면접관이 제공하는 힌트, 자료, 그리고 제안에 주의해야 한다.

일반적으로 면접관들은 지원자가 어떤 접근 방식을 고려해야 하는지, 또는 제외시켜야 하는가에 대한 생각을 듣고 싶어한다. 케이스를 풀다 망설이거나 당황하면 면접관은 지원자들이 원하는 방향으로 문제를 해결할 수 있도록 도와준다. 지원자들이 총 오더 평가 문제를 해결하는데 도움이 될 수 있는 접근 방법의 순서는 다음과 같다.

1. 문제를 확인하라

면접관은 구두로 비즈니스 케이스의 개요를 설명할 것이다(예를 들어, 남성복 부문의 수익이 감소하고 있다). 주의 깊게 듣고 간단한 메모를 할 수 있는지 요청하라. 그리고 채용자의 주요 논점을 적어라. 다음의 사항을 질문하고 확인하라. "그 기업의 단기적, 그리고 장기적인 목표는 무엇입니까? 그들이 궁극적으로 달성하고자 하는 것은 무엇입니까?" 케이스에 나와 있는 기업의 목표가 명백하게 보일지라도 절대 추측하지 말아라. 왜냐하면 종종 제시된 목표에 숨겨진 논점이 있기 때문이다. 질문하는 것은 항상 현명한 전략이자 방법이다. 컨설턴트들은 항상 클라이언트들에게 질문하지 않는가?

2. 재해석하라

즉 당신이 들었던 것을 되풀이해서 말하는 것이다. 되풀이해서 말하는 데에는 몇 가지 이유가 있다. 첫째, 케이스를 완전히 반복해서 한 번 더 들을 수 있다. 둘째, 면접관에게 당신이 케이스를 경청하고 있다는 것을 확인시켜 줄 수 있다. 그리고 셋째, 문제를 제대로 파악하지 못하여 답변을 잘못하는 경우를 피할 수 있는데, 이러한 경우는 당신이 생각하는 것보다 자주 일어나며 이것은 당신이 면접에서 떨어질 수 있는 충분한 사유가 될 수 있다.

3. 가설을 세워라

많은 기업들은 가설을 기초로 한 접근 방식을 따르는데, 이것은 비즈니스 쟁점의 특성에 관하여 지원자가 미리 가설을 세우도록 하는 것이다. 하지만 어떤 기업은 미리 가설을 세우는 것을 선호하는데 반하여, 또 다른 기업은 이 단계를 거치지 않고 비즈니스 케이스의 결론 부분에서 가설과 권고 사항을 함께 제시해 주기를 원하기도 한다.

이 시간에는 정보를 수집하면서 당신이 세운 가설을 증명할 수 있어야 한다. 만약 당신의 가설을 논박할 수 있는 충분한 정보를 수집했으면, 당신의 가설을 재정의하여 케이스를 진행해야 한다. 문제의 쟁점을 분석하면서 더 명확하게 생각하기 위해서 케이스의 정황을 그림으로 그려보는 것도 문제 해결을 하는데 도움이 될 수 있다.

4. 기본 틀 내지는 핵심 골격을 만들어라

이것은 당신의 분석을 체계화하기 위해서 필요하다. 기본 틀이란 하나의 구조라고 할 수 있는데, 이것은 당신의 생각을 정리하면서 중요 논점들을 분석할 수 있도록 도움을 준다. 예를 들어 비용 효과 모델이라든지 포터의 다섯 가지 경쟁 유발 요인 이론을 들 수 있다. 기본 틀을 수립하는 것은 케이스 문제에서 주요 목적이 아니다. 이것은 단지 문제 해결의 방향을 제시해 줄뿐이다. 문제를 푸는데 있어서 당신이 만들어 놓은 기본 틀에 너무 의존하지 말고 창의적인 사고 능력을 발휘해라. 만약 하나의 기본 틀을 가지고 문제를 해결할 수 있다면, 면접관은 아마도 다른 케이스 문제를 출제할 것이다.

당신은 분석을 어떻게 체계화 할 것인가에 대한 결정을 한 후에, 이것을 면접관에게 전달해서 어떤 방식으로 문제에 접근할 것인가를 면접관이 이해할 수 있도록 하라.

5. 데이터를 수집하고 가설을 검증하라

가장 기본적인 질문을 함으로써 시작해라. 가장 중요한 쟁점부터 시작하면서 질서 정연하게 나아가라. 주어진 시간 안에 케이스의 깊이 있는 분석을 하기 위하여, 당신이 수립한 기본 틀은 주요 논점들을 찾을 수 있도록 방향을 제시해 주는 역할을 할 것이다. 케이스에서 주어지는 사실이나 정보는 의도적으로 모호하게 제공된다는 것을 알아두어야 한다. 당신이 필요한 정보를 얻을 수 있도록 계속적으로 면밀히 조사하라. 관련된 산업, 경쟁자, 종합적인 기업 전략, 공급자와 구매자에게 미치는 영향, 그리고 여러 가지 다른 내부 또는 외부적인 요인들에 대해 생각해야 하는 것을 잊지 말아라.

당신이 생각하는 것을 꼭 표현하라! 당신의 사고 과정이나 당신이 생각한 가설을 면접관에게 전달함으로써 당신이 문제를 어떻게 분석하고 있는지 그들이 보고 이해할 수 있도록 하라.

6. 여러 가지 대안들을 제시하라

- 각각의 대안들에 대한 비용과 효과를 비교하며, 특정한 상황에서 각각의 대안들의 효과가 왜 감소하는가에 대한 이유도 포함시켜라. 당신의 가설과 이론적 근거를 명백히 밝혀라.
- 당신이 만든 가설에 따라 결과가 얼마나 민감하게 달라지는가에 대한 평가를 하기 위하여 민감도 분석을 해보자.
- 권고 사항을 만들어라.
- 당신이 활용한 분석과 접근 방식을 요약하여 말하라.
- 당신이 발견한 주요 쟁점을 요약하여 말하고, 그것을 발견하는 데 근거로써 주요하게 활용된 사실과 함께 당신이 세운 가설을 설명하라.
- 정보를 근거로 실질적인 권고 사항을 만들되, 순 현재 가치가 플러스이면서 동시에 기업 전략과 일치하는 대안을 선택하여야 한다.
- 다음 단계를 설명하고 필요하다면 추가적인 분석을 한다. 주의할 점은 권고 사항이 만들어지기 전에 추가적인 분석을 하지 않는 것이 좋다. 훌륭한 권고 사항은 그것이 이행되기 전에 항상 당신이 어떤 단계를 거쳐 그 결과에 도달하게 되었는가에 대한 설명이 선행되어야 한다.
- 권고 사항을 설명한 후, 부가적으로 당신이 제시한 권고 사항

의 리스크에 대한 평가를 할 수 있다("이 문제 해결의 리스크는 ~ 이다").

　케이스 인터뷰의 궁극적인 목적은 당신의 논리적인 사고와 분석적인 능력을 평가하기 위함이다. 그러므로 케이스를 분석할 때는 당신이 세운 가설과 해결 방법의 정당성을 증명해야 한다. 복잡하고 어려운 문제를 해결해야 할 경우에는 문제를 해결할 수 있을 만큼의 조각으로 나누고, 선택 결정 도표를 만들어서 해답을 찾으면 된다. 이렇게 하면 당신의 사고 과정을 되돌아볼 수 있고, 당신의 첫 번째 해답이 최선책이 아니면 다른 방향으로 해결책을 찾을 수 있다.
　정보가 더 필요할 때는 질문하는 것을 두려워하지 않아야 한다. 처음의 대화는 일부러 모호하게 한다. 당신은 모든 것을 알 필요는 없지만, 날카롭고 신랄한 질문을 던질 수 있는 능력이 있으면 논리적 사고 과정을 하는데 큰 도움이 될 것이다.

120. 액센츄어 : 생물 공학 케이스

　액센츄어 컨설팅사에서 출제한 이 케이스는 어떤 기업의 상황을 개략적으로 설명한 후 주요 쟁점과 몇 가지 고려해야 할 질문들을 던지고 있다. 케이스 상황에 대해서 심사숙고하고 실제 인터뷰하듯이 체계화된 문제 해결 과정 방식을 활용하여 케이스에 접근하자.

Question 당신의 클라이언트는 미국의 한 생물공학 기업인데, 이 기업은 시장에서 단일 의약품만 생산하고 있다(매출액은 5억 달러이다). 당신의 임무, 또는 이 기업의 비즈니스 문제는 당신이 클라이언트에게 다음의 질문을 해결할 수 있도록 도움을 줘야 한다.
"판매 인력을 확장하기 위하여 투자를 해야 하는가?"

몇 가지 사실들

- 의약품은 투석(透析) 환자들이 복용하고 있다. 타깃 고객은 신장을 담당하는 내과 의사들이다.
- 앞으로 6개월에서 12개월 이내에 신 의약품을 시장에 출시할 계획을 가지고 있다.
- 신 의약품은 암환자들을 위한 것이다. 타깃 고객은 종양학 관련 의사들이다.
- 현 의약품과 경쟁하고 있는 기업은 하나다. 만약 신 의약품이 1년 이내에 출시된다면 최소한 1년 동안은 경쟁 상대가 없다.
- 현재의 판매 인력은 100명의 판매원으로 이루어져 있다.
- 대부분의 판매원들은 기업가적인 환경에서 근무하기 위하여 이 기업에 입사했다.
- 지난 5년간 단일 의약품만 판매해 왔다.
- 신 의약품을 성공적으로 종양학 관련 시장에 출시하려면 기업의 판매 인력을 확장하기 위하여 투자를 해야 한다.

산업의 추가적인 설명

- 특허 보유 기간은 17년이다. 하지만 특허 보유 기간 동안 대부분의 시간은 R&D 기간, 그리고 FDA 승인 과정 기간에 할애된다.
- 신 의약품이 성공하려면 시장을 선점하는 것이 매우 중요하다.
- 판매 과정은 다음과 같다.
  판매원들은 의약품을 소개하기 위해 의사들을 방문한다. → 의사는 환자들에게 그 의약품을 추천한다. → 환자들은 그 의약품을 선택하고 구매한다. → 건강 연금 또는 보험 회사가 환자들에게 상환한다.
- 암 관련 의약품들은 일반적으로 매우 비싸다. 하지만 환자들이 지불하는 대부분의 비용은 건강 연금 또는 보험 회사들이 지원해 주고 있다.
- 종양학 관련 의사들에게 암 관련 의약품을 판매하기 위해서는 경험이 풍부하고 동시에 이 분야에 지식이 있는 판매원을 필요로 한다(종양학 관련 의사들은 판매원들을 잘 만나주지 않는다). 새로운 판매 조직을 만들고 훈련하는 데, 일반적으로 6개월에서 12개월 정도의 시간이 걸린다.

주요 쟁점들 : 문제 분석하기

면접관은 다음과 같이 깊이 있는 질문들을 고려하라고 지원자에게 요구할 수도 있다. 지원자는 제시된 증거들을 기초로 하여 답변할 수 있어야 한다.

- 신 의약품의 예상 수요는(단위로) 무엇인가?

- 암 환자들은 몇 명인가?
- 환자들은 그 의약품을 얼마나 자주 사용할 것인가?
- 의약품의 1회 복용 권장량은 어떻게 되는가?
- 그 기업은 신 의약품의 단위 가격을 얼마만큼 매길 수 있을 것 인가?
- 시장에서는 신 의약품의 가격이 어떻게 결정될 것인가?
- 신 의약품을 지원하기 위하여 필요한 판매 인력의 투자 규모는 어떻게 되는가?
- 판매원 1인당 평균 연간 비용은 얼마인가?
- 신 의약품을 성공적으로 출시하고 지원하기 위해서는 몇 명의 판매원이 추가적으로 더 필요한가?
- 몇 명의 종양학 관련 의사들을 방문해야 하는가?
- 각각의 종양학 관련 의사들을 얼마나 자주 방문해야 하는가?
- 각각의 종양학 관련 의사들에게 얼마나 자주 전화를 해야 하는 가?
- 종양학 관련 의사를 방문하는 평균 시간은 어느 정도여야 하는 가?
- 종양학 관련 의사와 통화하는 평균 시간은 어느 정도여야 하는 가?
- 판매한 약품에 대해 반품을 요구하는 전화를 줄이는 것의 주요 요점은 무엇이겠는가?
- 신 의약품을 판매하는 판매원들의 수는 신 의약품에 대한 예상 수요에 어떤 영향을 끼칠 것인가?
- 당신은 신 의약품에 대한 수요를 어떻게 계산할 것인가?

- 당신은 문제 해결을 위해 어떤 접근 방법을 사용할 것이며, 어떤 데이터가 필요한가?
- 당신은 신 의약품의 가격을 어떻게 결정할 것인가?
- 이 의약품은 가격 탄력적인 제품인가, 아니면 가격 비탄력적인 제품인가?
- 신 의약품의 경쟁자가 있다면 어떻게 되는가?
- 만약 클라이언트가 투자 결정을 내렸다면, 하나의 결합된 판매 인력을(두 제품을 동시에 판매한다) 가져야 하는가, 아니면 서로 다른 2개의 판매 인력을(각각의 제품을 따로 판매한다) 가져야 하는가?
- 하나의 판매망 또는 2개의 판매망을 결정하는데 있어서 당신은 무엇을 고려할 것인가?
- 두 의약품과 두 타깃 고객들은 얼마나 유사한가?
- 두 타깃 고객들은 지리적으로 서로 근접한 곳에 위치해 있는가?
- 판매원들이 현재의 의약품을 판매하는데 있어서 신 의약품의 출시는 방해가 될 것인가?(아니면 그 반대의 경우인가?)
- 각각의 대안들은 직원들의 직무 만족도에 어떤 영향을 끼칠 것인가?
- 만약 하나의 결합된 판매 인력을 구축한다면, 당신은 두 의약품에 대한 판매 집중도 비율을 각각 어떻게 결정할 것인가?
- 클라이언트는 판매 유통 채널(직접 판매를 제외하고)로서 어떤 경로를 고려하겠는가? 왜 그 판매 유통 채널을 활용하겠는가?

121. 캐피탈 원 : 전화카드 케이스

　캐피탈 원(www.capitalone.com)은 4천 7백 만의 고객을 보유하고 있고 7백 억 달러 이상의 여신을 관리하고 있는 유명한 신용카드사다. 이 기업은 관리자급 또는 IT 부서 직원을 채용할 때는 일반적으로 직원 채용 절차에 케이스 인터뷰를 포함시킨다. 케이스의 수학적 난이도나 복잡성은 어느 특정한 직위 또는 직급에 지원했느냐에 따라 다양하게 출제된다. 추가적으로 캠퍼스 채용에 참가할 지원자들은 모두 케이스 인터뷰에 대비해서 준비해야 한다.

Question *당신은 캐피탈 원의 교차 판매팀의 팀장으로 임명되었다. 이 팀은 우리 기업의 신용카드 사용 고객에게 비 신용카드 상품을 판매하기 위해 시장 기회를 검토하는 부서이다. 교차 판매는 일반적으로 외부 업체와의 관계 구축을 필요로 하는데, 외부 업체는 우리에게 상품을 판매하고 우리는 이들에게 구매한 상품을 고객에게 프리미엄을 붙여 판매할 수 있다. 당신이 지금 검토하고 있는 교차 판매 기획안은 선지불 전화카드이다. 이것은 장거리 전화를 할 때 전화 요금을 지불할 수 있는 플라스틱 카드이다. 카드 사용 순서는 다음과 같다. 처음에 1-800으로 시작하는 전화번호를 누르고, 카드의 비밀 번호를 입력하고 난 후, 걸고자 하는 상대방의 전화번호를 입력하는 것이다. 전화카드의 남은 시간은 외부 업체가 관리한다. 당신은 적절한 상품 판매 전략을 세워서 캐피탈 원의 이익을 극대화하기만 하면 된다. 이 시*

점에서 당신이 던져야 할 중요한 질문들은 무엇인가?

이 케이스는 상황을 개략적으로 설명하고 있으며, 주요 쟁점과 몇 가지 고려해야 할 질문들을 던지고 있다. 캐피탈 원(Capital One)사의 케이스 인터뷰는 다이내믹하게 면접관과 1 대 1로 상호 의사 소통을 하며 면접을 본다. 지원자들은 예민하고 날카로운 질문을 할 수 있고, 케이스 문제에 대해서 자유롭게 논의할 수 있다. 캐피탈 원의 케이스 인터뷰는 매우 정량적인 계산을 요하는데, 이것은 캐피탈 원의 관리자급 직원들이 실제로 대면하는 전형적인 문제이다.

인터뷰가 진행되면서 면접관은 아래에 열거되어 있는 것과 같이 케이스와 관련된 심도 있는 질문을 할 수 있다. 종종 면접관은 케이스 문제를 출제하기에 앞서 다음과 같은 말을 한다.

"이 인터뷰는 당신이 얼마만큼 개념적이고, 수학적이고, 그리고 분석적인 사고 능력을 가지고 있는지 평가할 수 있는 기회를 제공할 것입니다. 그리고 최선의 해답을 얻기 위해서는 수학적 계산이 필요할 것입니다. 하지만 우리는 당신의 정확한 수학적 계산 능력만을 평가하지는 않습니다. 당신의 리더십 경험, 커뮤니케이션 능력, 창의력, 그리고 사고의 유연성도 중요합니다."

다음의 질문들은 당신이 목록으로 만들었어야 할 가장 중요한 질문들의 일부이다.

- 캐피탈 원에서 만드는 전화카드 1장의 비용은 얼마나 될까?
- 다른 비용은 없는가? 예를 들어 설치 비용은 없는가?

- 각 전화카드의 사용 시간을 정하는 데 제한 조건은 없는가?
- 전화카드 판매 가격에 대한 제한 조건은 없는가?
- 경쟁자들의 전화카드 판매 가격은 어떻게 되는가?
- 우리 기업의 교차 판매 상품들은 일반적으로 얼마에 판매되는가?
- 몇 명의 고객들이 우리의 교차 판매 상품들을 주로 구매하는가?
- 전화카드를 우리 고객들에게 마케팅하기 위하여 어떤 판매 유통 채널을 활용할 수 있는가?
- 마케팅 비용은 얼마나 되겠는가?

  다행히도, 우리에게 전화카드를 판매하고자 하는 업체가 이메일을 통해 당신이 필요로 하는 정보를 많이 제공해 주었다. 이메일의 내용에는 몇 개의 주요 논점이 있다.

- 전화카드 판매 가격에 대한 제한은 없고, 타 경쟁사들은 1분당 0.75달러까지 가격을 책정하여 전화카드를 판매한 적이 있다.
- 전화카드의 사용 시간에 대한 제한이 없다.
- 캐피탈 원의 전화카드는 1분에 0.20달러를 지불해야 한다.
- 캐피탈 원의 전화카드는 1장에 2달러를 지불해야 한다. 이는 계좌 개설 비용을 지불하는 것인데, 카드 재료비와 업체의 시스템 프로그래밍 비용, 그리고 우편 요금이 포함된다.
- 전화카드 판매는 캐피탈 원의 교차 판매 프로그램에 이익이 될 수 있는데, 캐피탈 원에서는 전화카드를 5달러에서 30달러 가

격 사이에서 판매한다.

Question *"캐피탈 원에서 60분용 전화카드를 30달러에 판매하기로 결정했다고 가정하자. 각각 판매된 전화카드에 대해서 캐 피탈 원은 얼마만큼의 수익을 얻는가?"*

첫 번째 해답

전화카드 1장당 캐피탈 원의 수익은 16달러이고, 방정식은 다음 과 같다.

X = 전화카드 1장당 수익

X = (전화카드 1장당 매출액) - (전화카드 1장당 비용)

X = $30 - [($0.20 · 60) + $2.00]

X = $16

위의 방정식으로 해답을 얻기에 충분한가? 무엇인가 매우 중요한 사항을 놓치고 있지는 않은가?

위의 해답에서 우리가 간과한 사항은 마케팅 비용이다. (사실은 위의 해답에서 우리가 간과한 사항이 몇 개 더 있는데, 마케팅 비용이 가장 크게 영향을 끼치는 요소이다.) 기본적으로 캐피탈 원에서 고객 에게 전화카드에 대해 소개하고 설명하려면 비용이 드는데, 위의 방정식에서는 그러한 비용을 포함하지 않았다.

그러면 어떤 방법으로 신상품을 판매할 수 있을까? 몇 가지의 다 른 판매 방법을 활용할 수 있다.

- 명세서 홍보물 : 우리가 고객에게 매달 명세서를 보내면 고객이 납입 금액과 함께 명세서를 우편으로 되돌려 보내는데, 여기에 같이 넣을 수 있는 작은 홍보 전단이다.
- 명세서 문구 : 각각의 명세서에 있는 지로 의뢰서 또는 지로 통지서에 한 줄 내지는 두 줄의 광고 문구를 넣는 것이다.
- 꼬리표 : 고객이 납입 금액을 보낼 때 사용하는 봉투에 부착한 작은 종이 쪽지이다. 만약 고객이 전화카드에 관심이 있으면 봉투에 부착되어 있는 꼬리표를 떼어내서 봉투 안에 넣으면 된다.
- 직통 우편 : 전화카드에 관해서 자세하게 설명해 놓은 광고 편지를 매달 보내는 명세서와 별도로 관리해서 고객에게 보내면 된다.
- 텔레마케팅 : 고객에게 전화를 걸어 전화카드에 대해 소개 및 설명하고, 고객이 구매할 의향이 있는지 여부를 물으면 된다.

위에 제시된 여러 가지 판매 방법에 대해 고려할 때 비슷한 점은 무엇인가? 또 차이점은 무엇인가?

어떤 판매 방법을 활용할 것인가에 대한 결정을 내릴 때 가장 중요하게 영향을 미치는 요소는 무엇인가? 다시 말해서 위에 열거한 판매 방법 중에서 어떤 방법을 활용하는 것이 최선의 방법인가를 알고자 할 때에 추가적으로 어떤 정보가 필요한가? 이 케이스의 목적에 부합할 수 있도록 당신은 각 판매 방법의 모든 변수들을 고려하지 않아도 된다. 다만 모든 경우에 적용되는 두 가지 주요 변수만 고려하면 된다.

당신이 고려해야 할 두 가지 중요한 요소는 바로 '비용'과 '반응률'이다.

① 비 용 : 어떤 판매 방법을 활용할 것인가에 따라서 비용의 차이가 크다는 것은 쉽게 알 수 있다. 예를 들어 텔레마케팅을 사용할 경우, 당신은 텔레마케터의 급여와 전화비를 지불해야 할 것이다(또는 전문적인 텔레마케팅 기업에서 아웃소싱을 할 수도 있는데, 이 또한 비용이 저렴하지 않다).

만약 직통 우편을 활용하면 광고 편지의 인쇄비, 기타 마케팅 재료비, 봉투비, 그리고 우편 요금이 들 것이다. 이와는 반대로, 만약 명세서에 문구를 인쇄하는 방법을 선택하면 비용이 전혀 없을 것이다. 명세서는 이미 인쇄되는 것이고, 고객들의 응답 내용은 우리가 보유한 자동 스캐너를 사용해서 볼 수 있다.

② 반응률 : 전화카드를 구매하기로 결정한 고객들의 퍼센트 비율도 차이가 많이 날 것이다. 그리고 당신이 짐작하듯이 비용과 반응률은 종종 정비례한다. 마케팅 비용이 증가할수록 더 많은 수의 고객이 반응을 보이고, 그 역도 또한 같다. 예를 들어 많은 고객들이 광고 편지에 더 많은 반응을 보일 것이지만, 명세서를 활용하여 보낸 작은 쪽지나 문구에는 고객들의 반응이 매우 적을 것이다. 요컨대 우편함에 있는 편지를 놓치는 경우는 거의 없지만, 명세서에 인쇄된 몇 줄의 문구를 보지 않을 확률은 높다. 게다가 광고 편지를 보내면 전화카드 사용 혜택

에 대한 설명과 함께 설득적인 문구나 시각적으로 관심을 끄는 그림이나 사진을 삽입할 수 있는데 반해, 명세서를 활용하면 두 줄의 문구만 사용하여 판매 활동을 할 수 있다. 상품 판매 촉진을 위해서 더 많은 공간과 유연성을 확보하고 있으면, 전화카드 구매 고객들의 수를(고객들의 퍼센트율) 결정하는데 더 큰 효과를 기대할 수 있을 것이다.

위의 두 가지 요소 외에도 몇 가지 더 고려해야 할 사항이 있다. 아래에 요약하여 설명하겠다.

- **판매 시기** : 다른 판매 방법을 활용하는 것보다 위에서 제시한 판매 방법을 활용하는 것은 더 많은 시간을 필요로 한다. 다른 경쟁사들이 전화카드에 대한 마케팅 활동을 강화한다면, 우리는 가장 빠르게 판매할 수 있는 판매 방법을 선택해야 한다.
- **운영상의 효과** : 예를 들어 A라는 판매 방법을 활용할 경우 직원 한 사람이 몇 시간을 투입하면 될 것인데 반해, B라는 판매 방법을 활용할 경우 부서 전체가 1주일 동안 시간을 투입해야 할 수도 있다. 이것을 위에 제시된 비용 요소에 포함할 수도 있지만, 별개의 고려 사항으로 생각하는 것도 좋다.
- **고객의 인식 및 선호도** : 어떤 고객들은 텔레마케터로부터 전화 받는 것을 좋아하지 않는다. 따라서 텔레마케팅 계획을 세울 때는 이러한 사항을 고려해야 한다.

60분용 전화카드를 30달러에 판매한다고 가정하자. 명세서에 홍보물을 삽입하는 판매 방법을 선택했을 때, 손익분기점에 도달하기 위해서는 반응률이 얼마가 되어야 하는가?

|힌트| 손익분기란 손실도 없고 이득도 없다는 뜻이다. 총 수익이 0달러라는 것이다. 손익 분기점은 매우 유용한 값이다. 왜냐하면 당신의 수익이 플러스가(또는 마이너스) 되기 시작하는 시점을 보여주기 때문이다.

이 문제를 해결하는 방법에는 여러 가지가 있지만, 정답은 모두 같다.

방법 1

100개의 홍보물을 우편으로 보낸다고 가정하자. 수익이 0이 되려면 몇 명의 고객이 응답해야 하는가를 정하라.

R = 응답자 수

(전화카드 1장당 매출액) - (전화카드 1장당 비용) = 0

$\$30R - [(\$0.20 \cdot 60)R + \$2.00R + (100 \cdot \$0.04)] = 0$

$30R - 12R - 2R - 4 = 0$

$16R = 4$

$R = 0.25$명/100명

$R = 0.25\%$

방법 2

방법 1과 같다. 다만 특정한 고객의 수를 정하지 않는다.

R = 반응률

(전화카드 1장당 매출액) - (전화카드 1장당 비용) = 0

$30 - [(\$0.20 \cdot 60) + \$2 + (\$0.04/R)] = 0$

$30 - 12 - 2 - (0.04/R) = 0$

$(0.04/R) = 16$

$16R = 0.04$

$R = 0.25\%$

방법 3

손익 분기는 다음과 같을 때 발생한다.

(명세서 광고 쪽지 1장당 수익)-(명세서 광고 쪽지 1장당 마케팅 비용)= 0

반응률 R = (판매된 전화카드 수/우편으로 보낸 명세서 광고 쪽지 수)

'$(1/R) \cdot R$' 이나 '(우편으로 보낸 명세서 광고 쪽지 수/판매된 전화카드 수) · (판매된 전화카드 수/우편으로 보낸 명세서 광고 쪽지 수)' 중 어느 것으로도 곱해도 된다. 왜냐하면 어느 식을 사용하든 정답은 1이기 때문이다.

우편으로 보낸 명세서 광고 쪽지 1장당 마케팅 비용이 0.04달러 라는 것을 상기하라.

(수익/우편으로 보낸 명세서 광고 쪽지) · (우편으로 보낸 명세서 광고 쪽지 수/판매된 전화카드 수) · (판매된 전화 카드 수/우편 으로 보낸 명세서 광고 쪽지 수) - $0.04 = 0$

위 방정식의 첫 번째 부분에서 2개의 우편으로 보낸 명세서 광고 쪽지를 없애면 다음 방정식과 같아진다.

(수익/판매된 전화카드) · (판매된 전화카드 수/우편으로 보낸 명세서 광고 쪽지 수) - $0.04 = 0

이것의 값을 구하면 '(수익/판매된 전화카드) · R - $0.04 = 0' 이 된다.

왜냐하면 'R = (판매된 전화카드 수/우편으로 보낸 명세서 광고 쪽지 수)' 이기 때문이다. 전화카드 1장당 수익이 $16(마케팅 비용을 제외하고)이라는 것을 상기하라.

$16R$ - $0.04 = 0

R = 0.25 %

어느 방식으로 문제를 해결하더라도 정답은 같다. 전화카드 광고를 받은 고객들 중 0.25% 이상의 고객들이 전화카드를 구매하기로 결정한다면 이익을 볼 수 있다. 만약 0.25% 미만의 고객들이 전화카드를 구매하기로 결정한다면 손해를 볼 것이다.

0.25%라는 값이 합당하다고 생각하는가? 정확한 반응률을 예상하는 것은 불가능하지만, 0.25%라는 값은 달성할 수 있는 수치이다. 그러므로 전화카드 교차 판매 프로젝트는 진행할 만하다.

122. 보스턴 컨설팅 그룹 : 케이스 면접

보스턴 컨설팅 그룹(BCG)에서는 많은 양의 정보를 소화할 수 있고, 가상의 컨설팅 케이스에서 목적을 충분히 이해하며, 문제 접근 방식이나 절차, 그리고 해답을 지적으로 대답할 수 있는 지원자를 채용하고자 한다.

이 비즈니스 케이스는 BCG 웹사이트에 공개된 적이 있는데, 매우 유익할 것이다. 왜냐하면 이 케이스는 면접관과 지원자간의 전형적인 상호 의사 소통 방식을 필요로 하기 때문이다. 여기서 사용된 기본 틀도 유용하지만 면접관과 지원자간의 대화 내용이 더 중요하고 유용하다.

Question 당신의 클라이언트는 캐나다 최대 규모의 할인 소매 기업인데, 전국적으로 500개의 매장을 보유하고 있다. 이 회사 명을 '캐나다 할인점' 이라 하자. 몇 년간 영업하면서 캐나다 할인점은 자사 다음으로 최대 규모를 자랑하는 대형 할인 소매 기업(300개의 매장 보유)과 비교하여 관련 시장 점유율과 수익 면에서 우세를 유지하게 되었다. 그런데 미국 최대 규모의 할인 소매 기업인 '미국 할인점' 이 캐나다 할인점의 경쟁사를 인수하게 되었고, 곧 300개의 매장을 미국 할인점의 매장으로 전환하려고 계획 중이다. 캐나다 할인점의 CEO는 불안한 마음에서 당신에게 다음과 같은 질문을 한다. "내가 걱정해야 하는 일인가? 어떻게 대응해야 하는가?" 당신은 CEO에게 어떤 조언을 해 주겠는가?

|힌트| 위의 세 가지 질문에 포인트가 있다.

첫 번째 단계는, 언제나 그렇듯 케이스에 대해 충분히 이해하는 것이다. 비록 첫 번째 질문이 매우 기초적인 것일 수도 있지만, 질

문을 하면서 시작하는 것은 좋은 방법이다.

> 지원자 : 캐나다 할인점은 캐나다에서 미국의 경쟁사와 경쟁해야
> 합니다. 우리의 임무는 위협의 범위와 정도를 측정하고
> 전략을 세워서 클라이언트에게 조언을 해 주는 것입니
> 다. CEO에게 조언을 해 주기 전에 현황에 대한 정보가
> 더 필요합니다. 우선 제가 할인 소매업의 정의를 정확하
> 게 알고 있는지 잘 모르겠습니다.

> 면접관 : 할인 소매업은 다양한 종류의 소비재를 할인된 가격에
> 판매하는 것이다. 할인 소매업에서는 일반적으로 가정
> 용품에서부터 사무용품, 가전 제품, 그리고 의류까지 거
> 의 모든 품목을 취급한다. 미국의 K마트, 울워스, 그리
> 고 월마트가 대표적인 예이다.

다음으로, 지원자는 케이스를 분석하기 위한 기본 틀을 만들어야
한다.

> 지원자 : 아, 이제 이해하겠습니다. 그렇다면 다음과 같은 방법으
> 로 문제를 체계화 할 수 있을 것 같습니다. 첫째, 캐나다
> 시장의 경쟁 상황을 이해하고 캐나다 할인점이 어떻게
> 선두 자리에 오게 되었는지 설명해야 합니다. 다음으로,
> 미국의 상황을 이해하고 미국 할인점이 어떻게 그 위치
> 에 있을 수 있게 되었는지 설명해야 합니다. 마지막으
> 로, 2 가지의 논점을 결합하여 미국 할인점이 미국 시장

에서 가지고 있었던 강점을 캐나다 시장 상황에서도 적용할 수 있는지 평가해야 합니다.

면접관: 그렇다면 캐나다 할인 소매업 시장부터 시작해 보자. 어떤 정보가 필요한가?

지원자: 캐나다 할인점의 500개 매장들은 경쟁사의 300개 매장과 근접한 거리에 위치해 있습니까? 아니면 각각 지리적으로 다른 곳에서 영업을 합니까?

면접관: 2개 기업의 매장들은 서로 근접한 지역에 위치해 있다. 즉 캐나다 할인점의 한 매장이 동네 한 골목에 있다면, 경쟁사의 매장은 같은 동네의 옆 골목에 있다고 할 수 있다.

지원자: 그렇다면 캐나다 할인점과 경쟁사에서 취급하는 제품들과 품목이 비슷합니까?

면접관: 그렇다. 캐나다 할인점이 더 많은 종류의 브랜드를 취급하고 있지만, 전반적으로 두 기업 모두 비슷한 종류의 품목을 판매하고 있다.

지원자: 캐나다 할인점에서 판매하는 상품들이 경쟁사의 것보다 많이 저렴합니까?

면접관: 아니다. 어떤 품목들은 캐나다 할인점이 더 저렴하고, 또 다른 품목들은 경쟁사가 더 저렴하다. 하지만 두 기업에서 전반적으로 비슷한 가격 정책을 시행하고 있다.

지원자: 캐나다 할인점의 수익성이 높은 이유가 더 많은 매장을 보유하고 있어서 입니까? 아니면, 각 매장별로 수익성이 높은 것입니까?

면접관: 경쟁사보다 캐나다 할인점의 매장별 수익성이 더 우위

에 있다.

지원자: 수익성이 경쟁사보다 높은 이유는 경쟁사보다 낮은 비용, 또는 높은 매출을 달성하고 있기 때문일 가능성이 있습니다. 그렇다면 캐나다 할인점의 매장별 수익성이 경쟁사보다 높은 이유가 낮은 비용 때문입니까? 아니면 매장별로 높은 매출 때문입니까?

면접관: 캐나다 할인점의 비용 구조는 경쟁사의 것보다 낮지 않다. 캐나다 할인점의 수익성이 더 좋은 이유는 매장별 매출이 경쟁사의 매출보다 더 높기 때문이다.

지원자: 그 이유가 캐나다 할인점의 매장들 크기가 더 넓기 때문입니까?

면접관: 아니다. 캐나다 할인점 매장의 평균 크기는 경쟁사의 것과 비슷하다.

지원자: 두 기업 모두 비슷한 종류의 품목들을 근접한 곳에서 비슷한 가격에 비슷한 크기의 매장에서 판매하는데, 왜 캐나다 할인점의 매장별 매출이 경쟁사의 매출보다 더 높습니까?

면접관: 그것은 당신이 해결해야 할 문제이다!

지원자: 그렇다면 캐나다 할인점의 경영 관리가 더 잘 되고 있습니까?

면접관: 캐나다 할인점이 기업으로서의 경영 관리가 더 잘 되고 있는지는 모르겠다. 하지만 캐나다 할인점의 경영 모델은 경쟁사의 경영 모델과 현저하게 다르다.

지원자: 어떻게 다릅니까?

면접관 : 경쟁자의 매장들은 직영점이지만, 캐나다 할인점은 프랜차이즈 모델을 사용하고 있는데, 프랜차이즈 모델이란 각각의 독립적인 프랜차이즈 매장을 매장의 투자자가 소유하고 운영하며 수익의 일부분을 갖는 것이다.

지원자 : 그렇다면 제 생각에는 캐나다 할인점의 매장이 더 잘 운영되고 있다고 봅니다. 왜냐하면 수익을 극대화하는 데에는 각 매장을 소유하고 있는 가맹점 투자자에게 인센티브가 더 있기 때문입니다.

면접관 : 정확하다. 캐나다 할인점의 매출이 더 높은 이유 중에 주요 원인은 캐나다 할인점의 고객에 대한 서비스의 질이 훨씬 더 좋기 때문이다. 캐나다 할인점의 매장이 더 깨끗하고, 더 깔끔하고, 디스플레이도 더 잘 되어 있다. 캐나다 할인점은 작년에 고객 설문 조사를 통해 이러한 사실을 알아냈다. 캐나다 시장에 대한 정보는 충분히 얻었다고 생각한다. 이제 미국 시장에 대해서 알아보자.

지원자 : 미국 할인점은 미국에서 몇 개의 매장을 보유하고 있습니까? 그리고 미국에서 두 번째로 규모가 큰 할인 소매 기업은 몇 개의 매장을 보유하고 있습니까?

면접관 : 미국 할인점은 4,000개의 매장을 보유하고 있고, 두 번째로 규모가 큰 경쟁사는 대략 1,000개의 매장을 보유하고 있다.

지원자 : 미국 할인점 매장들의 크기가 미국에 있는 일반적인 할인 소매 매장들보다 큽니까?

면접관 : 그렇다. 미국 할인점 매장의 평균 크기는 200,000 제곱

피트인데 반해서, 일반적인 할인 소매 매장의 평균 크기
는 약 100,000 제곱 피트이다.

지원자 : 위의 수치로 보아 미국 할인점이 경쟁사보다 약 8배나
많은 상품을 대량으로 취급하고 있다는 뜻이군요!

면접관 : 거의 그렇다. 미국 할인점의 매출은 약 50억 달러인데,
경쟁사의 매출은 약 10억 달러이다.

지원자 : 매출 규모로 보아 미국 할인점이 공급자로부터 큰 혜택
을 받을 것 같습니다. 미국 할인점이 경쟁사보다 더 낮
은 가격 정책을 펴고 있습니까?

면접관 : 미국 할인점의 상품 원가는 경쟁사의 것보다 약 15% 정
도 낮다.

지원자 : 그래서 미국 할인점의 상품 가격이 더 저렴할 것 같습니
다.

면접관 : 맞다. 미국 할인점의 상품들이 평균적으로 경쟁사의 것
보다 10% 정도 더 저렴하다.

지원자 : 결과적으로 미국 할인점의 실적이 좋은 이유 중 주요 원
인은 경쟁사보다 낮은 가격 정책을 펴고 있기 때문인 것
같습니다.

면접관 : 어느 정도 맞다. 실적이 좋을 수 있었던 또 다른 원인은
미국 할인점 매장의 평균 크기가 더 커서 더 다양한 상품
들을 취급할 수 있기 때문이다.

지원자 : 미국 할인점의 규모가 경쟁사보다 훨씬 더 커진 이유가
무엇입니까?

면접관 : 미국 할인점이 처음 사업을 시작할 때 주로 구멍가게나

소규모 할인 매장이 있었던 지방이나 시골 지역에 대형 할인 매장을 지었다. 미국 할인점은 지방이나 시골에서도 대형 할인 매장을 이용할 것이라고 예상했고, 그 예상은 적중했다. 공급자와의 유대 관계를 더 돈독히 발전시키고 성장하면서 미국 할인점은 다른 할인 소매 기업들을 매입했고, 그것을 미국 할인점 운영 방식으로 전환시켰다.

지원자: 그렇다면 미국 할인점이 경쟁 매장을 매입할 때마다 실질적으로도 확장했다는 것입니까?

면접관: 꼭 그렇지만은 않다. 그럴 때도 있지만, 여기서 미국 할인점 운영 방식으로 전환한다는 말은 같은 종류의 브랜드를 경쟁사보다 평균 10% 더 저렴하게 판매한다는 뜻이다.

지원자: 그렇다면 미국 할인점은 매입한 매장의 물리적 확장 여부를 어떤 기준을 사용하여 결정합니까?

면접관: 많은 요소를 고려하여 결정을 내린다. 예를 들어 기존 매장의 규모와 크기, 그 지역의 시장 경쟁, 그 지역의 부동산 가격 등이 있다. 그러나 내 생각에는 이러한 사항까지 살펴 볼 필요가 없을 것 같다.

지원자: 캐나다에서 매입한 300개 매장의 운영 방식 계획이나 예산과 관련이 있을 것이라고 생각했습니다.

면접관: 현재 규모 이상으로 캐나다 매장의 크기를 확장시킬 계획이 없다고 가정하자.

지원자: 네. 미국 할인점에 대한 정보를 충분히 얻었다고 생각합

니다. 캐나다 시장에서 성공하기 위한 미국 할인점의 역량에 대한 질문이 있습니다. 캐나다에서 미국 할인점의 브랜드 인지도가 높습니까?

면접관 : 그렇지 않다. 미국에서 성공한 기업이기 때문에 캐나다 업계에서는 미국 할인점 브랜드가 잘 알려져 있지만, 기본적으로 캐나다 소비자들은 미국 할인점이라는 브랜드를 알지 못한다.

지원자 : 캐나다 할인점에서 취급하는 상품이 미국 할인점과 비슷합니까? 아니면, 캐나다 소비자들은 미국 소비자들과는 다른 상품과 브랜드를 기대합니까?

면접관 : 비록 캐나다 할인점이 캐나다 공급자와 더 많이 거래하지만, 두 기업은 비슷한 품목을 취급하고 있다.

지원자 : 실제로 캐나다 할인점은 얼마나 많은 양의 상품을 판매합니까?

면접관 : 연간 약 7억 5천만 달러 정도이다.

지원자 : 미국 할인점이 캐나다 시장에서 사업을 할 때 비용이 더 높을 것이라는 이유가 있습니까?

면접관 : 좀 더 구체적으로 말해 보라.

지원자 : 제 뜻은, 예를 들어 인건비나 임대료가 미국보다 캐나다가 더 높습니까?

면접관 : 캐나다의 인건비는 확실히 더 높다. 하지만 임대료는 어떤지 잘 모르겠다. 의도하는 바가 무엇인가?

지원자 : 만약 캐나다에서의 사업 비용이 더 높으면, 미국 할인점은 비용을 감당하기 위해 미국에서보다 더 높은 가격을

책정해야 할 것이라고 생각했습니다.

면접관: 틀린 말은 아니다. 하지만 캐나다 할인점도 똑같이 높은 인건비를 감당해야 한다. 그렇다면 캐나다 할인점에서는 발생하지 않지만 미국 할인점이 캐나다에서 운영하는 동안 발생하는 추가적인 비용은 없는가?

지원자: 캐나다 할인점보다 더 높은 유통 비용이 발생할 수 있습니다. 왜냐하면 미국의 창고에서 캐나다로 물품을 운반해야 하기 때문입니다.

면접관: 어느 정도 맞다. 캐나다 할인점이 유통 비용 면에서 더 우위에 있는데, 이는 캐나다 할인점의 네트워크가 지리적으로 미치는 거리가 더 짧고, 또한 캐나다 공급자로부터 더 많은 물품을 구하기 때문이다. 하지만 캐나다 할인점이 지속적으로 다량의 미국 상품을 구입하기 때문에, 실질적으로는 캐나다 할인점이 유리한 위치에 있다고 할 수 없다. 총 비용의 약 2% 정도뿐이다.

지원자: 이것은 미국 할인점이 결국 캐나다 할인점보다 가격 면에서 훨씬 더 우위에 있게 될 것이라는 겁니다: 10% 정도 아니면, 최소한 7 또는 8% 정도 저렴할 것 같습니다.

면접관: 당신의 결론에 동의한다.

BCG 프레임 워크를 따른다면, 마지막 단계는 케이스를 요약하고 정리하면서 권고 사항을 제시한다.

지원자: 저는 CEO에게 다음과 같이 조언하겠습니다. 단기적으

로는 괜찮습니다. 캐나다에서 캐나다 할인점에 대한 고객의 브랜드 인지도가 미국 할인점보다 훨씬 높습니다. 또한 캐나다 할인점은 효과적으로 운영, 관리되고 있습니다. 하지만 고객들이 미국 할인점의 상품이 캐나다 할인점의 것보다 7에서 8% 정도 가격이 저렴하다는 것을 알게 되면서, 장기적으로 볼 때 미국 할인점에서 쇼핑을 하는 것이 훨씬 더 절약된다는 것을 깨닫게 됩니다. 고객의 습관 또는 서비스가 좋아서 계속적으로 캐나다 할인점을 이용하는 고객도 있겠지만, 할인 매장을 찾는 쇼핑객들이 가격이 더 저렴한 곳을 이용하게 될 것이라는 생각은 합당합니다. 게다가 시간이 지나면서 캐나다 고객들이 미국 할인점이라는 브랜드에 친숙해 지면서 캐나다 할인점이 가지고 있었던 브랜드 파워도 없어질 것입니다. 그러므로 장기적으로는 미국 할인점 때문에 캐나다 할인점의 시장 점유율이 낮아질 것에 대비해야 합니다. 너무 늦기 전에 지금 당장 조치를 취해야 합니다.

면접관: 캐나다 할인점은 어떤 전략을 세워야 하는가?

지원자: 비용을 절감할 수 있는 방법을 찾아내서 조직을 더 효율적으로 만들 수 있겠습니다. 그렇게 하면 상품 원가가 높더라도 가격을 낮게 책정할 수 있을 것입니다.

면접관: 다른 전략은 없을까?

지원자: 포인트 적립제 같은 프로그램을 도입해서 고객이 어느 정도 포인트를 적립하게 되면 상품을 할인해 주는 방법도 생각해 볼 수 있습니다.

면접관: 포인트 적립제 같은 프로그램에는 어떤 문제점이 있을까?

지원자: 비용 면에서 효과적이지 않을 것 같습니다. 왜냐하면 이러한 프로그램이 없었더라도 지속적으로 캐나다 할인점에서 쇼핑을 하였을 수많은 고객들에게 혜택을 주는 것이기 때문입니다.

면접관: 또 다른 제안은 없는가?

지원자: 캐나다 할인점의 높은 서비스 질을 강조하는 마케팅 또는 광고 캠페인을 준비해도 될 것입니다. 또는 캐나다 할인점 서비스 보증 프로그램을 실시하여 미국 할인점에서 제공하는 어떠한 보증 프로그램보다 항상 한 단계 더 나은 보증을 제공하는 것입니다.

면접관: 경쟁적인 가격 책정을 통해서만 고객을 확보할 수 있다고 가정하자. 캐나다 할인점이 그러한 상황에서 고객에게 경쟁적으로 보일 수 있는 방법은 없는가?

지원자: 적은 종류의 상품을 취급해서 구매력을 강화할 수 있고, 미국 할인점과 거래하는 공급자의 경쟁사들과 가격을 협상할 수도 있습니다. 이렇게 하면 다양한 종류의 상품을 원하는 고객의 수는 줄어들지만, 한정된 상품만을 구매하면서 가격만을 고려하는 고객들은 확보할 수 있을 것입니다.

면접관: 당신의 제안은 모두 흥미롭다. CEO에게 권고 사항을 제시하기 전에 각 제안의 장점과 단점을 좀 더 구체적으로 분석하면 좋겠다.

> "서울 지하철 3호선 전차의 한 칸을
> 하루 동안 이용하는 승객 수는 몇 명인가?"

이 케이스는 컨설팅을 준비하는 예비 컨설턴트들은 누구나 준비하는 전형적인 마켓 사이징 문제라 할 수 있었지만 상당히 고전을 했던 기억이 있다. 나의 경험으로 비추어 볼 때 마켓 사이징 케이스는 정해진 정답이 따로 없다. 즉, 얼마나 창의적인 생각을 적절한 가정을 동반한 채 논리적으로 전개하느냐에 따라 당락을 좌우하는 것 같다. 이 케이스는 전체 인구를 사고의 시발점으로 하여 지하철 이용 고객의 비율을 가정한 후, 이용 시간대별 고객의 집중도를 고려하여 시간대별 이용 고객 수를 차등하게 산정하는 것으로 답변한 걸로 기억한다. 내 생각에 이 케이스에서의 창의적인 부분이 가미될 수 있는 부분은 이용 고객의 수가 다른 시간대를 가정하는 데 있다고 생각한다.

전계완, CVA 컨설턴트

※Corporate Value Associates (CVA)은 유럽에 기반을 둔 전략 컨설팅 회사로서 1987년에 설립하여 전세계 11개 지사(파리, 런던, 베를린, 암스테르담, 보스톤, 동경, 상하이, 싱가포르, 서울, 멜버른, 시드니 등)에 250여 명의 전략 컨설턴트를 보유하고 있다. 재무 분석과 모델 기반의 전략 수립에 중점을 두고 있다.(www.corporate-value.com)

123. 대리투표 전문 회사의 비용 절감 케이스

웨슬리대학 컨설팅 클럽은 전 맥킨지 컨설턴트인 고탐 프라카쉬의 「경영 컨설팅 가이드」에서 인용한 아래의 케이스를 비롯하여 수많은 비즈니스 케이스를 학생들에게 제공한다.

Question *모든 상장 회사들은 법에 의거 매년 주주에게 다양한 사안에 대한 대리 투표권을(직접, 혹은 우편으로) 제출하도록 요구하는 주주총회를 갖는다. 당신의 고객은 주주총회에서의 표를 계산하는 것이 주요 업무인 디스카운트 브로커리지(discount brokerage) 회사이다. 회사는 수백만의 표를 우편으로 모으고 결과를 도식화한다. 그리고 이 결과를 고객사에 우편으로 알린다. 1980년대에 고객의 빠른 성장을 도왔던 머저 매니아사는 시카고 교외에서 사업을 시작하여 대부분 뉴욕 중심의 월 스트리트와 같은 도심의 중심지 10곳으로 확장하였다. 1990년대에 이르러 호경기도 막을 내렸다. 고객사들은 수익 하락에 직면하게 되었고, 비용 절감에 대한 컨설팅을 의뢰하였다. 이 문제의 해결을 위해 어떻게 할 것인가? 어떠한 분석을 수행해야 할 것인가? 그리고 당신이 예상할 수 있는 초기 가설은 무엇인가?*

이러한 유형의 문제들은 포괄적인 통찰력을 요구하는 문제이다. 지원자가 어떻게 합의를 도출하고, 팀과의 커뮤니케이션을 어떻게 이끌어 가는가는 중요하다.

자, 이제 우리가 가설에 동의할 수 있는가를 살펴보자. 대리 투표를 계산하는 디스카운트 브로커리지(discount brokerage) 회사로서, 이 회사는 전자적인 방식의 데이터 통신(이메일, 팩스, 컴퓨터 네트워크 등)과 우편을 활용할 것이다. 풀 서비스 브로커리지(Full service brokerage) 서비스를 제공하기 위해서는 괜찮은 지역에 고객을 상대하기 위한 사무실이 필요하지만, 디스카운트 브로커(discount broker)는 대부분의 업무를 전자적인 수단들을 활용한다. 그럼 이 회사의 사무실 임대료를 줄일 수 있는 교외 혹은 시골로 이전한다고 해도 매출에는 영향이 없다는 가설을 세워보자. 그리고 우리의 클라이언트들은 더 적은 수의 오피스를 통해서도 자신들의 고객에 대해 동일한 수준의 서비스를 제공할 수 있을 것이다. 지역 통합은 총비용과 지원 부서들을 공유함으로써 비용을 절감할 수 있을 것이다. 사실 이 회사는 좀더 많은 기능들을 중앙으로 집중함으로써 각 지역의 인력을 줄이고 싶어할 것이다.

이 가설을 검증하는 한 가지 방법은 각 지역 오피스들의 수익률을 통해서 가능할 것이다. 이를 위해서는 각 지역 오피스의 수익과 비용 데이터가 필요하다. 또 다른 방법은 수익 감소가 우리 고객에만 해당되는 문제인가, 아니면 산업 전반적인 현상인가를 알기 위해 산업 내 다른 회사의 고객 성과를 벤치마킹 하는 것이다.

우리는 인건비와 임대료가 이 회사의 가장 큰 비용 요소라는 우리의 가정을 검증해 보아야 할 것이다. 비용에 영향을 주는 핵심 요소를 정의하는 것은 매우 중요하다. 이제 가장 중요한 비용 요소를 절감하는 방법에 집중해 보자. 오피스의 위치가 사업 운영에 중요한 요소가 아니라는 가정을 검증하는 방법으로 주요 구매 선택 요인의 검증을 위해 고객 인터뷰를 실시할 수 있다(가격, 서비스의 질, 친절도, 서비스의 신뢰도 등). 고객 인터뷰로부터 디스카운트 브로커리지(discount brokerage) 산업을 고객의 입맛에 따라 여러 시장으로 세분화할 수 있을 것이다. 이 세분화를 바탕으로 각 세분 시장의 시장 규모를 알기 위해 각각의 세분 시장에 대한 데이터를 수집해야 할 것이다. 이러한 분석을 바탕으로 고객은 각 세분 시장별로 강점과 약점을 알 수 있고, 자원을 어디에 집중해야 하는가를 알 수 있을 것이다.

124. PBX 제조사 판매 전략 케이스

이 판매 전략 경영 사례도 학부 졸업생을 위해 웨슬리대학 컨설팅 클럽에서 제공되었다.

Question 사무용 대형 전화 시스템을 디자인하고 구축하며, 컨퍼런스 콜, 음성 메일 등의 다양한 부가 기능을 제공하는 PBX 생산자가 있다. 이 회사의 주요 매출은 이 회사 판매 사원들의 직접 판매를 통해 이루어지고 있다. PBX 생산자는 어떻게 하면 자사의 판매 조직을 좀더 효율적으로 만들 수 있을 것인가에 대해 당신에게 조언을 부탁해 왔다. 당신의 분석 중 하나는 판매 사원들에 대한 최고의 보상 체계에 관한 문제를 해결해야 한다. 이 프로젝트의 첫 째날 당신과 당신의 팀은 브레인스토밍을 통해 핵심 이슈와 이를 해결하기

위해 필요한 분석을 파악하고자 한다. 나는 당신이 이 브레인스토밍을 도와주었으면 한다. 당신이라면 어떻게 판매 조직을 좀 더 효율적으로 만들 수 있는 보상 체계를 설계할 수 있을까?

면접관은 브레인스토밍을 요구할 것이다. 하지만 브레인스토밍에서 당신의 목표는 창의적인 해결책을 도출하는 것이며, 그 해결책들을 평가하는 것이 아니라는 점을 명심하라. 여기에 좋은 예가 있다.

먼저 판매 사원에게 동기를 부여하는 최고의 방법은 그들의 성공이 조직의 성공을 효과적으로 조율하는 것이라는 것에 동의하고 넘어가자. 적당한 수준의 부에 대한 욕심은 판매 조직에 좋은 요소이다. 이에 동의할 수 있는가? 그렇다면 판매 조직에 대한 보상의 구성 요소 중의 하나는 인센티브이다. 여기서 두 가지 이슈가 나타난다.

하나는 "판매 사원에게 최고의 인센티브를 어떻게 제공할 것인가?"이다. 인센티브 구조는 어떠해야 하는가? 매출액의 5%가 적절한가? 판매량에 따라 %가 달라져야 하는가? 이러한 문제를 해결하기 위해서 제품의 비용 구조에 대한 분석이 필요하다(생산, 물류 등). 주어진 수익 목표 하에서 판매 사원에 대한 인센티브(생산비의 일부인) 지급이 다른 모든 비용 요소를 감안하고도 가능한지, 가능하다면 얼마나 가능한가를 분석해야 한다. 예를 들어 우리의 생산비가 200달러이고, 우리의 목표 마진이 200달러, 상품의 판매 가격이 500달러인 상품의 경우는 상품 판매 커미션으로 100달러까지 지급이 가능한 것이다. 그러므로 각 제품은 각각의 비용 구조에 따라 결정되는 다른 인센티브 구조를 가질 것이다.

두 번째 이슈는 "어떤 제품들에 대해 회사가 인센티브를 지급해야 하는가?"이다. 우리는 가장 높은 이익률을 가진 제품들에 대한 판매를 장려하는 것이 일반적으로 건전한 가정이란 점에 동의할 수 있을 것이다. 그러므로 판매 사원들은 마진이 높은 상품의 판매에 대해서는 추가적인 커미션을 받아야 한다. 커미션 구조는 회사의 이익을 극대화할 수 있도록 아주 정교하게 설계될 수 있다.

그럼 무엇이 진정으로 판매 사원들에게 동기를 부여하는가? 물론 현금이다. 그럼 현금 이외의 다른 인센티브는 없는 것일까? 우리는 최고 성과를 내고 있는 판매 사원들로부터 판매 사원들의 성과를 촉진하는 방법에 대한 피드백을 받을 수 있을 것이다. 하와이 여행과 같은 포상이 있을 것이다. 기본적으로 판매 사원들은 자기 일에 대한 자긍심을 매우 중요시한다. 최고경영자로부터 인정받은 판매 콘테스트 역시 효과가 있을 것이다. 추가적인 교육과 교체 판매 인력을 찾아낼 수 있는 것도 판매 콘테스트의 추가적인 효과이다. 어떤 사례에서든 복잡한 인센티브 제도가 서류상으로는 훨씬 좋아 보이지만, 실제적으로는 실패할 확률이 높다. 그러므로 실제적인 판매와 마케팅 전술에 대한 통찰력이 있는 현장의 목소리를 듣는 것이 매우 중요하다.

125. 잔디 깎기 기계 사업의 매각

본 비즈니스 케이스는 지원자가 사업의 가치를 어떤 방식으로 평가하느냐를 알아보기 위한 것이다. 웨슬리대학 컨설팅 클럽에서 만들었으며, 고탐 프라카쉬의 '경영 컨설팅을 위한 제언'에서 인용된 바 있다.

Question *현재 잔디 깎기 기계 사업을 하고 있습니다만, 이 사업을 당신의 고객에게 매각하고 싶다. 당신은 그에게 본 사업을 구매하기 위하여 사업 가치를 측정할 수 있도록 어떤 충고를 해줄 수 있는가?*

|힌트| 본 케이스는 '매각자'를 위한 컨설팅이 아니라 '구매자'를 위한 컨설팅 케이스임을 유념하라.

사업의 가치를 결정하는 것은 컨설턴트가 맡게 되는 가장 어려운 프로젝트 중에 하나다. 이러한 프로젝트에서 컨설턴트는 수많은 유, 무형의 변수들을 고려해야 한다. 지원자는 유형 자산에만 국한되지 않고, 기초부터 차근차근 고려해 나가는 것이 중요하다. 다시 한 번 강조하지만, 지원자는 가능한 빨리 '우리'라는 개념을 포함하여 사고해야 한다.

무엇보다 먼저, 저의 고객에게 기본적인 질문을 던질 것이다. "왜 잔디 깎기 기계 사업에 관심을 가지고 있습니까?" 그 사업은 계절을 타는 성향이 있고, 위험성이 높으며 매우 손이 많이 가는 사업이지요. 만약 제 고객이 이러한 특성의 사업을 고려하지 않고 있다면, 사업 가치를 평가하는 것이 매우 소모적인 일이 될 수 있다고 충고하겠습니다. 물론 모든 사업은 현금 가치, 유형 자산, 외상 매출 계정 등과 같이 사업을 간단하게 평가할 수 있는 장부 가치를 가지고 있긴 하지만요. 아마도 제 고객은 재 매각을 위해 구매를 고려하고 있을 것이고, 이를 고려하여 사고하는 것이 첫 번째 유념할 점일 것입니다.

제 고객이 이 사업을 구매하기로 결정하였다면, 그 구매 가격이 어느 정도가 되어야 하는가를 결정하기 위해 두 가지 사항을 고려하라고 제언할 것입니다. 첫째는 이 사업을 구매하여 운영함으로써 얻게 될 수 있는 수익과 결국에 이를 매각함으로써 얻게 되는 수익의 규모를 예측하는 것입니다. 이 말은 잔디 깎기 기계 사업이 현금 흐름과 최종 가치의 관점에서 봤을 때 가치 있는 것인가를 살펴보아야 한다는 것을 의미합니다. 대체로 현금 흐름은 사업에 투자한 현금 대비 획득한 현금의 차이를 의미하고, 최종 가치는 잔디 깎기 기계와 같은 유형 자산과 의지와 같은 무형 자산을 포함한 기업의 본질적인 가치를 의미합니다.

두 번째로 살펴보아야 할 것은, 우리가 지불할 가격과 지불하는 돈의 대가로 얻는 가치의 차이가 어떠한가를 살펴봐야 한다는 점입니다. 경제학적으로 이것을 기회 비용이라고 합니다. 예를 들어 고객이 사업을 구매하지 않고 그 자금을 이자 5%인 은행에 예치해 두기로 마음을 먹었다면, 기회 비용은 5%입니다. 만약 구매하기 위해 자금을 인출했다면 5%의 이자 수익을 곧바로 상실하기 때문입니다.

126. 영국에 순한 맥주가 없는 이유

이 케이스는 일반적인 프레임 워크들과는 딱 맞아떨어지지 않는

비즈니스 케이스다. 본 케이스는 뉴저지에 위치한 'Inductis, Inc.'
라는 컨설팅 펌에서 사용된 케이스다.

*이에 대한 자세한 내용은 http://www.inductis.com/careers.html에서 확인할 수
있다.

Question *왜 영국에는 순한 맥주가 없는 것일까?*

이러한 케이스에 접근하는 최적의 방법은 이슈의 각 부분별로 대
안이 될 수 있는 이유들을 나열함으로써 분석해 나가는 것이다. 지
원자가 답한 가장 훌륭한 답변 중 하나는 다음과 같다.

순한 맥주가 없는 이유는 (1) 소비자의 요구가 없고, (2) 소비자 요
구의 부재로 공급자가 생산하지 않거나, (3) 정부의 규제와 같은 외
부적인 요인에 의해 순한 맥주의 생산이 제한되어 있기 때문일 것입
니다. 공급자의 측면에서 논의하자면, 그 어느 공급자도 영국에서는
순한 맥주를 판매하지 않으려고 하거나, 영국 이외의 지역에서도 순
한 맥주의 생산이 제한되고 있는 상태라고 생각할 수 있습니다.

127. 도널드 트럼프의 자동응답기

이 케이스는 '크로이소스 문제' 의 한 예이다. 크로이소스는 전설
적인 부자였는데, 이 문제의 핵심은 크로이소스처럼 무한의 자원
을 가진 사람을 위하여 문제에 어떤 식으로 접근해야 하며, 그를 통

해 보다 적합한 답안을 고안해 낼 수 있느냐는 것이다. 이러한 사고를 함으로써 우리는 보다 영리해지고 부자가 될 수 있다.

Question 도널드 트럼프와 같이 무한의 자원을 가진 사람이 한밤중에 잘못 걸려온 전화 때문에 방해받지 않기 위해서 어떻게 해야 하는가? 또 이 질문의 답을 기반으로 자원이 거의 없는 소비자를 위한 솔루션을 어떻게 디자인하겠는가?

이 케이스의 명쾌한 정답은 아웃소싱을 하라는 것이다. 도널드 트럼프에게 가장 쉬운 방법은 누군가를 고용해 24시간 내내 전화를 대신 받도록 하는 것이다. 잘못 걸려온 전화는 이 대리인이 알아서 처리하게 될 것이다.

하지만 이것으로 끝난 것이 아니다. 당신은 해답을 알고 있지만 그 방법은 크로이소스나 트럼프 가족에게만 가능할 뿐, 자원을 무한으로 가지지 못하는 사람들에게 실용화하기에는 너무 값비싼 것이며, 따라서 이를 실용적이고 합당한 것으로 고안하기 위해서는 보다 많은 노력이 요구된다. 어떻게 하면 개인 비서 서비스를 표준화하여 자동화할 수 있을까? 이러한 고민의 결과 모든 전화를 자동 응답 서비스로 다시 연결하는 방법이 등장할 수 있다. 대부분의 의사들이 이러한 서비스를 사용하지만, 이것은 여전히 보편화되기에는 비싼 편이다.

기계에 의해 걸려오는 전화가 걸러질 수는 없을까? 한 가지 방법은 연결되도록 승인된 전화번호 목록을 만드는 것이다. 이것을 화이트 리스트라고 하는데, 실용적인 솔루션이 될 수 있지만 전화번호 리스트를 작성하고 나서 이것을 유지하는데 많은 시간과 노력이 투입되어야 한다는 한계가 있다. 이러한 문제점을 해결하는 한 가지 방법은 코드를 사용하는 것이다. 자주 전화 거는 사람에게 코드를 부여하여 전화를 걸 때마다 코드를 입력하고 연결하게 하는 방법인데, 코드의 수가 증가하면 오히려 통제가 불가능할 수도 있다.

또 다른 방법은 특정 번호로부터 걸려온 전화를 통제하는 것이다. 이것을 블랙 리스트라고 하는데, 여전히 전화번호 리스트 작성에 시간과 노력이 투자되어야 하고 블랙 리스트에 오르지 않은 그 밖의 원치 않는 전화를 막을 방법이 없다.

이 방법들을 동시에 사용할 수는 없을까? 승인된 전화번호 리스트를 사용한다는 것은 전화를 받는 사람이 사용하는 통제 수단이고, 코드를 사용한다는 것은 통제 수단을 전화 거는 사람에게 부여하는 것이다. 전화를 거는 사람은 기계보다 영리하다. 그렇다면 0과 같이 쉽고 분명한 코드를 만들고 전화 거는 이에게 정확한 정보를 제공함으로써 전화 거는 이로 하여금 선택의 자유를 행사하도록 다음과 같은 메시지로 유도하자.

"당신은 트럼프의 집에 전화를 걸었습니다. 우리 가족은 집에 있지만, 지금은 방해받고 싶지 않습니다. 만약 급한 용무라면 0번을 누르세요. 그러면 전화를 받을 것입니다. 하지만 좋은 소식이어야 합니다."

메시지의 전반부에서는 잘못 걸려온 전화를 통제할 수 있다. 두 번째 부분에서는 전화 거는 이가 스스로 전화의 필요성을 선택하게 만든다.

다만 이 솔루션의 아이러니는 대부분의 사람들에게 효과적인 솔루션이지만 트럼프 가족들에게는 별로 좋은 솔루션이 아니라는 점이다.

"지금 내가 대답하려는 방식에 대해 다시 한 번 더 생각해 볼 것 (One More Deep Thinking)"

한 PC방에서 하루 동안에 입력되는 "가" 글자의 수를 예측해 보라는 브레인티저가 있었다. 인터뷰 들어가기 전에 모든 문제에 신중하게 대답하라는 이야기를 많이 들었지만 막상 들어가서 문제에 접해보니 시간은 짧은 반면, 떠오르는 생각들이 많아 전체적인 접근법에 대해 짧게 생각한 후 곧바로 문제를 풀어가기 시작한 것 같다. 그런데 인터뷰가 끝나고 나서 생각해보니 더 좋은 방법이 있었다는 것을 깨달았다. 한 가지 꼭 말하고자 하는 점은, 브레인티저의 해결 방향성을 잡을 때 한 가지 아이디어가 떠오른다고 해서 곧바로 이야기를 시작하지 말고, 한두 가지 정도 더 Deep Thinking 한 후 방법론에 대해 확신을 가지고 시작하면 참 좋을 것 같다는 생각이다. 다 해결한 다음 이렇게 말한다면 더 좋지 않을까? "사실 제가 이러이러한 두 가지 방식을 더 생각해 보았는데, 지금 말씀드린 접근법이 이런 점에서 가장 좋은 것 같아 이 접근법을 선택하였습니다."

정재훈, 모니터 그룹(Monitor Group) 컨설턴트

규모 추정의 퍼즐 09

How to Ace the Brainteaser Interview

Brainteaser Survival Interview

　시장 규모 추정 문제 혹은 페르미(Fermi) 문제로 잘 알려진 'Gross Order of Estimation' 케이스는 지원자가 얼마나 숫자에 대해 익숙하게 사고하며, 얼마나 빨리 시장 변수들에 집중하여 합리적인 가정을 통해 방어 가능한 추측치를 낼 수 있는가를 평가한다. 일반적으로 면접관은 답을 모르거나 답 자체에는 신경조차 쓰지 않는다. 오히려 그들은 지원자가 질문에 맞서는 열정을 살펴보고, 해답에 다가가는 논리적 과정을 보고싶어 한다.

　포그 크리크 소프트웨어사의 조엘 스폴스키는 "현명한 지원자는 스스로의 지식에 대한 질문을 받고 있다는 것이 아님을 쉽게 간과하고, 보다 근본적인 해결책을 제시하기 위해 열정적으로 행동한다"고 말했다. 그가 지원자에게 자주 묻는 질문은 "로스앤젤레스에는 몇 개 정도의 주유소가 있을까요?"이다. 현명한 지원자는 질서 정연하게 "음… 로스앤젤레스의 인구가 약 7백 만이고, 성인 1명당 2.5대의 차를 보유하고 있다고 보면…"이라고 답한다. 이와 같은 과정을 통해서 결과적으로는 틀린 숫자를 말한다고 하더라도, 열정적으로 문제에 접근하는 모습을 보여줌으로써 훌륭한 평가를 받을 수 있다.

　그들은 주유소의 수용 능력을 추정하려 들 것이다. 차 1대당 4분 정도 주유를 할 것이고, 대부분 주유소가 10개 정도의 주유구를 보유하고 있을 것이며, 하루에 18시간 동안 영업을 한다고 가정해 보면…. 그들은 지역을 나누어 접근할 지도 모른다. 가끔은 창조적인 생각으로 면접관을 놀라게 할 수도 있다. 이러한 것들이 모두 훌륭하다는 사인이다.

현명하지 못한 지원자들은 당황하기 마련이다. 그들은 마치 화성에 착륙한 것처럼 멍하게 면접관을 쳐다볼 것이다. 그들을 코치해야 하는 경우도 있다. "만약 당신이 로스앤젤레스 규모의 도시를 세운다면 주유소는 몇 개 정도를 두겠습니까?" 어쩌면 힌트도 줘야 한다. "한 번 주유하는데 어느 정도의 시간이 걸릴까요?" 이들은 면접관 앞에 멍하게 앉아 면접관의 도움을 기다리고 있을 것이다. 이들은 문제를 해결할 수 있는 이들이 아니며, 이런 지원자들은 결코 면접을 통과할 수 없을 것이다.

명심해야 할 점은 계산한다는 것은 항상 흥미로운 일임에도 불구하고, 당신이 계산하는 숫자 자체는 별로 중요하지 않다는 점이다. 면접관은 당신의 사고 과정을 알고 싶을 뿐이다. 물론 추정치가 실제 알려진 숫자와 아주 많이 틀리면 면접관은 눈썹을 치켜올릴 지도 모른다. 그렇지만 그것을 극복할 수 있는 방법은 아주 많다. 만약 당신이 다른 방법을 이용하여 다시 계산해 보고, 기존 계산법의 잘못된 점을 지적해 보일 수 있다면 면접관은 매우 감명을 받을 것이다.

페르미 문제는 로스 알라모스라는 원자폭탄 프로젝트 참여와 양자 이론의 개발 등으로 알려진 이탈리아의 물리학자 엔리코 페르미의 이름으로부터 명명된 문제이다. 페르미 문제는 추정 능력, 수리적인 추론 능력, 수학에 기반한 의사 소통 능력, 그리고 탐구 정신 등을 강조한다. 학생들은 언어 문제의 경우 한 가지 방법에 의한 한 가지 해답만이 존재하는 것으로 믿고 있다. 페르미 문제는 다양한 접근을 유도하고, 답 자체보다는 과정을 중시하며, 창조적인 문제 해결 전략을 증진시킨다. 수십여 개의 추가적인 페르미 문제들은 '부록 4'에 첨부되어 있다.

다른 장들과 마찬가지로 9장의 모든 문제들이 정답을 제시하는 것으로 끝마쳐지고 있음에도 불구하고, 그것은 추정을 위해 선택된 특정한 방법의 계산 결과에 지나지 않음을 유념해야 한다. 즉 여기에 정리된 정답들은 완벽하게 추론되어 나올 수 있는 유일한 정답이 아니며, 심지어 완전히 다른 결과를 가져올 수 있는 다양한 추정 방법들도 여전히 유효하다는 것을 인정한다.

128. 맨해튼에는 몇 개의 공중전화가 있을까?

마이크로소프트사나 휴렛 패커드사가 면접에서 즐겨 사용하는 전통적인 추정 문제 중 하나이다.

PUZZLE *맨해튼에는 몇 개의 공중전화가 있을까?*
|힌트| 맨해튼은 격자 모양의 도시임을 생각하라.

논리적인 분석의 시작점은 맨해튼 거리의 모퉁이 개수를 헤아려 보는 것이다. 뉴욕의 격자 도로들을 생각해 보면 세로로 300여 개,

가로로 10개의 도로가 있음을 추측할 수 있고, 이것을 통해 약 3,000개의 교차점이 존재한다는 것을 알 수 있다. 각 교차점마다 2개의 공중전화가 존재한다고 가정하면, 맨해튼에는 총 6,000여 개의 공중전화가 있다고 추측할 수 있게 된다.

|해답| 공중전화는 약 6,000개

CHECK 센트럴 파크 때문에 무의미해진 교차점들을 제외시켜 보자. 센트럴 파크는 세로로 30개 블록, 가로로 3개 블록, 혹은 90개의 교차점 정도를 차지하고 있다고 말해 보자. 또 매 교차점마다 2개의 공중전화가 있다는 가정을 이용하면, 처음 6,000여 개에서 180개를 제외시킬 수 있다. 그리고 나서 호텔이나 식당, 학교, 병원, 관공서의 로비 등에 있는 공중전화 개수를 파악해 보자. 어떻게 파악할 수 있을까? 휴대전화의 급속 확산이나 테러 혹은 마약 거래 등의 방지 조치에 따른 복합 작용으로 공중전화의 수량이 급속히 줄어들었다는 사실을 언급해 보자.

129. 샴푸와 컨디셔너의 생산량은?

이 문제는 맥킨지와 보스톤 컨설팅 그룹(BCG)의 캠퍼스 리쿠르팅에 사용된 바 있다.

PUZZLE *호텔에 비치되는 크기의 샴푸와 컨디셔너는 전세계적으로 매년 어느 정도 생산될까?*

당신은 아마도 호텔에 비치되는 샴푸와 컨디셔너는 (1) 호텔 및 규모가 큰 모텔에 공급되거나, (2) 선물용 팩 등을 통해 샘플로 제공되는 두 가지 정도로 생각할 것이다.

그러고 나서 전세계에 이러한 제품을 비치하는 호텔과 모텔의 수를 추정하여야 한다. 이를 위해 호텔은 세계 주요 도시나 휴양지에 주로 존재할 것이라는 가정을 추가하게 된다. 즉 전세계 약 200여 나라마다 평균적으로 10개 정도의 주요 도시나 휴양지가 있다고 가정하고, 이에 기반하여 2,000여 개의 잠재적인 주요 도시나 휴양지가 있음을 밝힌다. 미용용품을 제공하는 호텔이 각 도시마다 20여 개 정도라고 가정한다면, 총 40,000여 개의 호텔이 샴푸만, 혹은 샴푸와 컨디셔너를 모두 필요로 할 것이다.

40,000개의 호텔에서 얼마나 많은 샴푸와 컨디셔너를 필요로 하는지 추정하기 위해서는 각 호텔의 평균적인 이용 현황을 추측하여야 한다. 이를 위해 각 호텔마다 100개의 침실이 있고, 이 침실들은 매일 50% 정도가 사용되며, 각 침실마다 매일 한 병씩의 샴푸와 린스가 소비된다고 가정하자. 40,000여 개의 호텔 수에 침실 수 100을 곱하고, 여기에 사용 빈도 0.5를 곱한 후, 1년 단위의 계산을 위해 365를 곱하면 샴푸와 린스 모두 대략 7억 5천만 병이 매년 소비된다는 답이 도출된다.

|해답| 약 7억 5천만 병

여기서 추가적으로 분석을 확장해 보자.

호텔 이용객이 보통 하루 이상을 머물며, 매일 샴푸 한 병을 쓰지는 않는다는 가정을 추가해 보자. 만약 고객이 평균적으로 이틀간 투숙하고, 이 기간 동안 한 병의 샴푸를 쓴다고 가정한다면, 7억 5천만 병은 반으로 줄어들 것이다. 컨디셔너의 수를 구하기 위해, 샴푸 사용량과 컨디셔너 사용량의 비율을 추정해 보자. 대부분의 사람들은 샴푸할 때마다 컨디셔닝을 하지 않는다. 이것을 기반으로 샴푸 사용량과 컨디셔너 사용량의 비율을 2 : 1로 설정한다. 3억 7천 5백만 병을 다시 반으로 나누면 약 1억 9천만 병이 된다. 따라서 당신은 매년 샴푸 3억 7천 5백만 병과 컨디셔너 1억 9천만 병이 필요하다는 것으로 결론을 내릴 수 있다. 전체 시장 규모를 추정하기 위해 샘플 제공을 목적으로 제공되는 양은 매우 미미하다는 가정을 내림으로써 논의를 쉽게 풀어갈 수 있다. 호텔에서의 소비를 목적으로 생산되는 양의 약 10% 정도가 샘플로 제작된다고 가정하면, 전체 시장의 규모는 샴푸가 약 4억 병, 컨디셔너가 2억 1천 병 정도라고 결론지을 수 있다. 최종적으로 결론에 대해 현실성 확인을 해보자. 610만여 병이 제작되어 각 병당 25센트에 판매된다고 가정한다면, 세계적으로 연간 1억 5천만 달러의 시장이 형성되고 있는 것이다. 이것은 논리적으로 타당한 수치인가?

|해답| 4억 병의 샴푸와 2억 1천만 병의 컨디셔너

130. 미국의 설탕 소비량은 얼마나 될까?

본 케이스는 미국 중서부 지역의 컨설팅 회사들이 즐겨 사용하는 사례이며, 미국의 감자 소비량 추정 등 다양한 방법으로 응용되고 있다.

PUZZLE 미국에서는 연평균 어느 정도의 설탕이 소비될까?

이 추정 문제는 주로 가공 음식 산업을 대상으로 컨설팅을 진행하는 회사에서 자주 묻는 질문이다. 면접관은 다음의 예와 같이 대답한 지원자에게 매우 높은 점수를 주었는데, 그는 실시간으로 필요한 정보를 논리적으로 추론하고 있었다.

가정을 세우기 전에 먼저 기본적인 사실들을 모아보죠. 저는 미국인들이 평균적으로 소비하는 칼로리의 총량을 계산함으로써 설탕 소비량을 추론하려고 합니다. 다행스럽게도 조금 전에 주신 콜라 한 캔이 도움이 되겠네요. 이 캔의 영양 분석표를 살펴보면 콜라 한 캔에는 43그램의 설탕이 들어있는데, 이것은 160칼로리 정도 되는 양입니다. 그러므로 설탕 1그램은 약 3.7칼로리를 발생시키는 셈입니다. 저는 미국인들이 평균적으로 하루에 2,500칼로리를 섭취하고 있다고 가정하겠습니다. 이 중 설탕에 의한 칼로리 섭취량을 약 25%로 가정한다면, 미국인들은 평균적으로 하루에 168그램의 설탕을 섭취하고 있습니다. 파운드로 바꾸어 본다면, 454그램이 1파운드이므로 매일 0.37파운드를 섭취하는 것입니다. 따라서 연간 설탕 소비량은 0.37에 365를 곱한 135파운드가 될 것입니다.

어떤 지원자는 이보다 훨씬 단순한 접근으로 유사한 답을 이끌어 내기도 했다.

미국인들이 평균적으로 하루에 설탕을 한 컵 정도 소비한다고 가정하겠습니다. 한 컵은 6온스 정도 되니까, 연간으로 따져보면 2,190온스 정도를 소비하는 것이네요. 파운드로 바꿔서 계산해 보면 미국인이 소비하는 설탕의 연평균 소비량은 137파운드 정도 될 것입니다.

|해답| 연간 137파운드

CHECK 인터넷을 사용할 수 있다면 현실적인 수치인지 확인하기 위해 미국 설탕협회의 웹사이트를 방문해 보자. 미국의 연평균 설탕 소비량이 150파운드임을 알 수 있을 것이다.

131. 1회용 기저귀의 소비량은?

이 문제는 베인앤컴퍼니가 미국의 저명한 대학에서 캠퍼스 리쿠르팅을 위해 사용했던 케이스 문제이다.

PUZZLE *작년에 미국에서 1회용 기저귀가 얼마나 팔렸을까?*

이 문제에 답하기 위해 당신은 수많은 가정을 해야 한다. 이런 경우, 가정이 불확실하거나 질문의 의도가 명확하지 않다면 주저 없이 면접관에게 질문하는 것이 중요하다. 최상의 방법은 단순히 질문과 답변으로 일관하기 보다는 면접관과 쌍방향의 대화를 통해 진행하는 것이다.

먼저 미국의 인구가 3억 명이라고 가정하겠습니다. 또 평균 수명은 75세라는 가정을 추가하겠습니다. 논의를 단순화하기 위해 각 연령대의 비율은 동일하다고 가정한다면, 미국에는 각 연령별로 400만 명씩 있다고 볼 수 있습니다. 기저귀는 0세에서 3세까지의 유아가 착용하는 것이니, 400만 명에 3을 곱하면 1,200만 명의 유아가 기저귀를 차고 있다고 계산할 수 있습니다. 이 1,200만 명의 유아 중에서 1회용 기저귀를 사용하는 유아가 약 80% 정도라고 가정하면, 그 숫자는 960만 명으로 줄어듭니다. 하루에 사용하는 기저귀가 평균적으로 5개라고 가정해 볼까요? 갓난아기일수록 그 이상을 쓰고, 커서 3세에 가까워질수록 5개 미만으로 사용할 것이므로, 평균적으로 하루에 5개의 기저귀를 사용한다고 해도 무리가 없을 것입니다. 그렇다면 960만 명의 유아가 하루에 5개를 사용하는 것이니, 매일 4,800만 개의 1회용 기저귀가 소비되고 있다고 추정될 수 있고, 여기에 365를 곱한 숫자가 최종 추정치가 될 것입니다.

`CHECK` 성인용 기저귀가 또 하나의 중요한 시장 기회라는 사실을 언급한다.

132. 피아노 조율사들

이 문제는 마이크로소프트사에서 즐겨 인용하는 케이스이다. 다시 한 번 강조하지만 면접관은 정답을 알지도 못하고, 그것에 별 관심도 없다. 그들이 보고자 하는 것은 본질에 대한 분석을 통해 문제를 재구성하고, 그것을 기반으로 합리적인 솔루션을 도출해 나가는 의사 소통의 과정 자체이다.

PUZZLE *미국에는 피아노 조율사들이 몇 명이나 있을까?*

'The Critical Connection(http://w-uh.com)' 이라는 블로그를 운영하는 올레 아이코른은 이 문제를 다음과 같이 풀었다.

이 문제는 정확한 답이 없는 전형적인 문제 중의 하나다. 어느 누구도 정답을 모르기 때문에 구글(http://www.google.com)에서도 그 답을 찾기가 어려울 것이다. 그렇지만 분명한 것은 이 문제를 풀기 위한 논리 정연한 추론을 전개하는 방법이 있으며, 그 방법이 바로 면접관이 지원자로부터 확인하고 싶은 것이다. 정확한 숫자를 찾아내는 것보다는 논리적인 접근이 훨씬 중요하기 때문에, 다음과 같은 순서로 접근하면 좋은 결과를 얻을 수 있을 것이다.

1. 미국의 인구 및 가구 수에 대한 추정
2. 미국 전체 가구 중 피아노를 보유한 가정 수에 대한 추정
3. 가정 이외의 장소에서 보유하고 있는 피아노 수에 대한 추정
4. 피아노 조율에 걸리는 시간 추정
5. 피아노 조율의 빈도에 대한 추정
6. 4번째와 5번째 정보를 통해 피아노 1대당 조율사 수 추정
7. 2번째와 3번째, 6번째 정보를 통해 미국 내의 모든 피아노 조율사의 수 추정

지원자들이 실제 추정하는 간단한 과정을 살펴보면 다음과 같다.

미국에는 7,500만 가구가 있고 그 중 10%가 피아노를 보유하고 있다고 가정하겠습니다. 그렇다면 750만 대의 피아노가 가정에 있는 셈입니다. 각 피아노는 1년에 한 번씩 조율을 해야 하고, 조율사는 하루에 4대의 피아노를 조율할 수 있다고 한다면, 1년에 300일간 일하는 조율사는 연간 총 1,200대의 피아노를 조율할 수 있습니다. 따라

서 750만을 1,200으로 나누면 미국에는 6,250명의 피아노 조율사가
있다고 추정할 수 있습니다.

|해답| 6,250명의 피아노 조율사

133. 미국의 자동차는 몇 대나 될까?

본 케이스는 다음에 나오는 케이스와 더불어 마이크로소프트사
에서 자주 사용되는 질문이다. 이어지는 문제를 풀기 위해서는 반
드시 이 문제부터 풀어야 할 것이다.

PUZZLE *미국에는 총 몇 대 정도의 자동차가 있을까?*

대부분의 지원자들은 미국의 인구수에 대한 가정으로부터 시작
할 것이다. 정확한 수치를 가정하는 것이 절대적으로 중요한 것은
아니지만, 대체적으로 논리를 풀어 가는데 도움이 된다. 미국의
인구수를 3억 명 정도로 가정한다면 비교적 무난하게 진행할 수
있다.

두 번째 단계로 자동차를 보유한 미국인들의 비율을 가정하게 된
다. 이 때 단순히 몇 퍼센트의 미국인이 자동차를 가지고 있다고 가
정하기보다는 자동차를 소유할 수 없는 사람들, 즉 죄수, 어린이,
집 없는 사람들, 맨해튼의 거주민들과 같은 사람의 수를 가정하여
논의를 풀어 가는 것이 효과적이다.

다음으로 자동차를 1대 이상 보유한 사람의 수를 가정하게 될 것

이다. 랜탈 등을 위하여 대규모로 구비되어 있는 자동차들을 무시
할 것인가의 여부는 분명하게 전달되어야 한다. 만약 당신이 심사
숙고했다면, 아직 판매되지 않은 자동차들에 대해서도 고민하게
될 것이고, 이에 대한 논의를 할 것인지 역시 면접관에게 이야기해
야 한다.

　만약 다른 가정들로 인해 문제를 더욱 어렵게 만들 수 있다면, 간
단하게 적당한 퍼센트를 선택하는 것도 좋은 방법이다. 예를 들어
위의 사고 과정에 대해 언급하고 대략 65% 정도의 가정에서 자동
차를 소유할 것이라고 가정한다면, 간단하게 미국에는 1억 9천 5백
만 대의 자동차가 있다는 추론이 가능해 진다.

|해답| 1억 9천 5백만 대

134. 미국의 주유소는 몇 개?

역시 마이크로소프트사에서 자주 사용된다.

PUZZLE *미국에는 총 몇 개 정도의 주유소가 있을까?*

　이 문제를 풀기 위해 가장 먼저 할 일은 미국의 자동차 대수를 파
악하는 것이다(이전 문제를 참고하라). 이 문제를 푸는 방법은 다양
하지만 전통적인 방법으로 접근해 보자. 이것은 매우 지루한 방법
이지만, 적어도 당신을 멍청해 보이도록 하지는 않을 것이다. 먼저
면접관에게 당신의 논리적인 의도를 설명하자.

제가 이 문제를 풀기 위해 생각하고 있는 방법은 미국에 자동차가 모두 몇 대 정도 있는지, 일반적으로 주유소가 하루에 몇 대 정도의 자동차에 주유할 수 있는가를 살펴보는 것입니다. 두 번째 숫자로 첫 번째 숫자를 나누어 보면 미국 내에 존재하는 주유소의 대략적인 개수 추정이 가능할 것입니다.

앞선 문제의 추정에 따라 미국에 1억 9천 5백만 대의 자동차가 있다는 가정에서부터 시작해 보자. 다음으로 해야 할 일은 주유하는 빈도를 추정하는 것이다. 이럴 때는 자신의 경험을 기반으로 가정을 세울 수도 있다. 자신의 경험에 따라 1주일에 한 번 주유한다는 가정을 세운다면, 1주일의 기간 동안 모든 주유소가 동일한 숫자의 자동차에 주유 서비스를 제공한다는 것을 의미한다.

다음으로 주유소가 1주일 동안 취급할 수 있는 자동차의 대수를 추정해보자. 일단 평균적인 주유소의 생산성을 계산할 수 있다면 주유소 개수를 추정하는 것은 간단한 일이 된다. 여기서 당신은 쉬운 길과 어려운 길 중 하나로 가게 된다. 문제는 주유소가 1주일 중 몇 시간 동안 영업하는가를 결정하는 것인데, 만약에 모든 주유소가 24시간 영업을 하지 않는다고 가정한다면 보정 작업을 거쳐야 하게 되고, 이는 매우 어렵고 복잡한 가정들을 수반하게 된다. 만약 셀프 서비스 등을 통해 24시간 영업하는 주유소가 매우 증가하고 있다는 사실에 주목한다면, 모든 주유소가 1주일 내내 24시간 영업을 한다는 가정을 세우는 것이 효율적인 논리 전개가 될 것이다.

차 1대를 주유하기 위해 소요되는 시간은 얼마나 걸릴까? 카드 결제 시간 등에 걸리는 시간까지 고려하여 약 10분 정도 걸린다고 가정하자. 최근에는 대부분의 주유소가 10개 이상의 주유기를 보유하고 있긴 하지만, 지방의 외진 주유소는 한두 시간에 1대씩 주유하기도 한다. 이러한 논리적 기반 하에 주유소에서는 평균적으로 1시간에 10대를 주유한다고 가정하자.

이것을 계산해 보면 주유소는 1주일 동안 평균적으로 1,680대의 자동차를 주유하고 있다고 추론할 수 있다. 따라서 1억 9천 5백만을 1,680으로 나누면 미국에는 약 116,071개의 주유소가 있다고 결론지을 수 있다.

현실성 확인을 위해 통계 자료를 살펴보면, 2001년 현재 미국에 등록된 자가용 차량은 총 129,748,704대이며, 주유소는 120,000개가 있다.

|해답| 116,701개의 주유소

|사실 확인| 교통 통계부(미국의 교통부)의 보고에 따르면 129,478,704대의 자동차가 2001년에 미국에 등록되어 있었다. 미국 편의점협회에 의하면, 미국에서 자동차 연료를 판매하고 있는 소매점은 120,000개이다.

135. 골프공의 소비량은?

골프는 어떤 이유에서인지 맥킨지와 베인앤컴퍼니에서 다루어지는 질문에 자주 등장한다.

PUZZLE 미국에서 생산되는 골프공은 몇 개이며, 수요를 일으키는 동인은 무엇일까?

전직 배인앤컴퍼니의 컨설턴트는 많은 응답들 중 가장 훌륭했던 것으로 다음과 같은 대답을 기억하고 있다고 한다.

사실 전 골프를 치지는 않지만, 골프공의 수요는 최종 소비자들에 의해 발생한다고 생각합니다. 따라서 이 문제를 해결하기 위해서는 타당한 수준의 최종 소비자 수를 결정하여야 합니다. 이것은 아마도 3억 미국 인구의 일부일 텐데요, 만약 미국 시민의 평균 연령이 80세이고 각 나이별로 균등하게 분포되어 있다고 한다면, 20세에서 70세의 사람들이 골프를 칠만한 대상이 될 것입니다. 따라서 3억 명의 8분의 3을 계산해 보면 잠재 구매 고객의 크기는 1억 1천만으로 줄어듭니다. 하지만 이들 모두가 골프를 치는 것은 아니죠. 제 경험에 따라 이 나이대의 사람들 중에서 10명 중 4명이 골프를 친다고 가정한다면, 4천 4백만 명의 사람들이 골프를 치고, 따라서 골프공을 구매하는 사람들이라고 할 수 있습니다.

다음으로 구매 빈도로서 수요자들이 월평균 어느 정도의 골프공을 구매하는가를 살펴보아야 합니다.

소매점에서의 골프공 포장을 감안하여 보면, 골프를 치는 사람들은 평균적으로 한 달에 3개의 골프공을 산다고 가정할 수 있습니다. 따라서 월 평균 수요는 1억 3천 2백만 개라고 할 수 있습니다. 마지막으로 골프를 칠 수 있는 개월 수를 따져볼 필요가 있습니다. 플로리다 같은 곳에서는 1년 내내 골프를 칠 수 있지만, 추운 지방에서는 4개월이 채 안될 수도 있습니다. 따라서 평균적으로 8개월 정도가 골프를 칠 수 있는 기간이라고 추정한다면, 연간 약 11억 개의 골프공이 생산되는 것으로 추정할 수 있습니다.

CHECK 은퇴한 사람들이 현업에 있는 사람들보다 더 골프를 자주 친다는 것을 고려하여 평균 구매량의 가정을 조정해 보자.

136. 이빨의 요정

상당한 수준의 논리적 직관을 필요로 하지만 아주 재미있는 추정의 문제이다.

PUZZLE *이빨의 요정은 매년 전세계적으로 아이들에게 총 얼마를 줄까요?*

　　* 이빨의 요정(tooth fairy) : 뽑은 이빨을 베게 밑에 두면 이 빨을 가져
　　　가는 대신 돈을 주고 간다는 요정

종종 이 문제는 '이빨의 요정'을 기업으로 간주하여, 이 사업을 전세계적으로 프랜차이즈화 하기 위해 필요한 자금을 추정하는 것으로 구조화되기도 한다. 즉 관리비, 운송비, 임금 등은 무시하고, 이빨 1개당 0.25달러를 빠짐없이 지불하기 위하여 확보해야 할 자금이 얼마인가를 추정하는 문제로 재구성된다. 이 케이스를 사용한 바 있는 면접관은 다음의 답변이 가장 이상적인 것이었다고 회고했다.

당신이 원하는 것은 이 계약 하에서 초년도에 이빨 1개마다 25센트씩 지불하기 위해 필요한 돈의 총액입니다. 제가 이해한 바가 맞습니

까?

지원자는 자신이 이해한 바가 옳은지 재차 확인한 뒤 추론을 이어 나갔다.

많은 사람들이 매일 이빨을 뽑지만, 여기서는 10세 이하의 어린이들에게 초점을 맞추도록 하겠습니다. 왜냐하면 이 아이들이 '이빨의 요정' 기업의 고유한 시장이기 때문입니다. 전세계적으로 60억 명의 사람들이 있고, 이들의 평균 수명은 60세이며, 이들이 각 연령대별로 고르게 분포되어 있다고 가정하면 전세계에 10세 이하의 어린이는 10억 명이라고 할 수 있습니다. 인구 증가율은 무시하기로 하고, 각 아이들은 20개의 유치(乳齒)를 가지고 있다는 점을 감안하여 추론을 계속하겠습니다.

모든 어린이의 이빨이 첫 해에 모두 빠진다는 가장 힘든 상황을 생각해 보면 이빨의 요정 기업은 30억 달러를 준비해야 할 것입니다. 만약에 20개의 이빨이 매년 고르게 빠진다고 가정한다면 이 기업은 10%인 3억 달러만 준비해도 되겠죠.

하지만 계약 조건을 재검토해봤을 때, 25센트를 받지 못하는 첫 번째 아이로부터 소송을 당할 수도 있습니다. 또 25센트를 받지 못하는 아이들 중 자기 전화기에 변호사의 전화번호를 가지고 다니는 친구들도 있을 수 있겠죠.

|해답| 첫 해에 3억 달러

137. 미국에는 몇 명의 이발사가 있을까?

이 케이스는 HP, 아마존, 맥킨지 등 다양한 회사에서 종종 사용되고 있다.

PUZZLE *미국에는 이발사가 총 몇 명이나 있을까?*

늘 그렇듯이 몇 개의 가정으로부터 시작하자. 이발사는 남자 어린이와 어른만을 서비스 대상으로 하고 있다. 따라서 미국에 3억의 인구가 있다고 하고 그 절반이 남성이라고 한다면, 이발사의 잠재 고객인 남성은 1억 5천만 명이라고 가정할 수 있다. 하지만 갓난아기나 유아는 이발소에 가지 않는다. 따라서 이 영유아들을 제외한 80%, 즉 1억 2천만 명 정도의 남성이 이발소에 가는 사람들이라는 추론이 가능하다. 모든 이들이 한 달에 한 번 머리를 깎는다고 하면 매달 1억 2천만 회가 된다.

자, 일반적으로 이발사가 얼마나 많은 사람의 머리를 깎을 수 있는지 생각해 보자. 이발사가 머리를 깎는데 걸리는 시간이 평균 15분, 즉 1시간에 4번이라고 가정하면 주당 40시간의 근무 시간을 기반으로 주당 160회의 이발이 가능하다. 물론 몇몇 이발사는 더 일하기도 하고 덜 일하기도 하겠지만, 평균적으로 주당 160회, 한 달에 640회의 이발이 가능하다고 가정하는 것이 적당한 추론이라고 판단된다.

따라서 1억 2천만을 640으로 나누면 미국에는 총 187,500명의 이발사가 있다는 추론을 할 수 있다.

|해답| 187,500명의 이발사

138. 아이스하키 링크에 있는 얼음의 무게

이 문제는 물이나 얼음과 같은 특정 물질에 대한 과학적인 지식을 가지고 있을 때 답변에 도움이 되는 과학을 기반으로 한 추론의 대표적인 케이스이다.

PUZZLE *아이스하키 링크에 있는 모든 얼음의 무게는 얼마나 될까?*

이와 같이 부피가 큰 물체의 무게를 물어보는 케이스 역시 종종 다루어진다. 엑센추어는 컨설턴트나 프로젝트 매니저를 뽑기 위한 인터뷰에서 이런 유형의 문제를 자주 사용한다. 가장 먼저 결정할 사항은 이 문제의 단위를 파운드로 할 것인가, 킬로그램으로 할 것인가를 결정하는 것이다. 이 문제를 풀어가면서 알게 되겠지만, 이런 문제를 풀 때에는 킬로그램의 단위를 사용하는 것이 편리하다. 왜냐하면 부피와 무게와의 관계를 계산할 때 손쉽게 처리할 수 있기 때문이다.

먼저 아이스하키 링크의 면적을 계산해 보자. 가로가 60m, 세로가 30m라고 가정하면 그 면적은 1,800㎡가 된다. 또 얼음의 두께가 2.5㎝라고 한다면 얼음의 부피는 1,800,000에 2.5를 곱한 45,000,000㎤가 된다.

1㎤의 얼음의 무게는 얼마나 될까? 우리는 정의상 1㎤의 물의 무게가 1그램이라는 사실을 알고 있다. 얼음의 무게는 물보다 약간 덜 나간다. 하지만 이 문제에서는 얼음과 물의 무게가 같은 것으로 가정하자. 그렇다면 이 문제에서 묻고 있는 얼음의 무게는 45,000킬로그램

이라고 추정할 수 있다. 이를 파운드로 바꾸면 99,000파운드이다.

|해답| 99,000 파운드

CHECK 만약 면접관이 아이스하키 링크의 모양이 가로가 28피트, 세로가 200피트이며, 반지름 28피트의 코너로 이루어진 타원형 모양이라고 지적한다면 어떻게 해야 할까? 여기서도 위와 같이 단위를 바꾸고 물과 얼음의 관계를 동일한 무게라고 가정하여 풀면 어렵지 않다. 계산은 생략하고 약 38,500 킬로그램, 84,877파운드의 무게라는 결론을 내릴 수 있다.

139. 미국인 중에 귀걸이를 하는 사람은?

이 문제는 사회 트랜드에 대한 예측과 계산력을 결합해야 하기 때문에 많은 지원자들이 재미있게 느낀다.

PUZZLE *미국에서 귀걸이를 하는 사람들의 수는 얼마일까?*

이것은 인덕티스사가 묻는 또 하나의 까다로운 추정 문제이다. 다시 한 번 강조하지만, 인덕티스사의 면접관 중 그 누구도 실제 답에 대해서는 알지도 못하며 관심조차 없다는 것을 알아야 한다. 유일한 기준은 '지원자가 논리적으로 합당한 답을 구하는가', '그것을 얼마나 명료하게 표현하는가', 그리고 '(면접관의 공격에 대하여) 얼마나 잘 방어하는가'의 세 가지이다. 문제를 풀 때 사회적 트랜드에 대한 지식은 물론 도움이 된다. 인덕티스사의 채용 담당자가 좋아할 만한 문제 풀이의 접근법을 소개한다.

- 미국의 인구는 약 3억 명이며 그 중의 반은 여성이다.

- 1.5억 명의 여성 중에서 성인은 80%이다.

- 1.2억 명의 성인 여성 중에서 75%는 뚫는 귀걸이나 부착식 귀걸이를 착용하며 약 9천만 명이 해당된다.

- 3천만 명의 미성년 여성 중에서 80%는 귀걸이를 하며 그 수는 2천 4백만 명이다.

- 또한 최근에는 많은 남성들이 귀걸이를 하므로 이를 고려하지 않을 수 없다. 1.5억 명의 남성들 중에서 80%가 남성이다.

- 1.2억 명의 성인 남성들 중에서 5%가 귀걸이를 착용하므로 그 숫자는 7백 5십만 명이다.

- 3천만 명의 미성년 남성들의 부모들 중에서 2%가 귀걸이의 착용을 용인하므로 귀걸이를 하는 미성년 남성은 60만 명이다.

- 귀걸이를 하는 성인 여성, 성인 남성, 미성년 여성, 미성년 남성을 모두 더하면 1억 2천 2백 1십만 명이다.

|해답| 1억 2천 2백 1십만 명

140. 양키 구장의 25센트 주화

이 문제는 인덕티스사의 채용 담당자들이 즐겨 출제했던 추정 문제이다.

PUZZLE 매진된 야구 경기가 진행되는 동안 양키 구장에는 25센트 주화가 몇 개나 있겠는가?

인덕티스사에 의해 발간된 채용 지도서는 다음의 가정과 분석을 모범 사례로 제시한다.

- 양키 구장은 대략 50,000명의 관중을 수용한다.
- 구장에 근무하는 직원들은 약 150명이다.
- 이 직원들은 관중들에게 잔돈을 거슬러주기 위해서 40개의 주화(25센트 주화)를 각자가 또는 자신들의 금전출납기 안에 보유하고 있으며, 그 주화의 수는 6,000개가 된다.
- 관중들의 4/5는 남성이다.
- 40,000명의 남성 관객들 중 절반은 주머니에 언제라도 10개의 주화를 가지고 있으며, 따라서 이들이 보유한 주화의 수는 200,000개이다.
- 나머지 남성 관객 20,000명 중에서 절반은 주화가 없고, 절반은 집에 갈 지하철 요금으로 6개의 주화를 가지고 있으며, 따라서 이들이 지닌 주화는 60,000개이다.
- 10,000명의 여성 관객들 중에서 절반은 자신을 위해, 또는 남편이나 남자친구를 위해 지하철 요금으로 12개의 주화를 가지고 있으며, 나머지 절반의 여성 관객들은 비상시 전화로 누군가를 부르기 위해 1개의 주화를 가지고 있다. 따라서 이들 여성 관객들이 지닌 주화는 65,000개이다.

위의 모든 경우를 고려하면 양키 구장에는 331,000개의 주화(25센트 주화)가 있다.

|해답| 331,000개의 25센트 주화

사실 위의 풀이법은 구식이다. 면접관으로부터 가산점을 얻고 싶다면 신용
카드, 직불카드, 핸드폰 결제의 증가와 기타 현찰 없는 사회를 향해 가고
있는 최근의 동향을 고려하고, 이러한 경향들이 음료수를 사고, 지하철 요
금을 지불하며, 전화를 거는 데 있어서 주화 사용의 감소가 어떤 영향을 주
는가에 대해 분석하여야 한다.

141. 신용카드 문제

인덕티스사의 채용 홈페이지(http://www.inductis.com/careers.html)
에 게재된 다른 문제들을 참조하라.

PUZZLE *전세계에서 사용중인 신용카드는 모두 몇 개일까?*

일반적인 풀이법은 아래와 같다.

세계 인구는 대략 60억 명 가량 된다.
이 중 30억 명은 신용카드를 만들 수 없는 지역에 산다(예 : 극빈
지역, 신용카드 가입과 사용이 어려울 정도로 도심에서 먼 농촌).
다른 30억 명 중에서 4/5는 성인이라고 가정하자.
24억 명의 성인들 중에서 1/3은 신용카드 이용 거부, 신용 불량,
실직 등의 이유로 신용카드를 가지고 있지 않다고 가정하자.
신용카드를 가지고 있는 16억 명은 1인당 평균 3개의 신용카드를
보유하고 있다면, 전세계의 신용카드 숫자는 47억 개이다.

|해답| 47억 개

자신만의 시나리오를 위해
생각하고 정리하고 연습하라!

자신을 먼저 이해하고 느껴라. 자신의 삶을 관통하고 있는 논리를 설명할 수 있고, 케이스를 푸는 자기만의 구조와 독특한 스타일을 통해 자신감을 표현할 수 있어야 한다. 이를 위해 연습하고 또 연습하라.

자기 자신의 과거와 현재, 그리고 미래는 인터뷰를 준비하는 과정에서 하나의 목표를 향하는 연속선 상에서 재구성되어야 한다. 본인이 느끼지 못했던, 또는 정리하지 못했던 삶의 논리를 이해하는 것이 인터뷰를 준비하는 과정에서 얻을 수 있는 가장 큰 이득이다. 시간을 가지고 그 기회를 놓치지 말라.

케이스 인터뷰를 위해서는 자신만의 케이스 시나리오를 구성하고 연습하는 과정에서 이를 확장시켜라. 모든 비즈니스 케이스는 꼬리에 꼬리를 물고 주제와 접근법이 연관되고 확장되어 간다. 핵심적인 프레임워크를 기반으로 자신만의 시나리오가 확립되면 당신은 모든 케이스에 유연히 대응할 수 있다. 그 이외의 문제는 세상을 바라보는 센스와 상식, 그리고 약간의 창의력으로 대응할 수 있다. 산업과 사업이 매력적인가를 판단하게 하는 기준을 도출하고, 수익성을 바라보는 체계를 만들어 보는 등의 기본적인 과정은 자신만의 시나리오를 도출하기 위한 좋은 시작점이 될 수 있다. 신사업과 성장 전략, 신상품과 가격 전략, 시너지와 경쟁 전략, 그리고 매출 증대와 비용 절감 등의 이슈들이 모두 이로부터 확장되어 접근될 수 있기 때문이다. '확장과 재해석' 은 본인만의 방법론에 도달하는 최선의 방법이다.

생각하고 정리하고 연습하라. 그리고 자신감을 느껴보라.

김일겸, 발텍 컨설팅(Valtech Consulting) 시니어 컨설턴트

※ Valtech Consulting은 프랑스 파리에 본사를 둔 Global Consulting 회사로서 전세계 11개국 18개 사무소를 통해 약 1,000여 명의 전문 컨설턴트가 글로벌 네트워크를 기반으로 활동하고 있으며 경영 전략, 프로세스, IT에 이르는 통합 솔루션을 제공하고 있다.(www.valtech.com)

How to Ace the Brainteaser Interview

Brainteaser Survival Interview

10장에 수록된 질문은 어떤 상황에서 특정한 목표를 부여받아 문제를 해결하라는 것들이다. 여러분이 곧 접하게 될 모든 문제들은 성과의 측면을 포함하고 있다. 가령, "이것을 팔아라", "그것을 재구성해서 다른 것으로 디자인해 보라" 등이 바로 그것이다. 예전부터 스트레스 문항으로 불렸던 다음의 질문들은 지원자가 어떻게 스트레스에 대처하는가에 중점을 두는 것보다는 지원자가 스트레스 하에서 어떻게 성과를 창출하는가를 보는 데에 목적이 있다.

어떤 경우라도 스트레스가 핵심이 되는 문제는 없다. 모든 문제들은 지원자들이 그들의 창의적이고 적극적인 자세를 보여줄 것을 요구한다. 다음 문제들에서 모든 지원자가 빛을 발하는 것은 아니지만 채용 담당자에게는 그러한 차이를 알고자 하는 것이 목적이다. 다음 문제들을 풀어 나가는 핵심은 면접관들이 실제의 성과를 기대한다는 점이다. 면접관들은 대놓고 성과를 이야기할 수도 있고, 지원자를 칠판 앞으로 불러낼 수도 있다. 또 면접관은 당신이 면접자가 원하는 것을 알아내기 위해 노력하는 동안 방안을 정적으로 가득 채울 수도 있다. 어떤 순간이라도 주어진 상황에서 역할을 다하는 것에 주저하면 안 된다.

142. 나에게 이 펜을 팔아보시오

적어도 영업직에 응시하는 이들에게 다음 문제는 고전적인 것이다. 면접관은 펜이나 머그컵, 스테이플러(stapler) 등을 가리킬 것이다. 지시하는 대상 자체는 전혀 중요하지 않다. 면접관은 "나에게 이것을 팔아보십시오."라고 말할 것이다. 이 과제는 지원자의 타고난 판촉 능력을 시험할 뿐 아니라(영업직에 응시하는 이들에게는 특히 유용할 것이다), 지원자의 개념화 능력을 평가하기 위함이다. 여기서 개념화란 상품이나 기술의 새로운 용도를 발견해 내는데 필요한 생각의 힘을 말한다. 면접관들은 지원자들이 질문해 줄 것을 기대한다. 그러나 너무 많은 질문은 삼가는 편이 좋다. 디자인 컨소시엄사의 마케팅 담당 부사장을 맡고 있는 에드 밀라노 씨는 자신의 면접 경험을 이렇게 말한다.

"저는 한두 개의 질문은 받아 줍니다. 하지만 질문이 많아지면 '이제 물건을 팔아보시지요' 라고 지원자들에게 말합니다."

PUZZLE *이 펜을 나에게 팔아보시오. 디자인의 장점, 특징, 효용과 가치 등을 나에게 설명해 보시오.*

여기서의 목표는 당신의 순발력과 상상력을 보여줌으로써 면접자의 신뢰를 얻는 일이다. 제품의 특징보다는 고객이 향유할 효용성을 더욱 강조하는 것은 언제나 좋은 접근법이다. 대부분의 면접관들은 실행을 위한 노력을 기대한다. 즉 실제 판매를 고객에게 권유할 수 있는 수준까지 도달하기를 원하는 것이다. 아래의 경우는 고객이 기꺼이 구매할 준비가 되어 있지 않을 때의 전형적인 접근법이다. 끝 부분에 주문을 구체적으로 언급하는 점에 특히 주목하기 바란다.

> 선생님, 오늘 귀한 시간을 내주셔서 대단히 감사합니다. 제가 방문한 이유는 선생님께 폐사에서 생산한 고급 펜을 소개해 드리려는 것입니다. 폐사는 20년 동안 펜을 생산해 왔고, 아시다시피 비즈니스맨을 위한 전용 펜의 생산에 주력해 왔습니다. 그런데 이번에 선생님 회사의 로고를 여기(펜의 특정 부분을 보여줌)에 새길 수 있는 기계를 구입하게 되었습니다. 제 생각으로는 로고가 새겨진 고급 펜은 임직원과 고객들이 회사에 대한 자부심을 가지게 하는 데에 큰 도움이 될 것입니다. 또한 신제품을 출시하는 만큼, 1,000개 이상의 수량을 초도물량으로 주문하신다면 개당 10달러의 가격으로 제공하고자 합니다. 이렇게 좋은 가격에 선생님 회사의 성공을 상징하는 제품을 구매하실 수 있게 된 점에 대해 어떻게 생각하십니까? 저희가 선생님 회사를 위해 몇 개나 준비하면 되겠습니까?

'www.sorkingfortherman.com' 이라는 블로그를 운영중인 제프리 야마구치 씨는 "이 펜을 나에게 팔아보시오"라는 문제에 대한 대답 사례를 제공한다. 앞서 본 대답에 이어 또 다른 대답의 예를 보도록 하자.

> 이 펜에 대해 말씀드리면, 선생님이 친구에게 편지를 쓰거나 영수증에 서명을 할 때나, 어떤 경우에서든지 쓰는 행동 자체를 특별한 경

험으로 만들어 드립니다. 이 펜은 종이에 거의 아무 압력도 주지 않고, 이 펜은 적당한 양만큼의 잉크를 사용하여 오랫동안 펜을 사용해도 손에 묻거나 하는 일이 절대 없습니다. 또한 잉크가 새지도 않기 때문에 휴대시 옷에 잉크 얼룩이 묻을 염려도 없습니다. 그리고 보시다시피 세련되고 멋진 디자인입니다. 사용 장소도 집과 사무실을 가리지 않고 잘 어울립니다. 결정적으로 가격 또한 합리적입니다. 이 펜을 한 번 써보시지 않겠습니까?

취업 면접에서 좋은 성과를 보여주어야 한다는 압박감에 좌절하고 있는 사람들을 위해 야마구치 씨는 면접자의 실소를 자아낼 수밖에 없는 최악의 대답을 제시하고 있다.

자, 이 펜은 단지 평범하고 오래된 펜입니다. 저는 선생님이 다른 펜들보다 이 펜을 구매할 특별한 이유에 대해서는 확신이 없습니다. 세상에 선택할 수 있는 다른 펜은 많이 있습니다. 저는 솔직히 제가 이 펜을 사용해 본 적이 없기 때문에 이 펜이 다른 펜들보다 좋다고 자신 있게 추천하기 힘듭니다. 그러나 이렇게 어리석은 문제를 풀도록 요구를 받았기 때문에 이 펜을 추천해야 함을 정직하게 밝힙니다. 저의 경험으로 비추어 선생님은 제 이야기를 진실이라고 받아들이기 때문에 편안함을 느끼시리라 믿습니다. 만일 선생님이 가까운 미래에 구직 면접을 보신다면, 면접자로부터 바보 같은 질문들을 받고, 아마도 한 번도 써보지도 않고 무엇인지 관심도 없는 제품에 대해 가상의 판매 제안을 하도록 요구받는다면, 선생님은 이 펜의 뚜껑을 벗기고, 마치 두꺼운 쿠키 반죽을 휘젓는 시늉을 하듯이 펜을 잡고, 펜을 면접관의 눈앞에 여러 번 찌르듯이 빠르게 갖다 댈 것입니다. 이 펜의 날카로운 펜촉은 정확하고 신속하게 움직일 것입니다. 앞으로 기울여서 좀 더 유심히 보신다면 매우 날카로운 펜촉을 보실 수 있을 것입니다.

143. PDA를 재구성하라

다음으로 "이 펜을 나에게 팔아보시오"라는 문제의 응용 문제를 소개하고자 한다. 아래는 최근 마케팅 관점에서 판매 자체보다 더욱 중요함이 부각되고 있는 유형의 문제로서, 일명 "당신이 팔고 있는 것을 이해하라"는 주제에 관한 것이다. 재구성에 관한 문제는 지원자에게 폭넓은 사고를 요구하며, 일반적으로 제품을 구성하는 요소에 대해 깊이 생각할 것을 원한다. 그리고 그 요소는 새로운 가치를 창출할 수 있도록 재구성될 수 있는 기회와 관련되어야 한다. 이러한 과정 중에서 돋보이는 창의력과 상상력은 분명히 더 높은 점수를 받을 것이다.

PUZZLE *여기에 PDA가 있다. 나(면접관)를 위해 재구성해 보시오.*

면접관은 지원자에게 단말기, 디지털 카메라, 또는 다른 주요 전자기기를 줄 것입니다. 면접자가 보고자 하는 것은 지원자가 전자기기의 기능적 구성 요소들을 유기적으로 연결시켜 나가는 모습입니다. 물론 다양한 접근 방법이 가능합니다. 어떤 지원자는 자료 입력을 위한 키보드, 자료를 보게 해 주는 LCD 등의 하드웨어에 대해 이야기하기도 합니다.

디자인 컨소시엄사의 마케팅 부사장인 에드 밀라노 씨는 인상깊었던 한 지원자를 떠올립니다. 그 지원자는 PDA를 켜고 나서 5분간 말없이 PDA의 자료들을 훑어 본 후, 이렇게 말했다고 합니다. "이 기계는 부사장님의 개인 생활과 직장 생활을 구분하여 관리하도록 하는 도구입니다." 그리고 나서 그는 달력, 연락처, 이메일, 메모 등을 두루 보고서 밀라노 씨가 어떻게 개인 생활과 직장 생활을 관리해야 할 것인가에 대해 제안을 했습니다.

insider Tip

"마음을 비우고 힘을 빼라! 동시에 나만의 Feedback을 미리 만들지 말라"

학교 졸업 후, 또는 이직을 준비하며 여러 번의 케이스 인터뷰를 치르는 과정에서 많은 교훈들을 얻었지만 끊임없이 나 자신을 괴롭혀 왔던 것은 "욕심"과 "고정 관념"이었던 것 같다. 나름대로 준비된 상태라고 자부하며 주위에서의 칭찬에 고무되어, 케이스에 임할 때마다 정답을 말해야 한다는 강박 관념에 억눌려 논리 전개에 허점을 많이 보였던 것 같다. 더불어 지나치게 정형화된 준비로 인해 나의 답변에 대한 상대 interviewer의 질문 혹은 답변을 미리 정해놓아 예상 외의 질문에 당혹감을 느꼈던 기억이 많다. 준비는 철저히!, 그러나 과욕은 금물임을 명심하자.

왕중식, 딜로이트 컨설팅(Deloitte Consulting) 이사

144. 똑똑한 전자 레인지 만들기

디자인과 관련한 문제는 마이크로소프트사에서도 자주 등장한다. 아래의 문제는 지원자들에게 이런저런 시도를 하고 싶게 만들수 있다. 그러나 그러한 유혹을 뿌리치고 면접자가 실제로 원하는 것에 집중하여야만 한다.

PUZZLE *컴퓨터에 의해 제어되는 전자 레인지가 있다면 어떻게 설계할 것인가?*

이 부분의 면접관들은 유토피아적인 상상력에는 별 감흥을 느끼지 못한다. 여기서의 핵심은 전자 레인지를 좀 더 똑똑하게 만들어서 어떤 효용이 있도록 만드는 것이다. 모든 디자인 문제들에 대해서 면접관이 듣고 싶어하는 것은, 가능한 효용을 규명하기 위해 어떻게 소비자 그룹들을 구성하고, 제안된 대안들을 평가하기 위해 어떻게 소비자 조사를 할 것인가에 대한 계획이다. 이후에는 합리적인 대안들에 집중하는 것이 최선의 모습이다. 면접관은 당신이 전자 레인지를 잘 활용해서 단기적인 문제의 해결을 넘어서는 고민에 대하여 이야기할 때 귀가 번쩍 뜨일 것이다.

아마도 컴퓨터로 제어되는 전자 레인지에 대한 가장 두드러진 활용은 음식에 대한 스마트 패키징일 것입니다. 스마트 패키징이 실현되면 많은 식품들이 바코드나 칩에 조리 방법을 내장한 채로 전자 레인지에 들어갈 것이고, 컴퓨터로 제어되는 레인지는 이것을 읽어 조리에 활용할 수 있습니다. 어떤 경우에는 조리 방법이 웹사이트로부터 다운로드 될 수도 있을 것입니다. 조리 방법에 따라 컴퓨터는 전자 레인지의 열의 정도와 해동 시간을 조절할 수 있을 것입니다. 이와 같다면 소비자들은 전자 레인지를 조작하면서 소요되는 일과 시간으로부터 해방될 수 있습니다.

조금 더 깊이 들어가서 컴퓨터가 예전에 사용되었던 식품의 이력을 관리할 수도 있다는 것을 언급하면 좋은 인상을 줄 수 있다. 이러한 이력들은 칼로리나 영양에 관심 있는 고객뿐만 아니라, 추가 쇼핑을 준비하는 고객들에게도 큰 도움이 된다. 그러나 그런 정보들은 고객 관련 자료를 정밀 분석하여 고객을 더 잘 이해하고 싶어하는 식품 회사나 마이크로소프트사와 같은 회사에게도 큰 도움이 된다.

하지만 면접관은 "스마트 패키징은 냉동 피자와 같이 이미 요리된 식품에는 도움이 되겠지만, 익히지 않은 생선을 요리하는 경우에는 어떤 도움이 있습니까?"라고 질문할 수도 있다. 이러한 질문에 대해서 지원자는 "컴퓨터에 음성 인식 소프트웨어를 장착하면 해결할 수 있습니다."라고 대답하면 오히려 위기를 기회로 만들 수 있다. 또한 시스템에 회전 선반 위의 식품의 무게를 잴 수 있는 기능을 추가함으로써 문제의 해결을 도울 수 있다고 말해도 좋은 인상을 줄 것이다. 이러한 전자 레인지라면 소비자는 단지 무엇이 요리되는지 말하고 시스템은 웹에서 조리 방법을 다운로드 받고, 전자 레인지는 정확한 무게를 계산하여 요리하면 훌륭한 요리가 탄생되는 것이다.

145. 맹인을 위한 조미료 선반

다음 문제는 마이크로소프트사의 채용 담당자들이 자주 묻는 질문이며, 이미 수천 명의 지원자들이 이 문제를 거쳐갔다. 이 문제에 대해서는 어느 누구도 같은 답을 할 수는 없다. 그런 점 때문에 이 문제는 마이크로소프트사의 단골 문제 중의 하나가 되었다.

PUZZLE *맹인을 위한 조미료 선반을 설계하라*

문제의 정의와 그에 대한 답이 무엇이 되건 간단할 리는 없다. 하지만 이 문제에서 중요한 점은 답이 무엇이냐가 아니라 지원자가 문제와 제약 조건을 정의 혹은 재정의 하는 능력을 얼마나 보여줄 수 있는가이다.

초심자들을 위해 마이크로소프트사의 면접관이 듣고 싶어하는 답을 공개하면 다음과 같다고 한다. "좋습니다. 이 문제의 목적은 맹인들이 편하게 사용될 수 있도록 통합된 조미료 저장 공간과 편하게 조미료를 사용할 수 있는 시스템이군요. 제 말이 맞습니까?" 이처럼 많은 면접관들에게 지원자가 문제에 대한 이해가 맞는가를 확인하고 넘어가는 모습을 보이는 것은 매우 좋은 인상을 남긴다는 점을 여러분은 알아두어야 한다.

어떤 면접관은 지원자가 맹인들에 대하여 자신이 알고 있는 문제들을 가정하는 대신에 맹인들과 직접 접촉하는 것에 대해 제안하기를 바라는 경우도 있다. 또 다른 면접관들은 지원자가 전형적인 조미료 선반의 형태를 구성하는 요소들을 넘어서 혁신적인 패키지를 제안했을 때 가산점을 주기도 한다. 결국 면접관은 지원자가 문제의 요소들(병, 뚜껑, 라벨, 하나로 묶는 부분 등)을 골고루 고려하고 어떻게 각각의 요소가 주 고객의 필요에 맞게 상호 연관되는가를 고민하는 소리를 듣고자 한다. 대부분의 지원자들은 제품에 점자를 사용하자는 이야기를 언급한다. 그 다음부터는 각자가 전부 다른 대답을 향해 달려가는 경향을 보인다. 이제부터 중요한 점은 지원자가 대안을 정교하게 실현시킬 수 있는지, 그리고 지원자의 대안에 대한 면접관의 공격을 잘 방어해 낼 수 있는지 여부 - 면접자의 생각에 즉시 동의하든, 자신의 주장을 잘 지켜내든 - 의 문제이다.

이 문제에 대하여 마이크로소프트사의 플랫폼 설계 기획팀에서 매니저로 일하고 있는 론 야곱(Ron Jacobs)은 다음과 같이 말한다.

"이 문제는 사실 매우 어려운 편에 속합니다. 만일 질문 그 자체에 집착하면 이미 문제는 면접관을 잘못된 방향으로 이끌고 있게 되지요. 사실 문제가 요구하는 것은 조미료 선반을 디자인하는 것보다는 맹인들이 조미료를 손쉽게 찾고, 사용할 수 있도록 돕는 방법을 찾아내는 것이라고 할 수 있습니다. 또한 제조 업체들이 제품에 점자를 부착하기 쉽게 하는 점도 중요한 점이지요. 지원자들은 시야를 좁게 해서 조미료 찬장만 신경을 쓰다가 잘못된 방향으로 문제를 풀어 나가기도 하지만, 훌륭한 지원자들은 좁은 생각의 틀을 넘어서(out of box) 생각하더군요."

이 이야기에 대해서 마이크로소프트사에 근무하던 시절 수백 명의 지원자들에게 이 문제를 던졌던 조엘 스폴스키(Joel Spolsky)는 동의하면서 다음과 같이 말했다.

"지원자들은 조미료 병의 어딘가에 점자를 부착하는 것을 언급하는데, 대개는 뚜껑 부위에 부착하는 것을 답으로 합니다. 그런데 단 한 명은 다르게 이야기했습니다. 조미료를 서랍 안에다 놓는 것이 더 좋을 것이라는 것이지요. 왜냐하면 손가락 끝을 수평, 수직 방향으로 움직일 때 점자를 읽기가 훨씬 편하기 때문이라는 주장이었습니다. 그 학생의 대답은 대단히 창의적인 것이어서 저를 놀라게 했죠. 수많은 인터뷰를 했지만 그렇게 이야기했던 사람은 없었거든요. 이 대답은 정말로 문제의 테두리를 뛰어 넘은 창의적인 경우지요. 특별히 다른 문제점이 없었기 때문에 그 멋진 대답 때문에 저는 그 지원자를 채용하기로 결정하였습니다. 그는 지금 엑셀(Excel)팀에서 가장 뛰어난 프로그램 매니저(Program Manager) 중의 한 명으로 일하고 있습니다."

146. 소금 용기를 테스트하라

마이크로소프트사의 점심 식사 인터뷰에서 자주 다루어지는 또 하나의 문제를 소개하고자 한다. 마이크로소프트사는 이 문제로 지원자들이 매우 단순한 제품을 테스트하는 데에도 다양한 기준들이 사용된다는 점을 잘 알고 있는지의 여부를 판단하고 싶어한다. 마이크로소프트사에 입사하고자 하는 지원자라면 이 문제를 위한 가설에 대해서 검토한 후, 새로운 관점으로 사물을 관찰하는 모습을 보여주어야 한다. 때로는 실제 소금 용기가 면접에 등장하는 경우도 있다고 한다.

PUZZLE *여기에 소금 용기가 있다. 이 제품을 어떻게 테스트할 것인지 설명해 보시오.*

이 문제에 대한 핵심어는 '보여주는(Show)' 것이다. 면접관이 원하는 것은 심오한 독창성이 아니고 생각에 그치지 않고 실행할 수 있는 아이디어를 이야기하는 모습이다. 이 문제는 다시 말해 실행을 염두에 둔 재구성 퍼즐이라고 할 수 있겠다. 지원자가 소금 용기의 기능과 어떻게 그 기능들이 사용되는가를 이해하였다면, 테스트 문항은 세부적인 질문이면서 논리적으로 세분화되어야 한다. "무엇을 넣으면 소금 용기가 망가지겠는가?, 소금 용기가 정말 소금을 담고 있는가?" 등의 세부 질문들이 그 예이다. (실제로 동네 찻집에서는 소금 용기에 설탕을 담아놓기도 한다.) 이제 지원자는 실제로 면접관이 준 소금 용기 안에 들어있는 내용물을 맛본다. 뚜껑은 단단히 잠기는지를 질문하고, 직접 뚜껑 부위를 테스트한다. 용기의 구멍은 적절한 양의 소금이 나오기에 적절한 크기인지 질문하고, 직접 테스트한다. 소금이 떨어지면 다시 채워 넣기에는 편리한가를 질문하고, 직접 테스트한다. 일단 지원자가 다양한 세부 테스트 기준을 수립하였다면, 지원자는 어떤 디자인이 가장 쓸모 있는가를 보기 위해 다양한 실제 상황 하에서 여러 종류의 소금 용기를 직접 시험할 수도 있다.

여기서 중요한 점은 고객이 소금 용기로부터 무엇을 원하는가를 이해하고 있다는 점을 면접관에게 보여주는 일이다. 만일 그 부분을 보여주지 않는다면 지원자는 면접관이 이 질문을 통해 지원자에 대해 알고 싶어하는 점을 입증하지 못하는 셈이 된다. 이 질문에 대하여 효과적으로 대답한 지원자의 대답을 예로 들어본다.

지금 저는 이 소금 용기를 테스트하라는 질문을 받았습니다. 제 첫 번째 질문은 "고객들이 이 제품에 대하여 무엇을 원하고 있습니까?" 입니다. 다음 질문은 "우리의 고객들이 자신들의 요구를 만족시키기 위하여 제품을 어떻게 사용하고 있습니까?"와 "사용에 있어 가장 중요한 점은 무엇입니까?"입니다.

첫 번째 질문과 두 번째 질문들은 약간 다르다. 첫 질문은 회사의 제품 기획 의도대로 제품을 디자인했는가를 검증하기 위한 기초적인 질문이다. 반면에 두 번째 질문들은 각기 다른 생활 습관을 가진 사람들이 회사가 테스트하고자 하는 제품과 그 특징들을 어떻게 사용하며, 어떤 점을 좋아하는가를 알아보기 위한 목적을 가진다. 실제로 알고 싶은 점은 "80%의 고객들이 제품의 기능 A와 기능 B에 대해 어떻게 이용하는가?"일 수도 있지만, 기능 C를 주로 사용하는 누군가의 실제적인 욕구를 이해하는 것을 고려하는 것은 기존의 틀을 넘어서는 생각으로 의미가 있다.

CHECK 대답할 때 예비 조사, 기능 활용도, 복잡성 검사, 소비자 조사, 실제 테스트, 테스트 자동화 등에 대하여 언급하면 좋은 반응을 얻을 것이다.

147. 한 번에 보기

채용 업계의 이야기에 따르면 다음 문제는 빌 게이츠가 직접 지시하여 면접에 추가된 것이라고 한다. 일명, '한 번에 보기'가 바로 그것이다. 문제는 아래와 같다.

PUZZLE *고개를 왼쪽에서 오른쪽으로 단 한 번, 아주 빠르게 돌려보시오. 그러면서 눈에 보이는 것들 중에 파란색으로 보이는 모든 것을 보시오. 고개를 움직여 본 후에 고개를 아래로 숙이고 면접이 끝날 때까지 앞을 보지 마시오. 면접관이 이와 같이 지원자에게 말하고, 지원자가 고개를 움직여 본다. 이제 당신은 아래를 보고 있습니다. 펜을 집어 당신이 보았던 것들 중에서 녹색으로 보인 것을 모두 적어 보십시오.*

이러한 질문의 목적은 지원자가 파란색이 아닌 사물을 보았는가를 알고자 함이다. 다시 말해 얼마나 지원자가 주의 깊은 사람인지 알고자 함이며, 지원자가 얼마나 좁은 시야를 가지고 있는가를 파악하고자 함이다. 빌 게이츠는 발전을 위해서는 녹색의 기회가 있다고 생각했다. 하지만 많은 지원자들이 파란색의 대답만을 찾고 있었기 때문에 그들은 녹색을 보지 못한다.

148. 스테이플러를 테스트하라

마이크로소프트사가 좋아하는 면접 문제를 하나 더 소개한다. 이 면접은 지원자에게 스테이플러를 건네주면서 시작된다.

PUZZLE *스테이플러의 기능을 테스트하는 방법은 무엇인가?*

면접관은 지원자가 얼마나 다양한 창의적 방법으로 스테이플러를 테스트할 것인가를 보고 싶어한다. 아래에 지원자들이 테스트할 점으로 언급한 것들을 소개한다.

- 스테이플러 안에 들어가는 스테이플(Staple)의 길이 : 이것이 길 다면 두꺼운 문서를 묶을 수 있다.
- 스테이플러의 길이 : 이것이 길다면 전단지와 같은 문서의 중 심부에 까지 다다를 수 있다.
- 한 번에 적재할 수 있는 스테이플의 개수 : 다시 스테이플을 채 우는 빈도가 적을수록 편리하다.
- 전자식인가? 손 힘을 많이 필요로 하는가? 그렇다면 얼마나 많 은 힘이 필요한가?
- 스테이플러를 벌려서 벽에 무언가를 박을 때에 사용할 수 있는가?
- 고장은 없는가? 스테이플이 안에서 걸리는 일은 없는가?
- 다른 용도로도 사용할 수 있는가? 문진(종이가 날아가지 않게 올 려두는 물체)으로는? 집게로는?
- 보증 서비스는 있는가?

뉴멕시코 대학의 대학원생인 비카스 헤민은 마이크로소프트사의 인턴 채용을 위한 인터뷰에서 스테이플러 질문을 받게 되었다. "저는 여름방학 동안 소프트웨어 디자인 엔지니어로 일할 인턴 기회를 놓고 인터뷰를 하게 되었습니다. 면접관은 10 ~ 15개의 테스트 항목을 이야기하라고 하더군요. 대부분은 품질에 대한 것들이었는데, 제가 품질 관리직에 대해 지원했기 때문이었지요." 그는 인턴 자리를 얻지 못했다. 아래 그의 대답을 소개한다.

1. 스테이플러는 원래의 목적대로 종이를 묶는가?

2. 얼마나 많은 페이지를 묶을 수 있는가?

3. 마지막 스테이플 하나만 남아도 묶이는가?

4. 스테이플은 품질이 좋은가? 예를 들자면, 녹이 슬지는 않는가?

5. 스테이플러가 가볍고 휴대에 용이한가?

6. 던져도 깨지지 않을 만큼 튼튼한가?

7. 손쉬운 스테이플 제거 기능을 가지고 있는가?

CHECK 컴퓨터 프로그래머 직종 지원자의 경우 : 아래의 알고리즘은 한 프로그램 직 지원자가 그 자리에서 적어 낸 것이다.

```
Function DoesStaplerWork(    )
      Interviewer.Hand.PlaceOnTable
      Interviewer.Hand.StapleToTable
      If Interviewer.Scream Then
            DoesStaplerWork = True
      ElseIf NOT Interviewer.Scream Then
            DoesStaplerWork = False
      End If
End Function
```

149. 파란색을 묘사해 보시오

다음 문제는 클리블랜드의 부즈 앨런 & 헤밀턴사의 대학 채용 담당자인 게리 볼먼이 좋아하는 질문이다.

PUZZLE *눈앞의 내가 앞이 보이지 않는다고 가정하고, 나에게 파란색을 묘사해 보시오.*

|힌트| 시각을 제외한 네 가지 감각이 있다.

이 질문에 대해 들어본 적이 없다면, 지금 당신은 긴장을 풀고 은유에 대하여 생각해 보아야 할 때이다. 어떤 지원자들은 질문을 듣자마자 긴장해서 무언가를 말하려고 하는데, 여기에 대한 볼먼의 의견을 들어보자.

"제가 지원자에게서 보고자 하는 것은 잠시 문제를 생각하고, 한 발 물러서서 생각하는 모습이지요. 제가 생각하는 가장 이상적인 답은 지원자가 시각을 제외한 나머지 네 가지 감각을 사용해 파란색을 묘사하는 것입니다. 예를 들자면 지원자는 맛과 냄새로 파란색을 설명할 수도 있을 것입니다. 이 문제를 던지는 목적은 얼마나 창의적인 인재인가를 보고자 하는 것이 아니고, 예상치 못한 상황에서 얼마나 침착하게 대처해 나가는가를 보고자 함입니다."

아래에 이 문제를 접했던 몇몇 지원자의 대답을 소개한다. 각 지원자들은 은유나 유추의 기법으로 대답하고자 노력하였다.

당신은 조지 거쉰의 랩소디 인 블루(Rhapsody in Blue)라는 노래를 아십니까? 그렇다면, 그 노래에서 제1 클라리넷 연주자가 멜로디를 고조시키다가 당신의 숨을 앗아갈 정도의 고요 속으로 연주해 나갈 때 느꼈던 그 느낌을 기억하시겠습니까? 그것이 바로 파란색입니다.

색이란 뜨거움과 차가움 사이의 매개체 같은 것입니다. 각각의 색은 빛을 다르게 반사하지요. 밝은 색 계열의 옷은 어두운 색 계열의 옷보다 빛을 많이 반사합니다. 그래서 사람들은 시원하게 몸을 유지하기 위해 여름에는 밝은 색 계열의 옷을 선호하지요. 어두운 색의 옷은 태양의 복사열을 더 많이 보존하는 경향이 있기 때문에 더 빨리 우리 몸을 따뜻하게 해 줍니다. 파란색은 어두운 색과 같은 작용을 합니다.

150. 집을 디자인하시오

마이크로소프트 엑셀의 설계자였던 자베 블루멘탈은 지원자들에게 자주 이렇게 말하고는 했다. "더 쉬운 것은 없을까요? 그러나 주의하십시오. 틀릴 확률이 높기 때문에 돋보이기 힘든 질문들이 가장 쉬운 문제들입니다."

PUZZLE *집을 디자인하시오.*

자베 블루멘탈에 따르면, 많은 지원자들이 질문을 듣자마자 칠판으로 달려가서 사각형을 그린다고 한다. "이런 사람들은 절대 뽑지 않지요. 똑똑하지 않은 지원자들은 디자인을 그림 그리기로 생각합니다. 새 재료들을 가지고 무엇이든 할 수 있는 것 말이지요. 하지만 제가 원하는 지원자는 디자인이 어려운 취사 선택의 문제라는 것을 이해하고 있는 사람입니다. 최종 디자인에 다다를수록 취사 선택은 어려운 일이지요." 자베 블루멘탈의 말이다.

이 문제는 교사들이 읽는 법을 배우기 전의 어린이들에게 내는 지능 테스트와 유사하다. '나무를 그려라'는 문제에 대해 어떤 어린이가 뿌리의 구조까지 그렸다면, 이것은 가려진 중요한 부분을 그린 것으로서 이 부분을 그리지 않은 어린이보다 지능이 높은 것으로 간주된다.

이번에는 포그 크리크 소프트웨어사의 사장인 조엘 스폴스키의 이야기를 들어보자. "저는 디자인이 누구를 위한 것인지 묻지도 않고 디자인 작업을 하려고 하는 사람들을 절대 채용하지 않습니다. 저는 지원자들에게 당신이 질문하지는 않았지만 이 집은 키가 14미터인 앞을 보지 못하는 기린 가족을 위한 집입니다라고 종종 말합니다만, 이것은 사실 유쾌하지 못한 일이지요."

이러한 디자인 관련 면접 질문에서 면접관이 원하는 것은 무엇일까? 첫째, 지원자의 호기심이다. 훌륭한 지원자들은 문제에 대한 여러 질문을 면접관들에게 묻는다. 가령, 이 집은 누구를 위한 것인가요? 예산은 얼마나 되나요? 특별히 주택의 접근 용이성에 대한 요구 조건이 있나요? 등이다.

151. 빌 게이츠의 욕실

고객은 언제나 옳다는 말이 있다. 물론 맞는 말이지만 고객은 그들이 원하는 것을 늘 알고 있지는 않다. 이것이 바로 회사들이 디자이너를 고용하는 이유이다. 늘 고객이 옳다면 단지 회사는 고객에게 묻기만 하면 되지 않겠는가? 아래에 소개되는 마이크로소프트사의 욕실 디자인 질문의 목적은 지원자들이 빌 게이츠가 원하지만 자신조차도 생각하지 못했던 기능들을 제안하는가를 보고자 함이다. 그것이 마이크로소프트사가 지원자를 채용하는 이유이다. 자아래의 문제를 보자.

PUZZLE *빌 게이츠의 욕실을 어떻게 디자인하겠는가?*

이 문제의 첫걸음으로 좋은 방법 하나는 고객(이 경우는 빌 게이츠)과 함께 앉아 그가 어떻게 욕실을 사용하는가를 듣는 것이다. 이러한 대화는 불편할 수도 있으나, 욕실의 기능을 그럴듯한 말로 얼버무리는 것으로 끝나지 않게 하기 위해서는 중요한 과정이다. 동시에 욕실에서의 오락이나 생활 습관 요소들을 고려하는 것은, 특히 무한대의 예산을 가진 고객들을 위해 일할 때에는 특히 더 중요하다. 하지만 어떤 경우라도 지원자는 예산과 납기일이라는 실제적인 조건들을 고려해야 한다.

그 다음에는 여러 번의 디자인을 빠르게 수행할 차례이다. 지원자는 빌 게이츠에게 초안을 보여주어야 할 것이고, 그가 초안에 대해 평하고 아이디어를 덧붙이면 다시 디자인하기를 수차례 반복해야 한다는 것이다. 이것은 표준화된 디자인 과정으로서 간과되면 안 된다.

지원자는 또한 지능(smart)형 욕실에 대해서 고안하기도 해야 할 것이다. 누구나 빌 게이츠는 모든 것에 컴퓨터를 연관시키는 특별한 고객임을 안다. 따라서 지원자는 처방된 약의 사용 기일을 기억하고, 치약이나 기타 용품들이 다 떨어지면 구매 주문을 하는 지능형 약장을 언급할 수도 있다. 더 정교화된 디자인의 경우라면 사용자의 콜레스테롤 수치와 다른 건강 검진 요소들에 대해서 샘플 분석을 해서 보고서를 작성하고, 결과를 사용자의 주치의에게 전송하는 화장실을 제안할 수도 있다.

또 다른 디자인은 화장실 휴지 걸이가 IP 기반으로 되어서 사용자가 휴지가 없어서 난처한 일이 없도록 해줄 수도 있을 것이다. 또한 종이 없는 사무실은 여러 번 언급되었지만 종이 없는 욕실에 대해 언급한 사람은 아직 없다.

마이크로소프트사의 면접관들은(자동 세정 변기를 포함해서) 다양한 장치들에 대하여 대답을 들어 왔다. 따라서 지원자가 위의 질문에서 좋은 인상을 주려면 시인 에밀리 디킨슨이 이야기하는 법에 대해 말한 "진실을 말하되 상황에 맞도록 다르게 말하라"라는 말에 주목해야 한다. 지원자는 그들의 디자인 아이디어가 근거를 가지게 하되 자유롭게 해야 한다. 마이크로소프트사의 면접관들은 아래와 같은 대답들이 그들을 의자에서 일어나서 주목하게 만드는 답들이라고 말한다.

이러한 종류의 메모장은 차의 유리에 붙어 있습니다만, 욕실에는 없습니다. 더 나아가서 말하면 손을 쓸 필요가 없게 할 수도 있지요. 음성 인식 메모장은 사용자가 갑자기 생각난 귀중한 아이디어를 이 장치로 보존할 수 있습니다. 이 장치는 녹음된 음성의 내용을 자동으로 사용자의 이메일로 보내줍니다.

욕실을 고객의 취향에 따라 맞춤화하는 것은 차 문을 누가 여는지 인식해서 자동으로 의자, 라디오 채널, 차내 온도를 맞추어 주는 자동차와 흡사하다. 이러한 욕실에서는 사용자의 취향에 따라 조명과 물 온도, 변기 의자 높이, 샴푸의 양 등을 조절해 줄 것이다.

좌, 우가 바뀌지 않는 거울도 여기에 포함될 것이다(14번 문제를 참조하라).

152. 창문 블라인드 디자인하기

여기에 과장된 디자인으로 가장한 어리석음을 보여주는 사례가 있다. 아래의 문제에서 당신은 그렇게 하지 않도록 하라. 지금 라스베가스의 펜트 하우스 방을 디자인하는 것이 아니다. 단순하게 해야 한다.

PUZZLE *창문 블라인드를 위한 원격 조정기를 디자인하라*

이 문제를 시작하는데 있어 디자인의 조건들을 먼저 고려하는 편이 좋다. 누구를 위한 것인지? 예산은 얼마인지? 그 다음에서야 블라인드를 수동 조작하는데 필요한 두 가지 장치가 무엇인지 검토하는 것이 순서이다. 한 장치는 블라인드를 올렸다 내렸다 한다. 다른 장치는 차양의 각도를 변화시켜 빛의 양을 조절한다. 블라인드를 열고 닫는 작용을 생각해 볼 때, 두 개의 다이얼을 가지고 있는 원격 조정기라면 수동 조작을 하는 것과 같은 역할을 할 수 있다. 그러나 좀 더 지능적인 기능이 있다면 더욱 유용할 것이다.

지능적인 블라인드 기능은 첫째, 블라인드는 하루 중의 시간대, 주중의 요일, 실내의 사람들에 따라 다양한 목적을 가진다. 사람들은 블라인드를 방의 분위기를 바꾸는데 활용한다. 오전에는 햇빛을 받아들이기 위해 블라인드를 올린다. 오후에는 강렬한 햇빛에 따라 위치가 약간 조절된다. 밤에는 사생활 보호 차원에서 내려진다. 원격 조정기는 블라인드가 자동 프로그래밍으로 움직일 수 있는 기능을 제어하는 기능을 가질 수 있다. 가령 오전 8시에 열고, 오후 3시에는 햇빛에 따라 조절하고, 오후 7시 이후에는 내리는 기능과 같이 말이다. 이러한 프로그램은 태양열 집광판 제어 시스템과 연동되어 구름 많은 날에는 햇빛이 강한 날보다 더 많은 빛을 받아들이도록 조절될 수도 있다. 그러나 미국 대부분의 지역에서는 적어도 일출과 일몰이 계절에 따라 변한다. 태양열 집광판으로는 이러한 부분을 해결할 수 없다. 가장 좋은 디자인 대안은 블라인드가 계절별 시간대와 날씨 정보를 다운로드 받는 것이다.

서로 다른 사람들은 서로 다른 일조 조건을 원한다는 점으로 볼 때, 원격 조정기는 3 ~ 4개의 취향별 설정이 가능하도록 디자인되면 좋을 것이다. 버튼을 누르면 차의 좌석이 개인별 운전자가 좋아하는 설정을 만들어 주는 고급 차의 자동차 좌석과 같이, 이러한 디자인은 개인에 따라서 설정을 다르게 해주는 것이 가능할 것이다.

"미국의 고양이는 몇 마리일까?"

대표적인 마켓 사이징 케이스이다. 단계적으로 필요한 요소들을 고려하는 것이 중요하다.

먼저 고양이를 기르는 가구 수를 계산하기 위해 미국의 인구를 2억 5천만이라고 하자. 여기서 대략 5명이 한 가구를 구성한다고 하면 미국에는 5천만 가구가 있다. 그리고 적어도 전체 가구의 20% 정도가 애완 동물을 기르고 있을 것이고(천만 가구), 이 가운데 절반 정도가 고양이를 기르고 있을 것이다(5백만 가구). 그런데 고양이를 기르는 가구 중 50% 정도가 2마리 이상을 기르고 있을 것이므로 약 7백5십만 마리가 될 것이고, 여기에 대략 길거리의 고양이들을 합하면 8백만 마리가 될 것이다.

권영상, 메타넷 컨설팅(Metanet Consulting) 이사(CPA)

부록

How to Ace the Brainteaser Interview

Brainteaser Survival Interview

■ **부록 1**_ 비즈니스 케이스

■ **부록 2**_ 브레인티저 인터뷰에서 알아두어야 할 사실

■ **부록 3**_ 20가지의 순간적인 판단을 요하는 문제

■ **부록 4**_ 그밖의 추정 문제

■ **부록 5**_ 직업 인터뷰에 부적합한 퍼즐

■ **부록 6**_ 브레인티저(퍼즐) 출처 및 링크

Case 1 메이저 식품 제조업체의 조미료 사업 부문이 지난 5년 동안 매출과 이익이 동일한 수준 내지는 다소 감소하는 추세를 보여주고 있다. 성과 향상을 위해서는 무엇을 해야만 하겠는가?

The food service spice division of a major food manufacturer has had a flat or declining sales and profits over the past five years. What should it do to improve its performance?

먼저 케이스를 구체적으로 정의한다.

Interviewee : 메이저 식품 회사를 한국의 CJ food system과 같은 식품 가공 및 유통 회사로 보아도 무방한가? 이 중 Food service spice division은 설탕, 소금 등의 조미료를 생산 및 유통하는 부문이라고 볼 수 있는가?

Interviewer : 첫 번째 질문에 대한 대답은 yes이며, food service spice division은 제일제당과 같이 설탕을 생산하는 부문이라고 가정하자.

케이스에 제시된 용어를 명확히 한다.

Interviewee : 케이스에서 말하는 sales를 revenue로 보아도 무방한가? 또한 profit이란 구체적으로 어떠한 profit을 의미하는가? 예를 들어 net profit 등

Interviewer : Sales는 revenue이며, Profit은 operating profit이다.

Profit과 sales 중, 우선 sales의 지난 5년간 performance를 확인한다. 만약 지난 5년간 cost의 변화가 없었다면, profit 정체와 감소의 원인은 sales의 정체와 감소일 것이다.

Sales performance를 확인하기에 앞서, 본 division의 sales가 어떻게 구성되는지 확인한다.

Interviewee : 본 division의 sales는 어떻게 구성되며 그 비중은 어떠한가? 다시 말해 설탕 중에는 일반 소비자가 구매하는 종류(B2C)가 있을 것이며, 또한 스낵, 제빵, 제과 등 설탕이 첨가되는 식품류를 생산하는 업체용(B2B)이 있을 것이라고 생각한다.

Interviewer : B2C와 B2B가 5 : 5의 비중으로 sales를 구성한다.

Interviewee : B2C와 B2B sales 모두 감소하였는가? 그렇다면 어느 쪽이

더 많이 감소하였으며, 지난 5년간 각각 몇 % 감소하였는가?

Interviewer : 둘 다 감소하였으며, B2B가 B2C sales보다 더 많이 감소하였다. 지난 5년간 B2B는 15%, 그리고 B2C는 5% 감소하였다.

지난 5년간 제품 가격 변화 여부를 확인한다. 만약 가격 변화가 없었다면 판매량(volume)이 감소한 것으로 볼 수 있다.

Interviewee : 지난 5년간 본사 제품의 가격은 어떻게 변화하였는가?
Interviewer : 가격 변화는 없었다.

제품 가격에 변화가 없음에도 불구하고, revenue가 하락하였으므로 실제 제품의 판매량이 감소한 것을 확인할 수 있다.

해당 회사의 판매량 감소가 시장 수요의 감소에 의한 것인가를 확인하기 위해 시장 상황을 파악한다.

Interviewee : 지난 5년간 설탕 시장은 얼마나 성장하였는가?
Interviewer : 10% 성장하였다.

지난 5년간 시장은 성장하였으므로 본 division의 판매량 감소의 원인은 제품 수요 하락이 아닌, 시장 내 공급자의 변화, 즉 경쟁자의 성장 혹은 증가라고 추측할 수 있다. 시장 내에서 회사의 경쟁적 position을 파악하고, 경쟁 상황의 변화 여부를 확인한다.

Interviewee : 시장 내 본사의 market share는 어느 정도인가?

Interviewer : Dominant player이다.

Interviewee : 지난 5년간 설탕 산업에 새로운 경쟁자가 많이 진출하였는가?

Interviewer : 그렇다고 볼 수 있다.

지금까지의 정보를 통해서 설탕 시장이 성장하고 있음에도 본사의 판매량은 감소하였음을 확인하였다. 특히 B2B의 판매량 감소가 두드러지고 있으며, 이는 시장 내 신규 경쟁자의 진출로 인한 것임을 파악하였다. B2B 부문의 판매량 감소는, 즉 본사의 pie를 타사에 빼앗기고 있다는 것을 의미하며, 이는 곧 2가지 가능성으로 귀결된다. 첫째, 기존 소비자가 자사 제품이 아닌 타사 제품을 구매한다. 둘째, 소비자가 직접 제품을 생산한다. 비교적 일반적이지 않은 후자의 가능성 여부를 먼저 확인한다. 만약 후자의 경우가 아니라면, 소비자가 타사 제품을 구매하는 것이므로 그 원인을 파악하여 개선하는 방향으로 케이스를 풀어나간다.

Interviewee : 설탕 산업의 진입 장벽이 높은가? 설탕 생산은 어떠한 방식으로 이루어지는 것인가? 즉 설탕 생산에 어려운 기술이나 많은 투자가 필요한가?

Interviewer : 설탕 생산은 원재료를 구매하여 간단한 가공을 거치는 것에 그친다. 까다로운 기술이나 대규모 투자가 필요하지 않다.

설탕 산업은 진입 장벽이 높지 않아 비교적 쉽게 진출이 가능함을 확인하였다. 자사 B2B 소비자의 시장 직접 진출 가능성을 판단하기 위해 구매 대비 직접 생산의 효율과 이익 여부를 확인한다.

Interviewee : 만약, 자사의 B2B 업체가 설탕 생산 division을 직접 갖는다면 원가 면에서 절감이 가능한가?

Interviewer : 대량 구매의 경우, 직접 생산이 비용 면에서 저렴하다. 즉 덩치가 큰 기업의 경우, 사는 것보다는 직접 만드는 것이 싸다.

Interviewee : 현재 시장 내에서 기존에 설탕을 구매하던 대규모 업체가 직접 생산에 뛰어드는 경우가 많은가? 본사의 B2B sales 감소가 이로부터 기인한다고 볼 수 있는가?

Interviewer : 그렇다고 볼 수 있다.

결론적으로, 기존의 대규모 B2B 고객들이 구매 가격 대비 저렴한 비용으로 직접 설탕을 생산하여 본사의 sales가 감소한 것을 확인하였다.

판매량 하락으로 인한 Sales 감소를 파악하였으므로 profit 구성의 다른 축인 비용 증가 여부를 파악한다.

Interviewee : 지난 5년간 비용(제조 원가, 판관비)은 증가하였는가? 본사의 비용은 업계 평균 대비 어느 정도인가?

Interviewer : 제조 원가와 판관비 모두 상승하였다. 제조 원가의 경우 업계 평균 수준이다.

이를 통해 revenue 감소와 더불어 cost가 증가하여 지난 5년간 profit이 감소하였음을 확인할 수 있다.

결론적으로, sales와 profit의 개선 방안은 판매량 증가와 비용 효율화라는 두 가지 측면에서 도출될 수 있다. 우선 판매량 증대를 위해 자가 생산에 뛰어든 B2B 고객들의 재구매 가능성 여부를 확인한다. 구매가격 대비 저렴한 생산 비용으로 인해 대규모 고객들이 자가 생산을 하고 있으므로, 가격 경쟁력 확보를 통한 고객의 재유인이 가능한가를 확인한다. 현재 본사 제품의 가격 경쟁력 하락으로 인해 판매량이 감소하고 있는 상황이므로 무조건적인 가격 상승은 고려할 수 없다.

Interviewee : 제품의 가격 경쟁력을 확보한다면, 직접 생산을 하고 있는 B2B 고객의 재구매를 기대할 수 있는가?

Interviewer : 그렇다.

Interviewee : 본사의 설탕이 고객의 직접 생산 대비 가격 경쟁력이 떨어지는 원인은 무엇인가?

Interviewer : 워낙 margin 자체가 낮기 때문에 가격을 인하하기 쉽지 않다.

Interviewee : Margin 폭이 좁다면, 비용 중 가장 큰 부분을 차지하는 것은 무엇인가?

Interviewer : 재고 및 운송 비용이 가장 큰 비중을 차지한다.

Interviewee : 재고 및 운송 비용이 큰 이유는 무엇인가?

Interviewer : 제품의 특성상 냉동 보관 및 유통이 필수적이므로, 냉동 창고 및 냉동 차량을 운영하는 데 상당한 비용이 들어간다.

본사의 경우, 제품의 특성상 높은 재고 및 운송비 부담으로 인해 가격 경쟁력 확보가 불가능하였고, 이로 인해 지난 5년간 지속적인 판매량 감소가 발생하였다. 재고 및 운송비 효율화로 가격 경쟁력을 확보하여 B2B 고객의 재구매를 유인할 수 있을 뿐 아니라, 비용 절감을 통한 profit 증대를 기대할 수 있으므로, 재고 및 운송비의 효율화가 문제 해결의 방안이 될 수 있다. 예를 들어 냉동 보관 및 운송으로 인한 비용을 절감하기 위해, B2B 고객과의 장기적 관계(long-term relationship)를 유지하여 효율적인 재고 관리 및 운송 시스템을 운영하는 것이 하나의 방법이 될 것이다. 예를 들어 고객과의 장기적 관계를 기반으로 크로싱 도킹(cross-docking) 등의 물류 시스템을 도입하여 재고 및 운송비를 절감할 수 있다.

Case 2 대형 통합 철강 제조사가 특화된 스테인리스 시장에 진입하는 것을 심사숙고하고 있다. 의사 결정을 하기 위해 고려해야 할 사항은 무엇이겠는가?

A large integrated steel manufacturer is contemplating entering the specialty stainless-market. Should it? What should it think about in order to make its decision?

신규 사업 진출 시에는 크게 세 가지 -사업의 매력도(attractiveness), 성공 가능성(feasibility), 투자 규모(Investment requirement) - 를 파

악함으로써 시장 진출 여부를 판단한다.

Ⅰ. 매력도(Attractiveness)

사업의 매력도를 파악하기 위해서는 시장 규모(market size), 시장 성장성(market growth rate) 그리고 수익성(profitability)을 따져봐야 한다.

시장 규모(market size)는 전체 시장 규모가 아닌 자사의 실제 공략 가능한 시장 규모를 의미한다. 다시 말해서 시장의 특수한 상황 등으로 인해 진입 불가능한(locked in) 시장을 제외한 시장이다. 예를 들어 한국의 자동차 부품 A의 시장 규모가 1조 원에 상당하는 매력적인 시장 규모를 가지고 있다고 가정하자. 그러나 실제로 부품 A 시장은 대부분의 매출이 현대 자동차에 의해 소구되고 있으며, 현대 자동차의 부품 A는 현대 자동차의 계열사인 현대 모비스이다. 이 경우에 1조 원의 시장 규모와 무관하게 신규 진출 업체가 부품 A 시장에서 실제로 차지할 수 있는 시장 내 비중은 얼마 되지 않는다. 이처럼 시장 규모를 파악할 때는 실제로 공략 가능한 시장 규모를 고려하여야 한다.

시장 성장성(market growth rate) 역시 시장 규모와 마찬가지로 실질적인 성장성을 파악해야 한다. 실질적인 시장 성장성이란, 공급이 아닌 수요 측면에서의 성장이 얼마나 되는가를 의미한다. 예를 들어 한국의 핸드폰 시장이 지난 3년간 매출액 CAGR (Compound Annual Growth Rate)이 약 50%의 꽤 높은 수치를 보여준다고 가정해 보자. 그러나 핸드폰의 급격한 보급으로 인해 시장이 포화 상태에 이르거나 혹은 신기술이 접목된 새로운 이동통신 기기의 등장으로 인해 향후 핸드폰 수요가 감소할 것으로 예측된다면, 이 시장은 실질적으로 성장한다고 볼 수 없다. 또한 시장 수요의 성장성은 수요, 공급의 지역적 범위에 따라 달라진다. 예를 들어 전세계적으로 높은 수요 증가를 보이고 있는 시장이라 하더라도, 제품 특성상 local level에서 공급이 이루어지는 시장이라면, local level의 수요가 실제 성장성의 기준이 된다.

수익성(profitability)을 판단하는 기준은 일반적으로 재무적 비용 및 이익을 제외한, 순수 영업 활동만이 반영된 operating profit이다. 본 케이스의 경우 스테인리스 시장의 전반적인 수익성을 보기 위해서는 철 생산 업계 내 기업의 전체 operating profit이 아닌, 스테인리스 부문의 operating profit만을 구별하여 비교해야 한다.

II. 성공 가능성(Feasibility)

사업 신규 진출 시 성공 가능성(feasibility)은 크게 gap analysis와 risk analysis 의 두 가지 분석을 통해 판단할 수 있다.

우선, 현재의 자산과 신규 사업에 필요한 자산 사이에 어떠한 차이가 존재하며, 이를 극복하기 위해 필요한 역량을 어떻게 확보할 것인가를 파악해야 한다(gap analysis). 신규 사업에 필요한 역량을 정확히 알고 확보하는 것은 사업 성공의 관건이다. 본 케이스의 integrated steel company가 specialty stainless-steel 시장에 진출하기 위해서는 새로운 기술력, 노하우, 인력, 자본, 설비, 네트워크 등 다양한 유,무형의 자산들이 요구될 것이다. 기존의 강철 사업과 새로운 스테인리스 사업 간의 차별점을 파악하여 어떠한 기존 자산이 스테인리스 사업에 이전될 수 있으며 새롭게 요구되는 역량은 무엇인가를 찾아내는 작업이 선행되어야 한다. 이를 바탕으로 필요한 역량의 확보 방안을 마련할 수 있다.

신규 사업에 필요한 새로운 역량들을 확보할 수 있다면, 시장 내에 존재하는 risk에 대한 사전 분석이 이루어져야 한다. 시장 내 경쟁 구도(competition dynamics)는 물론이고, 제품의 특징에 따라서는 시장 내 특정 법규 혹은 규제의 존재 및 변화 여부도 분석 대상이 될 수 있다. 또한 수요 및 공급 측면에서 대체제의 등장 가능성을 파악하는 것 또한 risk analysis의 한 부분이다.

III. 투자 규모(Investment requirement)

사업이 충분히 매력적이고, 역량 및 risk 측면에서 충분히 성공할 가능성이 있다면, 마지막으로 새로운 사업 진출을 위해 요구되는 투자의 규모를 파악해야 한다. 신규 사업에의 투자는 단순한 시설, 설비 등의 고정 자산에의 투자 뿐 아니라, 신기술 확보를 위한 인력 확보, 신속한 시장 침투를 위한 M&A 혹은 기술 제휴 등 다양한 측면에서의 투자를 의미한다. 투자 규모 파악에 앞서 기존 자산의 사용 가능성 여부를 고려하여 총 투자 규모를 도출한다.

Case 3 *떡 시장에서 지배적인 시장 점유율을 보유한 대형 식품 제조업체가 제품 라인의 수익성을 증가시키고 싶*

*어 한다. 가격을 올릴지 아니면 내릴지 결정하고자 한
다. 당신이 생각하기에는 어떠한가?*

A large food manufacturer with dominant market share in
rice cakes wants to increase the profitability of the product
line. It is trying to decide whether to raise or lower the price.
What are some of the things you would think about?

먼저 케이스를 구체적으로 정의한다.

Interviewee : rice cake company를 떡을 생산하여 공급하는 업체로 보
는 것인가? 최근 회사의 Profit에 문제가 있는 것인가?

Interviewer : 그렇다. 현재 이 회사의 operating profit이 최근 몇 년간
감소하고 있는 상황이다.

Interviewee : 떡의 종류 및 소비자의 구매 경로는 매우 다양하다고 생각
한다. 본사의 경우 몇 종류의 떡을 생산하며, 주 판매 경로
는 어떻게 되는가?

Interviewer : 다양한 종류의 떡을 생산한다. 백화점, 할인점, 편의점을
통해 판매되며, 매출의 비중은 백화점이 60%, 일반 할인
점이 30%, 편의점이 10% 정도이다.

Interviewee : 유통 경로 별로 판매되는 상품의 원가나 판매 가격은 어떠
한가?

Interviewer : 같은 종류의 상품을 생산하여 모든 유통 경로에 공급하기
때문에 판매 상품의 원가나 판매 가격은 차이가 없었으며,

일정한 가격으로 판매하고 있다.

본사는 떡을 생산하여 3가지 유통 경로를 통해서 공급하며, 상품에 대한 일괄적인 가격 체계를 가지고 있기에 각 채널에 대한 매출을 결정하는 것은 판매량뿐임을 확인할 수 있다.

현재 수익 악화의 원인을 알아보기 위해서 operating profit을 구성하는 revenue(sales)와 cost side에 대한 분석이 필요하다. 먼저, revenue side 에 대해 각 유통 경로별 매출의 변화를 확인하여 현재 문제가 되고 있는 채널을 확인한다.

Interviewee : 각 유통 경로마다 판매량의 변화는 어느 정도인가?

Interviewer : 백화점의 판매량이 10% 이상 감소했으며, 할인점의 경우도 3% 정도, 편의점의 경우는 최근 새로 진출한 유통 경로이다.

편의점이 새롭게 진출한 유통 경로인 것을 감안하면 현재 10%의 판매량은 상당히 높은 수준이며, 현재의 매출 악화는 상당 부분이 백화점에서의 판매량 감소에 기인한 것임을 확인할 수 있다.

백화점에서의 판매량에 영향을 줄 수 있는 조건들에 대해서 확인한다.

백화점 떡 시장 전체의 수요를 파악한다. 전체 시장의 수요가 감소하였다면 우리의 매출이 감소한 것도 시장 수요에 따른 변화일 것이기 때문이다.

Interviewee : 전체 백화점 떡 시장의 매출은 어떠한가? 시장 수요가 줄고 있는 상황인가?

Interviewer : 그렇지 않다. 시장 전체의 수요는 거의 일정하게 유지되고 있다.

백화점에의 판매 과정에서 발생할 수 있는 외부적 내부적 요인들에 대해서 파악한다.

Interviewee : 백화점 부분에서 본사에 불리한 상황이 발생하지는 않았는가? 예를 들어 회사에 대한 정부의 규제나, 불량품의 발생, 특정 백화점과의 갈등 상승 등

Interviewer : 그러한 외부적 상황은 물론 내부적으로도 생산이나 공급 부문에서도 특별한 문제는 없었다고 보자.

시장 외부적인 영향이나, 내부적 생산 및 공급에 특별한 문제가 없었으므로, 백화점 내에서 경쟁사들의 시장 점유율이 증가했다고 볼 수 있으며, 그 원인은 소비자가 경쟁사의 상품을 선택했기 때문이라고 생각할 수 있다.

Interviewee : 떡의 소비자들은 다양한 선택 기준, 예를 들어 상품의 맛이나 포장, 진열 형태, 계절적, 시기적 필요 등에 의해 상품을 구매한다. 백화점 소비자들의 경우, 조금 더 높은 비용을 지불하더라도 포장이나 진열 상태, 디자인 등에 더 큰 영향을 받을 것이고, 편의점의 경우에는 가격이나, 접

근성 등에 더 민감하게 반응할 것이다.

Interviewer : 그렇다.

Interviewee : 본사는 같은 상품을 생산하여 모든 유통 경로를 통해서 납품하고 있다. 현재의 문제는 일괄적인 가격과 포장 형태로 모든 채널에 납품되는 상품에 있다. 채널 별 소비자들의 구매 결정 요소를 충분히 고려한 상품 및 가격 차별화의 방안이 필요하다고 생각한다.

Interviewer : 그렇게 볼 수 있다.

결국, 전체 revenue의 감소는 백화점 떡 소비자들에 대한 판매 부진이었으며, 그 원인은 고객의 구매 성향을 충분히 파악하지 못하고 일괄적인 가격의 동일 상품을 제공한 것에 있음을 확인하였다.

다음은 수익을 결정하는 비용에 대해서 파악한다.

Interviewee : 최근에 급격한 비용 증가의 요인이 있었는가?

Interviewer : 어떠한 비용 요소가 있는지 말해달라.

Interviewee : 떡을 생산하기 위한 원자재 구매 비용과 생산 과정에서 소요되는 제조 비용 및 임금, 그리고 생산 후 유통이나 재고 비용 등이 있다고 생각한다. 그 중에서 최근 새로운 유통 경로에 대한 납품을 시작했기에, 그에 따른 생산 설비의 증가나 추가적인 임금 비용이 지불되었다고 추측된다.

Interviewer : 새로운 유통 채널의 도입 이후, 생산 기계 하나와 자동 포장 설비를 들여왔다.

편의점에의 추가적인 상품 공급을 위해서 도입한 생산 설비가 비용의 증가 요인으로 작용하였음을 확인할 수 있다.

본사의 경우 유통 경로별 소비자의 선호도가 구매 결정에 큰 영향을 미치는 점을 고려하지 않음으로써 매출의 60%를 차지하는 백화점 시장에서의 매출 악화를 가져왔고, 이와 더불어 새로운 유통 채널인 편의점 채널에 상품을 공급하기 위해서 들여온 생산 설비로 인한 비용의 증가가 회사의 수익 감소를 가져왔다.

먼저 본사는 각 채널 별 소비자들의 구매 결정 기준을 파악하여 그에 맞는 마케팅 전략을 수립하여야 한다. 일괄적이던 상품 및 포장, 가격을 차별화하여 채널별 판매율을 신장시키고, 특별히 최근 급격히 성장한 편의점에 대한 집중을 통해서 수익의 감소를 만회할 수 있다고 본다. 아울러 각 채널에서의 판매량 변화의 추이를 잘 살핌으로써 소비 트렌드의 변화에 따라, 새로운 상품을 개발하고 기존 상품의 생산량을 조절하는 시스템을 갖추어야 할 것이다.

Case 4 *메이저 잡지 발행사(Time Warner 유형의 발행사)가 대도시에서 발행되는 신문 사이에 넣어서 유통시킬 목적으로 "일요일판 부록"을 발행할 것을 고려하고 있다. 그들이 이 일을 진행할 지 여부를 결정하기 위하여 당신을 고용하였다.*

▶ 추가 정보

a. 현재 2개의 일요일 부록판이 발행되고 있다: Parade와 U.S. Weekly

b. 미국에서 나오는 신문 중 90%를 넘는 신문에서 배포되고 있다. (연합하여)

c. 하나의 신문은 하나의 일요일판 부록만을 넣을 수 있다.

d. 신문사에 무료로 제공되고 있다.

A major magazine publisher (not unlike Time Warner) is thinking about publishing a "Sunday supplement" for insertion in and distribution through metropolitan newspapers. They have hired you to determine if they should proceed or not.

Additional Information
1. There are currently two major Sunday Supplements: Parade and U.S. Weekly
2. They are distributed in over 90% of the U.S.' newspapers (combined)
3. A newspaper can only insert and distribute one Sunday Supplement
4. They are offered to the newspapers free-of-charge

케이스를 구체적으로 정의한다.

먼저 클라이언트의 회사 및 본 계획의 목적에 대해서 이해한다.

Interviewee : Major magazine publisher란 TIME Inc.와 같은 주간지 발행업체를 말하는 것인가?

Interviewer : 그렇다.

Interviewee : 주간지는 크게 두 종류다. 주간 조선이나 한겨레 21같은 종합 주간지가 있는 반면, 씨네 21과 같은 전문 주간지도 있다. 클라이언트는 어느 쪽인가? 주간지 외에 다른 인쇄물, 예를 들어 신문이나 단행본은 없는가?

Interviewer : 주간지 만을 발행하며, 두 가지 종류를 모두 다루고 있다고 보자.

Interviewee : 이러한 새로운 사업을 통해 얻고자 하는 목적이 무엇인가?

Interviewer : 당연히 기업의 목적은 돈을 벌자는 것 아닌가?

Interviewee : 그렇긴 하다. 그러나 무가지 사업을 통해서 돈을 벌고자 하는 부분에 대해, 무가지라는 새로운 비즈니스 자체를 통해서 새로운 수익을 얻고자 하는 것인지, 아니면 무가지 사업을 통해서 기존의 잡지 사업의 수익에 영향을 주고자 하는 부분은 다르다고 본다.

Interviewer : 둘 다라고 보자.

본사는 주간지를 발행하는 잡지사이며, 무가지라는 사업을 통해서 회사 전체의 수익을 증가시키고자 하는 목적을 가지고 있다.

두 번째로, 본사가 진출하려는 무가지 시장의 사업 형태에 대해 이해한다.

Interviewee : 현재 하려는 사업이 기존의 일간지 일요일 자 신문에 본사에서 제작한 무가지를 넣어서 배포하려는 것인가?

Interviewer : 그렇다.

Interviewee : 이러한 무가지는 사람들에게 어떤 내용을 전달하는가? 일
간지와 무가지 공급 업체와의 계약은 어떤 형태로 이루어
지는가?

Interviewer : 무가지는 일간지에 없는 레저, 음악, 영화 등의 컨텐츠를
제공하며, 일반적으로 무가지 회사가 일반 종합 신문사에
납품신청을 하게 되면 신문사에서 자사 고객의 성향 및 무
가지 콘텐츠 등을 고려한 뒤에 선정하게 된다. 현재 전체
일간지 무가지의 90%를 Parade와 U.S. Weekly라는 두 회
사에서 공급하고 있다.

Interviewee : 잠시 시간을 두고 생각을 정리한 뒤에 진행해도 되겠는
가?

Interviewer : 물론이다.

케이스에서 제시한 문제인 본사의 무가지 시장 진입 여부에 대한
결정을 내리기 위해서, 세 가지 단계를 통해 문제에 접근하는 방법
을 취한다. 첫 번째, 무가지 시장이 매력적인지 여부를 평가한다.
두 번째, 본사가 이러한 무가지 사업을 할 수 있는가의 문제를 살펴
본다. 세 번째, 이러한 사업을 통해서 본사는 어느 정도의 수익을
낼 것인가를 예측한다.

먼저, 무가지 시장이 매력적인가의 부분에 대해서 평가하기 위해
시장의 크기 및 성장성, 수익성, 경쟁 상황 등에 대해 확인한다.

Interviewee : 모든 일반 일간지 신문에는 일요 무가지가 들어가는가?

Interviewer : 그렇다. 원래는 지역 일간지 신문에만 소규모로 들어갔는데, 최근에는 여러 신문사에서 무가지를 도입함으로써 거의 모든 신문에 무가지가 들어가고 있다.

Interviewee : 최근에 일반 신문사들이 무가지를 도입한 이유는 무엇인가? 무가지의 도입을 고려하게 하는 특별한 시장 상황 변화가 존재했었는가?

Interviewer : 어떤 상황이 있을 수 있겠는가?

Interviewee : 내부적으로 신문의 소비자들이 무가지에 실리게 되는 특별한 정보를 원함으로써 제공하게 되는 경우와 외부적으로 시장 내 경쟁사가 무가지를 도입함으로써 자사 신문의 매력도를 위해 경쟁적으로 제공할 수도 있다고 본다. 혹은 기존에 존재하던 무가지에 관한 정부 법규나 납품업체와의 계약 조건 등이 변화하였을 가능성도 있다고 생각한다.

Interviewer : 최근 새로운 신문사들이 일간지 시장에 진입함으로써 신문사들이 경쟁적으로 일요 무가지를 도입했다고 보자.

Interviewee : 기존에 시장을 과점하고 있는 두 업체의 경우, 본사와 같은 종합, 전문 주간지를 제작하는 회사인가?

Interviewer : 그렇지 않다. 두 사업체 모두 일요 무가지 만을 제작하는 회사이다.

Interviewee : 두 무가지 회사가 전체 시장의 90%를 과점할 수 있었던 요인은 무엇인가? 특별히 제공 내용이나 신문사와의 관계 부분에서 차별화된 요소가 있는가?

Interviewer : 신문사와의 관계 부분에 특별한 것은 없으며 제공하는 내용은 유사하다. 두 신문 모두 최근의 무가지 도입 경쟁이 증가함에 따라 급격히 커진 시장에서 같이 성장했다.

Interviewee : 그렇다면 현재의 과점 상황을 시장 성장에 따른 일시적인 것으로 보아도 되겠는가?

Interviewer : 일시적인 과점으로 볼 수 있다.

시장의 규모가 크며 기존 경쟁자들의 90% 과점은 일시적인 것이라는 사실과 향후 제공 콘텐츠 면에서 다양성을 지닌 본사의 진출에 의한 시장 진입의 가능성이 있음을 알 수 있다.

Interviewee : 무가지 납품업체의 수익은 어떻게 이루어지는가? 대부분이 광고 수익인가?

Interviewer : 그렇다. 무료로 납품하기에 판매 대금은 없다.

Interviewee : 무가지 시장의 경쟁사들이 기록하고 있는 수익은 어떠한가? 업계 평균 수익률이나 수익 성장률 등의 지표가 있는가?

Interviewer : 최근 무가지 공급량이 급속히 늘어남에 따라 무가지 광고 수익도 증가되었다. 현재 U.S. Weekly와 Parade는 모두 연 수십% 이상의 수익 성장률을 나타내고 있다.

일간 신문 시장 경쟁 확대 및 이에 따른 무가지 배포 확대를 통해서 기존 무가지 시장의 수익 규모가 증가하고 있음을 알 수 있다.

두 번째로, 본사가 이 사업을 할 수 있는지 여부를 확인한다. 두 가지 조건을 통해서 판단할 수 있는데, 생산 가능의 여부와 납품 가능의 여부로 나누어 볼 수 있다.

Interviewee : 본사는 주간지를 제작하는 업체이다. 기본적으로 무가지를 제작하여 인쇄, 유포하는 하드웨어적 역량은 갖추었다고 생각해도 되겠는가?

Interviewer : 물론이다.

Interviewee : 무가지의 경우 콘텐츠의 매력도에 의해서 독자의 선호도가 결정되고 이것이 신문사의 선택에 반영된다고 추측할수 있다. 본사의 경우 주간지들을 제작에 필요한 역량으로 활용함으로써 기존 경쟁사들과 차별화된 무가지 콘텐츠의 구성을 가능하게 하는 소프트웨어적 역량을 갖추었다고 보아도 되겠는가?

Interviewer : 그렇다고 할 수 있다.

본사는 기존 잡지 사업과의 연계를 통해 무가지 발행에 필요한 하드웨어적, 소프트웨어적인 생산 역량을 갖추었다고 판단된다. 다음은 납품 가능성의 여부를 확인한다.

Interviewee : 신문사에서 무가지를 선택하는 기준은 무엇인가? 무가지 자체의 매력도 외에 외부적인 결정 요소는 없는가? 예를 들어 신문사와의 내부적인 연계 등등…

Interviewer : 없다고 보자.

Interviewee : 무가지를 공급 받는 기존 일간지나 구독자들의 경우, 현재 공급되는 무가지에 대해서 어떠한 의견을 가지고 있는가? 그에 대한 조사 자료가 있는가?

Interviewer : 무가지가 대중화 된지 얼마 되지 않았기에 현재는 존재 자체가 의미가 있는 수준이다. 그러나 소비자들의 무가지 구독률이 높아지면서 일반 신문사에서는 무가지의 제공 내용 매력도에 대한 관심이 증가하고 있다.

Interviewee : 현재 일간 신문사와 무가지 공급 업체와의 계약 관계는 어떻게 되는가?

Interviewer : 일반적으로 Quarter계약을 가지며, 한 일간지에서 하나의 무가지를 제공하고 있다.

본사는 무가지 시장에서의 사업 역량을 갖추고 있으며, 잡지 사업을 통해 기존 경쟁사들보다 매력적인 콘텐츠를 제공할 수 있을 것으로 판단되기에 본사의 무가지를 일반 신문사들에 대해 납품할 가능성이 높음을 확인할 수 있다.

세 번째로, 본사가 이 사업을 수행함으로써 얻게 되는 수익의 규모를 예측하여야 하며, 이는 예상 수익과 비용을 추정하여 결정한다.

먼저, 예상되는 수익의 요소들을 확인한다.

Interviewee : 무가지 사업을 통해서 본사가 얻게 될 수익은 첫째, 무가지 자체의 발행을 통한 수입(예 : 광고 수입) 증대와 두 번째, 무가지 발행을 바탕으로 한 기존 주간지 매출에의 기여 부분으로 볼 수 있겠는가?

Interviewer : 그렇다고 보자.

Interviewee : 첫 번째 부분인 무가지 발행 광고 수익을 구성하게 될 광고주는 크게 기존 주간지의 광고주와 주간지 광고주 이외의 신규 광고주로 나누어서 생각할 수 있다. 즉 클라이언트가 무가지를 발행할 경우, 기존 주간지 광고주 광고를 무가지에 게재하는 혜택을 광고주들에게 홍보하여, 기존 주간지의 광고 단가 및 광고 수주 규모를 높임으로써 얻게 되는 광고 수익 증가분과 일간지나 주간지에 광고를 싣기 어려운 신규 소형 광고주들을 끌어옴으로써 얻게 되는 광고 수익을 고려해야 한다.

Interviewer : 그렇다고 볼 수 있다.

Interviewee : 동시에 두 번째, 무가지 발행을 통해 기존 주간지의 매출 수익 증가 부분이 있다. 예를 들어 무가지에서 특정 주제(여행 혹은 음악 등)를 중심으로 한 컨텐츠를 제공하되, 더 자세하고 풍부한 컨텐츠를 종합 혹은 전문 주간지를 통해 제공하여 주간지의 매출을 높이는 방법 등이 있을 것이다. 매출 신장 효과는 어느 정도인가?

Interviewer : 정확한 수치적 분석은 없으나 매출 신장 효과는 긍정적이라고 보자.

두 번째로, 비용 규모를 추정한다.

Interviewee : 무가지 발행의 비용 구조는 크게 두 가지, 컨텐츠 확보 및 인쇄 비용 등의 생산 단계 비용과 유통 및 영업 비용 부분의 판매 단계 비용으로 구분된다고 보아도 되겠는가?

Interviewer : 그렇게 볼 수 있다.

Interviewee : 본사의 특성상 컨텐츠 확보 및 인쇄 등의 생산 단계 비용의 경우 기존 주간지 라인에서 쉽게 확보될 것이므로, 비용 증가분은 작다고 생각한다면 판매 단계 부분이 추가적인 비용의 대부분을 이루고 있다고 볼 수 있겠는가?

Interviewer : 그렇다고 보자.

Interviewee : 유통 비용의 경우 1) 인쇄된 무가지를 일간지 지국 혹은 그에 유사한 일간지 유통 채널로 배달하는 비용과 2) 일간지에 무가지를 넣기 위한(기존 90%의 경쟁 무가지의 진입 장벽을 뚫고 10%의 무가지 미 배포 일간지에 클라이언트의 무가지를 넣기 위한) 영업 비용(Commission) 등을 생각해 볼 수 있다. 이들 비용 구조 구성은?

Interviewer : 영업 비용이 대부분을 차지한다.

비용 구조에 있어 컨텐츠 확보, 인쇄 및 유통 단계 자체의 비용보다는 발행된 무가지를 일간지에 유포하기 위한 일간지 대상의 영업(Commission) 비용이 중요하게 고려되어야 한다.

본사의 경우 최근 급격히 성장한 무가지 시장에서 차별화된 컨텐츠를 가지고 시장 진출을 고려 중이며, 시장 상황 및 회사 역량의 부분에서 사업 추진의 결정은 긍정적이라고 볼 수 있다. 진출 후 수익 창출의 부분에서 수입 증대(광고 수입 증대 및 기존 주간지의 매출 증대) 효과와 비용 규모(생산 및 판매 비용)의 비교를 통해 수익 규모를 추정하고, 본 클라이언트가 무가지 시장에 진출했을 때 기존 무가지 경쟁자(U.S. Weekly, Parade)의 대응 방식을 예측, 고려하여 진출 여부를 결정하여야 할 것이다.

Case 5 *주요 대도시 지역 여러 곳에서 백화점을 운영하고 있는 CEO에 의해 고용되었다. 그녀는 내년도 백화점의 수익을 증가시키고 싶어하며, 당신에게 도움을 요청하였다.*

▶관련 정보

a. 대도시와 대도시 주변 지역 20곳에 위치(모든 쇼핑몰에 입점되어 있다)

b. 도시의 인구 성장은 일정하다.

c. 전체적인 백화점의 수익은 다소 감소하였다.

d. 그들은 최근 내부 비용을 줄이고자 컨설팅 회사를 고용하였다.

You have been hired by the CEO of a department store that has numerous locations in a major metropolitan area. She needs to increase the store's earning over the next year and has requested your help.

Relevant Information

a. 20 locations in the metropotan and surrounding suburban areas (they are present in every shopping mall)

b. The population growth of the city is flat

c. Overall store revenue has declined slightly

d. They recently hired a consulting firm to streamline the back-room costs

Interviewee : 백화점의 비즈니스 모델은 무엇인가?

Interviewer : 판매 수수료 비즈니스 모델로 단순화하자.

Interviewee : 판매 수수료는 변동되는 요인인가?

Interviewer : 각 판매점의 성과에 따라 매출의 15%에서 30%까지 변동하며 1년 계약이다.

Interviewee : 그렇다면 이 백화점의 수익을 {(백화점 매출*판매 수수료) - 백화점의 운영비}로 보아도 무방한가?

Interviewer : 무방하다.

Interviewee : 이 문제에서는 수익을 올리는 것이 목적이다. 그렇다면 그것은 백화점의 매출을 올리는 것, 판매 수수료를 높이는 것, 혹은 백화점의 운영비를 낮추는 것을 의미한다. 또한 관련 정보의 의미를 재해석하기 위해 몇 가지 질문을 더 하겠다.

Interviewee : 20곳의 백화점이 있다는 의미는 20곳의 수익원(sales source)이 있다는 의미와 함께, 20곳을 운영해야 하는 고정비가 존재한다는 의미로 해석해도 무방한가?

Interviewer : 무방하다.

Interviewee : 인구율이 그대로 유지된다는 의미는 시장이 커지지 않는다는 의미로, 현존하는 20곳의 백화점에서 더욱 확장하는 것은 불가능하다고 해석할 수 있는가?

Interviewer : 그렇다.

Interviewee : 전반적인 매출(Overall revenue)이 줄어든 이유는 무엇인
가?

Interviewer : 전체적으로 경제가 안 좋은 상황이지만, 최근에 나타난 경
쟁사가 조금씩 고객을 유치해 나가고 있는 상황이다.

Interviewee : 내부 비용(back-room cost)을 일반 관리 비용(administrative
cost)으로 정의할 수 있는가?

Interviewer : 그렇다.

Interviewee : 최근 고용한 컨설턴트의 의견은 무엇인가?

Interviewer : 아직 진행 중에 있으므로 어떠한 결과도 도출되지 않은 상
황이다.

Interviewee : 백화점 내의 상황을 분석해 보면, 비용에 문제가 있다는
사실을 백화점 측에서도 인식하고 컨설턴트를 고용하여
이유를 분석하고, 문제를 해결해 나가려고 시도하고 있는
중이며, 백화점 외의 상황을 분석해 보면 인구증가율은
그대로 유지된다는 가정하에서 이 백화점이 속해 있는 시
장은 현재의 상태로 유지하는 반면에, 경기가 좋지 않은
상황이므로 고객을 유도할 수 있는 추가적인 요소가 필요
한 상황이다. 또한, 경쟁사마저 나타나 고객을 유치하고
있다.

위에서 언급하였던 것처럼, 현재 이 백화점의 수익을 높이기 위
한 방법은 세 가지가 있다.

첫째, 판매 수수료를 올리는 것은 임시적으로 백화점의 수익을 올릴 수는 있으나, 판매 수수료는 매출에 의존할 뿐만 아니라, 업자들의 관계 또한 경쟁사에게 빼앗길 수 있는 요인이 다분하기 때문에 장기적으로는 좋은 방법이라 판단되지 않는다.

둘째, 백화점의 운영비를 낮추는 방안으로 크게 두 가지를 접근이 가능하다.

- 컨설팅 회사를 고용하여 문제를 해결한다.
- 일정 수준의 매출이 발생하지 않음으로써 백화점 전체적으로 손실을 초래하는 20곳 중에서 몇 곳을 철수하여 필요치 않은 운영비를 제거한다. 이 방안은 비용을 최소화시킴으로 단기적인 수익을 증가시킬 수 있는 방안이다. → 추정 : 시장의 크기는 유지되면서 경쟁 상황이 치열해 지고 있음

셋째, 백화점의 매출을 높이기 위해서는 우선적으로 백화점이 처해 있는 시장의 상황 및 백화점의 현재 상황을 분석하여 이슈를 찾아내야 한다. 이 방안은 시장 분석, 경쟁 분석, 고객 분석 등을 통하여 백화점의 현재 상황, 그리고 백화점의 전략적 포지셔닝, 타깃 고객군, 상품 믹스 및 가격 전략 등의 To-Be를 제시하는 모델로 시간과 비용의 투자가 필요한 모델로서, 또한 장기적인 수익을 올리는 데 적합하다고 판단된다.

Interviewee : 지난 몇 년간 백화점의 매출이 줄어들었던 이유가 시장의 상황이 좋지 않아서 그랬던 것인지, 아니면 백화점 자체의 역량 부족인가를 알아내기 위해 지난 몇 년 동안의 시장 분석을 해 볼 것이며, 결과에 관련한 이유를 도출해야

하겠다. 지난 몇 년간 백화점의 매출이 줄어든 가장 큰 이유를 경기 침체로 볼 수 있는가?

Interviewer : 경기가 뒷받침해 주지 않은 요인도 있지만, 최근 창고형의 대규모이면서 저가로 고객에게 다가선 경쟁사가 이 시장에 진입함으로써 그들에게 시장 점유율을 빼앗긴 요인이 가장 큰 이유라고 가정한다.

Interviewee : 그렇다면 거의 시장을 지배하고 있었던 이 백화점에게 새로운 포지셔닝으로 해당 고객의 니즈(needs)를 찾아내어 만족시킨 경쟁사의 진입에 맞설 수 있는 역량을 발견하여 키워야 하겠는데, 이 백화점의 브랜드 가치는 고객에게 어떻게 인식되고 있는가?

Interviewer : 백화점으로서는 거의 유일하게 존재하여 왔기 때문에, 보통의 소규모 점포들보다는 고급 브랜드로서의 가치를 가지고 있다고 가정하자.

Interviewee : 경쟁사들의 매출이 늘어가는 이유에 대하여 분석해보아야 하겠다. 이 시장 내에서 백화점과 경쟁사들의 포지셔닝을 분석하여 현재 시장 상황에 가장 합당한 포지셔닝을 하고 있는지, 만약 아니라면 어떠한 포지셔닝이 합당한지 도출해 내야 하겠다.

경쟁사의 성공 요소(winning point)를 경기 침체가 시작되면서 좀 더 합리적인 가격을 선호하는 고객의 니즈에 맞추어 적절하게 포지셔닝하였다고 볼 수 있다. 현재 20곳의 백화점을 앞에서 구조조정하기로 하였다. 장소에 따라서 고객의 주된 니즈에 따라서 프리미엄(premium)과 매스(mass)로 각각 포지셔닝하기로 해보자. 현재 브랜드 가치가 프리미엄이기 때문에 프리미엄으로 포지셔닝한 곳은 마케팅과 커뮤니케이션, 프로모션을 통하여 고객에게 더욱 고급적인 이미지를 강화시키고, 중저가로 포지셔닝한 곳은 다른 브랜드로 포지셔닝하여 합리적인 가격으로 고객을 유도할 수 있겠다.

각각 포지셔닝에 알맞게 매출에 직접적으로 관여하는 타깃 고객이 누구인지 분석하고, 그들에게 알맞게 백화점은 마케팅과 커뮤니케이션을 하고 있는지 진단하여야 하겠다.(고객 분석 및 마케팅, 커뮤니케이션 전략)

포지셔닝에 알맞게 타깃 고객에게 알맞은 제품을 적당한 가격으로 팔고 있는지 백화점에 입점해 있는 점포에 대한 분석을 시작해야 하겠다. (점포 포트 폴리오 분석 및 상품 믹스 분석)

위에서 도출한 백화점 시장 내의 포지셔닝에 합당한 점포 포트 폴리오 및 상품 믹스를 가지고 있는가를 진단하여, 포지셔닝에 알맞게 포트 폴리오 및 제품을 구성하여야 하겠다.

Case 6 *Hammerjack은 다수의 상가와 쇼핑센터에 위치하고 있는 지역 거점 체인 철물점이다. 지난 15년 동안 매우 좋은 성과를 보여 왔으나 지난 2년 동안에는 수익이 감소하고 있다. 그들은 수익성에 대한 우려로 인하여 현재 상황을 파악하고 예전처럼 좋은 성과를 낼 수 있도록 조언을 구하고자 당신을 고용하였다.*

Hammerjack is a regional chain of "local hardware stores" located in numerous neighborhood strip malls and shopping centers. They had enjoyed excellent performance for the past 15 years but have experienced declining profits in the past two years. They are concerned about their profitability and have hired you to explain their situation and provide recommendations to get them back on track.

우선 현재 회사의 수익이 감소되고 있는 원인이 어디에 있는가를 찾아내는 것으로부터 시작하고자 한다.

Interviewee : 회사의 수익이 최근 2년간 감소되고 있다고 하였는데, 우선 회사의 수익은 매출액에서 비용을 차감한 것으로 나오게 된다. 따라서 매출액이 감소하였거나 비용이 증대하였기 때문에 수익이 감소한 것으로 볼 수 있겠다. 이외에 회사의 수익에 영향을 미칠만한 다른 특별한 외부 또는 내부적인 요소가 있었는가?

Interviewer : 다른 특별한 영향은 없었다.

Interviewee : 그렇다면 매출액과 비용 측면으로 나누어서 접근해 보겠다.

우선 매출액을 생각해 보면 매출액은 판매 가격과 판매량에 따라 결정이 된다. 지속적인 수익을 보였던 지난 15년과 최근 수익이 감소되는 2년 간의 판매 가격을 비교해 보면 추세가 어떻게 되는가?

Interviewer : 과거와 비교해 보았을 때 큰 판매 가격의 변동은 없었다.

전반적인 시장 물가 상승률과 비슷한 수준으로 판매 가격
은 상승해 왔다.

Interviewee : 그렇다면 다른 경쟁 업체 가격 대비 이 회사의 판매 가격
수준은 어느 정도인가?

Interviewer : 시장에서 인정받고 있는 높은 품질 덕분에 시장에서 비교
적 높은 수준의 판매 가격을 유지하고 있지만, 가장 높은
가격의 제품은 아니다. 물론 저가의 중국산 제품과 비교했
을 때에는 높은 가격이지만, 좋은 품질을 유지하기 위해서
는 이 정도의 가격 수준을 유지하는 것이 바람직하다.

Interviewee : 전반적으로 이 제품군에 대한 소비자들의 가격 민감도는
높은 편인가?

Interviewer : 보통 수준이다.

Interviewee : 최근 가격을 인하하거나 또는 인상을 계획하거나 시도해
본 적이 있었는가?

Interviewer : 최근 수익의 하락으로 인해 가격을 올려 수익을 높이는 것
이 어떻겠냐는 내부적인 의견이 있었으나, 가격 인상이 판
매 수량에 미칠 영향에 대해 예상할 수 없었기에 가격은
변화없이 그대로 유지하고 있다.

Interviewee : 좋다. 그렇다면 현재 수익이 하락하고 있는 원인은 판매
가격의 직접적인 원인은 없었던 것으로 볼 수 있을 것 같
다. 그러면 매출액을 구성하는 다른 요소인 판매 수량을
살펴 보겠다. 판매 수량의 추이는 어떻게 되고 있는가?

Interviewer : 판매 수량은 시장 수용에 따라 비슷한 패턴으로 지속적으
로 증가하고 있으며, 시장 점유율 1위를 여전히 유지하고

있다. 하지만 지난 2년간 판매 수량은 다소 감소하여 시장 점유율은 다소 하락하였다.

Interviewee : 판매 수량에 영향을 미치는 요소로는 시장 환경의 변화, 제품 경쟁력의 변화, 제품군의 변화 등을 생각해 볼 수 있겠다.

우선 지난 2년간 시장 수요는 어떻게 변동해 왔는가?

Interviewer : 시장 수요는 크게 변동이 없었다고 가정해 보자.

Interviewee : 시장 수요의 변동이 없었는데 이 회사의 판매 수량이 감소하였다면, 경쟁 업체에게 시장을 일부 빼앗겼다고 볼 수 있겠다. 그 원인으로 제품 경쟁력을 생각해 볼 수 있겠는데, 이 회사의 제품 경쟁력은 어느 수준인가?

Interviewer : 제품 경쟁력이라고 한다면 어떤 측면을 보아야 하는 것인가?

Interviewee : 가장 중요한 것은 제품의 품질과 가격이 될 수 있을 것 같다.

Interviewer : 제품의 품질은 매우 좋은 것으로 시장에서 인식되고 있으며, 가격의 경우 상대적으로 낮은 제품들이 출현하면서 다소 높은 수준으로 인식되고 있다.

Interviewee : 품질이 좋으면서 가격이 높은 수준인 것은 당연하지 않겠는가? 판매 수량이 감소한 것은 품질은 다소 희생하더라도 가격이 낮은 것을 선호하는 가격 민감도가 높은 고객들이 이탈하였기 때문에 그만큼 판매 수량이 감소한 것으로 봐도 되겠는가?

Interviewer : 판매 수량이 감소한 것이 단순히 가격 민감도가 높은 고객이 이탈했기 때문이라고 확신할 수는 없다. 고객 데이터베이스가 정확히 구축되어 있지 않기 때문에 어떤 고객이 구매하는 수량이 감소된 것인지는 알기 어렵다.

Interviewee : 그렇다면 제품의 품질은 여전히 좋고 일부 고객들만 저가 제품을 찾아 이동한 것이라면 이 회사 제품은 경쟁력이 있는 것으로 보아도 좋을 것 같다.

그러면 이번에는 제품군의 구성을 봐야 할 것 같다. 제품에 따라서로 수익이 다를 것 같은데, 주요 제품의 구성 비율과 수익률은 어떻게 되는가?

Interviewer : 시장에서 수요가 많은 주요 제품군은 약 60%를 차지하고 있으며 이들의 수익률은 20% 정도 된다. 나머지 40%는 주요 제품은 아니지만 주요 제품과의 구색을 맞추기 위해서 갖춰야 할 제품들로 수익률은 10% 미만이다.

Interviewee : 주요 제품군의 비율 대비 다른 제품군의 비율이 상대적으로 높은 편인 것 같다. 이렇게 구색을 맞추기 위한 제품들을 높은 비율로 유지할 필요가 있겠는가?

Interviewer : 이 회사 제품들은 쇼핑몰이나 고객과 인접한 상점에서 판매되고 있기 때문에 고객들은 상점 한 곳만을 방문하여 필요한 모든 제품을 구매하기를 원하고 있다. 따라서 모든 제품군의 구색을 갖추자는 것이 이 회사의 방침이다.

Interviewee : 알겠다. 판매 수량에 대한 분석을 통해 저가 제품 출현으로 인한 시장 점유율 하락과 상대적으로 마진율이 낮은 비주요 제품군의 비중이 높다는 점을 찾아낼 수 있었다. 여기서 저가 제품 출현에 따른 시장 점유율 하락은 수익 감소의 직접적인 원인이었지만, 비 주요 제품군의 비중이 높다는 점은 과거부터 지속되어 왔던 것으로 수익 하락의 직접적인 원인은 아니었지만 개선의 여지가 있는 것으로 판단된다.

그러면 이번에는 비용 측면을 살펴보겠다.

주요 비용으로는 원재료비, 생산 비용, 판매·관리 비용 등을 생각해 볼 수 있겠다.

Interviewer : 논의를 간단히 하기 위해 원재료비와 생산 비용은 크게 변동이 없다고 가정해 보자.

Interviewee : 그렇다면 판매·관리 비용의 현황에 대해 생각해 보겠다.

이 회사 제품은 고객과 인접한 상점이나 쇼핑몰에서 판매되고 있는데, 가장 큰 판매·관리 비용으로는 상점 임대료와 유지비라고 볼 수 있겠다. 최근 상점 임대료와 유지비가 인상되었는가?

Interviewer : 고객들과 인접하고 있는 주요 상점들의 경우 임대료가 인상되고 있는 추세이다.

Interviewee : 상점들이 반드시 고객과 인접한 위치에 있어야만 하는가? 음식물과는 달리 매일 매일 제품을 구매해야 한다거나 신

선도가 중요한 제품이 아니므로, 반드시 고객과 인접한 위치에 있어야만 할 것 같지는 않은데, 상점의 위치를 고객과의 접근성은 유지하되 다소 임대료가 낮은 곳으로 옮기는 것을 고려해 볼 필요가 있을 것 같다.

현재 이 회사의 상점 숫자는 어느 정도나 되는가?

Interviewer : 약 350개 정도 된다.

Interviewee : 그러면 제품의 홍보를 위해 사용되는 광고 비용은 많이 투자되고 있는가?

Interviewer : 제품의 특성상 그다지 광고는 필요하지 않아서 광고에는 많은 비용을 쓰고 있지 않다.

Interviewee : 그러면 지금까지 수익 하락의 원인을 찾아내기 위해 살펴본 내용을 정리해 보고, 어떻게 수익 개선을 위해 방향을 수정해야 하는지 생각해 보겠다.

먼저 낮은 가격을 내세운 저가 제품이 출현함에 따라 시장점유율이 일부 하락하였다. 이 회사의 제품이 높은 품질을 유지하고 있기 때문에 상대적으로 높은 가격대를 유지하는 것은 맞는 정책이나, 일부 제품들에 대해서는 가격 경쟁력을 가질 수 있도록 낮추는 것이 필요하겠다. 대상 제품으로는 과거 판매되던 제품군의 비율을 분석해 보고 이 중 최근들어 판매 비율이 낮아지고 있는 제품들이 우선 대상이 될 수 있겠다. 제품의 특성상 상점을 방문할 경우 한 가지 제품이 아닌 다른 유관 제품도 같이 구매하고 있는 소비 특성을 고려해 보았을 때, 일부 제품에 대해 미끼 상품의 형태로 경쟁력 있는 가격을 제시함으로써 기존 가격을 유지하고 있는 다른 제품들에 대해서도 판매 유지 또는 판매 증대라는 측면을 기대해 볼 수 있겠다.

또한 이 회사 제품군을 살펴보면 주요 제품군과 비 주요 제품군의 비율이 60 : 40으로 비 주요 제품군의 비율이 상대적으로 높은 편이다. 비 주요 제품군을 이렇게 높은 비율로 유지하는 이유는 주요 제품군 구매자가 다른 제품들도 한 곳의 상점에서 모두 구매할 수 있도록 하는 편의성을 제공하기 위함이다. 이러한 기본적인 정책 방향은 현재와 동일하게 유지하되, 비 주요 제품군에 대해서는 OEM 방식의 생산을 통해 원가를 낮추도록 하는 것이 좋겠다. 주요 제품군이 아니기 때문에 현재 이 회사의 높은 품질이나 타 경쟁 회사의 다소 떨어지는 품질이나 그다지 소비자들에게는 큰 차이점이 없이 인식되고 있으므로, 비 주요 제품군의 경우 가격적인 측면에 초점을 맞추어 변화를 가져갈 필요가 있겠다. 이를 통해 생산 비용, 운영 및 관리 비용, 아울러 수익률 개선을 기대할 수 있겠다.

끝으로 이 회사의 상점들은 소비자와 인접한 곳에 위치하고 있으므로 고객들에게 접근 용이성을 제공하기는 하나 높은 임대료와 관리비를 지불해야만 한다. 식료품점과 달리 신선도를 유지해야 하거나 구매 빈도가 높은 제품이 아니기 때문에 그다지 접근 용이성이 상점 위치를 선정하는 데에 중요한 요소는 아니라고 판단된다.

따라서 임대료가 상승하고 있거나 상대적으로 높은 상점들의 경우 임대료가 다소 낮은 곳으로 이동하여도 회사의 판매에는 부정적인 영향을 미치지 않을 것으로 판단된다. 아울러 현재의 오프라인 판매 뿐만 아니라, 온라인 판매 채널 구축도 고려해 보아야 하겠다. 온라인 판매를 할 경우 소비자와의 거리에 상관없이 판매가 가능하기 때문에 상점 방문을 불편하게 생각하고 있는 소비자들을 유인하고 상점 유지 비용을 줄일 수 있겠다.

Interviewer : 좋은 제안이다. 수고하였다.

Case 7 주요 음료 제조사가 그들의 프리미엄 브랜드를 사용하여 포장 및 커피 원두를 배급하고자 커피 소매상과 조인트 벤처를 구성하는 것을 고려하고 있다. 음료 제조사는 (1) 소매 수준에서 실행할 만한 시장이 있는지, (2) 조인트 벤처가 현재 회사의 운영 방식과 잘 맞을 수 있을 지에 대해 결정하고자 당신을 고용하였다.

A Major beverage manufacturer is considering a joint venture with a specialty coffee retailer to package and distribute coffee beans under their premium brand name. The beverage manufacturer has hired you to determine (1) if there is a viable market at the retail level and (2) if the venture fits within their current operation.

Interviewee : 우선 시장의 매력도를 타진하기 전에 시장의 범위를 규정하고자 한다. 이 문제에서 말하는 커피 원두 유통 시장은 국내를 말하는가? 아니면 글로벌 또는 다른 일부 국가들을 포함하는가?

Interviewer : 국내 시장이다.

Interviewee : 국내 시장 규모에 대한 최근 5년간의 수치를 알고 싶다.

Interviewer : 2000년, 2001년, 2002년은 각각 1,000억 원, 1,050억 원, 1,030억 원이었고, 2003년은 급성장하여 1,500억 원이었으며, 2004년은 1,800억 원이었다.

Interviewee : 커피 원두를 구입하는 고객들은 크게 커피 전문점, 커피 음료 제조사 등의 법인 고객(Corporate customer)과 일반 자가 수요자의 소매 고객(Consumer)의 두 종류로 크게 나눌 수 있다. 법인 고객은 어떤 유통 경로를 통해 구매하는가?

Interviewer : 법인 고객은 자회사 또는 오랜 관계를 맺은 유통상을 통해 구매한다.

Interviewee : 그렇다면 법인 고객은 우리의 고객사가 판로를 개척하기 어려운 고객군이다. 또한 그들은 싸고 질 좋은 원두를 구매할 것이기 때문에 프리미엄 브랜드를 통해 이익을 달성하려는 고객사에게 적합하지 않은 고객이다.

Interviewer : 그렇다. 그래서 소매 유통 기회에서의 사업성을 고객사가 문의한 것이다.

Interviewee : 알겠다. 결국 시장의 성장은 전체 원두 시장 규모의 증가로 판단할 것이 아니라 소매 고객의 성장에 초점을 두어야 고객사에게 알맞을 것으로 생각된다. 위의 5개년 매출 중 소매 시장의 비율은 각각 어떠한가?

Interviewer : 5년 동안 각각 10%, 9%, 11%, 26%, 33%이다.

Interviewee : 그러면 전체 커피 원두 시장의 급성장은 소매 고객의 급격한 증가로 판단된다.

Interviewer : 그렇다.

Interviewee : 그러면 시장의 성장을 예측해야 할 차례이다.

Interviewer : 물론 그러하다. 하지만 그 점에 대해서는 공신력 있는 기관의 전망치가 나와 있다. 향후 3년간 지금의 비율로 급성장을 하고, 그 이후는 법인 고객의 성장률 정도만 증가할 것으로 예상된다.

Interviewee : 일단 시장이 성장한다고 가정하고 볼 때, 고객사가 진출하려는 포장 및 유통 사업이 얼마나 부가가치가 높은가를 확인하고자 한다. 원두가 고객에게 판매될 때까지의 각 경로는 '원두 생산 → 원두 수출 → 원두 수입 → 포장 → 판매'이다. 국내 시장의 경우, 현재까지의 소매 고객 대상 원두 판매에 있어 수입 원가(관세 포함), 포장 원가, 판매 원가(광고 비용 포함) 등 각 단계의 비용 구성비는 어떠한가?

Interviewer : 매출액 대비 수입 원가 15%, 포장 원가 2%, 판매 원가 33%이다.

Interviewee : 그렇다면 커피 원두 비즈니스의 소매 판매 후 마진은 50%이다. 고객사의 타 제품군의 경우 평균 판매 후 마진은 어느 정도인가?

Interviewer : 18% 선이다.

Interviewee : 고객사는 유통망을 직접 운영하는가?

Interviewer : 아니다. 전국의 수많은 상점에 직접 음료를 판매하기 어려워서 도매상에게 제품을 판매한다.

Interviewee : 도매상과의 거래에서 평균 판매 후 마진은 얼마인가?

Interviewer : 도매 가격을 최종 판매가로 볼 때 마진이 12%이다.

Interviewee : 그러면 현재 경쟁 구도는 어떠한가? 독과점 또는 여러 업체 난립 중 어느 경우인가?

Interviewer : 군소 업체가 난립하고 있는 상황이다. 최근의 급성장에 대하여 기존 커피 유통 업체들의 매출이 골고루 늘어났고, 소매 시장을 장악하는 한두 개의 유통 업체는 아직 등장하지 않았다.

Interviewee : 지금까지의 정보를 바탕으로 정리해 볼 때 커피 원두 비즈니스는 성장이 예상되며, 포장 및 소매 유통업도 기존 고객사의 비즈니스에 대비할 때 수익성이 좋은 것으로 판단된다. 또한 대형 유통 업체가 없기 때문에 규모의 경제를 통하여 가격 경쟁력을 가질 수 있고, 물류 통합을 통해 적기 공급력 및 비용 우위를 높일 수 있는 기회가 존재한다.

Interviewer : 그렇다. 그러면 고객사의 조인트 벤처 구상에 대해서는 어떻게 진단하겠는가?

Interviewee : 고객사가 원두 포장 및 유통업에 진출하는 방법은 신규 부서를 만들거나 자회사를 설립하는 독자 진출과 유통에 경험이 많은 회사와 연합하여 조인트 벤처(Joint Venture)를 설립하는 두 가지 안이 있겠다.

Interviewer : 그렇다.

Interviewee : 포장 및 유통업의 핵심 성공 요소를 알아보고 그 요소의
획득이 고객사 스스로 가능하면 독자 진출을 하면 되고,
그렇지 않다면 조인트 벤처를 설립하여야 한다.

Interviewer : 당연한 이야기이다. 포장 및 유통업의 핵심 성공 요소를
어떻게 알아보겠는가?

Interviewee : 포장에 있어 고객사가 현재 가지고 있지 않은 특별한 기술
이 필요한가?

Interviewer : 아니다. 진공 포장만 하면 되는데, 이는 고객사도 장비만
구매하면 쉽게 할 수 있다.

Interviewee : 장비 가격은 위의 포장 원가 2%에 반영되어 있을 것이므
로 기술 문제가 해결된다면 독자적으로 수행해도 큰 문제
가 없겠다.

Interviewer : 그렇게 보아도 좋다.

Interviewee : 그러면 유통 역량이 중요할 것이다. 최근 급증한 소매 고객
들이 구매를 위해 방문하는 유통점은 어떤 곳들이 있으며
각각의 매출 구성비는 어떠한가? 가장 최근의 수치를 알려
달라.

Interviewer : 2003년 커피 원두 시장의 경우 백화점 38%, 할인점 33%,
커피 원두 전문 판매점 13%, 편의점 및 지역 상점 9%, 및
기타 7%이다. 2004년은 집계가 정확하지는 않으나 2003
년과 대동소이할 것으로 업계에서 내다보고 있다.

Interviewee : 그 이전에도 판매 구성비가 2003년과 유사하였는가?

Interviewer : 아니다. 백화점 및 할인점 비율은 각 10% 내외였고, 70%

이상이 커피 원두 전문 판매점이었다.

Interviewee : 시장이 급성장하면서 커피 원두가 소수의 사람들이 즐기던 기호품에서 대중적 기호품으로 변화한 것으로 판단된다. 그리고 고객사의 프리미엄 브랜드는 음료를 기반으로 쌓은 것이기 때문에 소수의 원두 매니아들에게 소구하기에는 무리가 있는 것으로 보인다. 결국 백화점, 할인점 유통에 접근 및 유지력이 있는 커피 소매업자여야만이 우리의 조인트 벤처 파트너가 될 수 있다. 그런데 앞에서 군소업자들이 소매 커피 원두 유통 시장에 혼재한다고 하였는데, 우리의 파트너 후보 업자도 그런 업체들 중 하나인가?

Interviewer : 그렇다. 상대적으로 조금 큰 편이나 시장 점유율은 5% 미만이다.

Interviewee : 그렇다면 조인트 벤처 파트너 후보 업체의 현재 유통별 매출 비중은 어떠한가?

Interviewer : 백화점 8%, 할인점 12%, 커피 원두 전문 판매점이 60%이다.

Interviewee : 그렇다면 최근의 유통 시장 변화에 적합한 구성비가 아니다.

Interviewer : 그렇게 볼 수 있다.

Interviewee : 지금 고객사가 조인트 벤처를 고려하는 것이 백화점, 할인점에의 접근성 때문인데, 지금의 파트너 후보 업체라면 8%, 12%의 매출비도 적극적 영업의 결과이기 보다는 시장의 증가에 대한 유통점의 요구에 대하여 수동적으로 판매한 것으로 추측된다. 현재 파트너 업체의 영업 사원들은 몇 명이며 그 중 백화점. 할인점 업무를 하는 사람들은 몇 명인가?

Interviewer : 전체 영업 사원은 10명이다. 이들 중 백화점과 할인점 영업 사원은 각 1명이며 나머지는 커피 전문 판매점 담당 영업 사원이다.

Interviewee : 영업 사원이 1명씩이라는 것은 구매 오더를 접수받고 발주를 관리하는 수준이다. 백화점 및 할인점에 대한 경험과 지식이 적을 것이다.

Interviewer : 그렇게 볼 수 있다.

Interviewee : 이러한 상황에서 고객사는 조인트 벤처를 통한 시너지를 얻기 힘들 것이다. 군소 업체이므로 자금도 상당 부분 고객사가 공급하여야 할 것이며 영업 역량을 기초부터 쌓아야 할 것이다.

Interviewer : 그렇게 볼 수 있다.

Interviewee : 게다가 백화점, 할인점에서의 신뢰 또한 고객사의 프리미엄 브랜드 이미지로 소구할 것이다. 조인트 벤처를 통해서 이익만 나누어 가지게 되지 투자 위험을 나누어 가지는 부분이 없다. 따라서 파트너 후보 업체와의 조인트 벤처는 바람직하지 않다.

Interviewer : 그러면 다른 업체와의 조인트 벤처를 다시 검토해야 하는가?

Interviewee : 후보 업체가 군소 업체들 중 큰 편이라고 했다. 다른 업체들도 대동소이할 확률이 높다. 지금은 군소 업체가 난립한 상황에서 누가 먼저 규모의 경제를 이루는 대형 유통업체를 설립, 진출하여 빠르게 성장하는 시장에서 선도자가 되느냐가 관건이다. 혹시 모를 쓸만한 군소 업체 파트너 하나를 찾는 노력을 하느니 자회사, 또는 사내 유통 부서를 독자적으로 수립하여 유통업 진출을 검토할 것을 제안한다.

Interviewer : 좋은 제안이다. 수고 많았다.

Case 8　뉴질랜드에 있는 란제리 생산업체가 수입품에 대한 뉴질랜드의 높은 관세 덕분에 유일한 고급 란제리 업체로서의 위치를 누려왔다. 현재의 관세는 제품을 생산하고 뉴질랜드로 이송해 오는데 발생하는 총 비용의 50%이다. 올해 뉴질랜드 정부는 관세를 향후 10년간 매년 5%씩 줄여 나가기로 결정하였다. 회사에서는 이러한 변화가 그들의 사업에 강한 영향을 끼칠 것으로 염려하고 있다. 이러한 상황에 대하여 당신은 어떻게 생각하며 어떻게 도움을 줄 수 있겠는가?

▶추가 정보 사항

- 이 회사는 시장을 지배하고 있다. 그들의 수익을 증대시키기 위해 가능한 모든 방법을 다 해 보았다고 생각하고 있다.

A lingerie manufacturer in New Zealand had had the luxury of being the only provider of lingerie to the New Zealand market due to extremely high tariffs on imports. Currently, the tariff is 50% of total cost to produce and ship a product to New Zealand.

This year, the New Zealand Governemnt decided to decrease the import tariff by 5% a year for the next ten years. Company is concerned that this change will drastically affect their business. What is your assessment of the situation and how could you help to protect their situation?

Additional information

- This company owns the current market. They believe that have done everthing possible to improve their revenue situation.

Interviewee : 편의를 위해서 문제에서 언급된 회사를 A라고 한다. 문제에서 A가 시장을 정복하고 있다고 말했는데, 그 의미를 뉴질랜드 속옷 시장에서 50% 이상의 시장 점유율을 차지하고 있다고 해석하여도 무방한가?

Interviewer : A라는 회사가 뉴질랜드의 명품 속옷 시장에서 50% 이상의 시장 점유율을 차지하고 있다고 가정해도 좋다.

Interviewee : 문제에서 A라는 회사는 심각하게 높은 수입세 때문에 이 시장의 유일한 존재라고 명시하였다. 이 의미는 만약 수입세가 낮추어져 수입자들이 이 시장에 진입 가능하고, A

라는 회사와 비슷한 가격으로 고객에게 다가선다면 A의
경쟁력이 상실될 것이라고 해석해도 무방한가?

Interviewer : 무방하다.

Interviewee : 편의를 위해서 회사 A의 해외 경쟁 상대는 하나만 있다고
가정하고, B라고 칭하기로 한다. 회사 B는 뉴질랜드에서
브랜드 인지도는 어떠하며, 제품의 품질, 디자인, 가격 등
은 어떠한가?

Interviewer : 회사 B의 브랜드 인지도는 굉장히 높은 편이며, 제품의 품
질, 디자인은 회사 A보다 경쟁력이 있다. 하지만 유일한
벽은 가격이다.

Interviewee : 회사 A는 국내 제조업이며 B 회사는 수입업으로 비즈니스
모델이 다르다. 각각의 수익 모델을 정의하여 줄 수 있는가?

Interviewer : A의 수익 모델은 '매출 - 생산비용' 이고, B의 수익 모델은
'매출 - (생산비용 + 관세)' 이다

Interviewee : 상황을 정리해 보면, 시장을 거의 독점하고 있는 A는 관세
가 다음 10년 동안 1년에 5%씩 감소하면서 이 시장에서
위상이 흔들리고 있는 상황이다. 편의상 회사 A와 B의 비
용은 제품, 유통, 마케팅으로 구분되며, 둘의 비용은 같다
고 가정한다. 그렇다면 A의 비용은 50이라고 가정할 때,
B의 비용은 수입세와 운반비 등을 더하여 100이라고 볼
수 있겠다. 두 회사 모두 비용에 300%의 소매 가격을 책정
해야 회사가 유지된다고 가정했을 때 A의 소매 가격은
150이 되고, B의 소매 가격은 300이 된다. B는 A보다 제
품의 품질, 디자인에 경쟁력을 가지고 있으며, 브랜드 인

지도 또한 높다고 가정하였다. 뉴질랜드의 명품 속옷 소
비자들이 어느 정도의 프리미엄을 주고 A의 제품 대신 B
의 제품을 구입할 의향이 있는가?

Interiviewer : 15% 이내의 프리미엄을 주고 B의 제품을 구입할 의향이
있다고 가정하자.

Interviewee : 그렇다면 B의 제품이 172.5 정도의 가격이 될 때는 A의
제품보다 경쟁력이 있다고 할 수 있겠다. 관세가 10년 동
안 연간 5%씩 감소한다는 가정 하에 8년째는 가격이 180
이 되고, 9년째는 가격이 165가 되므로 그 사이에 경쟁력
이 생긴다고 가정할 수 있다.

다시 정리하여 보면, 뉴질랜드의 명품 속옷 시장을 점령하고 있
는 회사가 8년 후의 경쟁을 위해 어떻게 대처해야 하겠느냐는 문제
로 축약할 수 있겠다.

Interviewee : 그렇다면 두 번째 이슈인 이러한 상황을 어떻게 해야 보호
할 수 있겠느냐의 문제이다. '보호'라는 단어의 의미를 소
극적 보호(passive protection)와 적극적 보호(proactive
protection)로 나눌 수 있겠다.

● 적극적 보호(Passive Protection) : A라는 회사가 수동적으로
대처하는 방법으로 주위의 환경을 바꿈으로써 보호할 수 있는
상황이다. 여기에서는 관세가 감소하지 않게 하거나, 비율을
최소한으로 피해가 없게 바꾸는 것이지만, 이러한 외부 환경

은 변경할 수 없는 사항으로 가정되어 확실한 보호를 위한 대
책으로는 정부에 대한 로비 외에는 없다고 판단된다.
- 소극적 보호(Proactive Protection) : A라는 회사가 능동적으
로 대처하는 방법으로 이러한 난관을 극복하기 위한 기업 차
원의 중장기적 전략으로도 해석이 가능하겠다. 현재 뉴질랜드
의 명품 속옷 시장을 장악한 회사이기 때문에 중장기적으로
시장의 규모를 확장해야 하겠다. 시장의 규모를 키우기 위한
대안으로는 다음의 두 가지를 들 수 있다.
  - 국외 시장 진출 : 뉴질랜드에서 성공한 사례를 기반으로 국
    외 시장으로 진출하는 것이다.
  - 국내 다른 시장 진출 : 뉴질랜드의 명품 속옷뿐만 아니라,
    'masstige'와 'mass' 시장을 공략한 서브 브랜드 출시로 국내
    의 시장 규모를 넓혀 가는 것도 하나의 대안이 될 수 있겠다.

Case 9 프랭크의 치즈 회사는 30년 넘게 북동부 해변 지역에
서 유통과 판매 목적으로 고품질의 치즈를 생산해 오
고 있다. 지난 30년간 그들의 주요 경쟁자는 역시 고품
질의 치즈를 생산하는 조의 치즈 회사이다. 이 두 경쟁
자들은 우호적인 경쟁 관계로 각각 30%의 시장 점유
율을 갖고 있다. 최근 프랭크 치즈 회사와 조 치즈 회사
둘 다 수익이 감소하고 있다. 프랭크는 수익의 감소가
광고비와 판촉비 증가에 기인한다고 보고 있다. 당신

은 프랭크의 생각이 맞는지, 그리고 해결책을 제시해
주기 위해 단지 몇 분의 시간만이 주어졌다.

Frank's cheese company has been producing very high
quality cheese for distribution and sales in the upper east
coast for over thirty years. Their main competition over
these thirty years comes from Joe's cheese company,
which also produces very high quality cheese. These two
competitors have had a friendly rivalry over time and each
holds about 30% share of market. Recently, Frank and Joe
have seen their profits drop. Frank blames the decline in
profits on increased advertising and promotional spending.
You have just a few minutes to determine if Frank is correct
and suggest solutions.

케이스에 제시된 항목 중 모호한 것을 구체적으로 정의한다.

Interviewee : Frank's cheese(이하 Frank)와 Joe's cheese(이하 Joe)는
다수의 점포를 운영하고 있는 대규모 치즈 점포인가? 아니
면, 비교적 큰 규모의 치즈 회사라고 볼 수 있는가?

Interviewer : 치즈 회사이다.

Interviewee : Frank가 유통과 판매를 하고 있다는 것은 할인점, 슈퍼마
켓 등의 유통점에 자사의 치즈를 납품하는 부분과 직영점
운영이라는 2개의 sales source를 확보하고 있다는 것인
가? 그리고 이것은 Joe에게도 동일하게 적용되는가?

Interviewer : 이 경우에는 유통은 하지 않고, 직영점만을 운영한다고 가정하자. 또한 이는 Joe에게도 동일하게 적용된다.

Interviewee : 케이스에 나타난 profit은 이익(e.g. operating profit) 의 절대치를 의미하는가? 아니면 수익률(profitability)을 뜻하는가?

Interviewer : 기본적으로는 수익률(profitability), 그 중에서도 영업 이익률을 말하는 것이다. 그러나 수익률뿐만 아니라, 영업 이익의 절대치 또한 감소하였다.

위의 질문을 통해서 Frank와 Joe는 직영점만을 운영하고 있는 치즈 전문 회사이며, 최근의 영업의 이익률과 영업 이익의 하락을 경험한 것을 확인하였다. 보다 구체적인 문제 해결을 위해 얼마의 기간 동안 어느 정도의 영업 이익률 하락이 발생하였는지 확인한다.

Interviewee : 영업 이익률의 하락 폭과 이러한 변화가 나타나기 시작한 시점을 구체적으로 제시해달라.

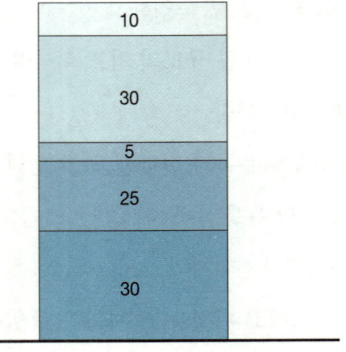

Interviewer : 약 30년 전 두 회사의 매출액 대비 영업 이익률은 20%를 육박하였으나, 이처럼 높은 영업 이익률은 초기 시장의이점으로 볼 수 있다. 이 후 30년간 조금씩 영업 이익률의 감소를 보이다, 최근 급격한 하락세를 겪으면서 지난 2년간 약 6 ~ 7%의 영업 이익률을 유지하고 있다.

급격한 영업 이익률의 감소와 더불어, 우리는 앞선 답변을 통해, 두 회사의 영업 이익 또한 감소한 것을 확인하였다. '영업 이익률 = 영업 이익/매출액' 임을 감안할 때, 우선 매출액의 변화 여부를 확인할 필요가 있다. 매출액이란 기본적으로 시장의 영향을 받는 것이므로 최근 2년간 북동부 해안 지역 시장의 치즈 수요 변화를 확인한다.

Interviewee : 최근 2년간 북동부 해안 지역 시장의 치즈 수요는 어떻게 변화하였는가? 즉 시장의 지난 2년간 성장성은 어떠한가?
Interviewer : 지난 2년간 시장은 매년 10%씩 꾸준히 성장하였다.

시장 규모가 정체하거나 축소되지 않고 오히려 증대된 것을 확인하였다. 시장의 꾸준한 성장 가운데, 두 회사의 판매 성과가 어떠하였는지 확인한다.

Interviewee : 그렇다면, 지난 2년간 두 회사의 판매 성과는 어떠한가?
Interviewer : 매년 꾸준히 시장 점유율 30%를 유지하고 있다.

시장이 성장하는 가운데, 기존의 시장 점유율을 유지하고 있다는 것은 두 회사의 매출액 절대치가 증가하고 있음을 의미한다. 매출액이 증가했음에도 불구하고, 두 회사의 영업 이익이 감소하였으므로, 이들 회사의 비용 운영에 문제가 있음을 추측할 수 있다. 이를 확인하기 위해 비용 구조를 최대한 구체적으로 분해하여, 각각의 비용 변화 여부를 확인한다.

각 비용의 변화 여부를 확인하기 앞서, 변화의 중대성 여부를 가늠하기 위해서는 각 비용의 상대적 비중을 확인해야 한다.

　　Interviewee : 판매가를 100으로 보았을 때, 각 비용의 판매가 대비 비중은 어떠한가? 비용을 크게 제조원가(원재료비, 인건비, 설비 운영비, 고정비)와 판관비로 나누어서 보아도 무방한가?

　　Interviewer : 무방할 것으로 본다. 2년 전에는 판매가 100 중 원재료비가 30, 제조 인건비가 25, 고정비가 5, 그리고 마지막으로 판관비가 30의 비중을 차지하였다. 제조 설비 비용의 경우, 모든 작업이 수작업으로 이루어지므로 매우 미미하다.

영업 이익률이 급격히 하락하기 전인 2년 전 두 회사의 비용 구조를 확인하였다(영업 이익률 10%). 이제 각 비용의 변화치를 살펴보자.

　　Interviewee : 비용 효율성 여부를 알아보기 위해 비용을 하나씩 분리하여, 지난 2년간의 변화를 살펴보겠다. 우선 제품 제조 원

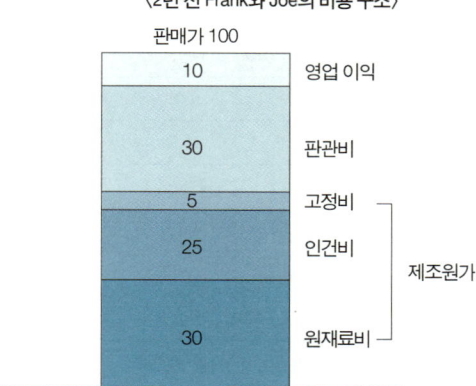

〈2년 전 Frank와 Joe의 비용 구조〉

판매가 100

10	영업 이익
30	판관비
5	고정비
25	인건비
30	원재료비

제조원가

가 부분을 살펴보자. 2년 전과 비교했을 때 각각의 비용이 어떻게 변화하였는가?

Interviewer : 원재료비와 인건비 모두 2년 전 대비 8%씩 증가하였고, 고정비는 변화 없다.

Interviewee : 판관비는 어떠한가?

Interviewer : 판관비는 현재 판매가 대비 40의 비중을 차지하고 있다.

원재료비와 인건비의 경우에는 증가율이 제시된 반면, 판관비는 현재 판매가 대비 비중이 주어졌으므로, 세 가지 비용의 증가 정도를 비교하기 위해서는 판관비의 증가율이 필요하다. 이는 다음과 같은 과정을 통해 구할 수 있다.

	2년 전	계산 과정	현재	증가율
매출액	100	100*(1.1)(1.1)	121	21.0%
원재료비	30	30*8%	32.4	8.0%
인건비	25	25*8%	27	8.0%
고정비	5	변화없음	5	0.0%
판관비	30	현재 매출액*40%	48.4	61.3%
영업이익	10	현재 매출액 - 총비용	8.2	-18.0%
영업이익률	10.0%	영업이익/매출액	6.8%	-3.2%

*2년 전 판매가(매출액)와 판매가 대비 비용의 비중을 실제치로 가정한다.

현재의 매출액을 구하는 방법은 앞서 주어진 사실에 근거하여 이루어졌다. 지난 2년간 시장이 매년 10%씩 꾸준히 성장하는 동안, Frank와 Joe는 변함없이 동일한 시장 점유율을 유지했다고 하였으므로, 시장 성장률만큼 매출액이 성장한 것이다.

판관비의 경우, 현재 매출액의 40% 비중을 차지하므로 '현재 매출액*40%'를 통해 구할 수 있다.

결론적으로 2년간 두 회사의 영업 이익과 영업 이익률이 모두 감소한 것을 확인할 수 있으며, 이것의 주된 원인은 판관비의 급격한 증가에서 비롯됨을 알 수 있다. 비용 중 가장 큰 비중을 차지하고 있는 판관비의 증가율이 가장 높기 때문이다.

판관비 중 구체적으로 어떤 비용이 상승하였는지 확인하기 위해 판관비를 분석한다.

Interviewee : 판관비에 대한 보다 구체적인 분석을 해보겠다. 판관비는 크게 광고 선전비와 점포 운영비 그리고 인건비로 나누어

보아도 무방한가?

Interviewer : 무방하다.

Interviewee : 각각의 비용이 판관비 내에서 차지하는 비중은 어느 정도
이며, 2년 전 대비 어떠한 변화를 하였는가?

Interviewer : 2년 전 광고 선전비가 판관비 중 총 30%의 비중을 차지하
는 것으로 나타나며, 현재 광고 선전비는 2년 전 대비 10%
가 증가하였다. 점포 운영비와 인건비가 판관비의 나머지
증가분에 해당한다.

그래프에서 보이듯이 판관비 중 큰 증가를 나타낸 것은 광고 선
전비가 아닌 점포 운영 비용 및 인건비이다. 2년간 판관비는 총
61.3%가 증가하였고(앞부분 참조), 판관비 중 30의 비중을 차지하
고 있는 광고 선전비의 경우 10%의 증가율을, 그리고 나머지 70의
비중을 차지하는 점포 운영 · 인건비는 83%의 증가율[(38.5/21-
1)*100=83%]을 보이고 있다.

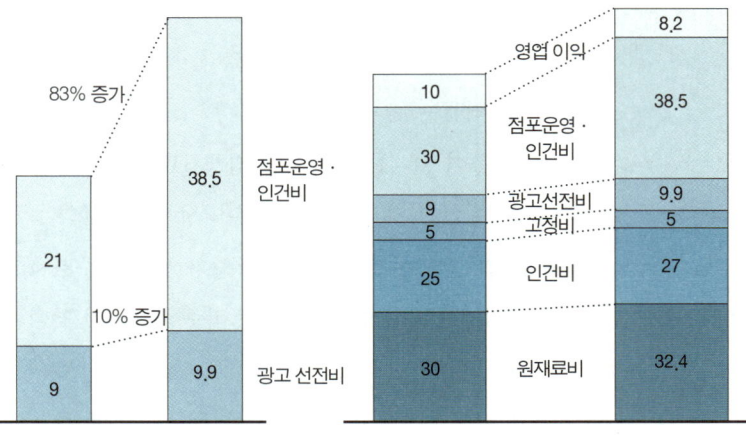

결론적으로, 비용 중 가장 큰 비중을 차지하는 판관비의 증가, 이 중에서도 70의 비중을 차지하는 점포 운영·인건비의 급격한 증가가 두 회사의 수익률 하락을 초래했다고 볼 수 있다. 결국 Frank가 지적했던 광고 선전비의 증가는 수익률 하락 주요 원인은 아닌 것이다. 그렇다면 무엇이 이토록 급속한 점포 운영 및 인건비의 증가를 불러왔으며, 이에 대한 해결책은 무엇일까?

　　그래프에서 우리는 급격한 점포 운영·인건비의 증가와 함께 광고 선전비의 상당한 증가 또한 확인할 수 있다. 이는 지난 2년 간 점포 증대 혹은 확장의 가능성과 그로 인한 광고 선전비의 증가 가능성을 암시하고 있다. 이를 증명할 수 있는 요인들을 찾는다.

Interviewee : 지난 2년간 매장이 몇 개나 증가했는가?

Interviewer : 매장 확장까지 포함하여 약 1.3배 증가했다.

Interviewee : 매장 증설 및 확장의 원인이 무엇이었는가?

Interviewer : 외국의 고급 치즈 브랜드가 새롭게 시장에 진출함에 따라 그로부터 시장을 방어하고자 함이었다.

Interviewee : 결과는 어떠했는가?

Interviewer : 시장 점유율이 늘지는 않았지만 경쟁자로부터 시장을 방어한 효과는 있었다. 다만 매장당 수익성이 하락했다.

Interviewee : 지난 2년간 광고 선전비도 상당히 증가했는데, 주로 어떠한 광고 선전을 하고 있으며, 그 중 비중이 증가한 것이 무엇인가?

Interviewer : TV 광고, 옥외 광고, 지역 내 마케팅 등이 있으며, 주로 옥외 광고와 지역 광고 비중이 증가했다.

Interviewee : 새로 증설된 점포의 광고 선전이 주를 이루었나?

Interviewer : 그렇다고 볼 수 있다.

결국 두 회사는 새로운 경쟁자로부터 자신들의 시장을 방어하기 위해 매장 확장 및 증설을 수행하였으며, 이것이 시장을 방어했을지는 모르나 점포 관리비, 인건비, 광고 선전비 등의 증가로 인해 매장 당 수익성을 감소시킨 것이다. 그리고 이것이 결국 회사 전체의 수익률 하락으로 이어지고 있다고 볼 수 있다.

수익 및 수익률 증대는 결국 이윤의 증가와 비용 절감을 통해 달성될 수 있으므로, 이 두 가지 측면에서 해결책을 찾을 수 있다.

비용 절감은 크게 비용 중 가장 큰 비중을 차지하는 점포 운영비, 인건비, 광고 선전비의 효율화를 통해 이루어질 수 있을 것이다. 예를 들어 증설된 매장 중 - 시장 방어가 주목적이었기 때문에 - 근거리 내 시장을 커버하고 있는 다수의 매장이 있다면 매장 철수를 고려할 수 있다. 인건비의 경우, 사업의 특성상 매장당 다수의 인력이 필요하지 않다는 전제가 있다면, 매장당 인력 감축이 가능할 것이다. 광고 선전비는 보다 전략적인 광고를 지향하는 방법이 있다. 30년간 한 시장에서 같은 사업을 해왔다면 지역 내 소비자를 대상으로 하는 옥외 광고 혹은 지역 광고 등은 이미 그 효과의 한계에 다다랐을 것이라고 예측할 수 있다. 지역 광고보다는 상대적으로 적은 비용으로 기존에 누리지 못했던 더 큰 효과를 기대할 수 있는 중앙 광고 비중을 높이는 등의 새로운 광고 전략을 수립하고 실천하는 것도 비용 절감의 한 방법이 될 수 있다.

수익 증대에는 크게 세 가지 방법이 있다. 첫째는 신규 수요의 창출이다. 예를 들어 치즈를 즐겨먹지 않는 어린이 혹은 젊은 층 등의 새로운 타깃이 시장 내 존재한다면, 신제품 출시나 회사 이미지의 변신 등을 통한 신규 고객 유인이 하나의 방법이 될 수 있다. 두 번째는 객단가를 증가시키는 것이다. 기존 제품의 포장을 변화하거나 고객 만족 서비스 등을 증가시켜 기존 고객으로 하여금 더 많은 제품을 사도록 유도하는 것이다. 마지막은 매우 적극적인 방법으로서 새로운 시장으로의 진출이다. Frank와 Joe의 경우 30년간 북동부 해안 지역에서 사업을 해온 만큼, 그 간의 역량과 노하우를 활용하여 타 지역으로의 진출 가능성을 타진해 볼 수 있을 것이다.

브레인티저 인터뷰에서 알아두어야 할 사실

　브레인티저를 잘하기 위해서는 여러 사실들과 논리적인 결론을 이끌어 내기 위해 그 사실들을 사용하는 방법을 알아야 한다. 대부분의 브레인티저들은 미국과 관련되어 있으며, 여기 모든 취업자들이 알아야 하는 중요한 정보들이 있다.

　1. 전 세계 인구 : 　　　　　　63억 명
　2. 미국의 인구 : 　　　　　　3억 명
　3. 미국의 성인수 : 　　　　　2억 명
　4. 미국의 가구수 : 　　　　　1억 2천 5백만 가구
　5. 주와 관련된 정보
　　　　a. 가장 큰 주 : 　　　　알래스카
　　　　b. 가장 작은 주 : 　　　로드아일랜드
　　　　c. 가장 인구가 많은 주 : 캘리포니아
　　　　d. 가장 인구가 적은 주 : 와이오밍

e. 가장 남쪽에 있는 주 :　하와이

6. 미국 가구당 차량 보유 수 :　2.5대

7. 미국 최소 임금 :　시간당 5.15달러

8. 단위 변환 기준

    a. 1인치 :　2.54센티미터

    b. 1마일 :　5,280피트

    c. 1마일 :　1.609킬로미터

    d. 1미터 :　3.281피트

    e. 1파운드 :　0.453킬로그램

    f. 1갤런 :　3.785리터

    g. 1컵 :　8온스, 48티스푼

9. 물의 빙점 :　섭씨 0도, 화씨 32도

10. 물의 끓는점 :　섭씨 100도, 화씨 212도

11. 절대 0도 :　섭씨 -273도, 화씨 -459도

인터뷰 당일에는 신문을 꼭 읽어보도록 하라. 어떤 면접관들은 그 날의 기사를 물어볼 질문에 사용하기도 한다.

아래의 인터뷰 질문들은 브레인티저는 아니지만, 많은 경우 브레인티저처럼 느껴진다. 여느 브레인터저처럼 이 질문들은 정답이 없으며, 당신이 기존의 틀을 깨고 생각하여 면접관들이 바라는 정보들을 찾아내도록 요구한다.

1. 숨쉬는 것을 잊을 정도로 당신을 놀라게 한 가장 최근에 본 제품이나 서비스는 무엇인가?
2. 당신이 다른 사람에게 들었던 가장 의미있는 칭찬은 무엇인가?
3. 고객은 항상 옳은가?
4. 당신은 다음의 문장을 어떻게 마치겠는가?
   "대부분의 사람들은 기본적으로 ~ 하다."
5. 당신은 실수나 성공으로부터 더 많이 배웠는가?
6. 당신과 당신에게 보고하는 사람들간의 불문화한 법칙은 무엇인가?

7. 당신은 리스트를 만들거나 리스트에서 한 줄을 지우는 것을 좋아하는 타입의 사람인가?

8. 만약 당신의 보스가 당신에게 당신이 동의하지 않는 정책을 따르라는 명령을 내린다면 어떻게 하겠는가?

9. 비즈니스 세계에는 많은 은유적 표현들이 있다. 당신이 가장 좋아하는 표현은 무엇인가?

10. 모든 비즈니스 관계에서 '만기일'과 같은 정해진 용어가 필요한가?

11. 전통적인 지식에도 긍정적인 면이 있는가?

12. 당신에게는 진리 추구와 편안함 중 무엇이 더 중요한가?

13. 허락보다 용서를 구하기가 더 좋을 때는 언제인가?

14. 정직이 항상 최고의 방법인가?

15. 당신이 수영하기를 원하는데 물이 약간 찬 편이다. 당신은 그대로 뛰어들 것인가, 아니면 얕은 곳에서 맴돌 것인가?

16. 당신은 어떤 경우에 거짓말을 하고 싶은 유혹을 느끼는가?

17. 1명을 뽑는 자리에 모든 면에서 동일한 조건을 지닌 2명이 지원하였다. 당신은 어떻게 결정할 것인가?

18. 당신은 좋은 소식과 나쁜 소식 중 무엇을 먼저 듣고자 하는가?

19. 당신이 세계에서 ① 빈곤, ② 사회 문제, ③ 규칙 중 하나를 없앨 수 있다면 어떤 것을 선택하겠는가?

20. 한 단어로 당신을 설명해 보시오.

　이탈리아의 물리학자인 엔리코 페르미의 이름을 딴 페르미 문제들은 현실에 가까운 예측과 중요한 순서에 따른 계산이 문제 해결에 꼭 필요하다. 만약 누군가가 물리학자에게 그가 중국에 있는 모든 엽차의 양을 계산하기 위한 공식을 모른다고 이야기한다면, 그 물리학자는 중국에 있는 엽차의 실제 양이 얼마나 되는지 대략적으로 계산하려 할 것이다. 페르미 문제는 훌륭한 통찰력을 갖추는 데 필요한 분석적 능력과 창조적 사고 능력을 기르는 데 많은 도움을 준다. 페르미 문제를 풀기 위해서는 다음과 같은 항목들에 대해 생각해보아야 한다.

1. 중국에 있는 엽차의 양이 얼마인가?
2. 1리터들이 항아리를 꽉 채우는 데 젤리 빈이 몇 개나 들어가는가?
3. 당신의 학교에 있는 학생들의 몸무게를 합치면 얼마인가?
4. 여행용 가방에 몇 개의 골프공이 들어갈 수 있는가?
5. 미국에서 매년 자동차에 의해 소비되는 휘발유의 양은 얼마인가?
6. 미국 전체에서 자동차가 차지하고 있는 표면적의 비율은 대략적으로 얼마인가?

7. '타잔' 과 같은 월트디즈니 애니메이션에 얼마나 많은 프레임이 있는가?

8. 짐을 가득 실은 시멘트 트럭의 질량은 얼마인가?

9. 만약 당신이 미국의 전체 채무만큼 1달러 짜리 지폐 더미를 쌓는다면, 높이가 얼마나 되겠는가? 무게는 얼마가 되겠는가? 맨 밑에 깔려있는 지폐의 압력은 얼마나 되겠는가?

10. 미국에 있는 고속도로 길이의 총합은 얼마인가?

11. 자동차 타이어가 한 바퀴 돌 때마다 몇 개의 분자들이 떨어져 나가겠는가?

12. 하루에 미시시피 강을 흘러가는 물의 양은 몇 리터인가?

13. 전화번호부 책에서 피아노 조율사를 몇 명이나 찾을 수 있겠는가?

14. 미국에서 누군가가 "아프다"라고 말할 때마다 당신이 1페니를 받는다면, 억만장자가 되는데 시간이 얼마나 걸리겠는가?

15. 만약 미국의 모든 낚싯대의 볼 베어링을 하나의 창고 안에 쌓는다면 창고의 높이가 얼마나 되어야 하는가?

16. 가까운 나무를 찾아라. 나뭇잎은 모두 몇 개인가?

17. 올림픽 규격 수영장 안의 물의 질량은 얼마나 많은 대수의 현대 소나타 자동차의 질량과 같겠는가?

18. 당신의 머리카락은 몇 개인가?

19. 매년 미국 가정에서 버려지는 고체 쓰레기의 무게가 얼마나 되겠는가?

20. 만약 당신의 평생 벌이가 당신이 사는 매시간 동안 일정량의 비율로 지불된다면 당신의 삶의 값어치는 얼마인가?

21. 1년 동안 메이저리그 야구 경기에서 판매되는 핫도그는 몇 개

일까?

22. 올해 당신이 거주하는 지역에서 주문된 피자의 수는 몇 개인가?

23. 한 해에 루이지애나에서 먹는 오크라 수프의 그릇 수는 몇 개인가?

24. 한 학기 동안 메릴랜드대학교 학생들이 먹는 피자를 평방인치로 계산하면 얼마가 되겠는가?

25. 이번 학기 동안 미국에서 19살 학생들이 대학에서 시험 공부를 위해 투자한 시간의 총합은 얼마인가?(기말고사 제외)

26. 1989년 캘리포니아의 로마 프리에타 지진이 발생했을 때 대략 200만 권의 책이 스탠포드대학의 도서관 책장에서 떨어졌다. 만약 당신이 도서관 사서이고 2주 내에 책을 원래 순서대로 되돌려 놓기 위해 아르바이트 학생들을 고용하려 한다면, 몇 명을 고용하여야 하는가?(책들이 책장에서 떨어져 약간 섞이기는 했지만 다른 열에 있는 책들과는 섞이지 않았다고 가정)

27. 만약 지구의 땅이 모든 사람들에게 균등하게 나뉘어진다면 당신은 얼마만큼의 땅을 얻겠는가?

28. 어떤 특정한 해에 어떤 특정한 라디오 방송국에서 내보내는 노래는 모두 몇 곡일까?

29. 지구의 기준 자오선(경도 0도선)을 따라 직선을 긋는데 얼마나 많은 연필이 소모될 것인가?

30. 미국의 모든 테니스 라켓에서 테니스 줄을 빼내 끝에서 끝을 잇는다면 그 길이로 디트로이트에서 올랜도까지 몇 번이나 왕복할 수 있겠는가?

31. 5대호에는 몇 방울의 물이 있는가?

32. 까마귀가 멈추지 않고 얼마나 멀리 날아갈 수 있는가?

33. 이 건물의 높이는 얼마인가?

34. 어떤 특정한 시간대에 당신의 주에 들어오는 자동차와 비행기는 모두 몇 대인가?

35. 당신이 있는 방에 존재하는 공기의 부피는 얼마인가?

36. 전구가 꺼지는 데 걸리는 시간은 얼마인가?

37. 2×4를 쪼개는 데 얼마나 많은 에너지가 소모되는가?

38. 미국에서 매년 생산되는 우유의 양은 얼마인가?

39. 10층 빌딩 꼭대기에서 호박을 떨어뜨린다면, 떨어진 곳에서부터 가장 멀리 날아간 호박씨까지의 거리는 얼마인가?

40. 어떤 특정한 때에 펑크가 난 미국 내 타이어 숫자는 몇 개인가?

●중국에 있는 엽차의 양을 추정하기 위한 페르미 문제

〈주요 가정〉

- 중국에는 20억의 인구가 있다.
- 중국에서는 1인당 평균 2쿼트의 차를 마신다.
- 찻잎 1온스를 가지고 2쿼트의 차를 끓일 수 있다.
- 중국은 항상 석 달, 즉 90일 어치의 찻잎 재고를 가지고 있다.

〈계산방법〉

(20억의 인구) × (하루 1인당 평균 1온스의 차) × (90일)

= 차 180,000,000,000온스

= 11억 2천 5백만 파운드의 차

많은 종류의 브레인티저와 문제들이 취업 인터뷰에 적합하지 않다. 많은 이유로 인해, 면접관들은 다음과 같은 문제들을 난잡하다고 느끼거나, 혹은 "아, 그렇군" 하고 깨닫는 막연한 문제라고 생각할 것이다. 어떤 경우라도 면접관들은 이질감을 느껴 결국 조직에 대한 나쁜 평판을 가져올 것이다. 다음과 같은 질문들이 난감한 이유는 너무 좌절감을 느끼게 하거나, 너무 특정 문화 중심이거나, 너무 특정 언어 중심이거나, 속임수에 의존하거나, 혹은 문제 풀이에 소요되는 시간이 너무 길기 때문이다. 만약 당신이 다음의 카테고리에 속한 취업 인터뷰 질문들로 인한 좋은 혹은 나쁜 경험들이 있다면 다음 이메일 주소로 알려주기 바란다.

jkador@jkador.com

1. 측면적 사고가 필요한 문제들

이런 문제들은 대개 면접관들이 해답을 찾기에 충분치 않은 정보들을 담고 있으며, 대개 낯설거나 특이한 상황을 가정한다. 면접관이 "예", "아니오", "상관없습니다"의 세 대답 중 한 대답만 할 수 있는 질문들을 해야만 하는 것이 이 문제들의 어려운 점이다. 이런 유형의 좋은 질문들은 문화적인 가정에 도전하는 능력이나, 혁신적 방식으로 상황을 재구성하는 능력들을 요구한다. 일단 연관된 질문들을 다 묻고 나면, 완전히 다른 관점에서의 또 다른 접근이 필요한 경우가 많다. 이럴 때 우회적으로 생각해 볼 수 있다.

측면적 사고가 필요한 문제들은 면접관들에게 지원자 사고의 개방성이나 유연성, 창조성 수준을 알려줄 수는 있지만, 문제의 내재적인 "아, 그렇구나" 하는 요소를 배제하는 것은 힘들다. 그러나 이런 문제들의 가장 큰 단점은 문제에 대한 해답이 1개 이상인 경우가 많아 문제들이 만족스럽게 풀리지 않는다는 것이다. 일단 괜찮은 해답을 찾은 다음에 당신은 그것을 다듬거나 혹은 더 나은 해답을 찾아야 한다. 소위 엘리베이터 문제는 가장 잘 알려져 있는 유명한 이런 문제들 중 하나이다. 처음에 주어진 조건에 맞는 많은 해답이 있을 수 있지만, 정식으로 인정받는 답만이 만족스러울 것이다.

한 남자가 건물의 10층에 살고 있다. 매일 그는 일하거나 쇼핑을 하기 위해 엘리베이터를 타고 1층으로 내려간다. 그가 돌아올 때, 만약 그가 엘리베이터에 혼자 있다면 그는 7층에서 내려서 10층까지 걸어 올라간다. 그리고 다른 사람과 함께 있을 때는 10층까지 한 번에 간다. 비가 올 때 그는 엘리베이터 안에 혼자 있거나 다른 사람과 함께 있거나 10층까지 한 번에 간다. 그는 원래 걷기를 싫어하는데, 왜 위와 같이 행동하는가?

|해답| 그는 키가 너무 작아서 10층 버튼을 누를 수가 없다. 그가 혼자 있지 않을 때, 엘리베이터 안에 있는 다른 사람이 10층을 대신 눌러준다. 비가 올 때, 그는 우산을 가지고 10층을 누를 수 있다.

2. 논리 문제들

엄격히 말해서 논리 문제들은 단서들을 조합하는 능력을 요구한다. 단서들은 "그린 씨는 파란 집에서 두 집 떨어져 있으며, 모형 기차 수집광의 집과 식료품점 주인의 집 사이에 산다"와 같은 것들이다. 이러한 단서들의 조합을 통해 지원자들은 거리에 있는 집들의 색깔과 순서, 집주인의 이름, 그들의 직업과 취미 같은 것들을 유추해야만 한다. 지원자들은 보통 논리적인 전개를 통해 해답을 찾아가면서 시사점들을 기록하고 조합하기 위해 차트를 사용한다. 이런 타입의 문제들은 지원자의 정보 수집 능력과 조합 능력을 보여주지만, 문제 해결에 시간이 오래 걸리기 때문에 취업 인터뷰에는 적합하지 않다.

3. 진실과 거짓을 구분하는 문제들

이 문제들에는 보통 한편은 항상 진실을 이야기하고, 다른 편은 항상 거짓말을 한다는 점을 제외하면 구분이 불가능한 2명이 등장한다.

이 문제들은 보통 지원자들이 주어진 문제를 해결할 수 있는 정보들을 논리적으로 획득할 수 있는 조심스러운 질문들을 만들어야 하는 상황을 제공한다. 이러한 문제들은 매우 까다로울 수 있으며, 이를 해결하는 것은 면접관이 높은 수준의 어휘력과 논리력을 지니고 있다는 것을 뜻한다. 한편 이러한 문제들을 가지고 대화를 나누는 것은 해결에 필요한 많은 가정들 때문에 매우 혼란스러울 수 있다. 이러한 문제의 예는 아래와 같다.

당신 앞에 2개의 문이 있다. 하나의 문은 임원 인터뷰 룸으로 이어지고, 다른 문은 출구로 이어진다. 각 문의 옆에는 똑같이 생긴 컨설턴트가 있는데, 1명은 우리회사 사람, 다른 1명은 우리의 경쟁회사 사람이다. 우리 회사 컨설턴트는 항상 진실을 말한다. 경쟁 회사 컨설턴트는 항상 거짓말을 한다. 이 2명은 외양만으로는 구분할 수 없다. 당신은 임원 인터뷰실로 이어지는 문을 찾기 위해 1명의 컨설턴트에게 하나의 질문을 할 수 있다. 당신은 어떤 질문을 할 것인가?

|해답| 요지는 컨설턴트가 진실을 이야기하든 거짓을 이야기하든 상관없이 당신이 원하는 정보를 얻을 수 있는 질문을 만드는 것이다. 이를 위해서는 이중 부정을 이용한 조건문을 사용해야 한다. 한가지 방법은 한 문을 가리키며 묻는 것이다. 만약 제가 당신에게 이것이 임원 인터뷰실로 이어지는 문이라고 묻는다면, 그렇다고 하실 건가요?

4. 수학 문제들

수학 문제들은 계산 능력, 즉 그리 흥미롭지 않은 공식들을 통해 문제를 해결하는 능력 정도를 요구한다. 기본적인 산수, 기하학, 확률 이상을 요구하는 문제들은 잊어라. 당신이 과학자와 인터뷰하지 않는 한, 미적분학은 취업 인터뷰의 영역이 아니다. 지원한 직종이 특별한 수학 기술을 요구하지 않는 한, 수학 문제를 푸는 것은 큰 의미가 없다. 만약 직종이 수학 능력을 요구한다면, 차라리 적성 검사를 하는 것이 낫다.

5. 시행착오 문제들

창조적이고 흥미로운 다양한 종류의 많은 이런 문제들이 있지만, 이 문제들은 해결 과정이 다소 무모한 편이다.

보통 해결하는 데 너무 많은 시간이 소요될 뿐 아니라, 이러한 문제들은 인터뷰 면접관이나 지원자에게 변별 과정을 거의 제공하지 못한다. 이런 문제들의 전형적인 예는 다음과 같다.

대학생이 그의 아버지에게 보낸 엽서의 전체 내용의 글자를 숫자로 바꾸어 더한 합과 같은 것이다. 각 글자는 숫자를 뜻하며, 글자의 최종 합이 숫자로 얼마인지 알아내는 것이 목적이다(첫 번째 해야 하는 일은 그것이 정말 합인지를 결정하는 일이다).

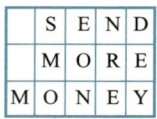

|해답| 알파벳 순서의 암호 해석은 독창적인 해답을 제시한다. 온라인상의 퍼즐 워크시트를 이용하여 이 퍼즐을 풀고자 하는 사람은, Crack A Puzzle Online (www.geocities.com/Athens/Agora/2160/puzzle01.html) 을 방문하여라. 이 사이트에서는 여러 개의 알파벳 관련 퍼즐들이 나온다. 'SEND+MORE = MONEY' 에 대한 독창적인 해답은 '9567 + 1085 = 10,652' 이다.

6. 트릭 문제들

"아, 알겠다" 하는 종류의 트릭 질문들은 재미있을 수 있지만, 취업 인터뷰에는 적절치 않다. 인터뷰 면접관들은 취업 인터뷰에서 힘의 균형이 동등치 못하다는 점을 알아야 한다. 트릭 질문들은 유용한 정보를 제공하지 못할 뿐 아니라, 지원자들을 무기력하게 만들 수 있다. 고맙게도, 대부분의 면접관들은 다음과 같은 질문들은 묻지 않는다.

"비행기가 미국과 캐나다 국경 사이에 추락하였다. 생존자들은 어디에 묻혔는가?"

|해답| 생존자들은 묻히지 않는다 트릭 질문들에는 가끔 괜찮은 문제들도 있을 수 있지만, 그래도 여전히 트릭 문제일 뿐이다.

"다섯 명의 남자가 5시간 안에 5피트 깊이의 5개의 홀을 판다. 한

명의 남자가 홀의 반을 파는데 걸리는 시간은 얼마인가?"

|해답| 홀의 반을 파는 일은 없다.

7. 순열 문제들

이 문제들은 무작위로 연속적인 글자들이나 숫자들을 배열하여 그 다음에 오는 글자나 숫자를 맞추는 형태의 문제들이다. 물론 추측의 바탕이 될 수 있는 기본적인 규칙이나 논리가 있으며, 몇몇 순열 문제들은 아주 재미있다. 이런 문제들을 잘 해결하는 것은 지원자가 비즈니스에서 유용한 능력 중 하나인 패턴을 파악할 수 있는 이해력이 높은 지능을 가지고 있다는 것을 뜻한다. 하지만 순열 문제들은 종종 한 가지 원칙이나 직관적인 통찰력에만 초점을 맞춘다. 그리고 어떤 문제들은 특정한 문화적 배경을 가져 지원자들은 답을 맞추지 못할 수도 있다. 순열 문제들의 가장 큰 한계는 면접관과 지원자가 대화할 많은 기회를 주지 않는다는 점이다. 다음의 예를 보라.

다음 글자의 배열 다음에 들어갈 글자는 무엇인가?

"O, T, T, F, F, __ ?"

|해답| Six를 뜻하는 S이다. 위의 배열은 숫자를 뜻한다. One, Two, Three

지리적으로 기운 순열 퍼즐의 예이다.

"다음의 숫자 배열 다음에 나올 숫자는 무엇인가?

14, 23, 28, 33, 42, 51, _ ?

|해답| 59번가의 59. 이 숫자들은 뉴욕시의 렉싱턴가 지하철 노선상의 역이 위치한 거리의 번지수를 나타낸다.

8. 단어 문제들

영어로 된 단어 문제들은 언어와 문화에 너무 영향을 받기 때문에 모국어가 영어가 아닌 사람들을 차별을 받을 문제점이 있다. 다음과 같은 단어 문제들은 직업 인터뷰에서 적절치 못하다.

"모음 A, E, I, O, U를 차례대로 사용한 단어는 무엇인가?"

|해답| Facetious

편의성을 위하여 독자들은 저자의 웹사이트인 www.jkador.com 에서 이 웹사이트로 링크될 수 있을 것이다.

●Ace the Interview

브레인티저와 이것을 어떻게 다룰 것인가에 대한 부분을 포함한 인터뷰 질문들에 대한 포괄적인 자료들

http://www.acetheinterview.com/index.html

●Accenture

엑센츄어(Accenture)는 모든 산업 분야의 고객들에게 특화된 역량과 해결책을 가져다 주는 전 세계 48개국에 약 86,000명이 근무하고 있는 글로벌 전략 컨설팅, 기술 서비스, 그리고 아웃소싱을 하는 회사이다. 뉴욕에 위치하고 있는 컨설팅 회사는 3개의 샘플 케이스(정답은 안타깝게도 없음)를 제공하여 케이스 인터뷰를 성공적으로 하

기 위한 제안을 보여주고 있다.

http://careers3.accenture.com/Careers/US/CampusConnection/Advanced
Degree/TheCaseInterview/cc_ad_smba_cis_L02.htm

● Bain & Company : 비즈니스 케이스

세계적인 매니지먼트 회사는 엄격한 선발 과정에서 비즈니스 케이스를 사용한다. 커리어 웹사이트에서는 이렇게 언급하고 있다.

"우리는 서로 더 잘 알아가기 위한 수단으로 케이스 인터뷰 과정에 가치를 부여한다. 당신이 우리에게는 실제 비즈니스 문제를 통해 어떻게 생각하고 있는가를 보여주고, 우리는 매일 접하게 되는 일들의 예를 당신에게 보여주는 기회가 된다. 이러한 이유로, 우리의 면접관들은 실제 케이스에 근거한 인터뷰를 준비하게 되고, 브레인티저나 이론적인 문제에는 의존하지 않게 된다. 웹사이트에는 2개의 쌍방향 케이스 스터디를 포함하고 있다."

http://www.bain.com/bainweb/Join_Bain/case_interviews.asp

● Boston Consulting Group : 비즈니스 케이스

전략 컨설팅 회사는 웹사이트의 커리어 페이지에 네 가지 포괄적인 비즈니스 케이스를 포함하고 있다. 케이스들은 지속적으로 업데이트 되지만, 기본적으로 제조, 의료, 소매 분야의 비즈니스 현황을 분석할 것을 지원자들에게 요구하고 있다. BCG 인터뷰에서 "당신은 무엇을 기대하십니까?'라는 문장 아래에 나오는 정보를 확인해 보시오.

http://www.bcg.com/careers/interview_prep/practice_cases.jsp

● BrainBashers

BrainBasher는 퍼즐, 게임, 그리고 착시를 모든 해결책과 함께 매우 깊이 있게 다룬 좋은 것이다. 매주 다섯 개의 새로운 퍼즐을 추가한다.

http://www.brainbashers.com

● Brainteasers.com

상업성 웹사이트로 많이 연결되어 있는 브레인티저, 깜짝 놀라는 문제들, 수수께끼, 퍼즐, 퀴즈 게임의 놀랄만한 집합소이다.

http://www.brainteaser.com

● Qbrute의 브레인티저 퍼즐
끈기 있는 지원자에게 적합한 어려운 퍼즐

http://www/angelfire.com/empire/qbrute/

● Braingle

6,000개가 넘는 브레인티저, 수수께끼, 논리력 문제, 심리 퍼즐들이 나오고 사용자들에 의해 순위가 매겨져 있는 Braingle는 다양한 종류의 집결체이다. 문자 방정식, 수학, 수수께끼, 확률, 글자 맞추기, 상황 문제, 시리즈 문제 등을 포함하여 유형별로 분류하였다.

http://www.braingle.com/index.php

● BrainVista

BrainVista는 어려움의 정도와 유형을 토대로 분류된, 교육과 오락 목적의 브레인티저, 퍼즐, 모든 사람들을 위한 수수께끼의 가장 포괄적인 집결체이다. 당신이 해답을 내기 위해 생각하도록 하는 질문이나 문제들이며, 당신의 창의력과 심리력을 증가시키는 좋은 방법이다.

http://www.brainvista.com/bv/index.php

● Capital One : 비즈니스 케이스

세계적인 크레디트 카드 발행사는 인터뷰 조언과 깊이 있는 비즈니스 케이스를 포함하여 커리어 페이지에 광대한 정보를 갖추고 있다.

http://www.capitalone.com

● Car Talk : 퍼즐

매주마다 유명 NPR 라디오 쇼인 'Car Talk'에서 Tom과 Ray Magliozzi(Click과 Clack으로도 알려짐)는 논리 퍼즐을 내놓는다. 청취자들에게 매우 유명한 것으로 알려져 있다. 이러한 호기심을 끄는 작은 수수께끼들은 때때로 자동차의 내부 작업과 관련이 되어 있다. 이 책에는 퍼즐의 다양한 변형 유형들이 있지만, 모방할 수 없고 말하기 좋은 스타일로 전달이 된다. 이 사이트는 브레인티저를 내는 격식 없는 방식에 대한 통찰력에 매우 유용하다. 퍼즐에 대한 설명과 해답을 글과 오디오 형태로 집적하여 보여준다.

http://www.cartalk.com/content/puzzler/

● Eluzions

퍼즐, 수수께끼, 게임 등으로 풍부하게 분류되어 정리되어 있는 웹사이트 이다. 퍼즐을 좋아하는 사람들은 거의 모든 종류의 퍼즐을 찾아볼 수 있을 것이다.

http://eluzions.com/Puzzles/

● The Enigmatic World of Philip Carter

영국 웨스트 요크셔에 사는 카터는 성인과 어린이들을 위한 퍼즐과 퀴즈 게임을 다룬 100권이 넘는 책을 펴낸 저자이다. 그의 첫 책은 『IQ에 도전하라』였다. 네덜란드 저자 마셀 핀스트라와 오스트레일리아 저자 크리스토퍼 하딩과 함께 최고의 IQ 책을 발간하였고, 1994년에는 후속으로 『최고의 IQ 도전』을 발간하였다.

http://www.know1.demon.co.uk/

● Fermi Problems

햄튼 대학에서는 현실적인 평가와 크기 순서의 계산력이 필수적인 페르미 문제와 퍼즐을 수백 개 나열하였다. 페르미 문제에 대해 현저하게 영리하고 싶어하는 면접관은 여기서 그들이 원하는 것을 찾을 수 있을 것이다.

http://www.jlab.org/~cecire/garden/fermiprob.html

● Fundrum My Conundrum

벤자민 코블러가 수집한 퍼즐과 수수께끼

http://www.fundrummyconundrum.com

●기술자 고용하기

조안나 로스만의 사이트에서는 기술자를 인터뷰하는 것에 대한 아주 빈틈없는 설명이 나온다. 아울러 인터뷰할 때 브레인티저와 퍼즐을 사용하는 것의 어려움에 대한 주의점을 알려준다.

http://jrothman.com/weblog/htpblogger.html

●Hitequest high-Tech Interview Questions

실제 면접에서 나왔던 전기 기술자와 컴퓨터 엔지니어를 위한 기술과 일반 사고력 측정 질문과 답을 보여주고 있다. Qitequest는 또한 기술관련 기사, 직업 찾기 요령, 엔지니어 농담 등도 포함하고 있다.

http://www.hitequest.com/

●브레인티저 인터뷰에서 최고가 되는 방법

이 책의 저자는 새롭고 업데이트 된 퍼즐을 보여주고 있고, 다른 퍼즐 사이트와 그의 웹사이트에 있는 정보들을 연결해 두었다.

www.jkador.com

●후지산을 어떻게 옮기겠는가?

『How would you move Mt. Fuji?』(Microsoft' s Cult of the Puzzle How the World' s Smartest Company Selects the Most Creative Thinkers)는 기술자를 고용하는데 있어 퍼즐과 심리 문제를 사용한 역사와 경험에 대하여 광범위하게 말해 주고 있다. 파운드 스톤은 마이크로소프트사가 이러한 질문을 했던 최초의 회사는 아니며, 이러한 질문을 유명하게 했던 것이라고 설명한다. 이 책은 회의적이다. 저자는 지능 테스트의 타당성 실체를 폭로하고 마이크로소프트 사는 인정하지 않지만 마이크로소프트사의 면접이 IQ 테스트에서 나왔음을 지적한다. 그는 심지어 퍼즐에 기반한 면접이 전통적인 형태의 면접 - 흑백, 옳고 그름 - 보다 더 객관적이라고 언급한다. 따라서 면접관에 의해 자의적으로 해석되어지는 것이 더 낮아지게 된다. 문제는 대답에 대한 면접관의 평가가 매우 주관적일 수 있다는 것이다.

'How to Outsmart the Puzzle Interview' 장에서 파운드 스톤은 퍼즐 문제에 직면한 지원자들에게 유용한 면접 팁을 제공한다. 유능한 지원자는 문제와 과정 사이의 미세한 선을 잘 구분할 수 있다. 창의적인 사고력을 지닌 사람들은 틀리게 시작하고, 통제할 수 없는 환상과 시스템의 공격 사이에서 지속적으로 동요하게 된다. 또한 파운드 스톤은 "당신이 갖고 있는 환상이 언제 통제할 수 없는지를 파악해야만 한다"고 설명한다. 퍼즐을 효과적으로 풀기 위해서는 (그리고 더 큰 문제를 풀기 위해서는), 2개 또는 그 이상의 단계를 동시에 진행해야만 한다. 자각의 위협이 다른 더 높은 수준의 위협이 진행 단계를 관찰하는 동안 문제를 다루게 된다. 당신은 당신 자신에게 지속적으로 물어봐야 한다. "이 접근 방법이 효과적이겠는가? 이 접근에 얼마만큼의 시간을 써야 하는가? 그리고 얼마 만에 대답을 내놓을 것 같은가? 내가 시도할 수 있는 다른 것이 있겠는가?"

올레 아이코른의 책에 대한 평론에서 더 찾아 볼 수 있다.

http://w-uh.com/articles/030524-moving_Mount_Fuji.html

● Inductis : 브레인티저와 비즈니스 케이스

뉴저지에 위치한 인덕스티스(Inductis)는 인도 뉴델리에 관심을 갖고 있는 글로벌 컨설팅 회사로, 뉴델리에서 많은 소프트웨어 개발을 조달해 온다. 웹사이트에서 고전적인 브레인티저와 비즈니스 케이스를 깊이 있게 분석하여 보여 주며, 놀랄 만큼 구체적이고 가치 있는 인터뷰 가이드를 제공해 주고 있다. 브레인티저는 경제학, 확률, 수학, 엔지니어에 대한 꽤 어려운 것들을 포함하고 있다. 비즈니스 케이스에서는 "세계에서 몇 개의 골프공이 만들어 지겠는가, 영국에는 왜 라이트 맥주가 팔리지 않는가, 초고층 빌딩은 몇 개의 층이 있어야 되는가, 왜 고가격의 항공사가 생존하는가" 등의 문제를 포함하고 있다.

http://www.inductis.com/careers.html

● Institute for Security and Open Methodologies

이 책의 1장, 퍼즐 40 ~ 46에서 사용된 퍼즐들의 시나리오는 피트 헤르조그가 고안해 낸 것이다. 이 시나리오에 대한 구체적인 정보는 헤르조그에게 연락해 보라. pete@isecom.org

http://www.isecom.org/

● 인터뷰 브레인티저와 불만

럭스(Lux)의 개발 디렉터인 조 마벨은 소프트웨어 개발 분야에서 가장 존경받는 사람 중의 하나이다. 마벨은 C++ 상위 클래스, 이중으로 엮은 프로그래밍, 소프트웨어 개발에서 합의 방법 사용을 가르쳤다. 20년 넘는 경력자로서 수백 차례 면접관으로 참여하여 왔고, 프로그래머를 선발하는 데 있어 퍼즐과 브레인티저를 이용하는 것에 대해 비판적이다. 『인터뷰 브레인티저와 불만』이라는 책에서, 마벨은 "이러한 퍼즐로 인터뷰가 아주 잘못된 방향으로 갈 수 있다"고 주장하고 있다. 얼마나 안 좋게 되는가를 실제 인터뷰를 통해 보여주고 있다. 마벨은 또한 퍼즐을 어떻게 다루어야 하는지 지원자들을 위한 조언도 언급하고 있다.

http://www.speakeasy.org/~jmabel/

● Lloyd King : 퍼즐

『높은 IQ를 위해 당신의 창의적인 사고와 퍼즐을 시험해 보라』의 저자에 의해 이 사이트는 운영된다. 2개의 창의적 사고 테스트를 포함하여 250개의 퍼즐을 다루고 있는 이 책은 독자들이 창의적으로 생각할 것을 독려하는데 목적을 두고 있다. 퍼즐은 비범하고 예상치 못한 조합, 유형, 연결을 촉진한다.

http://www.ahapuzzles.com/

● McKinsey & Company : 케이스 스터디 팁

보스턴에 기반을 두고 있는 컨설팅 회사로 '왜 비즈니스 케이스를 사용하는가' 에 대한 풍부한 정보와 제안을 주고, 지원자들이 실제 인터뷰에서 접하게 되는 것을 느껴볼 수 있도록 하기 위해 온라인 케이스 스터디를 제공한다.

http://www.mckinsey.com/careers/apply/interviewingtips/casestudy/

● 마이크로소프트

마이크로소프트사의 커리어 페이지에서는 인터뷰 과정이나 지원자들이 어떻게 준비해야 하는가에 대한 충분한 정보를 제공하지는 않는다.

http://www.microsoft.com/college/joinus/tips.asp

몇 개의 레쥬메와 인터뷰에 대한 팁을 여기서 제공해 주고 있다.

http://www.microsoft.com/careers/mslife/insidetrack/resume.aspx

● Chris Sells의 마이크로소프트 인터뷰

수년동안 크리스 셀스는 마이크로소프트사의 인터뷰 질문들을 모아오고 있다.

"나는 언젠가 마이크로소프트사에서 일하고자 하는 의도로 이 취미를 시작했다고 생각한다. 비록 나는 아직까지 인터뷰를 보지는 못했다. 그러나 나는 마이크로소프트사에 입사하고자 하는 젊은이들을 위하여 이 모든 것을 주고 싶어서 지금까지 내가 수집한 것을 출판한다. 나는 실제로 마이크로소프트사의 인터뷰를 위해 수 주 동안 공부한 사람들을 알고 있다. 이 나이의 어린이들은 삶을 즐겨야 한다. 당신이 이런 사람들 중의 하나라면 밖으로 즐기러 나가라! 가오리를 잡고 당신 얼굴에서 녹색빛의 모니터 불빛을 내쫓아라!'

이 사이트는 마이크로소프트사의 인터뷰를 마친 많은 사람들의 보고서도 포함되어 있고(일부는 성공하였고, 일부는 그렇지 못했다) 관련 사이트로 링크되어 있다.

http://www.sellsbrothers.com/

● Kiran의 마이크로소프트 인터뷰 질문들

그의 웹사이트에서, 키란 쿠마르 본달라파티는 수백 명의 마이크로소프트 지원자들에게서 수집한 퍼즐과 브레인티저를 나열해 놓고 있다. 본달라파티는 이 사이트를 더 이상 운영하지 않고 해결책에 대해 그에게 질문하는 방문객들로 인해 심기가 불편해져 있다. 그러나 이 사이트는 이 책에 나와 있지 않은 많은 퍼즐들을 포함하고 있다.

http://halcyon.usc.edu/percent 7Ekiran/questions.html

● Tangent : 교수

논리 퍼즐, 브레인티저, 게임, 유머를 포함한 잘 정리된 웹사이트

http://www.professortangent.org/index.shtml

● Proudly Serving My Corporate Masters

Proudly Serving My Corporate Master에서 마이크로소프트사에서 프로그래머로 10년을 근무하면서 배운 Adam Barr는 마이크로소프트에서 면접을 보는 것이, 선발되는 것이, 그리고 성공하는 것이 무엇인가에 대한 비밀을 밝혀 냈다. 다른 데서 읽었던 것들을 잊어 버려라. Proudly Serving My Corporate Masters에서 소프트웨어 개발 전쟁의 선두에서 10년 동안 일한 전문가는 마이크로소프트가 어떻게 일하는가에 대해 정보를 주고 있다. 마이크로소프트가 어떻게 채용을 하고 사람들을 면접을 하고 프로그래밍 팀과 회사의 다른 팀들과의 관계에 대해 말해주고 있다.

http://www.proudlyserving.com/

● The Puzzling World of Barry R. Clarke

브레인티저 퍼즐 포럼, 기사, 테스트에 광범위하게 링크되어 있는 잘 꾸며진 사이트. 클라크는 오리지널 브레인티저 상당수를 제공해 준다.

http://barryispuzzled.com

●Rec.Puzzles Archive

Rec.Puzzles archive는 주제별로 분류 정리된 퍼즐을 나열해 놓은 곳이다. 각각의 퍼즐은 다양한 정보로부터 수집되어 나온 해답을 포함하고 있으며 결정적인 것들이다. 용으로 편집된 목차이다. 많은 퍼즐들에 대한 해답도 찾아 볼 수 있다.

http://rec-puzzles.org/

●Techinterview

포그 크리크 소프트웨어(Fog Creek Software)의 프로그래머인 Michael Pryor는 지원자와 면접관을 위한 퍼즐 사이트를 구성하기 위한 윌리엄 파운드 스톤 책에서 영감을 받았다. 이 사이트는 새로운 퍼즐과 문제에 도전하기 위한 당신을 위한 것이다. 당신이 사용하고 있는 문제가 여기 나오게 되어 더 이상 쓸모없게 되는 것에 대해 두려워하지 말라. 첫째로, 이 사이트에 들어와서 문제들을 본 사람들은 당신이 고용하고 싶어하는 사람들일 것이다. 그들은 문제를 풀고 새로운 문제를 찾아내어 스스로 해결하고자 하는 능동적인 사람들일 것이다. 문제가 나온 뒤 1개월 뒤에 해답을 올려놓았다.

http://techinterview.org/index.html

●Technical Questions

브레인티저와 C++, 시스템 운영, 자료 구조화의 전문성을 테스트하기 위한 프로그래밍 질문들을 집약해 놓은 곳

http://www.ics.uci.edu/~bbhattac/interview/Interview percent 20Questions.html

●William Wu의 수수께끼

William Wu에 의해 정기적으로 업데이트 되며 자료가 축적되는 풍부한 자료실. Wu가 해결책을 내놓는 것에 대해서는 할 가치가 없다고 생각하지만, 독자들의 포럼은 문제의 해결책에 대해서 토론하고 있다.

http://www.ocf.berkeley.edu/~wwu/riddles/intro.shtml

오늘날 세계적으로 유명한 선진 기업들은 브레인티저를 통한 면접 방식을 고수해 오고 있다. 이미 미국의 마이크로소프트나 휴렛 패커드는 매년 입사 지원자들을 선발하는 기준으로 이러한 브레인 티저를 활용하는 것으로 널리 알려져 있다. 특히 인재들이 가장 많이 모여있다는 컨설팅 회사에서는 과거 수십 년 동안 거의 전적으로 이러한 방법에 의존하고 있다고 해도 과언이 아니다. 이러한 대다수 외국계 기업은 물론 최근 삼성 및 LG그룹 등의 국내 대기업에서도 새롭고 입체적인 면접 방식을 도입하고 있으며 그 과정에서, 특히 브레인티저를 활용하는 경우가 점차 증가하고 있다. 이러한 추세를 반영하듯, 최근 국내에서는 유수의 외국계 기업을 중심으로 대학생을 대상으로 한 다양한 Case Competition이 열리고 있으며 이들에게 취업시 특전을 부여하고 있다.

브레인티저는 특성상 정답이 정해져 있지 않으며 접근 방법 (approach)이 중요하고, 해결을 위해서는 다양한 가설이 필요하게 된다. 또한 다양한 프레임 워크을 활용해 문제를 구조화해야 할 필요가 있다.

그렇다면 브레인티저가 그 사람의 능력과 자질을 설명하는 데 있어서 얼마나 효과적일까?

전문가들에 의하면 브레인티저는 문제에 대한 직관과 순발력, 접근에 있어서의 논리와 분석력, 더불어 커뮤니케이션 스킬은 물론 수리 능력까지 종합적으로 판단할 수 있는 방법이라는데 이견이 없다. 결국 종합해 보면 브레인티저는 똑똑한 인재를 선별하는 데 있어서 가장 강력한 방법인 것이다.

따라서 이 책은 다음과 같은 독자에 대해 큰 도움을 줄 수 있다고 확신한다.

첫째, 현재 졸업을 앞두고 취업 준비를 하는 독자로서 컨설팅 회사는 물론 다양한 외국계 기업에 대해 취업을 준비하고 있다면 이 책으로부터 대단히 유용한 정보를 얻을 수 있을 것이라고 확신한다.

둘째, 현재 직장을 다니고 있으나 외국계 기업으로의 이직을 고려하고 있다면 이 책이 기본적인 가이드 역할을 해줄 것이다.

셋째, 취업이나 이직과 상관없이 현재 근무하고 있는 업무와 관련해 자주 브레인스토밍을 해야 하거나 또는 체계적인 접근을 통해 문제를 해결할 수 있는 사고 능력을 함양하고자 하는 분들에게 좋은 지침서가 될 것이라고 믿는다.

이 책의 구성은 원서의 기본적인 틀 내에서 보다 광범위한 독자의 니즈를 충족시키기 위하여 다양한 보완을 하는데 노력을 기울였다.

첫째, 비즈니스 케이스를 대폭 강화하였다. 비즈니스 케이스는 단순한 수수께끼나 퍼즐의 차원을 넘어서 업무에 대한 현실 감각을 키우는 데 필수적이라 할 수 있으므로, 짧은 유형에서부터 중간 또는 긴 분량의 케이스에 이르기까지 컨설팅 회사를 비롯한 다양한 외국계 기업에서 실제 다루어진 사례들을 중심으로 구성하였다. 또한 이러한 사례들 중에는 미국의 MBA 과정 학생들이 현지에서 유명 컨설팅 회사의 인터뷰 과정에서 접한 실제 사례들이 포함되어 있고, 또한 실제 국내에서 개최되었던 다양한 주요 사례대회에서 최우수 작품들을 편집하여 구성하였으므로 독자들에게 대단히 큰 도움이 되리라 믿는다.

둘째, 책 전반에 걸쳐 Insider Tip을 편성하여 국내 대다수의 컨설팅 회사나 유수의 외국계 기업, 또는 국내 주요 대기업에 근무하는 다수의 현직 경험자들로부터 생생한 목소리를 듣고자 노력하였다. 또한 브레인티저를 직접 주관한 면접관(interviewer)의 관점에서 느낀 점이나 보완해야할 점 등에 대해서도 경험을 토대로 수록해 놓았으므로 브레인티저를 활용하는 채용 담당자나 이를 준비하는 예비 지원자 입장에서 큰 도움이 될 것이라 믿는다.

끝으로 이 책의 출간은 YMCG(Yonsei Management Consulting Group)라는 거대한 비즈니스 네트워크에 의한 노력과 정성의 결실임을 강조하고자 한다. 국내의 대다수 외국계 컨설팅 회사는 물론 투자은행 등 다양한 다국적 기업에서 활동하고 있는 150여 명은 오래 전부터 이러한 브레인티저에 대한 책의 출간을 꿈꾸어 왔고, 따라서 원서에 대해 가치를 더하기 위해 각자의 지혜와 경험을 쏟는데 시간과 노력을 아끼지 않았다. 골드만 삭스(Goldman Sachs)의 탁양현과 최윤정, 베인 앤 컴퍼니(Bain & Company)의 김대일, 딜로이트 컨설팅(Deloitte Consulting)의 서성욱과 손지혜, 모니터 그룹(Monitor Group)의 구문회와 정재훈, 부즈앨런해밀턴(Booz Allen Hamilton)의 우성민, 아서디리틀(Arthur D. Little)의 정우성, 소니 코리아(Sony Korea)의 구자현과 오세훈, 아리랑 TV의 김원소, 암웨이 코리아(Amway Korea)의 김현동, IBM의 최영배, 강원도 외자유치단의 남창현, 맥킨지(McKinsey & Company)의 고경은, 김종민 님께 감사를 드린다. 그들의 남다른 정성과 경험, 노력이 없었다면 이 책은 출간될 수 없었을 것이다. 또한 켈로그(Kellogg) 비즈니스 스쿨에서 MBA 과정중에 있는 이병욱, 웨슬리퀘스트(Wesley Quest)의 이상훈, 제이씨 유로팜(JC Europam)의 최석훈, EZDEET의 오원용, 케이아이파트너스 (K.I.Partners)의 한다윗, 제미로(Zemiro)의 박형진, 우리증권의 김해영, 도이치뱅크의 최세민과 김우진, 다음 커뮤니케이션의 최영환, SK텔레콤의 송수현, 조미현 연구원 그리고 현재호, 최민정, 윤성원, 이고은, 이인명 님의 감수가 전체적으로 책의 품질을 높이는 데 큰 역할을 했다. 그밖에 늘 Advisor로서 지원을 아끼지 않는 모니터 그룹의 송경섭 컨설턴트, 야후 코리아(Yahoo Korea)의 김경선 대리, 엘텍신뢰 경영연구소의 한광모 수석연구원에게 감사한다.

또한 이 책에 자신의 경험과 생각을 공유해 주신 에이티커니의 박선학 컨설턴트, 발텍 컨설팅(Valtech Consulting)의 김일겸 컨설턴트, CVA의 전계완 컨설턴트, 딜로이트 컨설팅의 왕중식 이사, 이원주 매니저, 김정현 컨설턴트와 IBM BCS의 이승혁, 김규석 컨설턴트, 그리고 메타넷 컨설팅(Metanet Consulting)의 권영상 이사, (주)두산의 송희준 과장, 베어링포인트 (BearingPoint)의 김동준 매니저께 감사를 드린다. 아울러 YMCG에 대한 변함없는 후원자이신 연세대학교 경영대학의 장재진 교수님과 서울대학교 경영대학의 송재용 교수님께 진심으로 감사를 드린다.

끝으로 좋은 책의 출간을 위해 도움을 아끼지 않으신 박지연 팀장님과 이 책의 출간을 위해 노력해 주신 일빛 출판사의 이성우 사장님과 편집부 여러분께 진심으로 감사를 드린다.

아무쪼록 이 책이 인재가 되고자 하는 많은 사람들과 또 인재를 얻고자 하는 기업에게 큰 도움이 되기를 바란다.

2004년 11월
역자 대표 심태호

자르는 선

우　　편　　엽　　서

우편요금
수취인후납
발송유효기간
2008.3.1~2009.12.31
마포우체국 승인
제40556호

보내는 사람

_____

_____

□□□ - □□□□

도서출판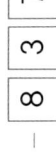

서울시 마포구 서교동 339-4(2층)

ilbit@naver.com

1 2 1 - 8 3 7

■ **구입한 책 제목**

■ **구입한 서점**

  □ 온라인 서점 (   ) □ 오프라인 서점 (   )

■ **구입한 날짜**   년   월   일

■ **구입한 동기** (해당 란에 ∨표시)

  □ 신간안내나 서평을 보고 [에 실린글]
  □ 서점에서 우연히 눈에 띄어서
  □ 주위의 권유 [로부터]
  □ 선물로 받음 [에게서]

■ **구입하신 책에 대한 소감이나 도서출판 일빛에 하고 싶은 말씀을 적어주세요.**
  (내용 · 제목 · 표지 · 책값 등)

■ **독자님께서 관심 있는 책의 분야는 무엇입니까?** (해당란에 ∨표시, 복수응답 가능)

  □ 역사   □ 문학   □ 문화예술   □ 사회과학   □ 자연과학
  □ 외국어   □ 실용   □ 아동 · 청소년   □ 경제경영   □ 자기계발

■ **독자 회원란**

이름		성별		나이	

  1. 생년월일 |
  2. 직업 |
  3. 연락처 | E-mail |
  4. 요즘 읽은 책 중 다른 사람에게 권하고 싶은 책 |
  5. 구독하고 있는 신문 · 잡지 |

  * 독자님의 소중한 개인정보는 외부로 유출되지 않도록 철저히 관리하겠습니다.